1 MONTH OF
FREE
READING

at
www.ForgottenBooks.com

By purchasing this book you are eligible for one month membership to ForgottenBooks.com, giving you unlimited access to our entire collection of over 1,000,000 titles via our web site and mobile apps.

To claim your free month visit:
www.forgottenbooks.com/free419708

ISBN 978-0-666-05156-1
PIBN 10419708

This book is a reproduction of an important historical work. Forgotten Books uses state-of-the-art technology to digitally reconstruct the work, preserving the original format whilst repairing imperfections present in the aged copy. In rare cases, an imperfection in the original, such as a blemish or missing page, may be replicated in our edition. We do, however, repair the vast majority of imperfections successfully; any imperfections that remain are intentionally left to preserve the state of such historical works.

1492

Francisco Ser

Cristob

Colon

Historia:

Descubrimien

McKEW PARR COLLECTION

MAGELLAN
and the AGE of DISCOVERY

PRESENTED TO
BRANDEIS UNIVERSITY · 1961

Lo que nos importa

CRISTÓBAL COLÓN

20 JUNIO. 94

MADRID, 1893.—Est. Tip. de EL PROGRESO EDITORIAL, Duque de Osuna, 3.

CRISTOBAL COLÓN

EL PROGRESO EDITORIAL

CRISTÓBAL COLÓN

HISTORIA DEL DESCUBRIMIENTO DE AMÉRICA

POR

FRANCISCO SERRATO

CON UN PRÓLOGO

DE

DON ROQUE CHABÁS

CANÓNIGO DE LA METROPOLITANA DE VALENCIA

MADRID

CALLE DEL DUQUE DE OSUNA, 3

1893

AL EXCMO. SEÑOR

DON JUAN NAVARRO REVERTER

DELEGADO GENERAL DE LA EXPOSICIÓN

HISTÓRICO-AMERICANA

Muy cumplido y hermoso homenaje á Colón y á España ofrece en estos momentos la familia americana, agrupada en torno de la nación que más ha contribuído al progreso universal. El grandioso Certamen, hasta ahora sin segundo, con que las repúblicas Americanas han querido evocar los recuerdos del más glorioso período de nuestra historia, es por cierto digno de su objeto. De todo lo que significan las extrañas y variadas civilizaciones que hallamos en las dilatadas regiones del Nuevo Mundo; de todo lo que en ellas hicieron nuestros gloriosos ascendientes, continuados hoy en ese mismo pueblo americano tan ilustrado y laborioso, entusiasta como joven y que está llamado en plazo breve á dar leyes al mundo; de todo ostenta gallarda muestra ese magnífico templo, consagrado al arte y á la ciencia, y que, merced á la más poderosa inteligencia de nuestra historia contemporánea, tan oportuna y sabiamente ha sido inaugurado.

Al llegarme á ofrecer á V. E., como Delegado General de la Exposición Histórico-Americana, este mi humilde trabajo y con él mis primicias literarias, no me guía otro propósito que el de hacer pública ostentación del entusiasmo con que contemplo personificada en V. E. la más noble y legítima aspiración de mi patria en este gran certamen. Dígnese, pues, V. E. aceptarlo como el homenaje más humilde, si bien el más sincero, del cariñoso respeto con que soy de V. E. afectísimo seguro servidor y subordinado,

Francisco Serrato.

Madrid, Diciembre 1892.

PROLOGO

El cuarto centenario del descubrimiento de 'América nos ha hecho volver la vista hacia la grandiosa figura del primer Almirante de las Indias; pero de tal manera se le ha estudiado, que de él han hecho un santo unos, otros un diablo; quiénes un genio revelador de un mundo, al paso que otros un aventurero vulgar, que se aprovechó de los trabajos y estudios ajenos para elevarse á un rango muy superior á sus méritos. Seguramente no está la verdad en estos extremos, y el asunto es de interés palpitante, para desear un libro, que sin las pretensiones de una investigación minuciosa y porfiada, nos dé, en estilo llano y sin ínfulas retóricas, el resultado de lo que hasta el presente queda averiguado. Pues bien, con tanto como se ha escrito, no conocemos un trabajo, que, como el libro del señor Serrato, esté ajustado á las exigencias de la crítica histórica, sin incurrir en los inconvenientes señalados.

Trátase en él del descubrimiento de América; y, por consiguiente, de Cristóbal Colón, y este asunto es de suyo resbaladizo. Dejándose llevar por su imaginación, ha habido escritor que ha soñado un descubridor á su imagen y semejanza, discursero soñador y lleno de ideas falsas en todo. Han escrito, por el contrario, otros con tal erudición, que sus libros se nos caen de las manos; más que la pluma, lo que han manejado es el escalpelo. Hay que desengañarse: no se puede ver bien nada, estando muy lejos del objeto ni muy cerca; se han de examinar las cosas á cierta distancia, aunque sin prescindir de todo aquello que pueda servir para verlas mejor. Esto ha hecho el señor Serrato en su libro.

Destinado al uso del pueblo, es decir, del vulgo de los que no somos siquiera académicos, ni presumimos de sabios, ha prescindido de la erudición farragosa y se contenta con citar las principales fuentes en que ha bebido. Y que las conoce bien, se ve palpablemente en su libro, pues no es éste hijo de pujos literarios, sino parto de extremada modestia, engendrado al contacto de otro trabajo. Empeñado su autor en recoger los datos para una bibliografía americanista, tuvo por espacio de largos meses y hasta años, que revolver y estudiar todo cuanto sobre el Nuevo Mundo se ha escrito hasta nuestros días. Pocos son los que se han ocupado de Colón y de su descubrimiento conociendo la bibliografía colombina y americanista tan bien como el Sr. Serrato. Esta ventaja y la ingenuidad en él innata son los dos mayores atractivos de su libro. No se encontrará en sus páginas idea fija de deprimir ni de ensalzar á su personaje, sino una singular manía de encontrar la verdad.

Y esto explica el que se le vea entusiasmado unas veces, frío otras, hasta algunas contrario á su personaje; es que la realidad tiene sus altos y bajos, la moralidad sus flujos y reflujos, la energía sus debilidades, y hasta las pasiones su calma. Á un héroe de novela *se le ha de dar unidad* de acción para que haya en él *verdad artística;* pero un personaje real ha de aparecer tal cual ha sido, y nada más, pues esta es su verdad.

Principia el libro estudiando las noticias de América anteriores á Colón, y refiere minuciosamente las excursiones de los Normandos, desde el siglo VIII, las de los Noruegos y Dinamarqueses, que llegaron poco después hasta la Groenlandia, la Hellulandia (hoy Terranova), la Marklandia y Vinlandia, en los Estados Unidos. En el siglo XV había ya olvidado Europa, ó por mejor decir, los Estados del Norte de ella, la memoria de todos estos descubrimientos. Los Vascos abordaron tambien las playas de América, pero no comprobaron la existencia de un nuevo continente, sino islas cercanas al polo, bancos para la pesca del bacalao, al que dieron este nombre, que ya encontramos en el siglo XIII en boca de Don Jaime el Conquistador. Las excursiones de los Portugueses, más modernas, tampoco tuvieron mayor alcance. El revelador del Nuevo Mundo fué Colón y nadie más que él, á pesar de la idea equivocada que tuvo antes y después de su descubrimiento. Al verificarse éste, la realidad se palpa, la verdad se impone, la humanidad ha dado un paso adelante y en definitiva. ¿Qué importa el decir que la pasión por los descubrimientos hubiera dado el mismo resultado aún sin Colón? No podemos cambiar un *podria ser* por un *fué*; y Colón es aquí la realidad, lo demás mera hipótesis.

Da luego á conocer nuestro autor á Colón, su patria y familia. sus estudios y primeros viajes, el medio ambiente en que se desarrolló aquel genio, que mendigaba barcos en las cortes de Europa, encontrando solamente en el tesoro exhausto de los Reyes Católicos, cuyas alhajas continuamente eran empeñadas en poder de mercaderes, los medios de conseguir las naves que le habían de conducir por entre los peligros del *mar tenebroso*, á las risueñas playas de la virgen América.

Providencia singular registramos en este hecho. La unidad española, cimentada con el casamiento de los Reyes Católicos, se tenía que completar en el heredero que reuniese en su persona las coronas de los Estados de Castilla y de Aragón, pues los primeros se gobernaban á nombre de Doña Isabel, durante su vida, como los segundos en el de Don Fernando. Las adquisiciones que se hacían entretanto en el Mediterráneo eran por consiguiente aragonesas, las del Océano castellanas. La propuesta, pues, de Colón se ha de realizar por Castilla; pero Doña Isabel, que á la sazón tenía su corona real empeñada en Valencia para los gastos de la guerra de Andalucía, se encuentra sin los fondos necesarios y ha de recibir de las arcas aragonesas los que necesitaba para la expedición, no de los judíos, como alguien ha pretendido. Con esto resulta español el descubrimiento y no castellano, como *Española* fué llamada una de las primeras islas descubiertas y no *Castellana*.

Si dificultades y escollos encuentra Colón en su viaje, no los tiene menos el autor en su relación, en la que ha de evitar las noticias mal digeridas hasta ahora, las que habían desfigurado la noble cooperación de los Reyes Católicos, la intervención de los sabios de Salamanca y la de muchos áulicos de la corte en la empresa de Colón, que resulta española por la aceptación de todos, cuando las restricciones del mismo genovés ante las juntas hacían muy racional otra desaprobación como la que sufrió en Portugal, á pesar de que allí fué más explícito. En esta parte llega el Sr. Serrato hasta á prejuzgar la solución que ex profeso ha estudiado y resuelto nuestro amigo D. Eduardo Ibarra, respecto á la cooperación de Don Fernando el Católico. Hay que tener presente que este libro aunque se publicó antes, fué impreso después que el del Sr. Serrato.

Los viajes de Colón á América, sus peripecias y apuros, todo está minuciosamente relatado en este precioso libro: en busca siempre de la verdad, se aparta nuestro autor de los escollos del sentimentalismo, que tantas ficciones ha creado, y con estilo claro y sin pretensiones de ningún género, pone tal interés en la narración, que es imposible dejar el libro hasta devorarlo todo, resultando muy superior á los que gozaban del favor del público hasta ahora.

Verdad es que el asunto no sólo se presta á una narración interesante. sino que es digno de un poema, por su importancia cosmopolita, religiosa, política, comercial.... es decir, en todos sentidos. Si buscásemos en la antigüedad comparación con este hecho, le rebajaríamos mucho, por más que el renombre de los poetas griegos y latinos haya puesto un sello de grandiosidad á sus poemas. ¿Podríamos acaso comparar la expedición de nuestro intrépido navegante en demanda de un nuevo mundo, con la de Jasón y los argonautas en busca del vellocino de oro? ¿Semejan acaso las gestiones del genovés para conseguir las deseadas carabelas, á las vicisitudes del sitio de Troya, ó las miserias é infortunios de Colón. su grandeza de ánimo y su constancia con los episodios de Briseida, el dolor de Príamo. ó la terquedad de Aquiles? Más conexión tienen los trabajos de Colón para descubrir América con los de Ulises para llegar á Itaca y vencer á los odiosos pretendientes. No es precisamente Marte quien ayuda á Colón, ni siquiera Neptuno quien le guía por los mares desconocidos: la misma Minerva es la que hace grande su genio, es la fe cristiana la que ilumina su inteligencia é inflama su corazón, y animando su constancia, le lleva como de la mano por entre las sirtes y escollos, dirigiendo su rumbo por mares nunca surcados al deseado puerto. Si de hierro exigía Horacio que fuera el pecho del primero que se entregó á los azares del mar en débil barquilla, calcúlese si serían de bronce ó de acero los del gran Almirante de las Indias y de sus compañeros de viaje: no cabe bastante ponderación en ello.

Aunque con estilo sin pretensiones, todo esto se refleja en el libro del Sr. Serrato, digno de figurar en la biblioteca del sabio y de que lo lean y relean los que no lo son; pues mucho provecho pueden todos reportar de su estudio. Pasajes podríamos citar en que no es sólo el interés de la cosa misma, sino el entusiasmo del escritor el que se comunica á quien lo lee, pues, sin pretenderlo, ha subido de punto su entonación y vibra con mayor intensidad.

En este relato, mejor que en otros, se ve á la historia, como *maestra de la vida*, poner á nuestra vista ejemplos de virtudes que imitar, vicios que aborrecer, haciéndonos agradables los primeros y repugnantes los segundos. Bien mirada la obra del Sr. Serrato, es una vindicación de muchos nombres, que se habían deprimido para exaltar el del héroe. Don Fernando el Católico, los Pinzones, el Cardenal Mendoza y Fr. Fernando de Talavera, la Universidad de Salamanca y otros muchos, salen vindicados de los injustos cargos que se les hacían, y Colón no muere en la miseria ni cargado de cadenas para baldón de España, como algunos han querido decir, sino á consecuencia de la gota y acongojado por la muerte de Doña Isabel, que traía complicaciones políticas, imposibilitando al Rey Católico (que no por ser político sagaz dejaba de tener corazón noble) el continuar siendo su favorecedor.

En una cosa no estamos conformes con el autor, y permítanos el amigo se la digamos. Ha aceptado la general creencia de que el Almirante vivió muchos años (los últimos de su vida) en amistad con una mujer, de cuyas relaciones nació su hijo Don Fernando y que no habiéndolas legitimado *in facie Ecclesiae* no era casado (pág. 94). La consecuencia, aunque parezca verdadera no es legítima. El derecho canónico anterior al Concilio de Trento, aunque reprobaba los matrimonios clandestinos, reconocía su validez: bastaban además los esponsales de futuro para que se reputase casado al que tenía acceso á la novia, aun sin las palabras de presente. Como todo esto podía hacerse sin testigos y bastaba para la validez, si no se solemnizaban las nupcias *in facie Ecclesiae* no podía la esposa ser reconocida como tal por los tribunales, y aun estos por sola la confesión de ambos contrayentes. Colón, pues, podía pasar por casado en la corte. estar todos persuadidos de ello y su mujer sin embargo no tener el rango que le correspondía, ni hasta participación en las herencias. Como parece que, guiado por las ideas de su tiempo, quería Colón casi toda su hacienda para su hijo primogénito, por eso le encarga en su testamento que á Doña Beatriz Enríquez «la provea que pueda vivir honestamente, como persona á quien soy tan en cargo. Y esto se haga por mi descargo de la conciencia, porque esto pesa mucho para mi ánima.» Si lo que le pesase fuera el no haberse casado con ella, aún se podría haber verificado *in articulo mortis;* pero era cuestión de intereses y de mal entendida *nobleza* lo que le impedía *legalizar* su situación ante las leyes civiles, pues ya *canónicamente* era aquélla su mujer legítima en el fuero interno. Por eso, después de decir que de ella había tenido un hijo, añade: «La razón de ello (el por qué pesaba á su ánima) non es lícito de la escribir aquí»; no era, pues, lo que le obligaba á callar el no querer decir que aquélla fué su barragana, sino todo lo contrario.

No parece posible que Colón, á quien vemos religioso toda su vida, protegido por frailes y prelados y ennoblecido por los Reyes, viviese en el fango que se supone, mayormente en los últimos años de su vida, y que cercano ya á la muerte dejase de casarse con la dicha Doña Beatriz Enríquez, ya que según dice: *tanto pesaba para su alma* lo que no era lícito escribir en el testamento, y esto lo creía pagado y borrado con proveer que pudiese vivir honestamente: ese es su cargo, pues la había tenido siempre sin las condiciones completas de la esposa cristiana.

Pero vindicado ya Colón de este pecado, del que no pudo absolverle un lego, dejemos al lector que éntre ya á conocer á *Cristóbal Colón* y la *Historia del descubrimiento de América.*

Roque Chabás.

Valencia, Diciembre, 1892.

CAPÍTULO PRIMERO

NTRE las grandes y primeras figuras de la historia sobresale, sin duda, Cristóbal Colón como una de las estrellas más brillantes en la constelación del humano ingenio, al inaugurar con sus gloriosos hechos un fecundísimo período de descubrimientos asombrosos, de mutaciones reveladoras de verdades y principios inmortales y de rápido desenvolvimiento de los hechos en que la eterna ley del progreso se manifiesta.

Pero no había, aún, el inspirado marino genovés consolidado su obra; aún no había dado lugar al entusiasmo de Europa por el portentoso descubrimiento, el estupor y la admiración que produjera en los ánimos de todos, potentados y humildes, sabios y profanos, la noticia inesperada de tan fausto acontecimiento, inmediatamente después de aquellos extraordinarios sucesos, y cuando no había acabado de extinguirse aún en los confines de los más lejanos horizontes el eco de la voz de ¡*Tierra!*, dada por un nauta español tripulante de la gloriosa carabela *Pinta*, á la vista de la primera isla descubierta que, cual hermosísima doncella ataviada con las suntuosas galas de una vegetación no sospechada, se adelantaba á recibir dignamente, mostrando las coqueterías propias de sus hechizos, á los atrevidos argonautas hispanos; surgió en medio de aquel concierto de admiración por el autor de obra tan pasmosa una nota discordante, sostenida luego por sus detractores como arma no siempre noble, que aún se esgrime con desconsoladora insistencia.

Era necesario nublar la aureola de gloria que iluminaba la frente de Colón; era preciso amontonar dudas sobre la prioridad de sus descubrimientos; hacíase indispensable restar importancia á la obra imperecedera, y como si temierau que tanta gloria abrumase la gigantesca figura del marino, parecíales necesario aliviar de tan pesada carga los hombros del esclarecido genovés, arrojar en su camino los abrojos más espinosos, clavar en su corazón los dardos de la ingratitud y de la malevolencia y cubrir su memoria con el manto del oprobio, ya que no con el horrible sarcasmo del desprecio. Había, en una palabra, llegado el momento de decir que, descubiertos en siglos remotos aquellos países por fabulosos argonautas del viejo mundo, con quienes sostuvo relaciones de cierto género', no había tenido mérito alguno la empresa de Colón, ni fué producto del estudio, de la fe ni de la constancia, lo que había sido conocido en ocasiones anteriores.

Las opiniones de los detractores, si unánimes en apreciar los hechos, no podían menos de disentir en el tiempo, en el lugar y aun en la forma en que habían sido realizados.

Quienes, al evocar los conocimientos transmitidos por Platón en sus *Diálogos*, suponían que aquellas tierras debían formar parte de la misteriosa *Atlántida*, descubierta en la más remota época de la antigüedad por anónimos argonautas; quienes, con los textos de los sabios de Grecia, apoyados en las opiniones de los historiadores y filósofos del siglo de oro de la civilización romana, hablaban, como de cosa corriente, de la existencia de las *Hespérides*, de los *Gorgonas* y de las *Fortunatas*, situadas al Occidente de Europa y de las *Columnas de Hércules*, con quienes habían sostenido relaciones los pueblos del viejo mundo, y, especialmente los fenicios, suponiendo á estas relaciones tan antiguo como problemático abolengo.

Y como la ciencia que viene poco á poco examinando estos hechos, despreciando los fabulosos y acogiendo con amor los ciertos y aun los verosímiles, nunca, seguramente, trazará la línea que separe con precisión el error de la verdad, dejaremos á los sabios que la cultivan entregados á esta labor, de suyo espinosa y árida, y trasladándonos á otra época más reciente, procuremos inquirir, con documentos á la vista, qué clase de relaciones sostuvieron los pueblos del antiguo con el nuevo continente.

Dicen los hijos del Norte que la revelación de aquel hemisferio en la época y por obra de Colón fué accidental y fortuita, ya que no resultado de informaciones adquiridas entre los que conocían la tradición de su existencia; pues es general entre los scandinavos la creencia de que á ellos es debida la prioridad en el descubrimiento de las tierras occidentales.

Veamos hasta en qué tienen razón estos evocadores de recuerdos pasados; qué relaciones de continuidad ofrecieron con los descubrimientos de Colón los viajes de otros marinos al continente nuevo, y qué ventajas comerciales ó de otro género, comparadas con las que se siguieron inmediatamente á la realización de esta empresa por los españoles, prestaron á la humanidad la comunicación y el trato, no siempre constante, que con el Occidente sostuvieron sus pretendidos descubridores.

Se tiene hoy por hecho indudable, apoyado en datos y en razones incontrovertibles, que los normandos, los noruegos y los scandinavos, visitando antes del siglo IX las regiones árticas, empujaron á la ciencia hacia los descubrimientos geográficos de Europa, de Asia y de América en su parte septentrional. Pero no es menos cierto el olvido en que cayó el recuerdo de los países árticos de América, con quienes tales relaciones se sostuvieron, hasta que los honorables miembros de la *Sociedad Real de Anticuarios del Norte* (1) divulgaron aquellos hechos, comprobándolos con los inestimables datos de sus *Sagas* (2).

Los testimonios que nos ofrece la historia de los pueblos del Norte, manantial fecundísimo, y «admirable depósito de historia tradicional, donde se narran, mezclando la poesía y la historia, las primeras empresas y aventuras de los pueblos normandos» (3), dándonos á conocer hechos y acontecimientos poco divulgados, realizados en una gran parte del continente septentrional americano algunos siglos antes del grandioso descubrimiento de Colón, fijan la necesidad imprescindible de empezar la historia de América teniendo á la vista estos testimonios, en los cuales se revelan los medios de que se valieron para dilatar, con los límites de su dominio los conocimientos geográficos, encerrados por aquellas partes en un círculo de relaciones demasiado estrecho.

Entre estos pueblos, distinguiéronse, desde el siglo VIII, por sus condiciones de marineros audaces, los normandos, y especialmente los noruegos y dinamarqueses, condi-

(1) Charles Chiistian Rafn. — *Antiquités Americaines d'après les monuments histoiiques des islaidais et des anciens scandinaves, publiées sous les auspices de la Société Royale des Antiquaiies du Noid.*—Copenhague, 1845.

(2) Se da el nombre de Saga á los antiguos manuscritos históricos de los escandinavos: Saga era la diosa de la tradición y de la historia.

(3) Beltrán y Rózpide. — *Viajes y descubrimientos efectuados en la Edad Media en su ielación con los piogiesos de la Geografia y de la Histoiia.* - Madrid 1876, página 51.

ciones raras veces empleadas en la consecución de las mejores causas, pues familiarizados con los peligros de un mar proceloso, de cuyos senos extraían una parte de lo que necesitaban para vivir, la infecundidad de la tierra les obligaba á buscar en el saqueo y el pillaje el medio de atender á las otras necesidades, pues sus ocupaciones favoritas tanto como las piraterías era la pesca de los cetáceos, que persiguiéndolos constantemente les proporcionaban ocasiones frecuentes de visitar las heladas latitudes, donde muchas veces se veían precisados á fijar su residencia.

En tales correrías descubrieron las islas de Shetland, Feroe, Spitzberg y las numerosas que se extienden al

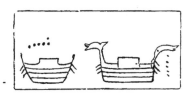

Buques noi mandos

otro lado del círculo polar ártico, siendo, así, el descubrimiento de Islandia consecuencia lógica del género de vida á que se entregaban estos pueblos.

Un antiguo historiador de los países del Norte, Arngrimo Jonas, en un curioso libro citado por otros historiadores de aquellas partes, asegura que *Naddosus*, atrevido marino y pirata del océano Ártico, arrastrado por la tempestad en uno de sus viajes á la isla Feroe, tocó en la costa de otra isla que, por hallarla cubierta de nieve la nombró *Snelandia*. Vuelto á Suecia, circuló entre la gente mareaute la noticia de su aventura, y no faltó quien desease visitar los nuevos países. Entre otros marinos, *Gardaro*, pirata intrépido como el anterior, sin rumbo cierto ni dirección determinada, pues Naddosus no fijó la situación de la isla, aunque ponderó sus riquezas, internóse en los mares del Norte, y tras penosa navegación consiguió arribar á la isla por el invierno de 864 (1), dándola el nombre de *Gardar-Holm* (isla de Gardaro).

Otro atrevido pirata, llamado *Floco*, no sabiendo qué

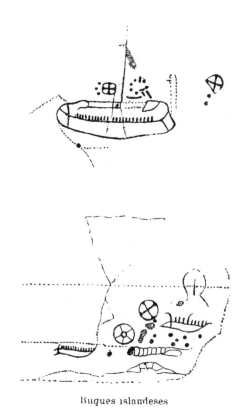

Buques islandeses

dirección seguir para llegar hasta la expresada isla, pues eran entonces desconocidos todos los instrumentos de orientación, se valió para llegar á ella de un medio ingenioso que nos recuerda un pasaje del Antiguo Testamento. Después de penosa é incierta navegación, llegó al fin á sus playas que encontró bloqueadas de grandes tém-

(1) Estas relaciones hay que mirarlas con pievención porque contradicen una bula del Papa Gregorio IV dirigida en 834 al Obispo Angario, en la cual se da á esta isla la denominación que hoy tiene.

panos de hielo, por cuya razón la denominó *Islandia* (1).

Hacia el año de 874 fundóse en Islandia el primer establecimiento colonial, dirigido por un jefe normando llamado *Ingolfo*, acerca del cual se sabe que, huyendo con varias familias nobles y ricas de la tiranía de *Haraldo*, llamado *Diente azul*, resolvió fundar, lejos de los pueblos de Europa, uno que conservara las primitivas tradiciones de los scandinavos; no siendo extraño que con tales propósitos y tan escogidos elementos hubiese en poco tiempo alcanzado la colonia un grado de prosperidad extraordinario. Esta isla, desierta á la llegada de Ingolfo, pero con vestigios de haber sido poblada de seres humanos, cuyas huellas encontraron en algunas obras ruinosas, en instrumentos de hierro, campanas y otros objetos (2), fué considerada en la antigüedad por los sabios de los pueblos meridionales como el límite del mundo (3).

Las frecuentes relaciones de la nueva y ya próspera colonia con el próximo continente é islas vecinas, y el desarrollo que adquiría el tráfico á medida que aumentaba la población, mantenían en aquellos mares numerosas escuadrillas, con las cuales fueron poco á poco ensanchando el círculo de sus relaciones, llevando á nuevas y desconocidas tierras los límites de su dominio.

Cuenta la tradición histórica de los países del Norte que *Gumbiorn* fué el primer marinero que, perdido con su barco entre innumerables témpanos de hielo, llegó á la costa oriental de una tierra desconocida, á la cual dió el nombre de *Groenlandia* (4). Al regresar á Islandia á dar cuenta

(1) Bachiller y Morales; *Antigüedades americanas*, pág. 84.

(2) Téngase presente la bula antes citada y la posibilidad de que los misioneros dependientes de Roma, como aseguran muchos historiadores, hubieran ejercido aquí su ministerio, y que la ingratitud del clima ó las fechorías de los piratas los hubieran obligado á abandonar la isla.

(3) Esta isla es la célebre *Thule* de las profecías de Séneca.

(4) No se sabe en qué año fué descubierta esta tierra; debió ser mucho antes de 834, porque en la bula citada del Papa Gregorio IV se nombra ya la Groenlandia como tierra que formaba parte de la diócesis de Noruega en tiempo de su obispo Angario.

del suceso, llamó la atención de los colonos la lisonjera descripción que hizo del nuevo país, para cuyo destino armaron algunas expediciones, animados del deseo de fundar en él colonias que, andando el tiempo, llegaran á ser obligados puntos de escala entre la metrópoli y los países descubiertos en el próximo continente.

Torwaldo, noble noruego, eludiendo las leyes de su país, bajo cuya jurisdicción habían caído sus actos sociales, pasó á Islandia con su hijo *Erico*, llamado el *Rojo*, en donde imitando éste á su padre, dió muerte á un colono; y para burlar como aquél la acción de las leyes, ó sometiéndose quizá á su fallo, pasó desterrado á Groenlandia en la primavera de 986. Marino excelente y hombre de valor y prestigio entre los colonos de la isla, consiguió Erico arrastrar en su destierro á muchos compañeros, entre los cuales, *Heriulfo*, pariente del primer jefe de la colonia islandesa, al tocar en Groenlandia, dió su nombre al primer establecimiento que fundó, denominándolo *Heriulfsnes*.

Durante el tiempo que permaneció Erico en este país, ocupóse en explorarlo y estudiar sus condiciones, madurando serios planes encaminados á la prosperidad del futuro establecimiento. Vuelto á Islandia, cumplido el tiempo de su destierro, hizo lisonjera descripción del país, y ponderó las ventajas que hallarían los que quisiesen explotar sus naturales riquezas. Con tan brillante perspectiva no le fué difícil persuadir á buen número de colonos y armadores, con los cuales en poco tiempo adquirieron gran desarrollo los primeros establecimientos fundados en las costas meridionales de Groenlandia.

Biarno, hijo de Heriulfo, ausente de Islandia por los días que marchó su padre á colonizar, de regreso á la isla resolvió salir en su busca; fletó una nave, y acompañado de otros amigos tomó el rumbo de Occidente en demanda de la tierra donde su padre se había establecido; pero las borrascas le obligaron á variar de dirección, y navegando perdido á capricho de las olas, descubrió al cabo unas tierras, cuyo aspecto, no conviniendo con las descripciones de la de Groenlandia, las abandonó, pues más que todo deseaba descubrir las huellas de su padre, que al fin consiguió tras penoso navegar.

Cuando por el año de 994 volvió Biarno á Noruega á visitar y dar cuenta al conde Erico de las tierras que accidentalmente había descubierto, desagradó mucho al magnate que las hubiera abandonado sin explorarlas con más diligencia y exactitud; propúsole la conveniencia de armar otra expedición, y estando todo dispuesto para darse á la vela, recibió de *Leif,* hijo de Erico el Rojo, ciertas proposiciones, por las cuales pasó á su propiedad el bajel de Biarno.

En los primeros días del último año del siglo x salió Leif de las costas de Noruega al frente de una expedición compuesta de 35 hombres; tomó el rumbo del NE., y á los pocos días de navegar encontró la tierra descubierta por Biarno; desembarcó para explorarla, y observando que estaba despoblada y que carecía de vegetación, la nombró *Hellulandia*, hoy Terranova. Pasó adelante en la dirección del Sur, y después de haber navegado en cuatro días cerca de 90 millas, encontró otra tierra, cuya feracidad contrastaba con la anterior; dióla el nombre de *Marklandia* (tierra de bosques), hoy Nueva Escocia, y sin detenerse sino el tiempo necesario para hacer las más precisas provisiones, continuó descubriendo en la misma dirección más feraces y dilatados países. Llegados que fueron á la desembocadura de un caudaloso río, y reconocida su frondosa ribera, observaron que tenía su origen en un lago próximo, en cuyas inmediaciones acordaron fundar una colonia. El terreno cubierto de vegetación lozana y salpicado aquí y allá de frondosos uveros cuajados de hermosos racimos, á cuya circunstancia obedeció el nombre de *Vinlandia* (tierra de vino), convidaba con efecto á establecerse, como lo hicieron levantando es-

paciosas casas de madera, *Leifsbudir* (casas de Leif) (1).
La permanencia de Leif en tan bello país fué muy corta,
pues careciendo de medios para explotarlo, acordó ir por
ellos á Groenlandia, como lo hizo. Cargó el barco de maderas de construcción, allí tan
codiciadas, embarcó algunos frutos del país, especialmente uvas,
trigo y maíz que también se daban espontáneamente, y puestos
en disposición de navegar, se
hizo á la vela con rumbo á
Groenlandia.

Era Leif hombre de carácter
dulce y heredó de su padre las
cualidades que más le recomendaban para estas clases de empresas, siendo quizá en aquel
tiempo el más inteligente organizador de exploraciones, ó al
menos el que más contribuyó á
la prosperidad de la colonia atra-
yendo hacia ella muy poderosos
elementos. Adorador de *Odin*, el
dios de la mitología scandinava,
abjuré sus errores y abrazó el
Cristianismo en un viaje que hizo
á Noruega, en donde estimulado
por el soberano organizó una expedición más importante, y acompañado de algunos sacerdotes

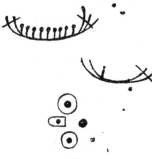

Construcciones navales
de los scandinavos

volvió á Groenlandia á predicar el Evangelio. En poco
tiempo las semillas de la predicación dieron los sazonados
frutos apetecidos, siendo, con seguridad, estos elementos
los que más contribuyeron al rápido desarrollo de las nue-

---

1 Hay motivos para sospechar que estas casas corresponden hoy á las cercanías
de Newport en Rhode Island.

vas colonias. Crecieron las poblaciones, y bajo la tutela de Noruega y al amparo de las sabias leyes de Islandia extendióse su comercio por casi todos los países del Norte. La expedición de Leif fué un avance de exploración la más fecunda del continente americano, y aunque estuvo muy próximo á países más meridionales, no llegó á pisar, como no pisaron tampoco los sucesivos exploradores groenlandeses las tierras donde, según cuentan los *sagas*, había vestigios de expediciones anteriores y memoria entre los indígenas de la Florida de haber sido visitados por hombres blancos llegados del Oriente.

En efecto, el islandés *Biörn Asbrandson*, desterrado de la isla por ciertos odios célebres en la historia local de aquel tiempo, abandonó su tierra por el año de 999: tomó el rumbo del SO. y en ignorada navegación, sin norte y sin guía, con la desesperación en el alma marchó á la ventura, sin saber, aunque lo presumía, el triste fin de su viaje.

Es seguro que los manuscritos del Norte no hubieran conservado el más leve recuerdo de este viajero condenado al ostracismo, si un hecho casual, repetido muchas veces en la historia de los descubrimientos, no hubiera después ilustrado las crónicas irlandesas.

Refieren estas crónicas que sorprendido *Gudleif Gud. laugson* por una tempestad cerca de Irlanda, adonde había ido con un bajel cargado de mercaderías por el año de 1027, arrastrado en la dirección SO., navegó muchos días á merced del vendaval, al cabo de los cuales dió sobre una costa desconocida. Saltó á tierra para adquirir noticias que le orientasen, pero sorprendido y hecho prisionero de los indios, deliberaron acerca del género de muerte que convendría dar al extranjero: consultado un anciano, á quien respetaban los indios y sometían las cuestiones graves de la república, les aconsejó que suspendieran todo juicio hasta saber el motivo del viaje de aquel atrevido extranjero. Este anciano de aspecto venerable, de barba y cabellos blancos era Biörn; dióse á conocer á su paisano; refirióle los accidentes de su vida entre aquellos indios, y entregándole algunos objetos que sirvieran en su país de recuerdo á sus parientes, le aconsejó que abandonase la tierra y no intentase volver por ella, pues no respondería segunda vez de las intenciones de los indios.

Uno tras otro pasaron desde Groenlandia á la tierra del vino los otros dos hijos de Erico el Rojo, desde que Leif, el mayor de todos, al regresar de aquellos países, describió con vivos colores su situación, su feracidad y riqueza, su clima templado y ambiente suave, todo lo cual fué muy aplaudido entre aquellos hombres acostumbrados á vivir en países y climas tan ingratos.

Thorvaldo Ericson, segundo hijo de Erico, armó el año 1002 y condujo á Vinlandia una expedición compuesta de 30 hombres; con ella exploró las costas de países más meridionales, cuya descripción corresponde á los que hoy se conocen con los nombres de Connecticut, Nueva York, Nueva Jersey, Delaware y Mariland, y sin crear nada estable, ni echar las bases siquiera de la más rudimentaria población para explotar la riqueza del país, antes bien, empleando con los naturales en sus transacciones mercantiles el dolo y el engaño, hostilizándolos sin causa ni razón alguna, que nunca los pueblos del Norte se distinguieron ciertamente por exceso de humanidad con las razas indígenas de América, moradores, por lo general, sencillos y confiados, siempre dispuestos á cambiar sus riquezas fabulosas por pedazos de paño rojo y otras bagatelas; los irritaron de modo que, cansados de tolerar tanta injusticia y tanta crueldad, atacaron á aquellos advenedizos en su propio barco, bloqueándolos con sus débiles canoas llenas de guerreros, desde las cuales les disparaban sus flechas. Una de éstas alcanzó al jefe de la expedición, Thorvaldo, hiriéndole el rostro, y comprendiendo que la herida era mortal, encargó á su gente que lo trasladaran después de muerto á cierta frondosa colina que se adelantaba hacia el mar, y en ella, y sobre su sepultura clavasen dos cruces, una donde reposara la cabeza, y otra á los pies, causa por la cual se denominó desde entonces aquel sitio *Krossanes*, ó Cabo de Cruz (1).

Cumpliéronlo así, y rendido á tan piadoso deber el último tributo de amistad. acordaron prolongar la residencia en aquella tierra durante la invernada; hicieron entre tanto buen acopio de maderas diversas y las provisiones necesarias hasta llenar el barco, y en 1006, cuatro años después de su llegada, abandonaron definitivamente la tierra para volver á Groenlandia.

La expedición de *Thorstein*, tercer hijo de Erico, que se dispuso para ir á Vinlandia á recoger y trasladar á su país los restos del desgraciado hermano, fué aún menos afortunada que las anteriores; malográndose por la muerte de su jefe, ocurrida tras desastrosa navegación, en la invernada que se vió obligado á pasar en la Groenlandia occidental.

Á este tiempo era Leif jefe de la colonia groenlandesa; fomentábala y hacía crecer rápidamente con los nuevos elementos que atraía de los países vecinos. Entre los expedicionarios que por el verano de 1006 llegaron á aquellas partes, fué de los más importantes el rico y noble irlandés *Thorfinn*, quien al frente de una buena expedición se presentó allí con propósitos de establecerse. Enamorado de *Gudrida*, viuda de Thorsteín y. cuñada por tanto de Leif, obtuvo de éste el consentimiento para casarse, y con el matrimonio todos los derechos que del otro marido poseía la viuda sobre las posesiones de Vinlandia.

Eran á la sazón los viajes al Mediodía del continente objeto de la atención general de aquellos colonos, y aunque la distancia que mediaba de una á otra tierra y las densas brumas que impedían durante una gran parte del año la navegación, dificultaban ordinariamente las empresas, aprestábánse de vez en cuando algunas expediciones,

(1) Este Cabo es el que se conoce hoy por *Folle Cove*, ó más bien *Cope ann*

con el exclusivo fin de transportar á Groenlandia maderas de construcción, que era uno de los productos más codiciados y objeto entonces de activo comercio, por carecer
de bosques que las produjeran aquellas frías latitudes.
Las finísimas pieles grises, tan codiciadas de los exploradores y adquiridas á cambio de bagatelas; el maíz y el
trigo silvestre; el fruto de los uveros y el valioso comercio
de huevos del *eder* (pato), tan abundantes en las islas
donde los ponían, que era difícil dar un paso sin que-
brarlos; todo esto que despertaba la codicia mercantil
fué gran parte á que Gudrida, acordándose aún del desgraciado fin de la anterior expedición, estimulase á su
nuevo marido para que, siguiendo el ejemplo de otros
colonos, dispusiese una nueva por aquellos meses.

Componíase la que organizó de tres naos, y era la más
importante de cuántas hasta entonces habían salido en
demanda de países desconocidos; pero Thorfinn, que había
concebido el pensamiento de establecerse en Vinlandia el
mayor tiempo posible, cargó su barco de todo lo que con-
sideré necesario, embarcando vituallas para sesenta hombres de tripulación y cinco mujeres además de su esposa,
armas, enseres y diversas clases de ganados. Ya dispuesto
todo, en la primavera del año de 1007 dióse á la vela con
muy buen tiempo; visitaron sucesivamente los puntos ya
conocidos de la costa, y al rebasar la Marklandia torcieron al SO. hasta tocar en Cabo de Quilla ó *Kiarlanes*,
nombrado hoy Cape Cod. Con grandes precauciones continuaron la navegación más al Sur sin apartarse de la costa,
cortada por hermosas y profundas bahías, y dieron fondo
en una de las mayores, frente á la cual hallaron una pre-
ciosa isla azotada por las corrientes y cubiertas de huevos
del *eder* en toda su superficie. Saltaron á tierra y dando
nombre á todos los puntos importantes que visitaban, su
primer cuidado, luego que la exploraron, fué establecerse en el sitio más abrigado. El país no podía ser más
bello; pero hubo desacuerdo entre los expedicionarios sobre

el lugar donde convendría fijar definitivamente la residencia, y mientras unos opinaban dirigirse al Norte y penetrar en el corazón de la Vinlandia, como así lo efectuaron, pereciendo en la demanda; Thorfinn y los suyos acordaron seguir más al Sur, con el fin de descubrir y explorar nuevas tierras, suponiendo que en aquella dirección las hallarían más frondosas y productivas.

Hiciéronlo así, con efecto, y llegados á un hermoso río poblado de pequeñas islas, dieron fondo en su embocadura; saltaron á tierra, y luego que exploraron las llanuras vecinas, cubiertas de trigo silvestre, de uvas y de otros vegetales que la daban hermoso aspecto, acordaron pasar la invernada en lugar tan pintoresco, y al efecto procedieron á levantar habitaciones sobre una colina próxima que dominaba la bahía.

Á la construcción de estas habitaciones no precedió un fin determinado de solidaridad y permanencia, pues no buscaban bajo sus techos otra cosa que abrigo contra las inclemencias; por eso sentían el alejamiento de los indígenas, únicos elementos con que contaban para adquirir á corto precio los productos del país. En una palabra, el espíritu que informaba aquellas expediciones no era por cierto el cultivo y explotación de la tierra, cuyos espontáncos frutos se proponían adquirir á cambio de bagatelas; pero los indígenas, recelosos del proceder violento que habían seguido aquellos huéspedes extraños, se alejaban de los lugares por ellos ocupados, haciéndoles sentir los funestos precedentes con que se dieron á conocer.

Mas una mañana, en la primavera del siguiente año de 1008, observaron que, por la parte del SO. empezaban á doblar el cabo que cerraba aquella bahía gran número de canoas tripuladas de indígenas; hiciéronles señas amistosas para que se acercasen, y convencidos de las intenciones pacíficas de los extranjeros, se fueron aproximando aunque con recelo; cambiaron las pieles grises y otros productos naturales que conducían, por pedazos de paño rojo, y aunque también deseaban cambiar por espadas y lanzas, no quisieron los scandinavos armar aquella gente con instrumentos que en sus manos podían servir para exterminarlos.

Pero no duró mucho tiempo la paz; un día, cuando más entretenidos estaban en estas operaciones, salió del bosque vecino un toro de los que habían conducido allí los europeos, mugiendo tan fuertemente, que puso espanto en los indígenas, haciéndolos huir á la desbandada; y este suceso tan inesperado no pudo tener peor resultado para los colonos. Durante algunos meses dejaron de visitarles los naturales, pero al comenzar una mañana del invierno siguiente, cuando más descuidados estaban, fueron sorprendidos por gran número de enemigos; aprestáronse á la pelea, y una nube de flechas y de piedras que arrojaban con hondas, cayó sobre la gente de Thorfinn. El número de los asaltantes, que era considerable, y la infernal gritería con que empezaron la pelea, llevó el terror á los scandinavos, precipitándoles el miedo por la ribera del río en vertiginosa y cobarde huída.

En tal disposición, *Freysida*, hija natural de Erico, y esposa de uno de los jefes de la expedición, quiso contenerlos, y no pudiéndolo conseguir, se apoderó de la espada de uno que había caído muerto al golpe de una piedra; dió cara al enemigo, esgrimiendo el arma con varonil energía, y los detuvo un momento: los scandinavos, avergonzados ante aquel ejemplo, cesaron en su cobarde fuga, dieron frente á los indígenas y los hicieron volver la espalda siguiéndoles hasta la ribera, donde se embarcaron precipitadamente alejándose á poco de la playa.

La lección había sido dura: comprendieron que no podían permanecer más tiempo en un país enemigo, y deliberando acerca de lo que procedía hacer, siguieron la opinión de abandonar la tierra y volver á su procedencia, como lo efectuaron después de haber cargado los barcos. El viaje de regreso fué muy desgraciado para las dos naves á que quedó reducida la expedición; pasaron el tercer invierno al Sur del cabo Kiarlones, y aprovechando oportunamente el viento del Mediodía, siguieron la navegación hasta remontar la Marklandia, en cuyas aguas, separado de la ruta uno de los barcos, muy averiado ya por la acción destructora de la broma, se fué á pique, logrando salvarse algunos tripulantes en un batel endurecido con grasa de perro marino. Lamentó Thorfinn la desgracia de sus compañeros, y temiendo que á su barco le sucediese otro tanto, tomó la ruta directa que le llevó por fin á Groenlandia.

Después del segundo viaje de Thorfinn y de la cruel Freysida á las comarcas del Sur, efectuado en los años de 1011 á 1015, sin otros resultados que los que pudieron ofrecerles los distintos productos de la tierra, vendidos á buen precio en su país, los manuscritos del Norte abren un paréntesis de más de un siglo, en cuyo tiempo es de presumir que no adelantaron gran cosa en los descubrimientos geográficos, ni consolidaron siquiera las conquistas mercantiles hechas hasta entonces.

Las relaciones, sin embargo, entre la metrópoli y los establecimientos groenlandeses fueron poco á poco normalizándose, porque interesada aquélla en su conservación, ya que no en su fomento, acordó llevar á ellos con sus propias leyes la acción de su poder político.

En su consecuencia, desde el siglo XI empezaron los groenlandeses á construir iglesias y monasterios en los puntos más importantes y abrigados de la costa, servidos por sacerdotes y misioneros de Noruega y principalmente de Islandia, de cuya diócesis dependían; hasta que creciendo las atenciones de todo género al par de la importancia de los establecimientos, viéronse obligados á solicitar la creación de una diócesis propia, convencidos de que el metropolitano no pudiese en todo tiempo, como no podía, en efecto, acudir á las necesidades religiosas, no tanto por las distancias que los separaban, cuanto por las dificultades que presentaban á la navegación, durante el invierno, las tempestades y las brumas del Océano. Para mayor facilidad en los asuntos civiles y administrativos, dividieron la provincia en dos departamentos: el oriental, con su capital Gardar, población la más importante, donde construyeron una iglesia bajo la advocación de San Nicolás residencia del prelado, y el occidental, cuya capitalidad establecieron en Alba.

Desde que tal sucedió, los misioneros dependientes de la

Ruinas cerca de la ciudad de Newport.

diócesis de Gardar, verdaderos apóstoles del cristianismo, no permanecieron ociosos, y mientras unos cuidaban de construir iglesias y casas de oración dotándolas con todo lo necesario al divino culto, otros, en la primera mitad del siglo XII, se arrojaban á cruzar los mares del Norte, como lo hizo el propio Erico, primer obispo de Groenlandia, por el año de 1121, en demanda de nuevos catecúmenos á las tierras del Vinland. Aunque de los resultados de esta expedición piadosa nada dicen las crónicas de aquel tiempo, es de presumir que la determinación del propio prelado, obedeció sin duda á la necesidad que de-

bieron sentir sus feligreses de la pastoral visita; durante
la cual construiría acaso iglesias y edificios piadosos, pues
á aquella época parece pertenecer el que en estado ruino-
so se ve hoy cerca de la ciudad de New-Port. Otros misioneros, ansiosos de conocer el límite de la Groenlandia septentrional, y de llevar á las heladas y estériles regiones
boreales el calor de la fe por la doctrina del Crucificado,
prepararon una expedición marítima por el año de 1166;
atravesaron el estrecho de Davis, y ya en el mar de Baf-
fins, costeando los témpanos de hielo que cubrían este
mar, remontaron una estación construída desde los primeros tiempos de la colonia por los primitivos exploradores, donde pasaban el estío ocupados en la pesca y en
la caza.

Así llegaron al punto mismo del paralelo 72° 55′, donde
en 1834 se encontró en una isla próxima cierta piedra rú-
nica que acredita la presencia de los europeos de aquel
tiempo. Ocupáronse éstos en reconocer aquellas partes; sin
desembarcar, por temor á los osos blancos, pasaron un
buen espacio de tiempo ocupados en la pesca y en los medios de ponerse en comunicación con los indígenas, y
aunque hallaron gran número de ballenas y focas, y huellas de seres humanos habitantes del país, se vieron obligados á retroceder cuando en tan arriesgada exploración
habíanse aproximado al paralelo 76.

Durante el siglo XII y una gran parte del siguiente, la
vida normal de la colonia raras veces se vió interrumpida
por algún accidente grave; disfrutó de un bienestar relativo
en armonía con la sobriedad de sus necesidades, y cuando
para las atenciones religiosas y políticas consiguieron la
instalación de la diócesis y el planteamiento de poderes encargados de aplicar las leyes y velar por la seguridad del
país, sin necesidad de acudir á la metrópoli que parecía
atraerles, empezaron á disminuir y á enfriarse estas relaciones, al punto de que hasta después de algunos años
de ocurrido un suceso, por muy grave que fuera, no lle-

gaban sus rumores á Noruega. De aquí empezó á germinar en la colonia un espíritu de independencia sostenido por el alejamiento y desvío del poder central.

Las causas de esta conducta por parte de Noruega, y especialmente de Islandia, metrópoli natural de las colonias, es de suponer que obedecieron á graves consideraciones económicas, pues no habiendo sido nunca los establecimientos groenlandeses grandes centros de producción, ni alcanzado su industria un estado tan floreciente que despertase la codicia de la metrópoli, minada á la sazón por rencores políticos, raras veces fecundos en la historia de los pueblos, obligándola á conservar este filón de riqueza, no es extraño que desatendiesen, si bien no de un modo ostensible, estos establecimientos, no tanto por los gastos, poco reproductivos, empleados en su sostenimiento, cuanto por los peligros que mares tan difíciles de surcar ofrecía á la navegación.

Este desvío de la metrópoli hacia sus colonias, y los trastornos que debieron ocurrir por aquel tiempo, obligándolas á soportar una vida efímera y trabajosa, fueron causas de que en el año de 1256 se negasen á pagar el ordinario tributo, y de que Magno, rey á la sazón de Noruega, se viese obligado á reducirlos, mediante el apoyo que le prestó su primo Erico, de Dinamarca, el cual envió á las costas de Groenlandia una escuadra con orden de someter á los rebeldes, como los sometió bajo las más humillantes condiciones.

Las consecuencias de esta política de represión se hicieron sentir bien pronto en todos los establecimientos groenlandeses, y los viajes de exploración fueron reduciéndose á límites muy estrechos: es de suponer que entre Groenlandia y los establecimientos del continente vecino existieron hasta el fin relaciones comerciales, y en interés de los groenlandeses estaba sostener este tráfico; pero á juzgar por las escasas noticias que nos transmiten las crónicas del tiempo acerca de las comunicaciones de Noruega é

Islandia con sus colonias del continente americano, debieron despertar ya poco interés estas clases de expediciones, las cuales no tenían, por cierto, otro carácter en aquellos tiempos de revueltas políticas, que el de eludir con la expatriación la venganza del más fuerte, ó el de evitar las persecuciones de los que se constituían en autoridad. Tal fué la que tuvo lugar en 1285 por dos sacerdotes de Islandia, principales agitadores del partido religioso, en pugna con el rey de Noruega, los cuales obligados á abandonar el país, dirigiéronse al SO. y sin tocar en Groenlandia arribaron á Terranova.

Hemos visto por la ligera relación que antecede, cómo conocieron los europeos y sostuvieron ciertas relaciones durante más de tres siglos con las regiones del continente septentrional americano, en cuyas costas fundaron colonias y establecimientos fácilmente olvidados después por la generalidad. Estos hechos han pasado al dominio de la historia, y si el orden rigurosamente cronológico con que están consignados en los documentos publicados por la *Sociedad de Anticuarios del Norte*, así como el catálogo de nombres propios de los principales exploradores, no fuesen motivo para darles carácter de autenticidad, bastaría observar el de los restos de poblaciones y otros vestigios encontrados en muchos puntos de la América del Norte, para sospechar que una raza distinta de la indígena había llevado en tiempos no muy remotos á estas partes los gérmenes de una civilización muerta al nacer.

Es, pues, un hecho cierto, indudable, que los hijos del Norte, buscando en el mar los elementos de vida que les negaba la infecundidad del suelo, descubrieron fortuitamente nuevos y más amplios horizontes; posesionáronse de tierras fértiles y vírgenes que les brindaban manantial inmenso de riqueza, y conservaron el dominio de estos países hasta las postrimerías del siglo XIV. Pero, es una verdad confirmada hasta ahora por el silencio de los sabios del Norte, que estas empresas y exploraciones no tuvieron

un determinado fin político ni religioso; no obedecieron
á la idea más rudimentaria de progreso, no crearon nada
estable y duradero, ni se percibe por los escasos vestigios
que han quedado de su paso por el país nada que acredite
la más pequeña solución de continuidad; no hicieron conquistas de ningún género imponiendo sus leyes á los indígenas, no abrieron caminos, ni explotaron minas, ni levantaron siquiera tributos; pues faltos de autoridad y de
energía para imponerse, vivieron en la tierra al calor
de la indiferencia de los indígenas, que los consentían
mientras no les molestaban; y cuando la desorganización
administrativa de la metrópoli, y las plagas que cayeron
sobre Islandia llevaron á todos los establecimientos sus
funestos resultados, empezaron los colonos á replegarse
hacia la madre patria, ó se fundieron con los naturales del
país; aunque sea exactamente verídico que estas razas,
al encargarse los ingleses después del siglo XVI de la colonización de estas partes, las encontraron en un estado primitivo de pureza, sin el menor indicio que hiciese sospechar el más ligero cruzamiento con la raza europea.

¿Qué causas tan poderosas influyeron en la destrucción
de las colonias groenlandesas y motivaron en Europa el
olvido de su existencia?

Uno de los hijos más ilustres de la isla de Cuba, don
Antonio Bachiller y Morales, cuyos estudios acerca de las
antigüedades americanas son bien conocidos, asegura
que la primera causa de la despoblación de Islandia y de
Groenlandia fué la peste ó *muerte negra* que desoló el
Norte durante los años 1347, 1348 y 1349, y el resto de
la Europa en 1350. No quedó en Islandia una persona
para que hiciera la relación de los estragos causados. Las
relaciones que se escribieron después, dicen que sólo se
salvaron algunas familias que se refugiaron sobre las costas, y que las llanuras estaban, durante la peste, cubiertas
de densas nieblas. La Dinamarca, que también sufrió el
azote, no pudo enviar colonos oportunamente. Fué tan

funesto el mal en Groenlandia, que hasta las raíces de los árboles padecieron; si bien Mr. Crantz dice que no debe confundirse este hecho con el que resultó del horroroso invierno que sufrieron aquellas partes en 1309. Cita luego el testimonio de autores serios que confirman otras calamidades no menos espantosas que contribuyeron á la ruina y despoblación de Groenlandia, atribuyendo, por último, á los salvajes esquimales la destrucción completa de las colonias scandinavas, para terminar diciendo que al abandonar Europa la memoria de la Groenlandia, olvidó por completo las tierras de América, que no volvieron á figurar hasta el inmortal descubrimiento de Colón.

Pero esta afirmación no es rigurosamente exacta. Otra raza de marinos, tanto ó más audaces y arrojados, si bien menos crueles y piratas, que los mareantes del Norte, al visitar la parte septentrional del continente americano, dejaron á las futuras generaciones testimonios elocuentes de su paso por el país.

CAPÍTULO II

os vascos, adiestrados desde tiempo inmemorial en la navegación y en el comercio marítimo, construían en sus astilleros las mejores y más sólidas embarcaciones, en cuyas fábricas eran verdaderos maestros, pues contaban con todos los elementos que requerían estas clases de industrias. Con tales naves, familiarizados con los peligros de un mar inconstante y turbulento, llegaron en sus viajes legendarios, por una parte, á los más remotos y fríos países del Norte, y por otra á las cálidas costas del continente africano, y en sus correrías adquirieron cabal conocimiento de los mares y costas más distantes, y noticias de los productos de cada región, objeto de su activo comercio. Así, pues, desde época muy remota fueron conocidos en todas partes por su actividad y temidos por su

intrepidez, llegando en muchas ocasiones á celebrar tratados y convenios comerciales sancionados por los reyes
de España, con las principales potencias marítimas del
Océano. (1)

Celosos de su dominio en los mares, su propia intrepidez
les obligaba á realizar las mayores y más atrevidas empresas, siendo los primeros que se dedicaron á la pesca
de la ballena, cuyo cetáceo, por la horrible monstruosidad
de su cuerpo, infundía pavor á los marineros de todos los
países que evitaban su presencia como el mayor de los peligros (2); y hasta los mismos holandeses, tan duchos en
el arte de la navegación, aprendieron de los vascongados
el método de pescar y dar caza á estos gigantes del
Océano.

»Esta pesca, dicen los propios holandeses, desde mucho
tiempo, estaba entre manos de los vascongados. Entre
ellos había nacido el arte de arponear, y en ellos se encontraban los marineros más intrépidos, que son los que se
necesitan para darla el éxito de que es capaz. Los holandeses aprendieron de los vascongados el rumbo de la
Groenlandia y el estrecho de Davis, el arte de arponear
las ballenas, de extraer el saín y de purificar el sperma-
ceti» (3).

Muchos y dignos de fe son los testimonios que existen
acerca de las navegaciones de vascongados cu los mares árticos, cuyas apartadas costas fueron un tiempo teatro de sus
hazañas, cuando en persecución de las ballenas se dejaban
llevar del rastro hasta conseguir la captura del fenomenal
cetáceo. ¿En qué tiempos visitaron los mares que bañan
las costas de Groenlandia? La razón se pierde en conjetu-
ras, cuando la tradición, con ser tan poderoso auxiliar de
la historia, no se considera en estos tiempos de positivis-

---

(1)   Fernández Duro. —*Disquisiciones naúticas.*—Madrid, 1881.—Libro **VI**,
pág. 283.

(2)   Novo y Colsón.—*Historia de las exploraciones árticas.*—pág. 26.

(3)   *La riqueza de Holanda.* — Tomo I, pág. 263; citado por Fernández Duro
en sus *Disquisiciones naúticas,* pág. 301.

mos y de análisis, suficiente pieza de convición para acreditar la exactitud de un hecho concreto; pero es lógico suponer que estas navegaciones, obedeciendo á un fin esencialmente económico, debieron tener lugar en los prósperos tiempos de las colonias groenlandesas, fundadas por los scandinavos, de quienes aprendieron en sus excursiones los pasos más desconocidos, en una gran parte de las costas del continente septentrional americano; y como el artículo más codiciado en sus operaciones mercantiles era la grasa de ballena y sus despojos, empleados en la industria como uno de sus ramos más importantes, claro es que para las operaciones de extraer estas sustancias, habían por necesidad de desembarcar en las costas más cercanas, reunir combustibles y proceder á la manipulación. Estas necesidades les obli gaban á explorar las riberas y dar nombre á los puntos que visitaban, y si por la índole del tráfico y de la profesión, veíanse obligados á abandonar los lugares sin levantar casas, ni señalar residencia fija, dejaron, sin embargo, con los nombres que imponían á estos lugares, nombres repetidos de una en otra generación hasta nuestros tiempos, los más elocuentes testimonios de la exactitud de estos hechos.

Visitadas en estas correrías las costas de Terranova, y encontrando en los bancos que las han hecho célebres, inagotable manantial de riqueza, fijaron allí su situación ocupados en explotarla; y el *bacallao*, voz genuinamente vascongada con que se conoce el vulgarísimo *Gadus morhua* desde el siglo XV, prueba que estos marineros fueron los primeros que lo dieron á conocer con tal nombre; y la misma importancia de este ramo de producción obligó á los reyes en el siglo XVI á expedir cédulas, por las cuales concedían ciertas prerrogativas á los marineros de la provincia de Guipúzcoa que se dedicaban á la pesca del bacalao.

Estos privilegios, generalmente reconocidos por todas las potencias marítimas, afirmaron á los vascongados en el derecho casi exclusivo de pescar en los bancos de Terranova, hasta que á mediados del siglo XVII, y cuando Inglaterra, primero, y Holanda, después, lograron conseguir por todos los medios, incluso el de la piratería y el despojo, nutrir en poco tiempo su comercio con la savia de las riquezas de España, y especialmente de sus Indias, y sa ieron de la impotencia é insignificancia política en que habían siempre permanecido, hasta el punto de no poder la una sustentar quince navíos de guerra y dos pataches con que vigilar sus costas, al paso que la otra, carecía de recursos para sostener la guarnición de sus siete principales plazas fuertes ó presidios, una compañía de caballos y ocho navíos de poca altura para guardar las suyas (1); les obligó el propio interés á fijar su atención en los bancos de Terranova, cuya explotación exclusiva ambicionaban, y poniendo en duda la prioridad, por todos reconocida, del descubrimiento y usufructo por los vascongados, dieron lugar á que éstos abrieran largas y prolijas informaciones, por las cuales probaron la legitimidad de sus derechos.

Claro es que los vascongados no descubrieron la isla de Terranova ni las costas adyacentes, en las cuales se habían establecido los scandinavos con gran anticipación, ni contribuyeron por tanto al progreso de la geografía por estas partes; pero descubrieron en cambio un filón de riqueza inagotable, que ha venido sin interrupción explotándose, aun después de abandonadas aquellas partes por sus primitivos descubridores. Y, cuando en Europa había caído el recuerdo de estas tierras en el más profundo olvido, los marinos españoles del Cantábrico, entre los que se distinguían los guipuzcoanos, no sólo conservaron el recuerdo de aquellas pesquerías, sino que mantuvieron temporalmente abierto un camino entre España y el continente septentrional americano muchos años antes del descubrimiento del inmortal Colón.

---

(1) Informe manuscrito de autor anónimo, hecho en 9 de Febrero de 1630 á petición de S. M. sobre la paz que se trataba entonces entre las coronas de España é Inglaterra.

La actividad y el genio mercantil de los vascos no se limitó, sin embargo, ni tuvo un exclusivo campo de acción en los mares del Norte; los ricos productos de las zonas tropicales fueron también objeto de su codicia, y con el conocimiento de estos nuevos veneros de riqueza, resolvieron, sin pensarlo, con los andaluces, el discutido problema de la habitabilidad de la zona tórrida.

Descubiertas en las postrimerías del siglo XIV las islas Canarias, los progresos geográficos á lo largo de la costa occidental de África fueron ya repetidos; y los portugueses, estimulados con el ejemplo de sus vecinos los andaluces, y más que todo, por la codicia que despertaran los productos fabulosos de la India, ponderados en relaciones de atrevidos viajeros, ʿy en informaciones de embajadores enviados al Oriente cerca de las cortes de Bayaceto, del Preste Juan y del Gran Tamorlán, cuando ya en el Occidente de Europa iban con el aniquilamiento rápido del imperio musulmán en España, escaseando estos productos, cuyo monopolio había pasado desde la península ibérica á los venecianos y genoveses realizando pingües ganancias, concibieron los lusitanos la idea de encontrar con el límite del África, el camino que los condujera sin transbordos ni dificultades á las riquísimas regiones de la India .

La comunicación más fácil y directa con los países del Oriente, cuyas riquezas despertaron ideas peregrinas y atrevimientos asombrosos, he ahí la ambición de los pueblos mercantiles del Occidente, y el génesis del pensamiento de Colón.

En poder de D. Juan I de Portugal la plaza de Ceuta, la más rica y comercial población de Marruecos, á cuya rendición no contribuyeron poco las dotes de talento y energía del infante D. Enrique, tercer hijo del preclaro monarca lusitano, dedicóse este príncipe durante el tiempo que ejerció el gobierno de la recién conquistada ciudad á los estudios árabes; aprendió su lengua, leyó sus libros y estudió sus monumentos científicos; oyó á sus sabios, á sus cosmógrafos y no desdeñó las teorías de los que á la sazón pasaban por los más sabios é ilustrados de la época. (1).

Terminado su gobierno y restituído á la metrópoli, un pensamiento vasto concibió la mente del infante: adelantar, extender los conocimientos geográficos, descubrir tierras, sorprender los secretos de los mares, dilatando con nuevos dominios los límites del reducido imperio lusitano; dilatar y propagar la religión cristiana, como maestre que era de la Orden de Cristo, y enriquecer el comercio de su país con nuevas y más valiosas mercaderías.

En la parte más meridional y occidental del reino lusitano, conocida con el nombre de cabo de San Vicente, muy cerca del mar, en un paraje agreste, selvático y solitario, azotado por los vientos y batido de continuo por las olas, ora mansas y murmurantes, ora rugientes y atrevidas, cuyo lugar prestábase muy bien á las observaciones astronómicas, á los estudios científicos y á las prácticas de la navegación, estableció el infante D. Enrique su morada y una escuela de cosmógrafos y mareantes. Dotó esta escuela con los sabios más renombrados de Europa, y á ella acudieron mallorquines y catalanes, alemanes é italianos, judíos, árabes y portugueses.

Á los sordos gemidos del Océano, al murmullo vago de las olas ó á los furores de la tempestad, día y noche estudiaban aquellos maestros precursores de acontecimientos asombrosos, en los libros y en los mapas, procurando también penetrar los misterios del cosmos en el curso de las estrellas.

Todo cuanto escribieron los antiguos, cuanto sabían los árabes, cuanto enseñaban los viajeros europeos se examinaba y discutía por aquella asamblea de sabios, estimulados de día en día á la vista de las naves venecianas, genovesas y catalanas, que, repletas de las ricas mercaderías

---

(1) En esta relación sigo las opiniones del Sr. D. J. M. Pereira da Silva en las eruditas conferencias publicadas en la ciudad de Río Janeiro intituladas: *Christovam Colombo e o descobrimento da América.*—1892

de la India, de Egipto, de Siria y Constantinopla, dobla-
ban el cabo de San Vicente, para buscar en el Occidente y
Norte de Europa los mercados de Francia, de Inglaterra,
de Alemania y de Flandes.

En el areópago de Sagres, dirigido por D. Enrique, es-
tudiáronse casi todas las cuestiones más importantes relativas á la navegación, y se procuró dar solución á los problemas que habían hasta entonces impedido los progresos
de la geografía, de la naútica y de la astronomía. Allí se
discutió la existencia de la Atlántida de Platón y de Aristóteles, la de las tierras Afortunadas, cuyo descubrimiento
envuelto en la sombra de la tradición, se atribuía á los
fenicios; la de las Siete Ciudades ó de San Borondon, las
cuales figuraban en muchas cartas geográficas de la época;
la posibilidad de cruzar el mar tenebroso en la región de
la zona tórrida, considerada inaccesible é inhabitable: las
teorías de Plinio, de Ptolomeo, de Strabón y de Averrohes,
fueron también objeto de un estudio prolijo.

Resuelto el Infante á llevar á la práctica los conocimientos teóricos adquiridos en tan singular escuela, consideró
oportuno iniciar los descubrimientos, siguiendo por la
costa de África el camino que se proponía buscar para las
regiones de Oriente; pero no sólo tuvo que luchar con las
preocupaciones de la gente marinera, sino que también
estuvieron á punto de estrellarse sus propósitos en la escasez de recursos. Obvió la primera dificultad, compro-
metiendo para dirigir las expediciones, á los marinos que
más confianza y popularidad gozaban entre la gente mareaute, y que más se habían distinguido por sus estudios
y por sus conocimientos científicos, con cuya garantía consiguió reunir equipaje suficiente para dotar las primeras
y no muy fecundas expediciones. Para subvenir á las atenciones que reclamaban estas empresas, vióse también obligado á empeñar las rentas de su ducado de Viseo y las del
maestrazgo de la Orden de Cristo que administraba.

Como resultado de tantos y tan inauditos esfuerzos,

en 1418, Zarco y Tristán Díaz, engolfándose en el Océano descubrieron las islas de Porto Santo y la Madera, y algunos años después, en 1431 halló Gonzalo Velho el archipiélago de las Azores.

Pero más que estas tierras, consideradas como centinelas avanzados del gran campo de maniobras que se proponía invadir, importábale á D. Enrique conocer las costas de África y traspasar el cabo Non, barrera infranqueable á la preocupación popular, porque era idea corriente que al otro lado de dicho promontorio empezaban los peligros del mar Tenebroso. Para ello, luego que en 1433 murió su padre D. Juan I, consiguió el infante del nuevo monarca D. Duarte, que enviase una expedición á la Mauritania, á fin de garantizar por tierra la posesión de toda la costa del África. Ya sabemos el fin que alcanzó esta malograda expedición: derrotados los portugueses en Tánger, y preso de los moros el infante D. Fernando, que murió en Fez en medio de los más atroces tormentos, volvió D. Enrique con los restos del ejército expedicionario en 1437, y se entregó por completo en su promontorio de Sagres al estudio de las ciencias, con ánimo de perseverar en las luchas con el Océano.

Nave portuguesa del siglo xv.

Su afición á esta clase de empresas le atrajo la enemistad de muchos y el concepto de loco; pero firme en su idea de encontrar por aquella vía el camino de la India, consiguió que Gil Eaunes llegase al cabo Bojador, que Nuño Tristán, en 1443, alcanzase el cabo Blanco y Cadamosto en 1449 el cabo Verde ó Senegal, en donde encontraron marfil, oro y otros valiosísimos objetos de comercio. «En la desembocadura del Gambia, descubrieron las islas de Cabo Verde y la de Arguín, donde instalaron su primera compañía para hacer el comercio de esclavos; recorrieron la costa de Guinea, Sierra Leona y el cabo Mesurado, y siempre en seguimiento de la India, doblaron en 1486 el cabo de las Tormentas, que D. Juan II de Portugal nombró de Buena Esperanza, por las grandes que tenía de haber con ello asegurado y serle en adelante fácil de realizar su propósito.» (1).

Las navegaciones, sin embargo, en los mares de Occidente fueron por estos tiempos dificilísimo problema que nadie se había atrevido á resolver, y estaba descartada entre los pueblos marítimos la idea de cruzarlos. ¿Qué significaban, ni qué interés podían despertar, en el supuesto de que permaneciera vivo aún el recuerdo de los descubrimientos fortuitos y ocasionales de noruegos y normandos, países cuyas riquezas no compensaban los gastos de las expediciones? ¿Qué importaba que los hermanos Antonio y Nicolás Zeno, viajeros atrevidos, siguiendo las huellas de los scandinavos, hubiesen visitado las tierras del Labrador en 1381 ó 1390, que aun en esto hay disparidad de juicios, si los resultados, menos importantes que á la geografía, al tráfico comercial y á la industria, no despertaron nunca la codicia de los mareantes?

Negar en absoluto que la idea de la existencia de tierras en la dirección de Occidente flotaba en el espacio, se respiraba, valiéndonos de una figura vulgar, y era en tiempos de Colón preocupación de muchos marineros, que, ó las habían involuntariamente visitado, arrastrados hasta ellas por las corrientes y las tempestades, ó las habían adivinado y presentido por los vestigios que encontraban, cuando desviados de la ruta ordinaria, llegaban á parajes donde

---

(1) Zaragoza. — *Historia del descubrimiento de las regiones australes, hecho por el general Pedro Fernández de Quirós.* — Madrid, 1876. Tomo I, prólogo, página 26.

tales vestigios, consistentes en objetos extraños para los europeos, eran llevados por los vientos y por las olas, es error tan exagerado, como exageradas y gratuitas son las invenciones de los que, interesados en amenguar la gloria de Colón, arguyen con la importancia de estos testimonios, atribuyendo á los viajeros Zenos, al geógrafo Martín Behain, cuando no al pescador y ballenero Juan de Echaide

Nave portuguesa del siglo xv.

ó al traficante y piloto Sánchez de Huelva y á otros muchos, la única, la verdadera gloria del descubrimiento de lo que, con harta injusticia, viene aún llamándose continente americano.

Claro es que estos no definidos descubrimientos, que estas empresas marítimas, casuales unas, y preparadas otras con fin preconcebido y determinado, y sancionadas por cédulas reales, prerrogativas y otras concesiones, fueron los gérmenes fecundísimos del pensamiento de Colón; porque marchando la humanidad hacia adelante por sus pasos contados, en busca de la soñada perfección, sin tropiezos ni saltos, sin dudas ni vacilaciones, sería, pues, atrevido suponer que el descubrimiento de Colón había sido producto de generación espontánea. Nada de eso. Cierto, indudable y en todos los espíritus desapasionados está arraigada la convición en la exactitud de estos viajes; las opiniones de los geógrafos y de los historiadores están contestes, y las teorías de los sabios de la antigüedad iban con lentitud, pero con seguridad, revelándose prácticamente, aunque desnudas de las galas de la poesía y de la fábula; y el mitológico continente de Estrabon, la misteriosa Atlántida de Platón, hundida acaso en los senos del Océano por convulsiones ígneas ó por cataclismos cuyos orígenes han pasado al dominio de la Geología; siendo posible que un gran movimiento orogénico de la época cuaternaria, fuerzas plutónicas y neptúnicas combinadas, han acabado con la existencia de dicha tierra, consumándose la más horrorosa catástrofe que pueda imaginarse (1); las *Hespérides* de los fenicios, las *Fortunatas* de *Homero*, y todas las teorías de los antiguos sabios de Grecia y Roma, de los egipcios y de los árabes, acerca de la existencia de tierras en el Occidente de Europa, fabulosos manantiales de riqueza, donde el oro en polvo brillante se hallaba mezclado con las arenas de sus playas, donde las plantas y las flores, el cielo y el aire, acusaban el bienestar y el disfrute de una primavera eterna; todo esto que Colón había aprendido, pues fué el Genovés uno de los marinos más ilustrados de su época, todo estaba por él descartado; y juzgando á los sabios de la antigüedad equivocados en sus juicios y apreciaciones, en sus opiniones y teorías, suponía, tenía la evidencia de su hipótesis, que estos continentes y estas islas, siendo unos con distintos nombres, no eran ni podían ser sino los que descritos por Marco Polo y demás viajeros

(1) Fynge.—*El Saharasauro, descubrimientos prehistóricos en el África ecuatorial.*—Málaga, 1892, cap. III, pág. 47.

de la India, se adelantaban por Oriente á una distancia que él calculó suficiente para ser salvada, partiendo del Occidente de Europa, en pocos días de navegación. He ahí el error de Colón, pero un error sublime, el único que ha dado á la humanidad las inmensas ventajas que hoy disfruta.

Pudo muy bien tener, y no hay duda que tuvo en cuenta las distintas relaciones hechas por mareantes portugueses y españoles acerca de los vestigios de tierra encontrados en sus azarosas expediciones, pues Colón era hombre que no desperdiciaba ningún dato, por obscuro é inverosímil que fuera, si contribuía á robustecer su pensamiento; pudo muy bien adquirir, y adquirió ¿quién lo duda? en el viaje que hizo á Islandia por el año 1477, noticias ciertas de los descubrimientos de los scandinavos, y acaso, para sincerarse de la verdad se adelantó cien leguas más allá de aquella isla; conocía las relaciones de los Zenos, de los vascongados y de todos los viajeros que por el Norte habían sostenido ciertas relaciones fácilmente olvidadas por el poco interés que ofrecían sus riquezas, donde no existía el oro, las perlas, las piedras preciosas y las ricas especerías; tierras que debían ser continuación, sin duda, de las que él se proponía descubrir en otras latitudes, donde correspondían las fantásticas descripciones de Marco Polo y de Mandeville; apreciaba los conocimientos del célebre geógrafo y viajero Martín Behain y consultaba al no menos célebre geógrafo florentino Pablo del Pozzo Toscanelli. Todo este caudal de datos y noticias, aquilatados en su buen juicio, convencíanle más y más en la eficacia de su idea, dió forma al pensamiento y lo planteó con resolución inimitable. ¿Puede dudarse ni por un momento siquiera, que Cristóbal Colón poseyó gran parte de los conocimientos geográficos y astronómicos de su época?

La energía y el espíritu mercantil de los pueblos del Norte, trasladóse á las costas de la península Ibérica, y el entusiasmo por los viajes de exploración á lo largo de

Africa crecía entre los andaluces y portugueses, á medida
que una regular ventaja en sus transacciones mercantiles
con los pobladores de las Canarias, de las Azores y la Madera, y sobre todo con los indígenas del continente vecino,
estimulaban estos entusiasmos. Esto, sin embargo, el interés de los portugueses no se circunscribía á la sola explotación de estas riquezas; un pensamiento más vasto los

Nave portuguesa del siglo xv.

animaba, y á la iniciativa del infante don Enrique, á sus
aficiones por la náutica, á su claro talento y espíritu orga
nizador, se deben los adelantos que por aquellos tiempos
alcanzaron el arte de navegar y la ciencia náutica.

El *Cabo Non* era el límite conocido del mundo africano,
y á descubrir nuevos horizontes al otro lado de este límite
se subordinaron las dos expediciones navales enviadas
en 1419; y desde este momento fueron innumerables los argonautas portugueses que, bien por cuenta propia, ó bien
autorizados con reales despachos y prerrogativas, hicieron
teatro de su actividad y osadía no sólo las costas del conti-

nente, sino que poblando los archipiélagos vecinos y manteniendo un comercio activo con la metrópoli, pusieron los jalones, señalando el camino de futuras y más importantes conquistas.

Más que la fama de estos descubrimientos, las ventajas comerciales que proporcionaban, extendióse bien pronto por Europa, y los marinos de las riberas del Mediterráneo, especialmente los venecianos y genoveses, monopolizadores de los perfumes, de las especias, de las plantas medicinales, del oro y piedras preciosas de la India, sin abandonar este comercio tan lucrativo, acudieron á las costas de la península Ibérica, y sentando importantes colonias sus reales en Cádiz y Sevilla, en Lisboa y Cintra, fomentaron los descubrimientos y con ellos la riqueza de su comercio.

Los mares de Occidente, en una extensión de algunos cientos de millas, veíanse constantemente surcados por embarcaciones portuguesas y españolas. Íbase poco á poco olvidando, á medida que adelantaban en tales empresas, la idea terrorífica, arraigada desde tiempo inmemorial entre los marineros, acerca de la tenebrosidad de estos mares, inaccesibles á la navegación; y el espíritu osado de aquellos marinos ayudaron al inmortal Colón á descorrer el velo sombrío de las consejas y supersticiones, y replegándolo hácia los opuestos polos del globo terráqueo, mostraron á los preocupados pueblos del mundo antiguo, los luminosos horizontes que bañaban de resplandor las fértiles regiones de un nuevo mundo.

CAPÍTULO III

LGUNOS puntos de Italia se han disputado la honra de tener por hijo á Cristóbal Colón. Nervi, Hervi ó Nervio, Cugureo, Bugiasco, Saona, Placencia, Cuccaro, Cologueto ó Cogolleto, pueblos unos de Genovesado y otros de Liguria ó Monferrato, y hasta Calvi, en la isla de Córcega, han pretendido varios escritores que fuese el lugar donde nació el descubridor del Nuevo Mundo; pero ninguno ha podido destruir el testimonio del mismo Colón, quien en su testamento, otorgado el año 1498 (1), dijo ser natural

(1) En Sevilla, á 22 de Febrero, ante el escribano público Martín Rodríguez: *Que siendo yo nacido en Génova les vine á servir* (á sus Altezas) *aqui en Castilla.*

de Génova, donde nació hacia el año de 1436 de Dominico ó Domingo Colombo y de Susana Fontanarosa; bauti-
zándose según datos más verosímiles, en la parroquia de
San Esteban, que comprendía la parte extramuros de la
ciudad, en donde estaba situada la casa de sus padres (1).

Fué el mayor de los cuatro hermanos que menciona la
historia, Bartolomé, Diego y Blanca, porque de Juan Pe-
legrino, el primogénito, nada que merezca la atención
dicen los documentos de la época.

Todavía no están de acuerdo las opiniones acerca del
origen de esta familia: unos la dan abolengo antíquísimo,
y la suponen enlazada con casas de antigua nobleza italiana, haciéndola descénder del noble tronco de los *Colom-
bos* placentinos; y otros, por el contrario, aseguran que el
apellido Colombo ha sido y es allí muy común, como común es en Cataluña y Valencia, y que el oficio de tejedor
de paños ó cardador de lanas, con que se la conoce, acusa-
ba en Italia, como todos los oficios manuables, la humildad
de su origen. Nacido, pues, entre las filas del pueblo, bri-
zado por manos y con cánticos populares, sencillos, pero
tiernos y dulcísimos, educado en la escuela de la desgracia, que es también la de la virtud, Cristóbal Colón fué
más noble y más grande que muchos de los grandes y nobles de su tiempo (2).

Nada cierto se sabe tampoco acerca de la educación que
Domínico Colombo pudo dar ó dió en realidad á sus hijos;
ni se ha comprobado aún la versión ya popular de si fre-
cuentó en sus primeros años las aulas de la universidad

Y en una de las cláusulas recomienda á su primogénito que ordene una renta con
que pueda vivir honestamente una persona de su linaje, que sea natural de dicha
ciudad y tenga allí pie y raíz, *pues que della sali y en ella naci.* Á este testimonio
con ser tan respetable, le quita autoridad un documento recientemente publicado
en forma de opúsculo por D. Francisco Uhagon, con el título: *La Patria de Colón,
según los documentos de las Ordenes mliitares.*—Madrid, 1892, en el cual se demuestra ser Saona el lugar donde nació el célebre navegante.

(1) *Cartas de Indias.*—Madrid 1877.
(2) Rodríguez Pinilla.—*Colón en España.*—Estudio *Histórico.*—Madrid, 1884.—
cap. I, pág. 54.

de Pavía. La lógica aconseja á suponer que, pues, el oficio no podría producir sino lo estrictamente necesario para atender á las más urgentes necesidades de la vida, debió Domingo Colón asociar, como asoció en efecto, á sus hijos al trabajo manual que él cultivaba. En tal concepto, la educación literaria de Cristóbal fué, en sus primeros años por razón de economía, muy descuidada, si bien, luego, en la edad viril se aficionó de tal modo al estudio de las matemáticas, de la geografía y de la historia que, «cuando se recuerdan su vida y sus viajes, desde la edad de 14 años, á Levante, á la Islandia, á la Guinea y al Nuevo Mundo, no puede menos de causar sorpresa la extensión de conocimientos adquiridos por un marino del siglo XV. En su carta á los Reyes Católicos, escrita desde Haiti en 1498, y en medio de la situación más embarazosa, cita en una sola página á Aristóteles y á Séneca, á Averrhoes y al filósofo Francisco de Mairones; y los cita, no por hacer vana ostentación, sino porque sus opiniones le son familiares, y se le ocurren al escribir algunas páginas, en las que la naturalidad del estilo y la misma incoherencia de las ideas están demostrando la extremada rapidez de la composición» (1). Esto mismo da la norma de cómo se han de apreciar las opiniones que corren acerca de la educación literaria recibida por Cristóbal en la universidad de Pavía; teniendo, además, en cuenta que á pesar de haber nacido y pasado su juventud en Italia, poseía muy mal el idioma nativo, y el latín lo escribía con bastante incorrección, al revés del castellano, en el cual, á pesar del estilo ampuloso y amanerado, á veces, que empleaba en sus cartas y relaciones de viajes, se producía en otros escritos con cierta elegancia, que acredita el estudio que hizo de nuestro idioma, leyendo los autores españoles.

La circunstancia de haber nacido en un puerto de mar

(1) A. Humboldt. *Exam. critiq. ds la Hist de la Geographie du Nouveau continent.*, t. II, citado por Pinilla.

fué el mayor estímulo que le obligó á abandonar el oficio de su padre; y al entregarse por completo á la vida activa del marino, se acostumbró desde muy niño á despreciar los peligros que suele ofrecer el líquido elemento. «Su vocación y su destino le llamaban al mar. El espectáculo conmovedor de las tempestuosas olas, la agitación que produce el movimiento y la vida de un puerto, el trato frecuente con gentes que afrontan imperturbables las iras del formidable elemento, la curiosidad de su espíritu siempre despierto, debían ser, y fueron en efecto, para el joven navegante, otros tantos incentivos de su vocación», pudiéndose asegurar, sin ningún género de duda, que desde la infancia arranca su condición de marino, en cuya vida, sembrada de peligros, aficionóse á estudiar todos los fenómenos que su carácter observador encontraba en su larga y por muy cortos intervalos de tiempo interrumpida carrera marítima, aplicando al arte de la navegación los conocimientos que adquiría en la lectura de los autores antiguos y coetáneos. Su educación científica debió empezar y empezó, seguramente con su primera expedición marítima; desde entonces sintióse su alma dispuesta á recibir los secretos de la naturaleza, á medida que se saturaba con el consolador beneficio del saber. Así, y no de otro modo, debe pensarse para no incurrir en las exageraciones de la fábula, al tratar de la historia de los primeros años de la vida de Colón.

Desde la edad de catorce años empezó á navegar (1), «y si el mismo arte inclina, á quien lo prosigue, á desear saber los secretos de este mundo», como luego decía él mismo á los Reyes Católicos, fácilmente comprenderá el lector que los conocimientos teóricos de que dió después gallardas muestras, los fué adquiriendo á medida que la práctica los corroboraba.

(1) *Historie del Signor don Fernando Colombo, nelle quali s'ha particolare e vera relacione della vita é dei fatti del'Ammiraglio don Christoforo Colombo, suo padre...* In Venetia, 1571, fol. 9.

Ya en el mar, los primeros años de su aprendizaje, debió efectuarlos en los numerosos buques mercantes que salían del puerto de Génova, centro entonces, el más

Nave del siglo XV.

activo en movimiento mercantil del Mediterráneo; hasta que en el año de 1460, y cuando apenas contaba veinticuatro de edad, pasó al servicio del rey Renato de Anjou (1) en ciertas naves con que la República de Gé-

(1) *Histoirie des republiques italiennes du moyen-âge*—Sismonde—Sismondi—París, 1840, tomo VI.

nova auxilió á aquel monarca en la guerra que sostuvo contra sus enemigos. En esta guerra marítima se nos presenta por primera vez como capitán mandando una nave, y en ella á pesar de su corta edad, no sólo dió gallardas muestras de los especiales conocimientos que ha de poseer todo buen marino en el manejo y dirección de su barco, sino que con un acto de osado atrevimiento demostró la bravura é intrepidez de su espíritu nacido para empresas más superiores. Sorprendió con su barco en las aguas de Túnez una escuadra enemiga y con el atrevimiento propio del más consumado pirata apresó una galeaza, valiéndose, para arrastrar en esta empresa á su gente, que temía la superioridad del enemigo, de un ardid ingenioso, que revela lo que se podía esperar de aquel hombre superior (1).

Terminado en 1463 el compromiso que le retuviera al servicio de Renato, es de suponer que continuó la vida del mar, ora sirviendo á sueldo en las naves de la República, ora tomando parte en las empresas mercantiles, ya que por entonces las expediciones científicas no tenían tal carácter ciertamente, y mucho menos las que partían del puerto de Génova.

Pero, aunque no desperdiciaba Colón las ocasiones que se le ofrecían de servir en las empresas mercantiles sostenidas principalmente entre puertos del continente europeo, se fué aficionando á las expediciones marítimas de descubrimientos, que ofrecían el doble carácter económico-

---

(1) En la *Historia de las Indias* del P. Las Casas, tomo I, pág. 48, se inserta la carta que envió Colón á los Reyes Católicos desde la Española en Enero de 1495, en la cual refiere este hecho como sigue: «A mí acaeció que el Rey Reinel, que Dios tiene, me envió á Tunez para prender la galeaza *Fernandina*; y estando ya sobre la isla de San Pedro en Cerdeña, me dijo una Suetia que estaban con la dicha galeaza dos naos y una caravaca; por lo que se alteró la gente que iba conmigo, y determinaron de no seguir en el viaje, salvo de revolver á Marsella por otra nao y más gente. Yo visto que no podía sin algún arte forzar su voluntad, otorgué su demanda, y mudando el cabo de la aguja di la vela al tiempo que anochecía, y otro día al salir el sol estábamos dentro del cabo de Carthagine, teniendo todos ellos por cierto que íbamos á Marsella ...»

militar más propio de sus aficiones y espíritu emprendedor.

Por otra parte, el comercio con el Oriente hacíase con poca actividad, por los obstáculos naturales que ofrecían á la rapidez de las comunicaciones los transbordos de las mercaderías: los productos de la India, objeto de aquel comercio, eran cada día más codiciados en Europa, y aunque la falta de medios para la más rápida y fácil comunicación con aquellas regiones, fantaseadas ya en las relaciones de atrevidos viajeros, como Marco Polo, Nicolás de Conti y Mandeville, eran desgraciadamente bien apreciados, no se podía, ni era fácil encontrar en aquella dirección un camino más corto y expedito que pusiera en contacto, con la rapidez que exigía el espíritu mercantil de la época, los productos de ambos extremos.

Á la resolución de este importantísimo problema dedicó Colón su actividad y la energía de su carácter emprendedor y atrevido; navegó en todos los mares entonces conocidos; observó los distintos fenómenos que herían su imaginación, estudiándolos con su peculiar tenacidad; preguntó y adquirió noticias en todas las partes donde tocaba su barco sobre las que tuvieran con pueblos más distanciados y apuntaba todas sus observaciones, confrontándolas con las noticias, con que enriquecía su poderosa imaginación, adquiridas en los libros de historia y de geografía. Con estas prácticas robusteció las teorías cosmográficas é históricas de Eneas Silvio Piccolomini, Papa que fué con el nombre de Pío II (1), de Estrabón, Pedro de Alyaco (2), Marco Polo y Nicolás de Conti, sus autores favoritos, á quienes se permitió enmendar muchos conceptos, como se observa en las márgenes y guardas de los libros que

(1) *Historia rerum ubique gestarum.*—Venettis, per Johannem Matheu de Gerretzem, anno millessimo: CCCCLXXVII.—Las márgenes de este libro están llenas de notas puestas por el mismo Colón.

(2) Cardenal Pedro de Ailly, conocido comunmente por *Alyaco*, escribió un libro titulado *Imago mundi.* El ejemplar que perteneció á Colón cuyas márgenes están también llenas de notas, no dicen dónde ni en qué año fué impreso.

fueron de su uso; por la lectura de estos autores y por la
de otros que le eran igualmente familiares, conoció la esferoicidad de la tierra; averiguó, como entonces podía ave-
riguarse, por deducciones arbitrarias, fundadas en las teorías de Ptolomeo, seguidas por el florentino Pablo del Pozzo
Toscanelli, el volumen del globo terráqueo, y esto conseguido, arguyó racionalmente pensando que, siendo la tierra esférica, no era, pues, difícil encontrar navegando por
Occidente las ricas y fabulosas regiones del dominio del
Gran Kan.

Apoyado en esta teoría y en la base errónea del volumen del globo terráqueo, dedujo que la distancia que
mediaba entre el Occidente de Europa y el Oriente de
la India, era, por su poca extensión, fácil de recorrer
en breves días.

Estas ideas, embrionarias en su origen, fueron desarro-
llándose luego á medida que las alimentaban las noticias
de todas suertes que fué adquiriendo acerca de vestigios
encontrados en los mares frecuentemente cruzados por los
marinos portugueses, consistentes en objetos de madera
toscamente labrados, representando figuras extrañas; en
gruesas cañas de tan extraordinario diámetro, que en
uno solo de sus canutos podían alojarse hasta tres azum-
bres de agua; y en los rumores que corrían entre los
marineros de haber sido hallados sobre las playas de las
Azores, después de grandes temporales del Noroeste, algunos cadáveres de rostros extraños en nada parecidos al de
los europeos ni africanos. Estimulado, pues, con estas y
otras noticias, preocupóse su espíritu de tal suerte que lo
que fué al principio nebuloso y embrionario adquirió con
las investigaciones de toda especie un extraordinario desarrollo, tanto como necesitaba para llevar sus ideas al
terreno de la práctica; porque el deseo de encontrar por
Occidente un camino más corto y expedito que facilitase
las transacciones mercantiles con los pueblos de la India
fué la eterna preocupación del inmortal navegante.

No puede fijarse con exactitud el año á que corresponde el arribo de Colón á las playas de Portugal, con el propósito deliberado de permanecer entre los lusitanos, y tomar parte activa en sus expediciones; y si por entonces había ya madurado el pensamiento que pudo germinar en su cerebro acerca de la unión que pretendía establecer por Occidente con los dominios del Gran Kan. Dícese, aunque esta versión no se ha podido confirmar, que allá por el año de 1470 navegaban cerca de las costas de Portugal, entre Lisboa y el cabo de San Vicente, cuatro galeras

Carabela del siglo xv.

venecianas cargadas de ricos géneros procedentes de Flandes, y al encontrarse con una escuadra genovesa, que hacía crucero en aquellas aguas, al mando de un archipirata famoso llamado *Colombo el joven*, de cuyo equipaje formaba parte su deudo Cristóbal Colón, se embistieron las dos armadas; de resulta de un combate parcial entre el barco que guiaba Colón y otro enemigo incendiáronse los dos en lo más recio de la lucha, y para no perecer entre las llamas del incendio, confiaron los combatientes sus vidas á las olas. Al arrojarse Colón al mar se amparó de un madero ó remo, sobre el cual se sostuvo, y empujado por las olas hacia la playa, tocó en ella exánime de cansancio y fatiga, en donde los humanitarios ribereños le prodigaron toda clase de auxilios. Esta versión, que no tiene otra autoridad que la que le presta la primitiva historia de estos sucesos, atribuída, acaso con ligereza, al hijo de Colón, D. Fernando, ha sido entre los críticos objetos de controversias, por la importancia que tiene para la apreciación de sucesos posteriores; habiéndose ya demostrado que el aludido combate naval sostenido por las dos escuadras, genovesa y veneciana entre Lisboa y el cabo de San Vicente, tuvo lugar en 1485 (1), en cuyo año se encontraba ya Colón en España.

Lo que se deduce por lógica consecuencia, sentada ya la premisa relativa á las ideas que germinaban en la frente de Colón es, que, siendo entonces Portugal la escuela en donde se formaban los más sabios y atrevidos navegantes, y el centro de donde partían las expediciones marítimas que nos dieron á conocer las occidentales costas del África, no pudo Colón sustraerse á la influencia de estos descubrimientos, y arrastrado por la fama de ellos, llegó á Portugal, pensando encontrar en este país el único campo de acción en donde poder desenvolver su pensamiento, hasta encontrar la oportunidad de ofrecerlo á un hombre de prestigio y autoridad bastante que lo apadrinase. Él mismo, sin que tengamos necesidad de acudir á hipótesis más ó menos ingeniosas, nos da la fecha exacta de su arribo á las playas portuguesas en una carta dirigida al Rey Católico, en la cual manifiesta que en los catorce años que allí estuvo no pudo hacer entender al rey D. Juan II el proyecto que sustentaba, cuyos catorce años nos da el tiempo

(1) Harrisse.—*Don Fernando Colón, historiador de su padre. Ensayo crítico.* Sevilla por D. Rafael Tarascó, 1871, páginas 63 y siguientes.

Fernández Duro—*La nebulosa de Colón, según observaciones hechas en ambos mundos, etc.* Madrid, 1890. En una de las notas con que ilustra este importantísimo trabajo crítico, dice el Sr. Fernández Duro: «Los despachos del Dux de Venecia al Embajador Jerónimo Zorzi, y las relaciones de Mariano Sanuto y Domenico Malipierro, señalan para el combate la fecha 21 de Agosto de 1485.»

exacto que permaneció en el vecino reino, desde 1470 á 1484 en que vino á España.

Tanto como á lá afabilidad de su carácter á los conocimientos náuticos que poseía, fueron debidas las valiosas relaciones que consiguió adquirir Colón entre los marinos de Lisboa que más se distinguían por la fama de sus atrevidas empresas. Entre éstos encontrábanse muchos genoveses, paisanos suyos que, como él, acudían á la Meca entonces de sus aspiraciones, ya en concepto de comerciantes, bien como especuladores aventureros.

Durante los primeros años de su permanencia en la capital del reino lusitano, debió hacer Colón una vida sedentaria, procurándose en el comercio y en las copias de planos y cartas geográficas, en las cuales era muy habilidoso, aunque no poseamos ningún testimonio de esta habilidad, los recursos necesarios para atender á las más apremiantes necesidades de la vida. Dedicado con más libertad al estudio y á las investigaciones geográficas, mantuvo desde allí activa correspondencia con algunos sabios ilustres de su época, á los cuales consultaba las dudas que se le ofrecían, y sometía á su parecer la solución del problema que pensaba plantear.

Por este tiempo contrajo relaciones amorosas con una dama descendiente de hidalga familia portuguesa, llamada Doña Felipa Muñiz de Perestrello, á la cual conoció en el colegio de Todos los Santos de Lisboa, como pensionista que era de este establecimiento, y al que Colón, como buen cristiano, acudía con frecuencia á oir los divinos oficios. Cristóbal Colón, que era de hermosa y varonil presencia y de porte muy honrado, cautivó la atención de la dama portuguesa, á cuyos encantos mostróse sensible, quizá por primera vez, el corazón del marino. Estas relaciones, santificadas poco después con el matrimonio, le facilitaron medios de cultivar las amistades de otros personajes de fama notoria; ensanchó el círculo de sus relaciones, entre las cuales hallo nuevos datos y noticias que comprobaban las que había adquirido acerca de la proximidad de tierras en la dirección de Occidente.

Eran por este tiempo del dominio público las noticias comunicadas por Toscanelli á su amigo el canónigo portugués Fernando Martínez, sobre la existencia de tierras riquísimas á una distancia relativamente corta en la dirección de Occidente. Aseguraba Toscanelli á su amigo, que era cierto el *brevísimo camino que hay de aquí á las Indias, donde nacen las especerías, por la vía del mar, el cual tengo por más corto que el que hacéis á Guinea.* Insistía sobre este importantísimo asunto, estimulando con nuevos datos gráficos las aficiones del canónigo y consejero portugués, invitándole á proseguir los armamentos, siguiendo invariablemente el itinerario que señalaba en una carta de marear (1).

Por virtud de tales informes, muchos armadores portugueses concertaron tratos y capitulaciones con Alfonso V, mediante las cuales adquirían ciertos derechos sobre las tierras que descubrieran. Pero no fueron ciertamente muy afortunadas estas empresas en sus investigaciones oceánicas, ó no les merecían gran confianza los vaticinios del geógrafo de Florencia, porque malográndose unas, y desesperanzadas otras de encontrar en la inmensidad del Océano las tierras que demandaban, volvían al puerto fatalmente convencidos de la inutilidad de tantos sacrificios.

Esto no obstante, los fenómenos observados por algunas de las muchas expediciones, desviadas de la ruta ordinaria cuando en seguimiento de la costa de África eran arrastradas por los temporales en las inmensidades del Océano, eran indicios evidentes, aunque mal comprobados y definidos en las azarosas navegaciones, por mares inexplorados, que sostenían en el espíritu público la duda acerca de la existencia de países tan ricos como difíciles de alcanzar. En su misma nueva familia halló Colón testimonios

(1) Fernández de Navarrete. — *Coleccion de los viajes y descubrimientos que hicieron por mar los españoles desde fines del siglo* XV.—Segunda edición. Madrid, 1859, tomo II.

comprobantes de las distintas versiones que corrían acerca de aquellos fenómenos. Bartolomé Perestrello, padre de doña Felipa, y suegro por tanto de Colón, había sido, entre los atrevidos navegantes portugueses, uno de los más audaces descubridores, por cuyos servicios le fué dada en usufructo la isla de Puerto Santo, del grupo de las de la Madera, descubierta por él. Á la muerte de Perestrello pasó la administración de la colonia á manos de Pedro Correa, hermano político de Felipa; con ella heredó Correa, que también fué valiente y entendido marino, todos los papeles, cartas de navegar y relaciones de viajes de su suegro, de los cuales tomó Colón cuantos datos y noticias consideró pertinentes, para robustecer sus propias teorías (1); hizo varios viajes de carácter económico hasta los límites de las tierras descubiertas por los portugueses; visitó los puntos de la costa de África más fáciles al trato y comercio; tocó en las islas Canarias, Madera, en donde vivió por algún tiempo, y Cabo Verde, y en esta serie de viajes y trato frecuente con sus colegas, observó muchos fenómenos y adquirió noticias, fantásticas unas y otras verosímiles, pero todas ellas consideradas por él como comprobantes próximos ó remotos del plan que meditaba.

«Preciso es considerar—dice un sabio escritor (2)—que si el pensamiento de navegar la parte desconocida de los mares que se extienden entre las Indias y la Europa, y conocer en toda su extensión la redóndez de la tierra, había nacido en la alta inteligencia de Colón mucho tiempo antes; si lo había meditado constantemente; si lo robustecía cada vez más con sus cálculos y estudios, en Lisboa adquirió las mayores proporciones, lo convirtió en proyecto formal práctico y demostrable y adoptó la resolución de llevarlo á término».

Por el año de 1477 tuvo ocasión de verificar las más lar-

---

(1) Navarrete—*Colección de los viajes* etc., t. I.—Introducción—pág. 83.
(2) Asensio.—*Cristóbal Colón, su vida, sus viajes y sus descubrimientos.*—Barcelona, 1891.

gas y arriesgadas expediciones, aunque no sabemos si tuvieron por objeto la averiguación de algún problema geográfico, para poderlas considerar con carácter esencial·mente científico, ó si por el contrario, y esto es lo más lógico, fueron empresas de carácter económico. De cualquier modo que sea, es lo cierto que en este año navegó al Norte, y se adelantó cien leguas más allá de Islandia (1), la célebre *Thule* de las profecías de Séneca (2), donde rectificó las noticias que había adquirido en Ptolomeo acerca de su situación astronómica. Allí, como obligado punto de recalada y definitivo de partida de los navegantes del Norte, que desde mucho tiempo atrás cruzaban aquellos mares en demanda de las tierras de Occidente, adquirió las noticias que desde el siglo IX eran comunes entre los islandeses acerca de los viajes de los scandinavos en aquella dirección. No es, pues, aventurado creer, al contrario, muy lógico y razonable es pensar que, llevando Colón la idea, nunca abandonada ni aun en los momentos más difíciles de su vida, á todas las partes donde en su larga peregrinación había tocado, de cruzar el Océano por Occidente, para encontrar en esta dirección las regiones del Gran Kan, déjase de inquirir y conservar cuantos datos y noti-

(1) «Yo navegué—dice Cristóbal Colón—*el año cuatrocientos y setenta y siete, en el mes de Febrero; ultra Tile isla, cien leguas, cuya parte austral dista del equinoecial 73º y no 63º como algunos dicen, y no está dentro de la línea que incluye el Occidente, como dice Tolomeo, sino mucho más occidental, y á esta isla, que es tan grande como Inglaterra, van los ingleses con mercaderías, especialmente los de Bristol, y al tiempo que yo á ella fui no estaba congelado el mar, aunque había grandísimas mareas, tanto que en algunas partes dos veces al día subia 25 brazas y descendia otras tantas en altura.»*

(2) Zaragoza.—*Historia del descubrimiento de las regiones australes hecha por el general Pedro Fernández Quirós* Madrid.—Manuel G. Hernández.—1876. En la página 22 del prólogo traduce en verso libre los de la Medea del cordobés Séneca:

«Vendrán al fin, con paso perezoso,
» Los siglos apartados, en que el hombre
» Venza del mar océano las ondas,
» Y encuentre al cabo dilatadas tierras,
  Descubrirá otro Tiphi nuevos mundos,
» Y no más será Thule el fin del orbe.»

Casa que se supone habitó Colón en la isla de la Madeia.

cias pudieran servirle de comprobantes, y mucho menos en Islandia, donde los viajes de los scandinavos dirigidos á Groenlandia, Terranova, y á toda la costa Norte del continente septentrional americano, habían sido tan frecuentes.

Á su regreso del Norte, tuvo ocasión de emprender casi seguidamente otro viaje á la costa de África, donde visitó en la Guinea el castillo de la Mina (1), ó sea el Fuerte de San Jorge, reedificado en tiempos de D. Juan II (2), límite entonces de los descubrimientos portugueses. Por este tiempo, ó sea en 1478 á 79, residió en la isla de la Madera, cuna de su primogénito Diego (3), en donde le fueron comunicadas noticias más concretas sobre los vestigios que se habían encontrado procedentes, sin duda, de tierras no muy distantes en la dirección de Occidente. En estas expediciones redondeó y dió forma clara y sencilla á su pensamiento; consideró, en fuerza de tanto insistir en su idea, que era de fácil y seguro éxito, y que expuesta por él con su peculiar elocuencia y con la que suele prestar el convencimiento íntimo, cuando se apoya en autoridades respetables y en principios científicos, sería aceptada y puesta prontamente en ejecución. ¡Pero cuántos desengaños no experimentó el futuro Almirante, debidos á la confianza que le inspiraba el argumento más eficaz sobre que descansaba su proyecto debido á la falsa idea que tenía acerca del volumen de la tierra! Este fué su error, como veremos.

Entre los sabios á quienes sometió Cristóbal Colón la posibilidad de su idea, consultándoles las dudas que se le ofrecían sobre algunos puntos no bien comprendidos ó mal apreciados relativos á su proyecto, ha llegado hasta nosotros el nombre del célebre constructor del gnomon de

(1) «Yo—dice Colón—estuve en el Castillo de la Mina, del Rey de Portugal,
» que está debajo de la equinoccial, y ansí soy buen testigo que no es inhabitable«
» como dicen.»

(2) Joan Barros—*Historia de Asia.*—Década 1.ª, lib. III, cap. I.

(3) Harrisse, *D. Fernando Colón, historiador de su padre*, pág. 81.

la catedral de Florencia Pablo del Pozzo Toscanelli, del cual se conserva un testimonio fehaciente de su interven. ción moral en la empresa del proyectista. La carta en que confirmaba Toscanelli las teorías y las hipótesis sobre que fundaba Colón el éxito de su empresa, que consideraba el florentino de perfecta viabilidad, prueba hasta la evidencia que no desperdició el navegante, antes bien, solicitó el apoyo moral de todas las personas que consideró por su ilustración autorizadas para robustecer sus teorías. «A esta carta—dice el crítico Sr. Harrisse (1)—acompañaba un mapa marítimo, que debió ser causa de más errores que verdades. En efecto, Toscanelli había dividido en 26 espacios de 250 millas cada uno, la distancia que separa á Lisboa, admitida como punto de partida, de la extremidad más próxima del Catay. Estas divisiones eran interpretadas de modo que se abreviaba considerablemente el camino que había que recorrer del uno al otro continente».

Otro factor importantísimo, con quien el genovés tuvo ocasión de conferenciar durante su larga permanencia en Portugal, fué Martín Behem. Este geógrafo, uno de los más ilustrados de su época, estaba á la sazón aplicado en la construcción de un mapa marítimo, al cual ilustró en la parte desconocida con las teorías de los antiguos autores, y con las noticias no bien comprobadas que por entonces corrían acerca de la situación de las islas que se suponían enclavadas entre el Asia y Europa. En este mapa trazó al capricho Martín Behem las costas orientales del Asia con sus islas adyacentes, señalándolas por sus nombres; prescindía, como no podía menos de prescindir, del continente que sirvió de obstáculo á Colón para llegar á las Indias orientales ó para naufragar en el mar de sus ilusiones, y reveló en él los adelantos que hasta entonces se habían hecho en geografía. Este cartógrafo y viajero y el judío maestre Josef y maestro Rodrigo, médicos de

(1) *Don Fernando Colón, historiador de su padre*, pág. 68.

D. Juan II, formaron parte de la junta que creó el monarca para aplicar las observaciones astronómicas y corregir los errores de la estima, con cuyo cálculo habían fijado los portugueses la situación de sus buques en sus descubrimientos á lo largo de la costa de África, sin intentar abandonarla, hasta que establecidos por estos geógrafos el método de la navegación por la altura del sol y formadas las tablas de su declinación, engolfáronse ya mar adentro, sin temor de perder en sus viajes la seguridad de su situación (1).

Por el conocimiento perfecto que tenía Colón de los trabajos geográficos de Martín Behem y de los colegas Joseph,

Nave portuguesa del siglo xv.

y Rodrigo, cotejándolos con los del florentino Toscanelli, se acredita perfectamente la pertinacia de su intento, y el afán de poner bajo la protección de un Príncipe la realización de su proyecto.

Don Juan, segundo rey de este nombre, subió al trono de Portugal llevando á los negocios públicos y muy especialmente á los descubrimientos geográficos, con los cuales pretendían los portugueses desde mucho tiempo atrás ensanchar los límites de su imperio colonial, todo el entusiasmo que le imprimiera el Infante D. Enrique. La corte

(1) Barros.—*Da Asia*. Dec. 1.ª, lib. IV, cap. ii.—Navarrete.—*Colección de los viajes y descubrimientos, etc.* Introducción, pág. 55.

de Lisboa había enviado embajadores al Oriente (1), por quienes fueron conocidas sus riquezas y la importancia que adquiriría el comercio lusitano si conseguía ponerse directamente en contacto con los pueblos de aquellas partes. Dedicóse con gran fe á poner en práctica la realización de este proyecto, y convencido de que por el Mediterráneo no tendría solución el problema, determinó, conocidas ya por relaciones de los embajadores y viajeros las costas orientales de África, seguir el camino que le trazasen los occidentales hasta llegar al límite de este continente.

Para el fomento de estas expediciones, fundóse por el infante D. Enrique, llamado el Navegante, la Escuela de Sagres, donde vivía retirado y aplicado á las matemáticas y á la cosmografía, dotándola con los profesores más entendidos de Europa y con todos los instrumentos aplicados al arte de navegar hasta entonces conocidos; y desde 1419 empezó á organizar expediciones marítimas que dieron por resultado el conocimiento de una gran parte de la costa occidental de África. Celoso por dilatar la fe católica y adquirir un buen nombre para con la posteridad, determinó emprender á sus expensas la conquista y descubrimiento por la costa africana, con objeto de proporcionar también á la orden de Cristo, de que era Gran maestre, nuevos medios de prosperidad y de gloria (2).

De esta escuela salieron los más atrevidos argonautas, y en ella se educaron los marinos que, en tiempos ya de D. Juan II, continuador de los entusiasmos marítimos, descubrieron el cabo Tormentoso ó de Buena Esperanza y circunnavegaron el continente africano, cuyo camino ha servido hasta poco ha á las naciones de Occidente para llevar á las Indias orientales con la civilización cristiana la

(1) Hernán López de Castañeda. — *Historia del descubrimiento y conquista de la India por los portugueses*, lib. I, cap. I.

(2) Navarrete.—*Obra citada*, tomo I. Introducción, pág. 30.

VT PELICANVS

IOANNES PORTVGALLIÆ REX XIII.
VIXIT AN. XL. OBIIT Aº. M. CCCC. VC.

energía y el espíritu mercantil que el siglo XIX ha encauzado por el estrecho canal de Suez.

Á este Monarca acudió Cristóbal Colón con la magnitud de su proyecto; oyóle el Rey con la atención que le merecía todo lo que tuviese relación con los descubrimientos marítimos; acogiólo con el amor que le inspiraba la resolución de algún problema científico que contribuyese á ensanchar el conocimiento de la ciencia náutica, y tomó por su cuenta y bajo su amparo la idea del postulante. Pero era de tal magnitud esta idea, y requería por su importancia tan grandes dispendios, que no se atrevió á ponerla en práctica, sin la autorizada opinión de un consejo de sabios cosmógrafos y matemáticos, á cuya ilustración fué sometida.

Entre los que componían este consejo ó junta, han llegado hasta nosotros los nombres ilustres de los médicos de D. Juan II, maestre Joseph, judío y maestre Rodrigo, don Diego Ortiz de Calzadilla, obispo de Ceuta, el obispo de Viseo y Martín Behem. Compareció Colón ante este tribunal con la confianza de sus argumentos, basados en la redondez de la tierra y en las teorías de Ptolomeo confirmadas por Toscanelli, de que sabido su volumen y el valor de la parte conocida, era fácil averiguar el espacio que ocupaba en el globo la parte ignorada. Según el proyectista este espacio, el comprendido entre el Occidente de Europa y el Oriente del Asia, era tan reducido que podía salvarse con buena navegación en un espacio de tiempo relativamente breve. Este argumento, el más fundamental sobre que descansaba su proyecto, fué rechazado, como no podía menos de suceder, por los sabios que lo examinaban. Éstos no podían amoldar sus ideas, robustecidas por las tentativas de descubrimientos en la misma dirección hechas por navegantes portugueses mediante cédulas reales, ni deponer con facilidad ante los débiles argumentos del proyectista sus arraigados conocimientos de la materia. Ellos como él conocían la figura de la tierra, pero diferían en su verdadero tamaño; por eso les parecía, y era en realidad, absurda la idea de buscar por Occidente, con los elementos que entonces disponían, un camino más corto para llegar á la India.

No contribuyeron menos á esta repulsa las condiciones que imponía el postulante. Todos los descubridores portugueses que habían obtenido cédulas reales para los armamentos y equipos de las naves destinadas á esta clase de empresas no pusieron nunca condiciones sino que se conformaban con las que desde antiguo otorgaba la corona. Pero Cristóbal Colón, que tenía del fin y resultado de su

Nave portuguesa del siglo xv.

obra las más completas y halagüeñas esperanzas, extremó el capítulo de los privilegios más desusados é irritantes, que deseaba alcanzar por un servicio que no había prestado ni conseguido hasta entonces acreditar. La repulsa, pues, fué rotunda, y el consejo de cosmógrafos al informar al Rey negando la eficacia del pensamiento del proyectista, no pudo menos de aconsejar al Monarca la conveniencia de seguir el destino reservado á los mareantes portugueses en el Oriente, sin distraer la atención en otras empresas que no fueran las ya legendarias llevadas á lo largo del continente africano, único camino que convenía prudentemente seguir para llegar á la meta de las aspiraciones lusitanas.

Dícese, y ha corrido por todas las historias que narran estos sucesos, sin que hasta hoy se hayan encontrado testimonios que lo comprueben, que enterado D. Juan II del resultado que alcanzó en el seno de la junta el proyecto de Colón, disgustóse sobremanera, sin que bastase á convencerle los fundamentos sobre los cuales se habían apoyado para desecharlo. Más que los argumentos de la ciencia y las razones de índole política en que se apoyaban los cosmografos y consejeros para negar las hipótesis de Colón, importábale á D. Juan, que era de carácter animoso, la gloria de la empresa. Pero no bastando estos argumentos para disuadirle, apelaron los consejeros, que no querían echar sobre sí la responsabilidad de un fracaso bochornoso, á un medio, que si en realidad parece poco hábil, y por lo mismo debe mirarse con prevención, cayó en él, sin embargo, el confiado Monarca.

Consistió este medio en mandar equipar una nave bien tripulada, que secretamente siguiese hasta cierto día el rumbo señalado por Colón en sus conferencias: hízose así, en efecto, y partió hacia Occidente con la descoñfianza y falta de fe que imprimiera á sus tripulantes las opiniones de los sabios; navegó con viento vario, pero al cabo de unos días le sorprendió una tormenta obligándola á volver. Poco tiempo después entraba por el puerto de Lisboa desmantelada la nave y cansada la tripulación, la cual venía fatalmente convencida del· absurdo en que caían todos los que sospechasen en la existencia de tierras hacia Occidente. Esta noticia divulgada con harta profusión en Lisboa, fué el golpe de gracia que los portugueses dieron al proyecto de Colón.

Enterado éste de acción tan pérfida y villana, que no fué en realidad sino el supremo argumento, con el cual se pretendió convencer al obstinado monarca de lo insensato de la idea, determinó abandonar la corte lusitana para ofrecer á otro monarca la empresa que allí acababan de rechazar. Vivía á la sazón en Lisboa con Cristóbal, su hermano Bartolomé, á cuyo lado habíase aficionado también á las empresas marítimas: pusiéronse de acuerdo los dos hermanos sobre el camino que debían seguir, y determinaron partir, Bartolomé á Inglaterra, para ofrecer la jornada á Enrique VII, y Cristóbal, que ya era viudo y carecía de afecciones en Portugal, aprovechó la primera ocasión que consideró propicia para ocultarse con su hijo Diego en una nave que los condujera á España. Ocurrían estos sucesos en las postrimerías del año de 1484.

CAPÍTULO IV

L último tercio del año 1484 parece corresponder la llegada de Cristóbal Colón á España (1), y en la exactitud de este hecho no están contestes aún los historiadores: su averiguación es de gran trascendencia, porque fijará seguramente la fecha de otros sucesos importantísimos, envueltos hasta ahora en las sombras de la duda, relacionados con la vida de Colón durante los primeros años de su permanencia en Castilla.

Pero, si no hay unanimidad de pareceres en la aprecia-

(1) Fernando Colón.—*Histoiia del Almiiante*, cap. xi, dice que á fines de 1484 vino de Portugal fugitivo á España.

Diego Ortiz de Zúñiga.—*Anales eclesiásticos y seculaies de Sevilla.*—Madrid, 1677, pág. 404. «Estaba este insigne varón en Castilla y Andalucía, y lo más del tiempo en Sevilla desde el año de 1484.»

Rodríguez Pinilla.—*Colón en España. Estudio histórico-crítico.*— Madrid 1884, cap. ii, págs. 93 á 113.

El P. Las Casas, en su *Histoiia de las Indias*, tomo I, pág. 226, no fijó la fecha limitándose á decir: «Y ansí salió (de Portugal) Cristóbal Colón por el año de 1484, ó á principios del año de 85 »

Navarrete.—*Documentos diplomáticos.*— El señalado con el núm. 137 escrito á fines del año 1500 empieza: «Ya son diez y siete años que yo viene á servir estos Principes con la impresa de las Indias.»

ción del año á que corresponde este importantísimo accidente de la vida de Colón, tampoco están de acuerdo las opiniones sobre la forma en que verificó el viaje, ni el punto en donde tocó por primera vez.

Unos, siguiendo la versión de la historia del Almirante, atribuída á su hijo D. Fernando, entienden que el viaje lo hizo por tierra, y que descansó en el monasterio de de Santa María de la Rábida, desde donde en la primavera de 1486 partió para la corte recomendado por su guardián Fr. Juaz Pérez.

Otros, menos rutinarios y con juicio crítico más independiente, suponen que el viaje lo hizo por mar, y que atraído por la magnificencia de los Duques de Medinaceli y de Medinasidonia, desembarcó en el Puerto de Santa María, en donde fortalecido en sus esperanzas de encontrar los auxilios que necesitaba su proyecto, se unió al de Medinaceli, en cuya casa estuvo alojado durante algún tiempo, hasta que, recomendado por el Duque á la corte, pasó á Córdoba al empezar el año de 1486.

Antes de sentar afirmaciones absolutas sobre los primeros pasos de Colón en España, conviene exponer algunas consideraciones dignas de atención, y deducir por ellas, si no con exactitud, aproximadamente, al menos, los hechos que se pretenden averiguar.

Huelva, Palos de la Frontera, Ayamonte y todos los puertos de estas vecindades, en la época en que se desarrollan los preliminares del gran suceso del descubrimiento, sostenían con Portugal y con las costas del Mediterráneo un activo y próspero comercio. Costeando los marineros de estas playas los límites occidentales de Europa, mantenían también relaciones comerciales con Francia, Inglaterra, Flandes é Irlanda, y en lucha constante con los peligros del mar, no contribuyeron poco á fomentar las empresas navales de los portugueses á lo largo de las costas del África, sobre las cuales costas llevaron ciertas manifestaciones del espíritu mercantil de la época. Desde larga

CONVENTO DE LA RÁBIDA

fecha fueron conocidas de los ribereños del Condado de Niebla las concesiones que venían otorgando los soberanos de Portugal á los más osados descubridores, y no fueron ciertamente escasos los marineros de estos puntos que, formando los equipajes de las pequeñas armadas descubridoras de las costas del África y de los archipiélagos vecinos, contribuyeron á fomentar los conocimientos geográficos que tan felizmente se estaban llevando á cabo por estas partes.

Parecía natural que, al abandonar Colón la corte portuguesa, desembarcara en cualquiera de los puertos de estas costas para buscar entre sus más famosos pilotos quien se encargase de proporcionar los medios que necesitaba para la realización de su idea. Pero no era esto lo que buscaba Colón; la magnitud de su empresa no cabía en los moldes ordinarios y necesitando regios protectores, no podía sospechar que en estos puntos hallaría persona de prestigio bastante que le sirviese de intermediario ó de escabel para llegar hasta las gradas del trono de Castilla, sintiendo como sentía la necesidad de valiosas recomendaciones para llamar la atención de los Reyes y de sus magnates.

La riqueza, el boato y la magnificencia de los Duques de Medinaceli y de Medinasidonia; las escuadras que armaban estos magnates, y la seguridad que indudablemente tenía de encontrar en Sevilla y Cádiz, en donde desde larga fecha estaba establecida una importante colonia genovesa, personas que le ayudasen en sus designios, atrajo hacia estos puertos su atención, y no dudó en ofrecer, á unos la realización de la empresa, y á solicitar, si era desdeñado, de otros las recomendaciones que necesitaba para los magnates de la corte.

No se le pudo tampoco ocultar el estado verdaderamente excepcional de la corte de Castilla empeñada en una guerra ya legendaria, y no repuesta aún de la que acababa de terminar contra Alfonso V de Portugal, ni la poca ó acaso ninguna atención que despertaría en los Reyes ni en los magnates las escasas garantías que acusaban el humilde aspecto de su persona.

Por otra parte, la tierna edad de su hijo Diego, que Garci Hernández, el célebre médico de Palos, calificaba en 1491 de NIÑO y aun de NIÑICO (1), y que apenas contaría en la que nos ocupa cinco años de edad, no pudiendo resistir á pie jornadas tan largas como las que suponen que verificó desde Lisboa á Huelva, debió ser para Colón un motivo harto poderoso que le obligara emplear en su viaje medios de locomoción más cómodos.

Los testimonios del Duque de Medinaceli, y las declaraciones del médico Garci Hernández y Juan Rodríguez Cabezudo, nos dan la clave del enigma que envuelve la entrada de Cristóbal Colón en España; porque «el romancesco relato de su desembarco cerca de Huelva y de su acceso al convento de la Rábida en actitud de un pordiosero, llevando de la mano á su hijo y demandando para él agua y pan á la portería de aquel convento, es un suceso perfectamente desfigurado, no solamente en cuanto á las formas, sino en cuanto á la fecha y el fondo» (2).

Los que afirman que Cristóbal Colón llegó á España en el lamentable estado de pobreza que supone el acto de pedir en la portería de un convento un mendrugo de pan para aplacar el hambre de su hijo, están en el error más craso, con el cual se ha pretendido hasta ahora desfigurar el hecho, confundiéndolo con un pasaje novelesco, impropio de la seriedad de la historia. Establecido en Lisboa, relacionado por sus conocimientos y educación con personajes de la corte, y enlazado con una familia de hidalgo abolengo, de la cual era heredero su hijo Diego; si no era rico en verdad, que á serlo hubiera él por su cuenta intentado dar cima á su proyecto, no había de carecer, por lo menos, del ahorro más preciso para atender en un largo via-

(1) Navarrete.—*Colección diplomática*, tomo XIII, pág. 580
(2) Rodríguez Pinilla, obra citada, cap. XII, pág. 101.

je á la subsistencia de su hijo, sin que se viera obligado á demandarlo de la pública caridad.

Estas consideraciones nos inclinan á creer que, embarcado secretamente en el puerto de Lisboa, después de la repulsa de los sabios cosmógrafos de D. Juan II, en una de las naves costaneras entre esta capital y los puertos de la costa de Cádiz, llegó Colón al de Santa María, en donde encontró facilidad de ofrecer al Duque de Medinaceli (1) el proyecto que le traía á España, insinuándole la idea de que lo tomara bajo su amparo.

No debió parecer al Duque tan insensata la idea de Colón, cuando ordenó que fuese alojado en su casa, mientras él se tomaba tiempo bastante para meditar sobre la empresa, tiempo que prolongó la circunstancia forzosa de salir en la primavera del año siguiente de 1485 á reunirse con las huestes que tomaron á Coín y Ronda (2); pero comprendiendo al fin, después de su regreso en Junio del mismo año, que la magnitud de la empresa era más propia de la grandeza de un Príncipe, la ofreció á Isabel la Católica, de cuya soberana recibió respuesta inmediata, ordenándole que se trasladase Colón á la corte (3).

Durante el tiempo que permaneció en Andalucía, al par que admitía la protección del Duque de Medinaceli, y cultivába la amistad de sus paisanos, Juan Berardi (4)

(1) Don Luis de la Cerda, quinto conde de Medinaceli y señor de la villa y tierra de Cogolludo y Puerto de Santa María, fué el primero de esta casa que se tituló Duque de Medinaceli. Había servido á Enrique IV y en las guerras de Portugal y de Granada sirvió muy bien á los Reyes Católicos, murió en Écija el 25 de Noviembre 1501.

(2) Cappa.—*Estudios críticos acerca de la dominación española en América.—Colón y los españoles.*—Madrid, Angel B. Velasco, 1887, pág. 8.

(3) Navarrete.—*Colección diplomática*, t. II, pág. 26.—Carta del Duque de Medinaceli al Gran Cardenal de España, á 19 de Marzo de 1493.—«No sé si sabrá vuestra señoría, como yo tove en mi casa mucho tiempo á Cristóbal Colon, que se venía de Portugal, y se quería ir al rey de Francia para que emprendiese de ir á buscar las Indias con su favor y ayuda, é yo le quisiera probar y enviar desde el Puerto que tenía buen aparejo, con tres ó cuatro carabelas que no me demandaba más; pero como vi que era esta empresa para la Reina nuestra señora, escribíle á su Alteza desde Rota, y respondióme que ge lo enviase...»

(4) Navarrete.—*Docum. Diplomáticos.*—Tomo III, pág. 315.—«Estaba Berardi establecido en aquella ciudad y era amigo y confidente de Colón»

y de los hermanos Antonio y Alejandro Gerardini, que por su posición unos, y por el cargo diplomático y de confianza que desempeñaban cerca de los Reyes, otros, podían serle de gran utilidad en la corte, dedicóse, también, para mejorar su situación económica, al comercio de libros de estampa (impresos) y mapas marítimos (1). De estos personajes, que fueron los primeros protectores que encontró en España, recibió los consejos y la ayuda moral que necesitaba para perseverar en su idea, y expresivas cartas de recomendación para varios magnates, con cuyas garantías se puso en camino para la corte llegando á Córdoba el 20 de Enero de 1486 (2).

Desde la llegada de Cristóbal Colón á Córdoba en demanda de los auxilios de la corte, empieza para el historiador el período más difícil de su trabajosa y hasta ahora no bien comprendida existencia, durante los siete años que estuvo solicitando apoyo para su empresa. Es verdad que la historia de estos siete años está envuelta en una confusión lastimosa, tanto por las relaciones que tiene con la política de los Reyes Católicos y de los personajes que adversarios ó favorables al proyecto intervinieron directa ó indirectamente en su definitiva resolución (3), cuanto por los contradictorios y gratuitos juicios que han amontonado todos los biógrafos del navegante, apoyados, según sus gustos literarios ó el deseo de aparecer originales, en datos imaginarios, ó truncando los que nos transmite la historia de aquellos sucesos.

Antes de que su presencia llamase en Córdoba la aten-

---

(1) Bernáldez.—*Historia de los Reyes Católicos*, cap. cxvii.—«Ovo un hombre de tierra de Génova, mercader de libros de estampa, que trataba en esta tierra de Andalucía, que llamaban Christoval Colon.»

(2) *Diario de navegación del Almirante.*—Lunes 14 de Enero (de 1493).—Y han seido causa (los que se habían opuesto á la realización de la empresa) que la Corona Real de Vuestras Altezas no tenga cien cuentos de renta más de lo que tiene después que yo vine á les servir, que son siete años agora á 20 días de Enero este mismo mes...»

(3) Torre y Vélez.—*Colón en Salamanca*, juicio crítico publicado en la Memoria de la Sociedad Colombina Onubense, correspondiente al año de 1885, pág. 23.

.ción de los Reyes, consideró Colón oportuno hacer valer las recomendaciones de que debía ir provisto para algunos personajes de ella. Entre otros, cítase en casi todos los escritos que tratan de este asunto á Alonso de Quintanilla, como uno de los que con más entusiasmo y perseverancia favorecieron la empresa (1).

En efecto, por el alto cargo que desempeñaba en la corte como Contador Mayor del Reino, era Quintanilla uno de los hombres que más confianza gozaban de los Reyes y más influencia podía poner en juego cerca de Sus Altezas. Por sus excepcionales condiciones de carácter, por su inteligencia y valor personal tantas veces puesto á prueba en servicio de sus Reyes, cuya política secundaba con la la mayor lealtad, había conseguido iniciarse en la marcha de los asuntos, sobre los cuales raras veces dejaba de ser consultado, llegando su valimiento hasta el punto de que le confiasen la misión de formar parte del Consejo de Gobernación y Justicia establecido en Valladolid (2).

La autoridad de Quintanilla, era, pues, indiscutible (3); por todas estas cualidades se había granjeado el aprecio y la consideración de los más influyentes cortesanos, y si no necesitaba en verdad valerse de otros personajes de más ascendientes cerca de los Monarcas para facilitar á Colón el camino que le condujera hasta ellos, consideró oportuno dar al suceso la novedad é importancia que requería, crear desde el principio atmósfera favorable al proyecto y rodearlo de cuantos prestigios había menester

---

(1) Navarrete.—Obra citada, tom. II, documento núm. XIV-Dice el Duque de Medinaceli al Cardenal Mendoza que «Su alteza lo recibió (á Colón) y lo dió encargo á Alonso de Quintanilla, el cual me escribió de su parte que no tenía este negocio por muy cierto.»
Salazar de Mendoza.—Crónica del Gran Cardenal, libro I, cap. LXII.
Herrera.—Década 1.ª, lib. I, cap. VIII
Muñoz.—Historia del Nuevo Mundo, lib. II, § 30.
(2) Navarrete.—Obra citada, tom. III, pag. 601.
(3) En la Crónica de Pulgar, década 1.ª, lib. VI, cap. I, dice de él Nebrija:
Equestris ordinis vir nobilis, ingeniosus, acer et vehemens: idemque fisci ratio-numque regiarum quaestor maximus ».

para que llegase á oídos de los Reyes con toda la autoridad posible.

Entre los personajes de más valimiento, el único quizá que gozaba en la corte la confianza omnímoda de los Reyes, y á quien Quintanilla tuvo buen cuidado de interesar el primero en la obra de Colón, fué D. Pedro González de Mendoza. Era el Gran Cardenal de España, el personaje de más relieve entre los cortesanos y el que gozaba de más influencia cerca de los monarcas, tanto por su cualidad de Consejero áulico, á quien consultaban los más difíciles problemas de la gobernación del Estado, cuanto por su alta dignidad eclesiástica y excepcionales dotes de inteligencia, como uno de los más doctos varones de la época. De este personaje obtuvo Quintanilla para Colón la entrevista hasta entonces de más importancia; si conseguía el proyectista interesar en su favor el ánimo del Gran Cardenal, ya podía decir que había su proyecto recorrido la mitad del camino.

Á la autoridad del Cardenal Mendoza acudió Colón con las razones en que fundaba su plan; por ellas comprendió bien pronto el prelado la importancia de la empresa, y á medida que le explicaba las teorías científicas, base de su proyecto, citándole las autoridades de los sabios que le eran familiares, y le ponderaba las ventajas indiscutibles que daría á la corona el monopolio del comercio de los riquísimos productos de la India, y la importancia política y de otros géneros que adquiriría la Corona de Castilla poniéndose en contacto con el extremo Oriente de las fabulosas regiones del Gran Kan, íbale agradando sobremanera el pensamiento, y abarcando toda su importancia, comprendió luego que el que exponía la resolución de empresa tan atrevida era hombre de ingenio, de gran valor y de vastos conocimientos. Corazón magnánimo el de Mendoza, ajeno como era á las empresas marítimas, más que á la posibilidad de su ejecución, mediante los principios científicos y las teorías expuestas, fijóse el Cardenal en el por-

EL CARDENAL MENDOZA

venir de gloria y prosperidad que reservaba la Providencia á la corona de sus Reyes, y estas consideraciones le arrancaron la promesa de tomarlo bajo su amparo, y recomendarlo con eficacia á los Soberanos, de los cuales se propuso y consiguió al fin obtener para Colón la ansiada conferencia que le traía á la corte (1).

Refieren los historiadores de estos sucesos, que, deseando Colón enterar prolijamente á los más influyentes personajes acerca del proyecto que meditaba, y adquirir el apoyo moral y la influencia necesaria para llegar ante los Reyes rodeado del mayor prestigio posible para interesarlos en el asunto (2), celebró una conferencia con fray Hernando de Talavera, en la cual expuso con su natural desembarazo las razones en que apoyaba su proyecto. Que por no haber comprendido bien Talavera estas razones, ajeno como era á las ciencias geográficas y á los problemas cosmográficos (3), ó por otras razones más atendibles, rehusó desde luego el compromiso de apoyarlo, antes bien, concibió la idea de oponerle toda su influencia y despidió á Colón, si no con desdén, con el retraimiento propio del que no admite ni cree en aventuras, cuyos resultados no le parecían de muy seguro éxito.

En efecto, no fué muy del agrado de Talavera los proyectos que llevaba Colón á la corte de Castilla: hombre instruído y versado en las ciencias eclesiásticas, de gran corazón y de recto y firme carácter, «muy admitido en

(1) Oviedo.—*Historia general y natural de las Indias.*—Lib. II, cap. IV: «Començo (Mendoza) á dar audiençia á Colom é conosçió dél que era sábio é bien hablado y que daba buena raçon de lo que deçía Y túvolo por hombre de ingenio é de grande habilidad; é conçebido esto, tomóle en buena reputacion, é quísóle favoresçer»,

(2) Las Casas, *Historia de Indias*, t. I, pág. 227.—«Y porque el principio de los negocios arduos, en las cortes de los Reyes, es dar noticia larga de lo que se pretende alcanzar á los más probados y allegados á los príncipes, asistentes más continuamente á las personas reales, ó en su consejo ó en favor, ó en privanza, por ende procuró hablar é informar las personas que por entonces había en la corte señaladas y que sentía que podían ayudar.»

(3) Valentí, *Fray Juan Pérez de Marchena. Estudio histórico.*—Palma de Mallorca 1888, pág. 13.

la confianza real y de mucho peso en los negocios públicos», como hombre que dirigía la conciencia de los Reyes, había de influir mucho en la decisión de éstos los consejos del fraile y el juicio que le merecía el proyecto de Colón. El respeto y la consideración que inspiraba la entereza de carácter de este hombre, sus virtudes austeras, el noble abolengo de su familia, su carácter sacerdotal y el cargo que desempeñaba en la corte como confesor de los Reyes, todas estas eran cualidades que le daban autoridad bastante para inclinar el ánimo, si no de toda la corte, de una gran parte de ella, al menos, en determinado sentido. Era además el celoso jeronimiano muy versado en las ciencias filosóficas y en Teología, y aunque al decir de sus biógrafos no era muy entendido en cosmografía, no debió ser tanta ni tan absoluta su ignorancia de este ramo de las ciencias, sujetas por entonces á principios no bien definidos, y á teorías hipotéticas, sentadas sobre cálculos y suposiciones arbitrarios, que no comprendiera perfectamente las razones, comunes ya entre los hombres instruídos de aquella época, en que apoyaba Colón la base principal de su proyecto. Talavera fué hombre eminentemente práctico; habia estudiado y conocía casi todo lo que sobre esta materia se podía enseñar; no tenía gran fe en las teorías basadas en supuestos y en hipótesis, y no se atrevía por tanto á exponer los prestigios de la Corona y sus intereses á los cálculos no bien fundados del primer aventurero que, invocando las excelencias de aquellos principios, solicitase recursos, que no por ser muy crecidos dejaban de tener en las críticas circunstancias por que atravesaba el exhausto tesoro real importancia relativa, para entregarse en brazos del azar y correr una aventura impropia de la seriedad con que entonces eran tratados los importantísimos problemas que se desarrollaban dentro de la Península No, no le entusiasmaron á él tanto, si por algún momento pudieron interesarle las empresas marítimas, como las que en tierra y dentro del territorio de la Monarquía se estaban llevando á la práctica; su celo religioso, al cual subordinaba la más grande y noble ambición de su vida, de destruir hasta en sus cimientos el imperio musulmán en España, sobreponíase á cualquier otro proyecto ó empresa por importante que fuera, rechazándolo con toda la fuerza de su voluntad, si distraía por un momento su atención, de la primordial que por completo embargaba su ánimo. Si Colón traía á las gradas del trono el proyecto de ensanchar los dominios de la Corona, llevando á lejanas y desconocidas tierras el poder y la autoridad de los Reyes Católicos, restando energías á la obra magna de la reconquista, él que era desconocido extranjero y que fundaba su proyecto en teorías no bien comprobadas por lo atrevidas; Talavera, secundando el pensamiento del Rey Fernando, pretendía, antes de emprender aventuras extrañas y de éxito dudoso, destruir en Occidente el caduco reino del Profeta, y levantar sobre sus ruinas el antiguo imperio visigodo, completando á la par la unidad de los Estados españoles.

Ya lo ha dicho un escritor (1), en un notable estudio crítico acerca de la historia de la vida del Almirante, cuando al tratar de la intervención que tuvo en los asuntos del proyectista, afirma que fray Hernando de Talavera «consideraba aquella empresa como un embarazo más, como un obstáculo nuevo, atravesado, en aquellos momentos á la por todo extremo importante obra de terminar la reconquista, de concluir con el poder del Islám en España, de hacer ondear la enseña de la cruz y el pendón de Castilla sobre los torreones de la Alhambra y del Generalife. Esta era para él la gran empresa; y á realizarla cuanto más antes lo posponía, lo sacrificaba todo. ¿Qué le importaba á él Mango y Cipango, ni su oro, ni sus tesoros, ni las islas del extremo Oriente, ni el averiguar si este extremo Oriente estaba más cerca ó más lejos de las costas

(1) R. Pinilla, obra citada, págs. 148-49.

occidentales de Europa y·de Africa? Lo que importaba al buen Talavera, lo que absorbía su pensamiento y todas sus potencias era el lograr que, en sus días, en el reinado de Isabel de Castilla, se pusiese fin y término á la titánica lucha de ocho siglos contra los sucesores de Tarec y de Muza; era el que su Reina pudiese añadir á los brillantes de la corona de León y Castilla, los rubíes de la de Granada. Todas las fuerzas de Castilla y Aragón se le figuraban pocas para lograr aquel objeto con la brevedad que en su patriotismo apetecía ardorosamente. El distraer un momento de él la atención de los Reyes, y un solo maravedí que fuera del regio exhausto tesoro, se le antojaba, no ya un acto impolítico, mas un crimen de lesa unidad nacional, una falta de patriotismo. Y no vaciló un momento.»

Estimando, pues, Talavera, de poca oportunidad las pretensiones de Colón, «porque es regla general, que cuando los Reyes tienen guerra, poco entienden ni quieren entender de otras cosas,» creyó prudente hacerle comprender la poca fe que le inspiraban sus teorías, y el escaso interés que en la corte había de despertar su quimérico proyecto.

Lejos de desanimarse Colón ante la repulsa del fraile, adquirió su constancia nuevos bríos, convencido como estaba del apoyo de otros personajes, con quienes convino en la necesidad de ser presentado á los Reyes, para exponer en su presencia, no sólo la facilidad de la empresa, sino las esperanzas de sus incalculables resultados. En efecto, antes de ser llevado á la presencia de los Soberanos, ya debieron éstos ser minuciosamente enterados de la importancia del proyecto, y de las facilidades ó dificultades con que tropezaba, según las opiniones favorables y adversas mantenidas entre los partidarios de Colón y los adversarios de su idea. La incertidumbre que tal dualismo debió producir en el ánimo de los Reyes, fué un estímulo más para que descaran saber personalmente y por boca del mismo Colón las razones en que apoyaba su atrevido pensamiento.

No debieron parecer á los Reyes destituídas de fundamento las razones que exponía Colón ni las teorías en que sentaba las bases de su proyecto; no fueron de su desagrado, antes bien, acogieron con voluntad, velada de cierta frialdad ficticia y estudiada, propia de la política especial que caracteriza aquel reinado, la espectativa de magnificencia y esplendor que le proporcionaba en los mares el pensamiento de Colón, con el cual, fácilmente podían eclipsar las aventuras portuguesas, y la rápida preponderancia que adquiría por momentos su poder marítimo. Pero se aprovechó el sagaz Fernando del mismo dualismo que existía en el seno de sus consejeros, y en él se apoyó para hacer comprender á Colón la conveniencia de que fuera su proyecto sometido á la deliberación de una junta de sabios.

Singular y digna de un estudio más detenido fué en estos momentos la política del Rey Católico, con la cual consiguió reducir á una nobleza díscola y envalentonada, acostumbrada por herencia al desafecto real y ahora sumisa á las deliberaciones de la Corona; con su política sagaz terminó Fernando las luchas intestinas, y obtuvieron sus armas en el exterior los triunfos que ambicionaba en Portugal y Navarra y las concesiones de la corte de Roma, obteniendo la administración perpetua de los maestrazgos de las órdenes militares; esa misma política le aconsejó la creación de la Santa Hermandad, con la cual no sólo redujo á sus justos límites la ambición de las clases privilegiadas, y garantizó los bienes del común y los derechos de todos, altos y bajos, nobles y el pueblo, sino que consiguió limpiar el territorio de salteadores y malhechores; y para dedicarse, por último, con todas las fuerzas de su poderosa inteligencia á organizar con seguridad de pronto y eficaz éxito las fuerzas que había menester para terminar la reconquista, y completar la unidad de la Monarquía,

esa misma política le sugirió la feliz idea de aplazar, some-
tiendo á la deliberación de una junta, el proyecto de Colón,
al frente de la cual puso deliberadamente, acaso, al más
decidido adversario del navegante.

Las impaciencias que demostró en el curso de este proceso la misma Reina Isabel, y el interés que le merecía á
una parte, la más poderosa quizás de la corte, una solución
pronta y favorable, fueron para D. Fernando armas de
que se valió para ir alimentando la confianza en el ánimo
del marino, mientras que con el fallo, indudablemente preconcebido, de la junta, le quitaba hasta la probabilidad
más remota de exigir lo que en el ánimo del monarca estaba dispuesto á conceder en la ocasión oportuna.

Ha sido Fernando V el hombre más discutido y no poco
calumniado de todos los que intervinieron en los preliminares y durante el desarrollo de la gran empresa de Colón,
y ninguno seguramente como él concibió mayor entusiasmo, aunque sin manifestarlo en ningún acto de su vida,
por la realización del proyecto. Celoso de su autoridad,
bajo la cual había conseguido someter el orgullo de unos y
las imposiciones de otros, no se mostraba dispuesto á tran-
sigir, como no transigió durante el curso de este magnífico
proceso, con las exageradas pretensiones del navegante.
Dueño del pensamiento de Colón, abarcó con su poderosa
inteligencia las infinitas ventajas que de él se podían esperar, y quiso desde los primeros momentos ligar al proyectista á su omnímoda voluntad, de modo que, en ninguna
de las concesiones que se le hicieran viese derecho alguno que le autorizase á sospechar que el Monarca se restaba á sí propio para dársela á él el más pequeño átomo de
su autoridad. Todos los consejeros de D. Fernando, aun
aquellos que por el origen de su cuna teníanse por parientes suyos, y los que por su alta dignidad eclesiástica y excepcionales dotes de inteligencia podían ser una
excepción en la política del Monarca, todos, con el carácter de consejeros no eran sino servidores sumisos de

la Corona, sin ostentar otros privilegios ni prerrogativas que los que al Rey le era dable conceder. Y, como nadie tanto como el sagaz Fernando conoció en la persona modesta de Colón el espíritu independiente y díscolo que se albergaba bajo un exterior humilde; y nadie como él apreció tampoco la magnitud de la empresa y la autoridad é importancia que ella misma había de dar al navegante, por eso contuvo desde el principio dentro de los límites que le marcaba su sagaz y previsora política, la ambición que pudiera despertar en Colón la importancia de sus atribuciones. Este es el hombre con quien se las hubo el inmortal navegante, y el que secundando su pensamiento completó el mundo después de haber completado la unidad de sus Estados: «dotado de gran talento, sagacidad y penetración, el rey D. Fernando, era un político de transcendentales miras, frío á veces, á veces magnánimo, cuyo carácter no tenía notas salientes ni color definido, porque sabía mostrarlo según lo exigían las necesidades del momento. Sencillo en sus costumbres, piadoso sin afectación, despachaba por sí los asuntos más arduos, meditaba las cuestiones más difíciles, sin influencias extrañas, y el mismo orden que seguían las ideas en su cerebro se reflejaban en todo cuanto disponía para la gobernación del Estado» (1). Tal es el hombre que dió á su país los más grandes días de gloria, y el que echando los cimientos de la grandeza con que dictaba leyes al mundo, llevó á cabo el hecho más trascendental que registra los anales de la historia.

No estimando el Monarca oportunos los momentos en que se presentaba Colón con la pretensión de su proyecto, toda vez que en aquellos precisos instantes entendía en la organización del ejército que se destinaba al cerco de Lorca, acordó dilatar indefinidamente la resolución de este asunto, sometiéndolo al parecer de una junta de sabios.

Casi todos los historiadores, con rara unanimidad, afirman que el Rey Fernando despidió con frío desdén á Cris-

(1) Asensio, obra citada, tomo I.

tóbal Colón luego que se enteró de su proyecto y de las esperanzas que se prometía de su ejecución; y aunque no fué [así, en efecto (1), las difíciles circunstancias por que atravesaba el reino desde la guerra civil iniciada por los mantenedores de los derechos de la Beltraneja, la miseria del Tesoro real, las rebeliones frecuentes á que se entregaron los magnates, la necesidad que sentía de someter á su autoridad á la díscola y engreída nobleza y de limpiar los caminos de cuadrillas de salteadores, que, con cinismo inaudito saqueaban los pueblos y robaban á los transeuntes, y lo que era aún más importante y llenaba toda su ambición, agregar á la Corona de Castilla el rico florón del reino granadino, vacilante ya en sus carcomidos cimientos; todas estas preocupaciones y compromisos que embargaban su ánimo, disculparían, si no justificasen el retraimiento del monarca aragonés (2).

Proverbiales son las circunstancias que á la sazón atravesaba la corte, y más proverbiales son aún las injusticias con que los historiadores han tratado de zaherir la conducta de los que veían con indiferencia, si tal pudo ser la atención que despertó en los magnates y en los Reyes los primeros pasos de Colón en la corte; la cual, lejos de mirar con desdén á Colón y su proyecto, lo escucha y atiende, analiza su proposición y la somete al examen de una corporación docta que informará acerca de su viabilidad.

Las deliberaciones de esta junta, al frente de la cual puso Fernando V, intencionadamente acaso, á su confesor fray Hernando de Talavera, y de la que formaba parte el

---

(1) Las Casas.—*Hist. de Ind.*—Tom. I, pág. 228.—... «puesto que con benignidad y alegre rostro, acordaron de lo cometer á letrados, para que oyesen á Cristóbal Colón, más particularmente, y viesen la calidad del negocio y la prueba que daba, para que fuese posible confiriesen y tratasen de ello, y después hicieron á Sus Altezas plenaria relación».

(2) Pinilla.—*Colón en España*.—*Estudio histórico*, cap. III, pág. 129.

Las Casas.—*Hist. de Ind.*—Tom. I. pag 233... «porque cuando los príncipes tienen cuidados de guerra, ni el Rey ni el Reino quietud ni sosiego tienen, y apenas se da lugar de entender aun en lo á la vida muy necesario, ni otra cosa suena por los oidos de todos en la Corte sino consejos, consultas y ayuntamientos de guerra y este solo negocio á todos los otros suspende y pone silencio».

doctor Rodrigo Maldonado, del Consejo real, y otros sabios, letrados y marineros, no pudiendo fácilmente informar sobre un asunto de tanta importancia, que requería por su índole tiempo y ánimo reposado para entregarse al estudio y á la meditación, consideró impracticable el proyecto sin tener en cuenta las razones en que lo fundaba su autor, y juzgó «sus promesas y ofertas por imposibles y vanas y de toda repulsa dignas» (1).

Con la rendición de Lorca el 29 de Mayo de 1486 y en poder ya de los Reyes las villas de Ilora, Moclín, Montefrío y Colomera, terminó victoriosamente la campaña contra la morisma al expirar la primavera de aquel año. Y no bien hubo la corte llegado á Córdoba, dió cuenta el presidente de la junta, fray Hernando de Talavera, á los Reyes del resultado que obtuvo en el seno de ella el proyecto de Colón, «persuadiéndoles que no era cosa que á la autoridad de sus personas reales convenía ponerse á favorecer negocio tan flacamente fundado, y que tan incierto é imposible á cualquiera persona letrado, por indocto que fuera, podía parecer, porque *perderían los dineros que en ello gastasen y derogarían su autoridad real sin algún fruto* (2).

El informe del Prior de Prado no podía menos de res-

(1) Las Casas—*Histoiia de las Indias*, cap. XXIX; págs. 228-231. ...«las cuales, oida y entendida su demanda superficialmente, por las ocupaciones giandes que tenían con la dicha guerra... puesto que. con benignidad y alegre rostro, acordaron de lo cometer á letrados, paia que oyesen á Cristobal Colon mas particularmente, y viesen la calidad del negocio y la prueba que daba, para que fuese posible confiriesen y tratasen de ello, y despues hiciesen á Sus Altezas plenaria relación. Cometiéronlo, principalmente al dicho Prior de Prado... y ansi fueron dellos juzgadas sus promesas y ofertas por imposibles y vanas y de toda repulsa dignas »

Navarrete—Ob. cit., t. III, pág. 589 —Habla Rodrigo Maldonado en el famoso pleito con D. Diego Colón, y dice: «Que él con el Prior de Prado, que á la sazon era, y que despues fué Arzobispo de Granada, é con otros sabios é letrados é marineros platicaron con el dicho Almirante sobre su ida á las dichas islas, é que todos ellos acordaron que era imposible ser verdad lo que el dicho Almirante decia... lo cual todo supo este testigo como uno de los del Consejo de sus Altezas.»

(2) Las Casas—*Histoiia de las Indias*, t. I, pág. 231.

ponder á su pensamiento: la idea de que se gastasen dineros y se menoscabase el prestigio de la autoridad real en otro asunto que no fuese el de restablecer por completo la normalidad de sus Estados, tantas veces turbada por una nobleza díscola, y de completar la unidad de la monarquía á costa de la ruina del imperio musulmán, sublevaba su espíritu y no vaciló en negar las teorías en que se apoyaba el Genovés, considerando *sus promesas y ofertas por imposibles y vanas y de toda repulsa dignas.*

El informe del Prior de Prado no podía ser más terminante, y no dejando la esperanza más flaca de un arreglo próximo ó remoto, lo natural hubiera sido que, ajustándose los Reyes al parecer de sus consejeros, despidiesen á Colón sin dar lugar á otras apelaciones, que no cabían ni podían desprenderse de la concisa rotundidad de sus conclusiones. Pero no fué así; no era ese el pensamiento de Fernando V; ya sabía el Rey, por la aversión que hacia el proyecto sentía Talavera, el resultado que había de tener en el seno de la junta: la sagaz política de Fernando V, más que por influencias de Talavera, por el estado de la corte, abrumada con el peso de los armamentos, y cuyos Consejos, compuestos generalmente de capitanes y hombres avezados á la guerra, no entendían ni podían entender en otros asuntos que no fuesen los relativos á los planes de la campaña, no había de ceñirse, conociendo la importancia de la empresa y calculando con su inteligencia clara las consecuencias que habían de seguirse inmediatamente á su realización, al parecer de unos cuantos, si sabios y entendidos, predispuestos desde el principio, por influencias de Talavera, en contra de Colón. Si en los primeros momentos exigíanse cortos dispendios de hombres y dineros para equipar tres pequeñas naves, Fernando V, que en todos los actos de su gobierno echó los cimientos de soluciones duraderas y estables, comprendió que la empresa que se le proponía no había de ser única y aislada, sino que llevaría tras sí los preparativos y ejecución de otras más importantes y numerosas, que exigirían cuantiosos dispendios, y una masa de hombres importantísima, tras la cual arrastraría la atención general, distrayéndola de la única inmediata y de resultados más próximos con que se apreciaban las cuestiones interiores del reino. Gran conocedor del corazón humano, y más conocedor aún del carácter aventurero del pueblo que gobernaba, no pudo escapar á la prodigiosa penetración de Fernando las consecuencias inmediatas que habían de seguirse á la realización de la empresa de Colón; no se le ocultó que este pueblo, de imaginación viva é impresionable, amante de aventuras, y de aventuras tan extrañas como las que se avecinaban al otro lado del Océano, miraría con desdén la resolución ya inmediata de la obra de la reconquista, para entregarse por completo en brazos de nuevas y más importantes aventuras, estimulado por el deseo de penetrar lo desconocido y extraordinario á que siempre se prestó el carácter de este pueblo.

Los que afirman con ligereza inocente que la empresa de Colón tropezó en el escollo de la falta de recursos del tesoro real, suponiéndole tan exhausto de dinero y de crédito que no pudiera disponer de diez y siete mil ducados, que eran los que se exigían, no conocen la previsora política del Rey Católico; porque sería candidez también suponerle la idea de que aquellas naves, de regreso de su primer viaje, llegarían á la Península repletas de oro y de los ricos productos de la India, para subvenir con ellos á las necesidades de posteriores armamentos y equipos. No, no fueron esas las dificultades con que tropezó el proyecto de Colón; la única, la verdadera dificultad estaba en Granada: y si para la solución de este importante problema de siete siglos, se dedicó Fernando á preparar el espíritu de su pueblo y normalizar el estado del país, sofocando turbulencias, apaciguando enconos y consolidando la unidad de los Estados de Aragón y Castilla, para conseguir que todos de consuno contribuyeran á la obra de la reconquista

sin divergencias, ni divisiones, de las cuales se habían apro-
vechado durante tantos siglos los secuaces del Profeta;
ya que había conseguido unir tantas voluntades, é incul-
car en el espíritu de su pueblo aquella idea grandiosa, no
había de autorizar, ni mucho menos contribuir á la disolu-
ción de aquella obra, abriendo nuevos derroteros por donde se disgregasen las energias que había sumado contra
el imperio del Profeta.

Pero si el informe de la junta desanimó á los tibios, y
apagó un tanto el entusiasmo de los vehementes, hasta el
punto de que la misma Reina doña Isabel no tuviera este
negocio por muy cierto (1), D. Fernando, dueño ya de la
situación, hizo á Colón la merced de significarle que, no
teniendo por definitivo el informe de sus consejeros, le autorizaba para que esperase ocasión más propicia en que
poder con detenimiento ocuparse con más atención del
asunto (2).

Hay que tener en cuenta que no fué unánime el parecer de la junta, en cuyo seno fueron examinadas las teorías de Colón con diversidad de criterio (3); y es de suponer que este mismo dualismo obligase al Monarca á no
despojar de esperanza el ánimo del marino, asegurándole
con buenas palabras que resolvería su asunto al acabar
con la conquista de Granada (4).

No duró mucho tiempo el retraimiento que produjera
en el ánimo de los cortesanos las conclusiones de la jun-

(1) Navariete. — *Documentos diplomáticos.* — Carta del Duque de Medinaceli
citada—«Su Alteza lo recibió (á Colón) y lo dió encaigo á Alonso de Quintanilla,
el cual me escribió de su parte *que no tenia este negocio por muy cieito.*»

(2) Las Casas.—*Hist. de las Indias,* t. I, pág. 231.—«Finalmente los Reyes mandaron dar respuesta á Cristobal Colon, despidiendole por aquella sazon, aunque
no del todo quitandole la esperanza de tornar á la mateiia, cuando más desocu-
pados Sus Altezas se viesen, lo que entonces no estaban con los grandes negocios
de la guerra de Granada.»

(3) Navarrete.—Obra citada, t. III, pág. 589.— Declaiación del Dr Maldonado.—«E contra el parecer de los más dellos porfió el dicho Almirante de ir al
dicho viaje.»

(4) Salazar de Mendoza.—*Ciónica del Caidenal Mendoza.* lib. I, cap. LXII.—
«Con buenas palabras le dieron (los Reyes) esperanzas ciertas de que en acaban-
dose la campaña de Granada, lo iesolverían.»

ta; desde que el soberano dió á Colón esperanzas de que se miraría de nuevo en ocasión oportuna el asunto de su proyecto, crecieron nuevos favorecedores entre los que tibios ó indiferentes hasta entonces, ni intervinieron ni se mezclaron en los asuntos que se estaban ventilando.

Entre otros, que después se irán dando á conocer, cita en sus cartas el mismo Colón, como verdaderos favorecedores de su empresa, sin los cuales no hubieran los Reyes conseguido la posesión de las Indias, los nombres de fray Diego de Deza y de Juan Cabrero (1). El P. Las Casas asegura que antes de haber estudiado los documentos que le sirvieron para hacer su interesantísima *Historia de las Indias*, pertenecientes al marino, había oído decir, «que el dicho Arzobispo de Sevilla, por sí, y lo mismo el camarero, Juan Cabrero, se gloriaban que habían sido la causa de que los Reyes aceptasen la dicha empresa y descubrimiento de las Indias».

El testimonio del P. Las Casas, apoyado en las afirmaciones del mismo Colón, es indiscutible y obliga á creer, sin ningún género de duda, que estos dos personajes en unión del Cardenal González de Mendoza y de Alonso de Quintanilla no dejaron de influir en el ánimo de los Monarcas para que se decidieran á poner en práctica la empresa de Colón. La intervención, pues, de Deza y de Cabrero, lejos de reducirse á mera admiración platónica del proyecto, fué tan decisiva como se podía esperar de la influencia que les daban en la corte la posición del uno como maestro del Príncipe D. Juan, y el cargo de confianza del otro, como ayuda de cámara de D. Fernando. Las relaciones no interrumpidas de estos servidores con los

(1) Navarrete.—Ob. cit., t. I, págs. 480 á 487.—Cartas de Cristóbal Colón dirigidas á su hijo Diego. Sevilla 21 Noviembre 1504.—«El Sr. Obispo de Palencia, siempre desque yo vine á Castilla me ha favorecido y deseado mi honra».—Sevilla 1.º de Diciembre.—«Al Sr. obispo de Palencia es de dar parte desto con de la tanta confianza que en su merced tengo, y ansi al Sr. Camarero» (Juan Cabrero)—21 de Diciembre .. «y es de dar priesa al Sr. obispo de Palencia, el que fue causa que sus Altezas hobiesen las Indias, y que yo quedase en Castilla, que ya estaba yo de camino para fuera: y ansi al Sr. Camarero de su Alteza.»

Monarcas les proporcionaban frecuentes ocasiones de recordarles la promesa que habían dado al marino, y alentaban á éste en la confianza de ver su proyecto en vías de realización.

Era el docto Maestro Fr. Diego de Deza, Prior del convento de San Esteban de Salamanca y Catedrático de Prima de la Facultad de Teología de aquella Universidad, cuando fué llamado á la corte de orden de los Reyes para hacerse el cargo de la educación del Príncipe D. Juan. Las frecuentes relaciones entre la corte y la Universidad de Salamanca, de cuyos estudios eran escogidos los doctores que ilustraban los Consejos de la Corona, los confesores de los Reyes, los preceptores de los Príncipes, los cronistas, los magistrados y hasta los médicos, eran cada día más estrechas y constantes: por eso eran de los cortesanos muy conocidas las prendas del Maestro Deza, las cuales, en fuerza de ser tantas y tan sobresalientes, le precedían en la carrera de su vida, y despertaban en todos el respeto y la admiración más profundo. No sólo fué hombre de ciencia y consumado teólogo, sino que á las dotes de orador elocuente unía una gran afabilidad de carácter, elevación de espíritu y nobleza de sentimientos: era fino en sus modales y de trato ameno y distinguido; y como á todas estas no comunes cualidades unía también una piedad ejemplar y una gran fe y entusiasmo por todo lo grande y elevado, juntamente con la importancia que le daban su cualidad de consejero de la Corona, confesor de los Reyes y maestro de moral y de primera enseñanza del Príncipe, no es, pues, extraño que hubiese adquirido en la corte desde los primeros momentos gran autoridad é influencia propias, y que sus consejos pasasen en el ánimo de todos, teniendo en cuenta, por otra parte, el tono persuasivo é insinuante que empleaba aun en las conversaciones más familiares.

Más hombre de ciencia que político, y menos aficionado á los asuntos de gobierno que á las cuestiones literarias y de erudición, quiso conocer personalmente al famoso marino y enterarse con prolijidad de su proyecto, sorprendido como estaba de las teorías, no bien explicadas ni exactas, que corrían entre los cortesanos, los cuales las comentaban á su manera, según que eran ó no adversarios del extranjero.

Amante más cada día Cristóbal Colón del pensamiento que acariciaba, é interesado por momentos en darlo á conocer á las personas que, por su rango en la corte y por su ilustración pudieran influir en el ánimo de los Monarcas inclinándolos definitivamente en su favor, aprovechó la nueva ocasión que le proporcionaba Fr. Diego de Deza, para explicarle prolijamente las teorías y las razones en que lo fundaba. Este proyecto había interesado de tal modo el amor propio de Colón que, irritado contra los que, remisos ó incrédulos, habían informado desfavorablemente, sólo deseaba encontrar ocasión de oponer á una negativa, una afirmación más rotunda, y á los prestigios de los detractores, nuevos y más valiosos elementos que contrarrestaran las influencias de sus adversarios, al paso que con su dictamen favorable fuese su ideal adquiriendo la autoridad más absoluta. Sin otra idea que la de sacar á flote en la corte de Castilla el pensamiento que concibiera, y humillar así las arrogancias de los que, en atención á otros intereses y á otras ideas, habían negado en Portugal y en España hasta la más pequeña probabilidad de éxito, acogió con verdadero entusiasmo los deseos que mostraba Fr. Diego de Deza de oir las razones en que fundaba su proyecto, y comprobar con las teorías de los sabios si las suyas se ajustaban á los principios científicos entonces conocidos.

La firmeza en la exposición de tales principios, y la claridad con que, apoyándose en ellos, desarrollaba Colón el plan de su idea, debieron sorprender el ánimo de Deza, y contemplar con cierta admiración al hombre extraordinario que, fundándose en las verdades de la ciencia, se

disponía á resolver el importante problema de circunnavegar el mundo, que por su extraordinaria magnitud ni
aun siquiera había sido hasta entonces sospechado.

Sedújole lo atrevido del proyecto, y las razones en que
lo fundaba le parecieron ajustadas á los conocimientos que
acusaban ya los adelantos geográficos y la ciencia cos-
mográfica; y siendo Deza, como buen sabio, modesto y
desconfiado de su propia ciencia, juzgó que no pudiendo
resolver por sí pensamiento tan vasto, sin que contribuyeran á darle autoridad y á ilustrarle las opiniones de
otros sabios, sería conveniente discutir en Salamanca, en
el seno de la ciencia, y ante las más respetables autoridades de la época el extraordinario é importantísimo problema que planteaba el marino genovés.

Fijo el Prior de San Esteban en el claustro de sabios
profesores de la Universidad de Salamanca y de su convento de dominicos, creyó que ninguna corporación con
más autoridad que aquella podía entender en asunto tan
íntimamente relacionado con las ciencias. En su virtud
debió proponerlo así á los Reyes, los cuales aceptaron con
gusto este prudente parecer, no sólo porque con él aplaza-
ban la promesa hecha al marino, sino por la autoridad
que le prestaría el informe de los sabios de Salamanca.

Por estos días, en los últimos de Julio del mismo año
de 1486, viéronse los Reyes obligados á dirigir una expedición á Galicia para reprimir en su origen las turbulencias del Conde de Lemus; y al pasar por Medina del
Campo, separáronse de la corte Fr. Diego de Deza y
Cristóbal Colón, y mientras aquélla seguía el camino de
Santiago, torcieron hacia Salamanca, en donde ya les
habían los dominicos de San Esteban preparado alojamiento digno en su mismo convento. En este benéfico
asilo del saber y de la caridad permaneció Cristóbal Colón todo el tiempo que duraron las célebres conferencias.

Era por este tiempo la ciudad de Salamanca la más populosa é insigne de los reinos de Castilla, y el centro de

donde irradiaban los esplendorosos rayos del saber y de las ciencias que se explicaban en los claustros de la Universidad. Fué tanta y tan merecida la fama de la Escuela salmantina, que tuvo la honra de ser consultada por los Reyes y por los Pontífices en los asuntos más graves y arduos de aquellos tiempos, y recibía embajadores y ricos presentes de los Soberanos de países más remotos. Representó y tuvo en los Concilios de Constanza, Basilea y Trento, participación importantísima, y los teólogos, juristas y doctores españoles fueron los que con más caudal de ciencia ilustraron los más importantes acuerdos de aquellas asambleas. Servíanse los Monarcas españoles, y aun los extranjeros, de este riquísimo plantel de sabios, y entre sus doctores y jurisconsultos escogían los consejeros que ilustraban las más arduas cuestiones de Estado; y fueron tantos y tan ilustres los varones que en esta Escuela estudiaron teología, humanidades, matemáticas, filosofía, historia, ciencia del derecho y buenas letras, «que apenas hay hombre ilustre en los anales de nuestro siglo de oro, en humanidades y en lenguas, en Sagrada Escritura y en Cánones, en derecho y medicina, y principalmente cn la ciencia de Dios, en que tanto sobresalían los españoles, que no se haya sentado en aquellas sillas á enseñar, y cuando no en aquellos bancos á aprender, siendo el obligado punto de partida, no sólo para las carreras literarias, para las togas y para las mitras, sino para los más altos destinos políticos y militares, pues de allí salían el osado navegante, el glorioso caudillo, el hábil diplomático, al par que el sabio religioso y el paciente investigador, y hasta mujeres extraordinarias se presentaban á disputar á los varones la palma del saber (1).

(1) Cuadrado —*Recuerdos y Bellezas de España. Salamanca, Avila y Segovia.* Cap. IV. pag. 101.

Ilustraron los estudios de la célebre Universidad los maestros en la ciencia del Derecho, Palacios Rubios, Díaz de Montalvo, García de Villalpando, Azpilcueta, Antonio Gómez, Álamos Barreritos, los Acevedos y Acostas y los Covarrubias; en Astrología y Cosmografía, Física y Matemáticas, el muy famoso

No era la Universidad de Salamanca, como la consideran casi todos los historiadores de estos sucesos, un centro de enseñanza solo y aislado dependiente directo del poder real; muy al contrario, era un cuerpo literario con vida propia é independiente, y con inmunidades y privilegios propios de la jurisdicción que ejercía por otorgamiento solemne de los Reyes de León y Castilla de una parte, y de los romanos Pontífices, de otra.

Dependían de esta Escuela, como partes integrantes de ella, los demás colegios y conventos de religiosos de la ciudad, cada uno de los cuales tenía su movimiento propio científico y literario, y sin romper por esto la unidad del centro universitario, explicábanse en ellos las distintas materias que les estaban confiadas; así pues, los conventos de San Bartolomé y de San Esteban, con la misma advocación, se nombraban Colegios Mayores de la Universidad, y en tal concepto y por el desarrollo que adquirieron en su peculiar movimiento científico, fueron honrados con las distinciones y privilegios de que sus maestros desempeñasen en la Universidad, determinadas cátedras: así lo confirma Gil González Dávila, asegurando «que en el convento de San Esteban de Salamanca, no sólo había maes-

Pedro Ciruelo, Apolonio y Pascual de Aranda y el célebre Nebrija, Francisco Núñez de la Huerta, Diego de Torres, Rodrigo de Basuarto, Fernando de Herrera, Abraham Zacuth, Fray Diego Jimenez, Núñez de la Yerba, comentador de la Geografía de Pomponio Mela, Selaya, traductor del *Almanach*, y Fray Antonio de Marchena, el franciscano que siempre se conformó con las teorías de Colón. Los teólogos y humanistas Francisco de Toledo, Arias Barbosa, Pedro Chacon, Diego del Castillo, Pablo Coronel, Antonio de Burgos, Cabrera de Morales, Anaya, Fray Diego de Deza, Talavera, Juan de Mella, Sánchez de Arévalo, Rodrigo Maldonado, Fernando de Valdés, y Lope Hurtado de Mendoza. Estudiaron, por último, en aquellos colegios, entre otros hombres ilustres, Jimenez de Cisneros, Las Casas, Juan de la Encina, Francisco Salinas, los médicos famosos Juan de Aguilera, Péez de Herrera, Cristóbal Orozco, Juan Bravo. Laguna, Álvarez y Villalobos, y Pedro Peramato, Caldas Pereira, Eduardo Caldera, Martín de Ledesma, Gómez de Figueredo, Jorge Menríquez, Pedro Margallo, Alfonso de Fonseca, Ramírez de Villaescusa, el célebre Juan de Malara y el no menos célebre Enrique de Aragón, Marqués de Villena, Pedro de Osma y Martínez Silíceo; los poetas Juan de la Encina y Juan de Mena. Lucas Fernández, Francisco de la Torre y Fray Luis de León y otros infinitos nombres ilustres que sería prolijo enumerar.

tros y catedráticos de Teología y Filosofía, sino de Matemáticas y artes liberales; y que esos maestros ocupaban en la Universidad los primeros puestos.»

Prueba el indiscutible prestigio de que gozó por mucho tiempo la *Atenas española*, como se la solía llamar, el hecho de que los Reyes se valieran de sus maestros más inteligentes en Astronomía y Cosmografía (1), y que la calificasen como «una de las más insignes, populosas é principales de nuestros reinos, en la cual hay un estudio general en que se leen todas las ciencias, á cuya causa concurren en ella de continuo mucha gente de todos los Estados» (2).

Casi todos los historiadores de Cristóbal Colón, desde los cronistas de Indias hasta los más modernos biógrafos del Almirante, con rara unanimidad, tratan de empequeñecer desprestigiando los elementos que contribuyeron á dar á su figura las proporciones gigantescas con que hoy le admiramos; y uno de los argumentos con que pretenden poner más de relieve la ciencia que adornaba al héroe, es el de negar á los hombres de la época los conocimientos que, si bien no eran muy comunes por las dificultades con que se tropezaban para difundirlos, no eran, sin embargo, tan escasos en los centros docentes que no tuviesen en ellos honrosa representación todas las manifestaciones de la cultura de aquel tiempo (3).

(1) Navarrete.—*Documentos diplomáticos.* tomo III. Documento núm. 17, página 489. – Es una orden fechada en Segovia á 30 de Julio de 1494 por la cual ordenaban los Reyes al Maestrescuela de la Universidad D. Gutierre de Toledo, que enviase á la Corte «personas de aquel estudio inteligentes en Astronomía y Cosmografía para que platicasen con otros que aquí están, sobre algunas cosas de la mar.»

(2) Carta de los Reyes Católicos al Cardenal de Angelis, fechada en Sevilla á 17 de Febrero de 1491 (Gil González Davila, *Historia de Salamanca*).

(3) Recomiéndanse las obras siguientes á los que al tratar de la vida de Colón en el tiempo que tuvieron lugar las célebres conferencias de Salamanca, han censurado injustamente, ignorando, sin duda, los prestigios que alcanzaron los estudios de su Universidad, á los profesores de su célebre claustro. – Fray Jose Sigüenza.—*Historia de la Orden de San Jerónimo*, Dorado.—*Historia de Salamanca*, Chacón.—*Historia de la Universidad de Salamanca*, Ruiz de Vergara.— *Historia del Colegio viejo de San Bartolomé.* Las *Memorias de literatura portuguesa*, publicadas por la Real Academia de Ciencias de Lisboa, 1862. Tomo VIII:

· Al tratar de la Universidad de Salamanca, apena el ánimo contemplar el desenfado con que todos estos pretendidos historiadores, califican de ignorantes á los profesores de aquella Escuela, que, al decir de un ilustre escritor (1) no sólo había cátedra de Matemáticas, de Física y de Filosofía natural, sino de Astrología: «y no sólo eran conocidas y comentadas las obras de Aristóteles y de Plinio, de Ptolomeo y Pomponio Mela, de Strabon y de Marco Manilio, mas se conocían y se estudiaban las de Alkabisius, de Albunasar y de Alfagran, las de Juan de Monte-Regio (las *Ephemerides* y el *Astrolabius*), así como la *Sphera Mundi* de Sacrobosco, cuya obra comentaba y añadía Pedro Ciruelo. Que Abraham Zacuth escribía allí su *Al-manaque perpetuo* y *sus Tablas*: Aguilera sus *Canones Astrolabii universalis*: Espinosa su *Philosophia naturalis* y otros *Comentarios á la Esfera de Sacrobosco*: Margallo, su *Compendio de Física*; Muñoz, sus *Institutiones Aritmeticas ad perficiendam Astrologiam*, su *Lectura Geográphica* y su *Tratado acerca del nuevo cometa*; y por último, Rodrigo de Basuarto escribía por aquel tiempo, el siguiente curioso tratado: *De fabricatione unius tabulæ generalis ad omnes partes terræ et usu ejus ad facilem Astrolabii compositionem.*

En el convento, pues, de San Esteban, cuyos profesores, como hemos dicho, formaban parte del claustro universitario, fué donde se discutieron las teorías que abonaban el

Fray Antonio de Ledesma y Martín López de Hontiveros. —*Constituciones Apostólicas y Estatutos de la muy Insigne Universidad de Salamanca:* Los Anuarios de la Universidad de Salamanca correspondientes á 1860 y siguientes: Vidal.— *Memoria histórica de la Universidad de Salamanca:* Gil González Dávila.—*Historia de la Ciudad de Salamanca·* Doctores Dávila, Madrazo y Ruiz —*Reseña Histórica de la Universidad de Salamanca:* Fray Pascual Sánchez.—*Memoria sobre la Escuela de San Esteban:* Doncel y Ordaz. - *La Universidad de Salamanca ante el Tribunal de la Historia:* Juan Antonio de Lasanta.—*Compendio Histórico de la ciudad de Salamanca, su antigüedad, la de su santa Iglesia y grandezas que la ilustran: Historia de la Universidad de Salamanca* impresa en el tomo XVIII del *Semanario erudito* de Valladares: Juan José Morán. - *Reseña histórica de la Universidad de Salamanca: Memoria histórica de la Universidad de Salamanca,* impresa en 1884: Don José M. Cuadrado. - *Recuerdos y Bellezas de España,* - *Salamanca, Avila y Segovia:* Rodríguez Pinilla. - *Colón en España.*

(1) R. Pinilla, obra citada, pág. 172.

proyecto de Colón. Varias y muy interesantes debieron ser las conferencias allí celebradas, en las cuales se estudiaron las razones que exponía el proyectista con los textos de Aristóteles y de Plinio, de Ptolomeo y Pomponio Mela, de Alfagran, Strabon y Marco Manilio, y de todos los que referentes á la misma ciencia fueron allí conocidos y comentados: las opiniones de Pedro Ciruelo, el célebre comentador de la *Esphera* de Sacrobosco, las de Espinosa y las de Aguilera, debieron también pesar en el ánimo de los juzgadores del proyecto. La teoría de la esferoicidad de la tierra era, pues, indiscutible; la duda que pudo embargar el ánimo de la asamblea acerca de la viabilidad del pensamiento de Colón, si la hubo, debió consistir en la poca seguridad que implicaba las distintas teorías sostenidas por los antiguos y coetáneos autores sobre el verdadero volumen del globo terráqueo: pero como prevaleciera el criterio de los más, merced al prestigio que inspiraba la autoridad científica de Deza, y á la seguridad y acierto con que apoyaba las ideas del Genovés, si hubo disparidad de juicios, ó no fué unánime en este punto el criterio de los conferenciantes, ó disentían en la apreciación de algunos detalles que en nada afectaban la cuestión principal, fueron borrándose estas dudas á medida que con nuevos argumentos eran refutados ya por los mismos mantenedores del proyecto.

Serían risibles, si no fueran heresiarcas, históricamente consideradas, las argucias con que los panegiristas del célebre marino pretenden imponer como verdades inconcusas la ignorancia de los hombres de aquel tiempo sobre asuntos cosmográficos y astronómicos, asegurando que para rebatir las teorías de Colón les argüían con textos bíblicos y pasajes truncados de las Sagradas Escrituras, ó cuando más con las opiniones de los Padres de la Iglesia, de San Agustín y de San Jerónimo. No fueron, pues, tan débiles las razones en que se apoyaron los examinadores del proyecto, que á no existir otras, ni Colón hubiera con-

cebido su colosal idea, ni concibiéndola hubiera prevalecido ni recaído sobre ella la sanción que buscaba entre los
hombres de ciencia, para con su autoridad apoyado, im-
ponerla á los Reyes y á los magnates.

No fué tampoco ajeno el claustro universitario al importantísimo asunto que se ventilaba en el salón de capítulos del convento de San Esteban; porque allí tuvieron
representación los distintos elementos que formaban la Escuela salmantina. El proyecto de Colón, pues, salió de los
claustros del convento de San Esteban precedido de la
autoridad que le daban los profesores de Salamanca, por
cuyo crisol pasaron una á una las distintas razones con
que garantizaban su viabilidad.

Aun no habían tocado á su fin las célebres conferencias
entre Colón y los dominicos de San Esteban, cuando, apaciguadas ya las revueltas de Galicia con la sumisión del
Conde de Lemus, hacían los Reyes su entrada en Salamanca el 20 de Noviembre del mismo año de 1486. Desde esta
fecha hasta el 29 de Enero del año siguiente, que partió la
corte para Córdoba con el fin de ultimar los preparativos
de la campaña que se iba á continuar contra la morisma en
la primavera próxima, dióse fin á la gloriosa empresa de
los dominicos en el asunto de Colón, é informados por
ellos los Reyes de su importancia y de la seguridad del
éxito, admitieron al proyectista á su servicio, mandándoles
librar cantidades con que atender á su subsistencia y á la
decencia de su persona, entretanto llegaba la ocasión oportuna de llevar su proyecto á la práctica.

CAPÍTULO V

ERMINADAS las
conferencias de
Salamanca, prin-
cipal y único ob-
jeto acaso del
viaje de los Reyes
á la ciudad del
Tormes, partie-
ron los Soberanos
para Córdoba, en
donde las necesi-
dades y aprestos de la nueva campaña contrá lós moros,
reclamaban su presencia.

Hay quien asegura que, después de la partida de los
Reyes, quedó Colón en el convento de San Esteban, sola-
zando su espíritu en el honesto esparcimiento que le brindaba la vida conventual en la deliciosa granja de *Valcue-
bo;* pero no teniendo ya objeto su permanencia en Salamanca, y llamando su atención en la ciudad de los Califas
otros asuntos menos piadosos, es verosímil que se uniese

á la corte, como individuo que formaba parte de la servidumbre real.

Poco después de la llegada de Colón á Córdoba en el año anterior de 1486, contrajo cierta amistad con una familia de antecedentes hasta ahora no bien comprobados. Únicamente se sabe que se apellidaba Enríquez y Arana; y aun cuando casi todos los panegiristas de Colón no dudan en asegurar que procedía de hidalgo abolengo, ciertas consideraciones inclinan á sospechar el poco honor que hizo esta familia á la bondad de su origen.

Tiénese también por seguro que, hospedado en casa de estos amigos, granjeose Colón bien pronto su afecto, interesando la amorosa fibra del corazón sensible de doña Beatriz, llamada así una joven que formaba parte de ella, á quien no debieron parecerle seguramente muy maltratadas las prendas personales del postulante doncel, ó no lo estaban, en efecto, á los 52 años que por entonces debía contar.

De estas relaciones amorosas, no legitimadas por el matrimonio *in facie Ecclesiae*, pero fundadas en un contrato de amistad y compañía, cuyas principales condiciones eran la permanencia y fidelidad, autorizado por leyes de entonces, nació D. Fernando Colón que, aunque bastardo fué, andando el tiempo, muy honrado de los Reyes, y respetado de todos los que tuvieron la suerte de cultivar su amistad. Acerca de la legitimidad de estas relaciones han expuesto los panegiristas de Colón razones más ingeniosas que atinadas, porque no existen en verdad testimonios que la comprueben. Lo que no admite duda es que estos ilegítimos amores (1) debieron ser un lenitivo á los pesa-

---

(1) Su ilegitimidad la declara el mismo Colón en una de las cláusulas de su testamento otorgado en Valladolid á 19 de Mayo de 1506, cuando manda y encarga á su hijo Diego «que haya encomendada á Beatriz Enríquez, madre de D. Fernando, mi hijo, que la provea que pueda vivir honestamente, como persona á quien soy en tanto cargo. *Y esto se haga por mi descargo de la conciencia, porque esto pesa mucho para mi ánima La razón de ello non es lícito de la escribir aquí».* Navarrete. *Colección de Viajes,* tomo II, doc. núm. CLVIII.

res del marino, ya que no un motivo de esparcimiento y reposo del ánimo; y aunque también pudieron ser un vínculo que le retuviera en España, no parece que por esta parte, como se irá viendo después, sintiera Colón grandes escrúpulos.

Durante el mes de Febrero organizóse en Córdoba un grueso ejército para reanudar aquel año la guerra contra los moros: de todas las partes de la Península acudían soldados á cubrir las filas de las distintas legiones que lo formaban, y cuando comprendieron los Reyes que las cifras de hombres y caballos alcanzaban proporciones respetables, pues no bajaba el total de 40.000 infantes y 12.000 caballos, el 7 de Abril se puso en marcha, y el 17 sentaba sus reales frente á los muros de Vélez-Málaga.

Pocos días duró el sitio de esta importante plaza, durante los cuales intentó el Zagal socorrerla, con tan mala fortuna que, al ser derrotado por el Marqués de Cádiz á la vista de los sitiados, obligóles este desastre á capitular el día 27 de aquel mes.

El deseo, ya satisfecho, del Rey Fernando de apoderarse de Vélez-Málaga, obedeció á un plan estratégico hábilmente combinado, con el cual, á la vez que protegía el asedio de Málaga, dificultaba las operaciones de los enemigos, interponiendo serios obstáculos entre las dos ciudades más importantes de sus Estados.

Durante el sitio de Vélez permaneció Colón en Córdoba, habitual punto de su residencia, seguramente entretenido en cultivar sus nuevos amores. Cierto es que en más de una ocasión hizo excursiones á varios puntos de la Península, pero nunca, ó muy rara vez llegó hasta el campamento de los Reyes, desde donde, el día 5 de Mayo de 1487, le mandaron entregar tres mil maravedís para su ayuda de costa, según cédula expedida por Alonso de Quintanilla con mandamiento del Obispo de Palencia (1).

Convenientemente guarnecida la ciudad recién conquis-

(1) Navarrete. Obra citada. Tomo II, pág. 8 y siguientes.

tada, el día 7 de Mayo levantó el campo el ejército cristiano y se puso en marcha con dirección á Málaga. Era esta la segunda ciudad de importancia del ya mermado imperio musulmán; no ignoraban los moros las ventajas de su posesión, y á conservarla opusieron los más rudos y porfiados obstáculos. Estos descalabros, los que sufrió luego, puesto ya el sitio en regla, en varias salidas que hicieron los defensores de la plaza, y la porfía tenaz que desplegaron rechazando los ataques de los castellanos, en cuyo campamento se notaban ya las consecuencias de los largos asedios, fueron causas de que empezase á cundir el desaliento en las filas; pero la presencia de la Reina, que llegaba desde Córdoba con propósito de tomar parte en la contienda y correr la suerte de su marido, reanimó el espíritu de las tropas; apretóse el cerco por mar y tierra, y cuando estas atenciones exigían inmediata y constante vigilancia, bastando á embargar todos los ánimos las múltiples necesidades del momento, no olvidaron los Reyes las que pesaban sobre Colón, y por cédula de 3 de Julio le mandaron librar para su ayuda de costa la cantidad de tres mil maravedís (1).

Por estos días fué víctima de un atentado, del cual se salvó milagrosamente, la Marquesa de Moya, dama muy querida de la Reina, y una de las personas que más influyeron en favor de Colón. Un moro fanático, so pretexto de hacer ciertas confidencias á los Reyes, presentóse en las avanzadas del ejército cristiano: dejáronle pasar hasta las tiendas de los Monarcas, sin tomar la precaución de registrarlo, y como en una de ellas viese á la Marquesa de Moya, confundiéndola con la Reina, por la riqueza de sus vestidos y elegancia de su persona, le asestó un golpe de puñal que quedó embotado en los bordados del hábito.

Si rudo y porfiado fué el cerco y atrevidos los asaltos de los sitiadores, desesperada y tenaz fué también la defensa de la plaza: pero al fin, el día 18 de Agosto, después de

(1) Navarrete. Obra citada. Tomo II.

LOS REYES CATÓLICOS DON FERNANDO Y DOÑA ISABEL

tres meses de asedio, se entregó la ciudad al poder de los Reyes Católicos, y el 27 del mismo mes mandaron expedir real cédula al tesorero Francisco González, de Sevilla, para que entregase á Cristóbal Colón la cantidad de cuatro mil maravedís, y orden de ponerse en camino para el real de Málaga (1).

Hasta el presente no se ha podido averiguar el objeto que tuvo la real orden demandando la presencia de Colón en el campamento, cuando en poder de los Monarcas la ciudad, no cabe la sospecha de que lo llamaban para que contribuyese con sus conocimientos de la guerra ó con su valor á su más pronta rendición. Muchos historiógrafos de Colón aseguran que siguió constantemente al ejército, hallándosele siempre en los sitios de mayor peligro; pero tal afirmación, si no obedeciera á la idea, siempre plausible, de ensalzar por todos los medios al inmortal Genovés, no tiene hasta ahora otro valor histórico que el que merezca la discutible, aunque siempre respetable opinión de sus autores. Si el proyecto de Colón estaba pendiente de la ruina, por las armas, del poder del Islam en España, y la rendición de Málaga equivalía á considerarla muy próxima, no es aventurado creer que, estando lejos del campa. mento, la orden de los Reyes no pudo obedecer seguramente al deseo de que presenciase la entrega de la plaza, y tuvo por objeto otro fin más importante.

No hay hasta ahora dato alguno que confirme la hipótesis de que durante la discusión de las teorías del Genovés, hubiesen pensado los Reyes ni los examinadores en las condiciones, mediante las cuales se arriesgaba el marino á llevar á la práctica su proyecto. Es de creer, no obstante, que estimando los Reyes próximo el triunfo total de sus armas, y próximo por tanto el momento de entender en el proyecto, deseasen conocer, no sólo el armamento y equipo de las naves que necesitaba, y los demás elementos y gastos que requería la empresa, sino las condiciones, el

(1) Véase Navarrete. Obra citada. Tomo II.

precio, digámoslo así, por el cual se comprometía á ponerla en ejecución.

Estas condiciones, sobre las cuales había tenido Colón tiempo de meditar, luego que las expuso, debieron parecer á los Reyes tan exorbitantes que, teniendo la evidencia de que al aceptarlas lastimarían el orgullo de la engreída nobleza, que protestaría seguramente al ver elevado á tanta altura al hombre de la capa raída, el cual hasta entonces, sólo se había hecho notar por su condición de postulante, las rechazaron inmediatamente, estimando prudente esperar á que nuevo aplazamiento modificasen las que juzgaban y eran, en efecto, exageradas pretensiones del marino.

Pero Colón fué tenaz en sus propósitos: sabía que su proyecto había sido, desde las célebres conferencias de Salamanca, aceptado en principio por los Reyes; sabía también las ventajas que proporcionaría á la Corona el resultado de la empresa, y si tanto trabajo le costó hacer comprender la eficacia y la viabilidad de su idea, no se consideraba recompensado con menos de lo que pedía, y lo puso por condición.

Es singular la entereza con que aquel pobre hombre formulaba las estipulaciones de un contrato no menos singular y extraño, y la confianza que tenía en el resultado de su empresa: «tan altivo como un Rey, tan imperioso como un conquistador, parecía un romano de los buenos tiempos; no cedía un ápice en sus pretensiones; había de ser Almirante, Virrey y Gobernador de los países que descubriera, y tener en sus productos y rendimientos su correspondiente participación (1).»

El asombro que produjo entre los magnates de la Corte la cuantía de tales pretensiones debió parecer á Colón, que era, como buen italiano, cauteloso y desconfiado, muy significativo; y en previsión de que fuese abandonado en España su proyecto, cuyo éxito garantizaba ya el veredicto

(1) Rodríguez Pinilla—Obra citada, pág. 225.

de los sabios de Salamanca, por medio de una correspondencia activa y secreta empezó á negociarlo con otros so-. beranos extranjeros: los Reyes de Francia y de Inglaterra, recibieron su invitación, y de ellos tuvo el marino expresivas cartas aprobando su pensamiento (1).

Pero no debieron parecerle muy satisfactorias las promesas de aquellos monarcas, que á serlo, las hubiera seguramente aceptado, como no fué tampoco muy extremado el disgusto de los Reyes de España ante sus exageradas pretensiones. Este disgusto, sin embargo, debía ser, por necesidad, causa de nuevos entorpecimientos y dilaciones; no obstante las cuales, fueron constantemente periódicas las cantidades que se les mandaron entregar para su ayuda de costa.

Las enfermedades adquiridas por el ejército en los campamentos durante el verano anterior, tuvieron en Córdoba su natural desarrollo, y obligaron á los Monarcas á variar el plan de campaña que se proponían seguir en el otoño; licenciaron las tropas, y libres por aquel año de tales cuidados, acordaron pasar al reino de Aragón, en donde convocaron las Cortes aragonesas para reconocer y jurar por here ero de la corona al Príncipe D. Juan.

Durante este forzoso interregno, dedicóse D. Fernando á normalizar los asuntos interiores de su reino; cobró subsidios para los gastos de la guerra; apaciguó pequeños disturbios locales y estimulando con sus consejos y con su ejemplo el espíritu hostil de los enemigos del Profeta, echaba las bases de la próxima campaña. En Zaragoza, y por cédula de 15 de Octubre mandaron entregar 4.000 maravedís para la ayuda de costa de Colón, el cual indudablemente quedaba en Córdoba al cuidado de doña Beatriz, cuyo embarazo era ya visible.

Los pequeños desórdenes y alteraciones tan repetidos

(1) Estos soberanos y el de Portugal debieron ser los tres *principes* de quienes Colón ovo *cartas de ruego, que la Reyna (q. D. h.) vido y se las leyó el doctor Vi_ llalón*, á que alude en la que escribió á D. Fernando en Mayo de 1505 señalada con el número LVIII en el tomo III de la *Coleccion* de Navarrete

en el reinado de aquellos Soberanos les obligaron á pasar el reino de Valencia: organizaron un ejército de 20.000 hombres en Junio de 1488, y mientras se apoderaban de Vera y otros puntos, y atendían también las necesidades de Colón, mandándole entregar 3.000 maravedís por cédula de 16 de este mes, negociaba el marino secretamente con el rey de Portugal el asunto que tenían pendiente de resolución en la çorte de España (1).

No se ha podido averiguar qué clase de temor obligó á Cristóbal Colón á solicitar del soberano portugués la garantía de su palabra, para determinarse á cruzar libremente por sus Estados, ni qué sentimientos le estimularon á ofrecer nuevamente á D. Juan II una empresa, cuya resolución estaba pendiente en España de la primera oportunidad.

Varios y contradictorios juicios han merecido estos hechos á los historiadores del Almirante: unos, deslizan la hipótesis de que negocios particulares le obligaron en aquella ocasión á pasar á Lisboa; otros, sin conceder importancia á este acto, suponen que fué el propósito de saber personalmente los progresos que hacían los portugueses en los descubrimientos de la costa de África, no faltando tampoco quien sospeche que tal resolución obedeció al deseo de «volver á la gracia de aquel Monarca y tenerle propicio en una eventualidad posible, aunque remota» (2).

Los temores que abrigaba Colón, y que le obligaron á solicitar del soberano portugués un salvo-conducto que garantizase la seguridad de su persona, no tienen hasta ahora otra explicación razonable que la de la existencia de algunas obligaciones allí contraídas y no solventadas, hasta que después de su muerte se encargó su hijo Diego de satisfacerlas, mediante cláusula especial y bien detallada que encontró en el testamento que otorgó su padre en Valladolid el 19 de Mayo de 1506.

(1) Navarrete. Obra citada, t. I.
(2) Asensio. Obra citada, t. I.. pág. 132

Posible es que hubiese penetrado la desconfianza en el corazón del marino en el largo espacio de tiempo que llevaba ofreciendo de corte en corte su empresa, y recibiendo á cambio de esperanzas no realizadas, calificativos poco lisonjeros y burlas crueles de los enemigos de su proyecto; y que cansado ya de aguardar y de sufrir, ofreciera simultáneamente á varios soberanos su empresa para aprovechar la primera y más ventajosa proposición que se le hiciera. Pero si estas causas no arguyen exactamente en su favor, como se observa al examinar los sucesos que van relacionados, se puede juzgar por ellos la conducta ligera que observó Colón con los Soberanos de España, quienes honrándole con su confianza, admitiéndole á su servicio y asegurándole una subsistencia decorosa, en tanto las necesidades más perentorias de la guerra, abriendo un paréntesis á sus múltiples atenciones, les permitían dedicarse con resolusión al planteamiento y ejecución de su empresa, olvidó todas estas circunstancias, que garantizaban la seguridad de pronta resolución, é impaciente, acaso por la gloria, cometió la ingratitud de abandonar á sus protectores de España, ofreciendo nuevamente sus servicios al Rey de Portugal. Pero, si, como sucede casi siempre, síguense á los actos de los hombres sus resultados naturales, Colón tocó bien pronto en Lisboa las consecuencias de sus ligerezas en Castilla.

El suceso del nacimiento de su hijo Fernando, habido en doña Beatriz Enríquez, el 15 de Agosto de este año de 1488, obligó á demorar este viaje, que no debió efectuar hasta el otoño próximo; pero, como si todo conspirase contra sus más preciadas ilusiones, su llegada á Lisboa coincidió con la del marino Bartolomé Díaz, el cual, al regresar con la expedición más importante hasta entonces llevada á cabo por los portugueses, traía la fausta nueva de haber descubierto el extremo Sur del África, y abierto definitivamente el camino tanto tiempo buscado para las Indias. El entusiasmo que produjo en Lisboa la noticia del descubrimiento del cabo de las Tormentas, con que le denominó Bartolomé Díaz, á causa de las tempestades que allí corrió la expedición, fué un nuevo y definitivo fracaso del proyecto de Colón en Portugal. Ya no habían de ser codiciados sus servicios, ni tenido en cuenta su proyecto de buscar por Occidente un camino para las Indias, que los súbditos portugueses, respondiendo á la tradición de sus empresas navales, lo habían hallado ya por Oriente. Ocurrían estos sucesos por el mes de Diciembre de 1488.

Durante los primeros meses del año siguiente, mientras Colón volvía de Portugal, perdida ya la esperanza más remota de encontrar en aquel reino patrocinadores de su idea, permaneció la corte en Valladolid, consagrada á normalizar la gobernación interior de Castilla. En la primavera de este año, pasó á Córdoba, de donde partió el Rey Fernando para Jaén á organizar el ejército con que pensaba aquel año hacer la campaña contra los moros; y á pesar de estas atenciones, no olvidaban los Reyes las que pesaban sobre Colón, y llevaron su diligencia sobre este punto hasta el extremo de mandar expedir en Córdoba Real cédula de 12 de Mayo, por la cual mandaban «que en todas las ciudades, villas y lugares donde Cristóbal Colomo se acaeciese, se le aposente *y á los suyos*, y se les den buenas posadas, que no sean mesones, sin dineros; y que se les faciliten mantenimientos á los precios que de ordinario allí tuvieren» (1).

El 27 del propio mes salió de Jaén un ejército com-

(1) Navarrete, obra citada, t. H, documento núm. 4 Las palabras que se *le aposente* (á Colón) *y á los suyos* no tiene otra explicación racional que la de que se les diese á Colón y á los que le acompañasen aposento de balde; es decir, á sus criados y á su familia: y como Colón no estaba en condiciones de servirse de criados, y su familia estaba reducida á su hijo Diego, claro es que sólo á éste podía referirse la cédula: lo cual prueba que por este tiempo acompañaba á su padre en alguna de las muchas excursiones que hacía de Córdoba á Sevilla y Cádiz; y siendo así mal podía estar en la Rábida, donde D. Fernando Colón en la *Historia del Almirante* da de barato que quedó cuando á su llegada á España dice que pasó por el Monasterio.

puesto de 80.000 infantes y 15.000 caballos, con el cual estableció el Rey Fernando el sitio de Baza. Muy porfiada fué la defensa de esta importantísima plaza, en los seis meses que duró el bloqueo, durante el cual vióse el ejército sitiador obligado á pedir en más de una ocasión socorros y refuerzos, y el mismo Soberano no pudo menos de oir en consejo de guerra los pareceres diversos de sus principales capitanes, sobre la conveniencia de levantar el sitio, como se hubiera verificado, si la presencia oportuna de la Reina en el campamento no llevara la confianza y la energía al ánimo de las tropas; las cuales, apretando el cerco, obligaron á los defensores á hacer entrega de la ciudad el día 4 de Diciembre. Celebróse seguidamente un convenio entre Cidi Yahye, alcaide de Baza y el Zagal con los Reyes Católicos, mediante el cual, pasaron á poder de las coronas de Aragón y Castilla todos los estados del Zagal, indemnizándosele con algunas concesiones (1). Tres días después salía el ejército con dirección á Guadix y Salobreña, que se entregaron después de débil resistencia, y llegando á Almería, se ratificó el pacto celebrado con el Zagal, haciéndose efectivas algunas de las concesiones estipuladas.

Terminada tan satisfactoriamente la campaña de 1489, al llegar á Jaén, licenciaron los Reyes el ejército, después de haber ocupado con fuerte guarnición los principales puntos estratégicos ganados al enemigo. Desembarazados así de tantos cuidados, llegaron á Sevilla en los últimos días de Febrero, y en los primeros de Marzo siguiente, recibieron á los embajadores de D. Juan II de Portugal, con quienes en 18 del mes siguiente celebraron las capitulaciones matrimoniales de la princesa Isabel con D. Alfonso, Príncipe heredero de aquel trono.

Terminadas apenas las suntuosas fiestas con que solemnizó Sevilla este suceso, que Bernáldez, el cura de los

(1) Conde, *Historia de la dominación de los Arabes en España*. Madrid 1821, tomo III, cap. XL.

Palacios, que indudablemente fué testigo ocular, describe en su *Historia de los Reyes Cotólicos*, con gran riqueza de detalles, volvió el Rey Fernando su atención hacia el reino de Granada, objeto de sus prolijos afanes. Organizó un pequeño ejército, como base del que se proponía reunir para establecer el año siguiente el sitio de Granada; rompió las hostilidades, enviando desde Sevilla embajadores á intimar la entrega de la ciudad, y como contestasen los moros con altivez y arrogancia, marchó á la vega con su pequeño ejército, talé sus campos y destruyó las sementeras.

Durante los primeros meses del año siguiente de 1491, era Sevilla el centro adonde acudían de todos los puntos de la península soldados y pertrechos de guerra, para engrosar las filas del ejército más numeroso que se aprestara contra los últimos restos del que había sido poderoso Imperio del Islam en España: la actividad de la corte multiplicábase para llenar las diversas atenciones de estos grandes preparativos bélicos, y Cristóbal Colón, que presenciaba con ánimo dolorido aquel derroche de energía, mientras la obra colosal de su proyecto permanecía abandonada, consumíase en la inacción más absoluta.

Le había sostenido hasta entonces la confianza que le merecían sus poderosos protectores; pero fija ahora la atención de todos en los elementos que habían de precipitar la ruina del Imperio de Mahoma, no podían, ni tenían acaso tiempo de pensar en otros asuntos que á los que á la guerra podían referirse; mientras Colón, cuyo estado de ánimo le impedía ver en aquellos preparativos guerreros la terminación de las causas que habían dificultado hasta entonces el planteamiento de su empresa, y sólo pensaba en los nuevos aplazamientos á que daría lugar, si se malograban las energías que se estaban acumulando contra los secuaces del Profeta, desesperado ya y aburrido, entristecido el ánimo, y fatalmente preocupado con la idea del tiempo que había venido empleando en convencer á unos, animar á otros y siempre pretendiendo aquí y allí apoyo á la obra que proponía, determinó abandonar la corte de España, para ofrecer á la de Francia sus servicios, y con ellos el pensamiento que cual plancha de plomo pesaba sobre su cerebro.

Dolorosa, en verdad, debió ser para el navegante insigne la idea de abandonar á España, donde radicaban ya todas sus afecciones, y donde dejaba, quizá para siempre, la más remota esperanza de conseguir lo que tanto tiempo y trabajo le costó hacer comprender.

Posible es también, ya que la mayor parte de los incidentes de la vida de Colón durante el tiempo que pasó en España en concepto de pretendiente, están por falta de datos auténticos, levantados sobre el movedizo terreno de las hipótesis, que se acordara de que en Huelva vivía Violante Muñiz, hermana de Felipa, casada con Miguel Muliarte, y desease pasar en aquel punto el tiempo que durasen las operaciones de la guerra, aguardando los resultados de la última y definitiva campaña, mientras proporcionaba á su hijo Diego en el seno de su propia familia un asilo seguro, donde poder esperar las contingencias del porvenir (1).

Lo que no admite duda es, que al partir el Rey Fernando á la cabeza del ejército, que Pedro Mártir de Angleria hace subir á 80.000 hombres, en Abril de 1491, para poner sitio á Granada, salió Colón de Sevilla acompañado de su hijo Diego, que contaba ya once años de edad, y tomó el camino de Huelva; pero al tocar, cerca de la ciudad, en el monasterio de la Rábida, sentáronse fati-

(1) Navarrete, obra citada, t. III. pág. 596 á 604. El médico Garci Hernández, que tanto intervino en la Rábida en la obra de Colón, declaró que éste iba á Huelva «con objeto de hablar con un cuñado suyo, é venía de la corte de su Alteza, donde había puesto en plática que se obligaba á dar la tierra firme; é muchos de los caballeros y otras personas que allí se hallaron hacian burla de su razón... é él se vino de la Corte.» — Esta declaración anula lo dicho por D. Fernando, el cual en el pasaje que se cita, como en otros muchos de la historia de la vida de su padre, debió sufrir equivocación, ó no tuvo gran cuidado en rectificarlos, considerándolos, acaso, de poca importancia.

gados y sedientos á descansar de la jornada en la portería del piadoso edificio.

La leyenda y la fábula han amontonado sobre este hecho, perfectamente natural y corriente, un cúmulo de inexactitudes, desfigurándolo con proporciones ridículas, que la crítica severa y desapasionada va con lentitud, pero con seguridad, reduciendo á sus justos límites. No es extraño ciertamente, que un viajero de aquellos tiempos demandase de los seráficos moradores del convento de Santa María de la Rábida descanso y aun alimentos, y que la natural curiosidad, propia de los que, apartados del mundo vivían en constante clausura, se revelase á la vista del peregrino, y deseasen saber por tan autorizado conducto noticias sobre los progresos de la guerra contra los moros. Así debió ser, en efecto, porque era natural que así fuera, y que enterados los frailes por Colón de su salida de la corte, de los preparativos que en ella se hacían para continuar la guerra, de las pretensiones que él llevaba y del objeto de su viaje á Huelva, despertara su curiosidad y desearan conocer á fondo todos los pormenores de la vida del marino, quienes por aquellos tiempos se dedicaban á toda clase de estudios; pues sabido es que las ciencias y las artes tenían en los conventos y monasterios en la época en que se desarrollan estos sucesos, un asilo, y no era por cierto y por suerte para Colón y su empresa, el de la Rábida, una excepción en la regla común.

Pertenecía la comunidad del monasterio de Nuestra Señora de la Rábida á la seráfica Orden de San Francisco. Era su Guardián fray Juan Pérez, hombre instruído y muy inteligente, confesor que había sido de la Reina, conocía muy bien la corte de Castilla, porque en ella había servido en su juventud en el oficio de contador de rentas reales, razón por la cual dejó allí antes de retirarse al convento muy buenos y valiosos recuerdos.

Formaba también parte de la comunidad otro fraile, hasta ahora poco conocido, y confundido por los historiadores con el Guardián, hasta el punto de hacer de estas dos personalidades un solo varón, llamado fray Antonio de Marchena, hombre docto, buen cosmógrafo y aficionado por tanto á los estudios geográficos.

Por la proximidad del convento al mar y á los puntos de donde partían las empresas marítimas descubridoras de las costas africanas, estaban los frailes al tanto de los progresos que en este sentido venían haciendo desde larga fecha los portugueses; las concesiones que los soberanos de aquel reino otorgaban á los descubridores; como conocimiento tenían también de las aventuras marítimas á que se entregaban los marinos de Huelva, los de Palos y los de todos los puertos de estas vecindades.

No bien hubo llegado Colón á la Rábida y expuesto á los frailes su pensamiento, tantas y tan repetidas veces expresado en las cortes de Portugal y de Castilla, cundió por los alrededores la noticia de que aquel pobre y humilde extranjero se proponía cruzar el mar tenebroso, y descubrir al otro lado las tierras opulentas del Gran Kan. Esta noticia circuló con rapidez, y no es extraño que, al ser comentada por la curtida gente de mar, familiarizada con los viajes de descubrimientos y con la idea no bien comprobada de la existencia de tierra hacia aquellas partes, pero imbuída aún por los peligros que ofrecía el mar que habían de atravesar para llegar á ellas, deseasen conocer al misterioso personaje que, con sin igual valor se proponía salvar los abismos del mar tenebroso.

Entre ellos, el médico de Palos, Garci Hernández, había adquirido entre sus convecinos nota de sabio y estudioso, y aun entre los frailes era tan bien considerado como persona inteligente que alguna cosa sabía del arte astronómico: fué llamado al convento, en donde examinaron con prolijidad las teorías del proyectista, conviniendo al fin en que la exactitud de los cálculos sobre los cuales fundaba Colón su proyecto, garantizaban la posibilidad del éxito más seguro.

Otro personaje no menos importante, que juega en estos sucesos un papel principal, acudió también á las conferencias de la Rábida. «Martín Alonso Pinzón, natural de Palos, con casa en la calle de Nuestra Señora de la Rábida, donde residía de ordinario su legítima mujer María Álvarez, se ejercitó en la navegación temprano, adquiriendo entre sus convecinos y ciudadanos concepto de experto piloto, buen capitán, gran marinero, *sabio en mucha manera*. Había cruzado el mar del Sur, yendo á Guinea y á las islas Canarias, y corrido las costas en el Atlántico y el Mediterráneo hasta el reino de Nápoles. Durante la guerra con Portugal se hizo temer de los enemigos, de modo que no había nave que osase aguardar á la suya»: en sus travesías por el Mediterráneo tocó en Roma, y «valiéndose de la amistad de un cosmógrafo familiar del Papa para examinar los escritos de la Biblioteca vaticana y tomar apuntes y copias de mapas» (1), adquirió conocimientos y noticias bastantes para pasar entre sus paisanos y colegas por hombre sabio en cosmografía, siendo en realidad el único que entre ellos más conocimientos poseía de la ciencia náutica. La opinión de Martín Alonso era, pues, respetada, y en las conferencias de la Rábida decidió la suerte del proyecto del marino genovés.

En virtud de la unanimidad de pareceres sobre la bondad del pensamiento, dedicóse cada cual en la medida de sus fuerzas á apoyar á Colón en sus pretensiones; y el Guardián fray Juan Pérez, que fué indudablemente el que más abarcó la importancia de la empresa, antes de consentir que se malograse, con la marcha al extranjero del que la proponía, quiso apurar todos los medios de que disponía en la corte, y al efecto escribió una muy expresiva carta á la Reina, encargando á un piloto de Lepe, llamado Sebastián Rodríguez, que la llevase al campamento de Santa Fe y la pusiera en manos de la Soberana.

Diligente esta Señora por todo lo que á Colón se refe-

---

(1) Fernández Duro.—*Pinzón en el descubrimiento de las Indias.* – Madrid, 1892.

COLÓN EN EL REAL DE SANTA FE

ría, y estimulada ahora con las excitaciones de su antiguo confesor, en cuyos juicios y virtud tenía gran fe, y por los repetidos ruegos de los altos dignatarios de su corte, contestó seguidamente á Fr. Juan Pérez, ordenándole que se presentara en el campamento, y llevase al ánimo de Colón la confianza de que sería su empresa prontamente puesta en ejecución.

El celoso franciscano no se hizo repetir la orden, y con una diligencia impropia de su edad y de la estación que atravesaba, al mediar una noche fría del mes de Diciembre, *partió secretamente* de su convento caballero en una mula que le prestó Juan Rodríguez Cabezudo, llegando pocos días después al real de Granada.

Persuasivas en fuerza de inspiradas debieron ser indudablemente las palabras con que el fraile ponderó las ventajas que proporcionaría á la real corona y á la cristiandad la consecución del proyecto del marino genovés que, hiriendo el sentimiento religioso de la Reina, en cuyo ánimo, preparado ya por los ruegos y excitaciones de sus servidores, pesaba la importantísima empresa de Colón, tomó la resolución firme é irrevocable de patrocinarlo para que lo antes posible fuese llevado á la práctica.

La presencia de Colón en la corte, por virtud de la solemne promesa de la Reina, era en estos momentos indispensable, y el Alcalde de Palos, Diego Prieto, que acompañó á Fr. Juan Pérez al real, se encargó de comunicar al marino, por medio del físico Garci Hernández, la feliz nueva; entrególe 20.000 maravedís de oro en florines que le enviaba la Reina para que se vistiese honestamente, y comprase una bestezuela con que se presentase en el mejor estado posible de decencia, y una carta del Guardián invitándole á pasar prontamente al campamento. Antes de abandonar á Palos aceptó también sesenta ducados en oro que le dió Pinzón para los gastos del viaje y esmero de su persona.

Cuando Colón llegó al real de Santa Fe, tocaba á su fin

el desenlace del drama del Guadalete: una raza robusta, aguerrida y templada en los azares de una lucha de más de siete siglos, disponíase á recoger, tintos en sangre de tantas generaciones, los despojos de uno de los más famosos Imperios en la historia del mundo. Y como si la Providencia desease premiar el entusiasmo, el valor indómito, la fe no entibiada y la tenaz energía que el grito dé Covadonga inculcó en el corazón ibero, quiso que la empresa de la reconquista fuese coronada con el suceso más trascendental que registran los anales de la historia humana.

El ejército que sitiaba á Granada apretaba el cerco á medida que nuevos refuerzos, atraídos por la expectativa de riquísimos despojos, acudían al campamento; y los defensores de la plaza, fatalmente preocupados, contemplaban desde sus almenas los progresos de la improvisada y ya populosa ciudad de Santa Fe, adonde acudían gentes de todas clases y condiciones á presenciar los últimos momentos del que había sido en Occidente coloso Imperio del Profeta. Al fin, el memorable día 2 de Enero de 1492, se abrieron las puertas de la sin par Granada para dar paso á unos cuantos jinetes, mustios y desolados, los cuales en actitud humilde presentaron á los poderosos Reyes de Aragón y de Castilla con las llaves de la hermosa ciudad, el último baluarte de su imperio en el Occidente de Europa.

Había llegado, pues, la hora de cumplir á Colón la oferta que se le hizo con motivo del informe de los que en Salamanca habían proclamado la bondad de su pensamiento, y todos los amigos del futuro Almirante, que, como hemos visto fueron muchos y de cuantía, apretaron ahora el cerco para rendir la voluntad real en favor de la empresa. Había, con la feliz rendición de Granada, terminado la guerra, y con ella las causas que hasta entonces habían entorpecido la resolución de este asunto; y no era, pues, justo dilatar por más tiempo lo que tanto había esperado. Para ello, era necesario concertar las bases de la empresa y las condiciones, mediantes las cuales se comprometería Colón á realizarla. En su virtud, consideraron prudente fijar estas condiciones, las cuales habían de ser objeto de un contrato especial entre Colón y los Monarcas, y apreciar hasta dónde podían extender las atribuciones, la autoridad y jurisdicción del futuro descubridor sobre las tierras y mares que conquistase; y estas condiciones, formuladas ya por Colón en años anteriores en el campamento de Málaga, fueron nuevamente causa de la preocupación de los Reyes y de los nobles de su corte.

Muchas y enérgicas fueron las medidas que tomó el monarca aragonés para someter á su autoridad á la engreída y díscola nobleza castellana, y no fueron menos las prerrogativas y exenciones que le arrebató para agregarlas á su real corona; pero si todas estas medidas coercitivas mermaron el poder de los nobles, no menoscabaron en cambio su orgullo ni su dignidad, de que eran tan celosos, concediendo al primer advenedizo, sin justas y legítimas causas, honores y privilegios, como sucedería en la ocasión presente si, accediendo á las pretensiones exageradas del extranjero, improvisaban en su persona honores, títulos y nobleza, sin otros relevantes méritos que su humilde condición de pretendiente.

La dignidad de Almirante de las tierras y mares que se descubrieran, y que exigía el marino como condición principal, llevaba consigo grandeza de España, derechos y emolumentos fijos, con todas las preeminencias y prerrogativas que tenía el Almirante de Castilla, que era la mayor dignidad y honra que entonces se podía y solía conceder. Pedía después ser nombrado Visorrey y Gobernador general de todo lo que conquistase, con el derecho de presentación, es decir, con el derecho de proponer en terna á las personas que habían de ocupar en los dominios de su jurisdicción todos los cargos y oficios, así de justicia y administración, como militares y eclesiásticos. Imponía además la condición de percibir la décima parte de los productos líquidos que se extrajeran de todas las partes de su jurisdicción, y con el derecho de contribuir con la octava parte á los gastos de las empresas, pedía del mismo modo el octavo de las ganancias que resultasen, con la condición *sine qua non*, todos estos honores, títulos y prerrogativas habían de quedar á perpetuidad vinculados en su familia.

No podían menos de estimar los Reyes exageradas tales pretensiones, quienquiera que las formulase, y mucho más debieron parecerles en boca de aquel pobre extranjero, que durante tantos años había acompañado á la corte, viviendo á costa del peculio real y bajo la protección de algunos personajes; pretensiones «que á la verdad, entonces se juzgaban por muy grandes y soberanas, como lo eran, y hoy por tales se estimarían» (1), que dieron ellas solas lugar á romper los negociaciones.

El que más singularizó en estos momentos su oposición, al decir de casi todos los historiadores, por la cuantía de tales condiciones, y trató á Colón de orgulloso, altivo y exagerado en sus demandas, fué el Prior del Prado, y presunto Arzobispo de Granada Fr. Hernando de Talavera (2). Unióse á la protesta de este personaje la de muchos caballeros, y todos unánimemente influyeron en el ánimo de los Reyes para que rompieran de una vez y para siempre el compromiso, y despachasen en buen hora á Colón, si no modificaba sus exageradas pretensiones.

Lejos de haber intervenido en esta ocasión Fr. Hernando de Talavera como elemento oposicionista á la obra de Colón, existen pruebas para asegurar que fué en estos momentos, en unión del Conde de Tendilla, uno de los que con más entusiasmo defendió ya sus gestiones. Había

(1) Las Casas.—*Historia de Indias*, t. I, cap. xxxi, pág. 243.
(2) El P. Las Casas, en su repetida *Historia de Indias*, t. I. pág. 243 no afirma en absoluto este hecho y se concreta á decir que «el principal, que fué causa desta ultima despedida, se cree haber sido el susodicho Prior de Prado y los que le seguían.»

terminado la guerra de Granada, á cuyo fin consagró toda su actividad y energía el piadoso Talavera, y con la guerra la causa principal, y única en su concepto, que podía retrasar la solución del pensamiento del pretendiente; y no es extraño, pues, que emplease ahora en su favor toda la influencia de que disponía para inclinar la voluntad de los Reyes á no demorar por más tiempo la ejecución de aquella obra (1).

Pero el marino fué tenaz y no doblegaba su voluntad sobre este punto, ni retrocedía un ápice, como tenaz fué durante la sustanciación de su largo y magnífico proceso. Altivo el pretendiente, como quien confía en el valor de sus convicciones, ó sagazmente persuadido de que tan intempestiva repulsa, en los momentos precisos, señalados de antemano, para resolver su asunto, no podía obedecer á otra cosa que á un ardid político, con el fin de que modificara sus conclusiones, no se hizo repetir aquella orden, que al parecer echaba por tierra todos sus planes y el trabajo de siete años de afanes prolijos, y salió del campamento caballero sobre su mula, con ánimo, dicen, de pasar por Córdoba á despedirse de doña Beatriz, y tomar el camino de Fráncia, de cuyo soberano tenía promesa formal de entender en su negocio.

Todos los historiadores y biógrafos del Almirante, al llegar á esta parte, la más crítica de su vida de pretendiente, puntualizan con gran riqueza de detalles y con incidentes curiosos la decidida intervención de la Reina de Castilla

(1) Así se explica que por su mandato se expidiese libramiento contra el Tesoro de la Cruzada del Obispado de Badajoz con fecha 5 de Mayo (1492), á favor de Luis de Santángel, por valor de un cuento trescientos cuarenta mil maravedís para los gastos de la guerra y para la paga de las tres carabelas que SS. AA. mandaron ir de Armada á las Indias (contadurías generales. 1.ª época, núm. 118.) — Pedro Mártir de Anglería. — Traducción de D. Joaquín Torres Asensio. — T. I, pág. 19. En su carta al Arzobispo de Granada, Fr. Hernando Talavera, fecha en Barcelona á 13 de Septiembre de 1493, le decía: «Recordais que Colon, el de la Liguria, estuvo en los campamentos instando á los Reyes acerca de recorrer por los antípodas occidentales un nuevo hemisferio de la tierra; *teneis que recordarlo: de ello se trató alguna vez con vosotros, y sin vuestro consejo, según yo creo no acometió él su empresa.*»

en el asunto. El Padre Las Casas, que es el que más se singulariza en la exornación de tales detalles, y pone en boca de los Consejeros amigos de. Colón, discursos peregrinos, asegura que estos personajes se acercaron á la Soberana, en súplica de que echase todo el peso de su autoridad y de su influencia sobre la voluntad de D. Fernando para que aceptase la empresa del proyectista. Entre ellos, la Marquesa de Moya, su dama más querida, le habló en términos tan persuasivos y elocuentes que acreditan la buena voluntad que tan excelente señora tenía por Colón (1). El Cardenal Mendoza, el primer caballero cristiano que entró por las puertas de Granada, conduciendo el estandarte de la Cruz que ondeó en la torre más alta de la Alhambra, tuvo también palabras inspiradas que hicieron vacilar la voluntad de la Reina, «que luchaba entre los impulsos de su corazón y lo que como Soberana debía á otras consideraciones de verdadera gravedad». El diligente franciscano y Guardián del Convento de la Rábida, el Camarero del Rey, Juan Cabrero, el Secretario de la Reina, Gaspar Grecio, el Ama del Príncipe, doña Juana de la Torre, el perseverante Fr. Diego de Deza y el no menos activo Alonso de Quintanilla (2), todos á porfía, y unos tras otro, procuraron llevar al ánimo de la Reina la conveniencia de aceptar la empresa de Colón y los servicios que brindaba. Y cosa rara y por todo extremo sospechosa: lo que no pudieron alcanzar los castellanos más respetados y queridos de la corte, lo consiguió de la Reina de Castilla el aragonés Luis de Santángel, criado de Fernando, y su escribano de ración, en cuyos servicios se singularizaba por los apuros pecuniarios de que había en varias ocasiones salvado el tesoro real, y de quien un historiador exi-

---

(1) Pinel y Monroy. — Retrato del buen Vasallo, copiado de la vida y hechos de D. Andrés de Cabrera, primer marqués de Moya. Madrid 1679, citado por Asensio.

(2) Muñoz — Historia del Nuevo Mundo, lib. II § 30 dice que, al escuchar la Reina las recomendaciones de Santángel en favor de Colón, le dijo «que también se veía importunada en la misma conformidad por Alonso de Quintanilla que con ella tenía autoridad.»

mio (1) ha puesto á la sanción del respetable instituto de que forma parte en brillante y justificativo informe, las calificaciones de «cristiano nuevo, prestamista de oficio, penintenciado por la Inquisición, que en realidad fué el que adelantó, con su interés, la suma necesaria para el apresto de las carabelas» (2).

Y así fué, en efecto, si hemos de dar fe al testimonio de todos los historiadores; ante la elocuencia del aragonés Luis de Santángel, rindióse la voluntad de la piadosa Reina de Castilla, y prorrumpió en exclamación, nacida del fondo del alma, con las sublimes palabras que el Padre Las Casas pone en sus labios.

«Pero si todavía os parece, Santángel, dijo la Reina, que ese hombre ya no podrá sufrir tanta tardanza, yo terner por bien que sobre joyas de mi recámara (3) se busquen prestados los dineros que para hacer el armado pide, y vayase luego á entender en ello» (4).

Agradecido el aragonés á las bondades de la Reina, y entusiasmado ante aquel arranque de energía en favor de

(1) Fernández Duro—Colón y la Historia postuma. Madrid. 1885. pág. 22.

(2) Apuntamientos relativos al Almirante D. Cristóbal Colón, y sus dos primeras expediciones á las Indias.—En un libro de cuentas de García Martínez y Pedro de Montemayor, de las composiciones de Bulas de 1484 en adelante, se halla la partida siguiente:＝Dió y pagó más el dicho Alonso de las Cabezas, por otro libramiento del dicho Arzobispo de Granada, fecho 5 de Mayo de 92 años á Luis de Santángel, escribano de ración del Rey nro. Señor, é por él á Alonso de Angulo, por virtud de unpoder que del dicho escribano de ración mostró, en el cual estaba inserto el dicho libramiento, doscientos mil maravedís, en cuenta de cuatrocientos mil que en él, en Barco de Quiroga, le libró el dicho Arzobispo, por el dicho libramiento de dos quentos seiscientos cuarenta mil maravedís que obo de haber en esta manera: Un quento ciento cuarenta mil maravedís, para pagar á don Isaq Abrananel, por otro tanto que prestó á sus Altezas, para los gastos de la guerra; é el un cuento ciento cuarenta mil maravedís restantes, para pagar al dicho escribano de ración, en cuenta de otro tanto que prestó para la paga de las tres carabelas que SS. AA. mandaron ir de armada á las Indias, é para pagar á Cristóbal Colón que va en la dicha Armada.

(3) Estas joyas, aunque no todas, estaban ya pignoradas; pues excediendo los gastos de la guerra al importe de las recaudaciones de las rentas, las envió la Reina á las ciudades de Valencia y Barcelona en garantía de un empréstito, haciéndolo la primera de 60.000 florines sobre la corona y un collar de balajes y perlas, el año 1489. (Fernández Duro. Las Joyas de Isabel la Católica, las naves de Cortes y el salto de Alvarado. Madrid, 1882, pág. 22.)

(4) Las Casas—Historia de las Indias.—Tomo I, cap. XXXII pág. 248.

una empresa, que le proporcionaba nueva ocasión de hacer valer sus oficios, no del todo desinteresados (1); con las rodillas en tierra y besando las manos de su señora, dice el P. Las Casas que exclamó:

«Señora serenísima, no hay necesidad de que para esto se empeñen las joyas de Vuestra Alteza; muy pequeño será el servicio que yo haré á Vuestra Alteza y al Rey mi Señor, prestando el quento de mi casa (2); sino que Vuestra Alteza mande enviar por Colón, el cual creo es ya partido» (3).

Al punto despachó la Reina un correo especial con orden de hacer volver á Colón al campamento; alcanzóle el heraldo á dos leguas de la ciudad y le comunicó la orden de su Alteza. Inmediatamente volvió grupa el marino; penetró en el real de la Soberana, y en actitud humilde y rendidamente agradecido por tan señalada merced y por las bondades que con él tenía, besó la mano de la excelsa Reina de Castilla; se allanaron inmediatamente todas las dificultades, y el Secretario Juan de Coloma recibió orden de extender en forma las capitulaciones, que se firmaron á 17 de Abril de 1492.

El 30 del mismo mes le concedieron real privilegio, mediante el cual se le confirmaban los títulos de Almi-

---

(1) En el finiquito de la cuenta que presentó después, aparece una partida de 17.100 maravedís que importaron los réditos de aquella cantidad: luego no deja de estar bien aplicada la calificación de *prestamista de oficio* con que le distingue el Sr. Fernández Duro.

(2) Y así fué, en efecto, como se consigna en la nota anterior y se confirma en las cuentas de Luis de Santángel y Francisco Pinelo, Tesoreros de la Hermandad desde el año de 1491 hasta el de 1493 en la siguiente partida = «Recíbensele en cuenta al dicho escribano de racion é Francisco Pinelo por cédula del Rey é de la Reyna nuestros señores fecha en dos de Mayo de 1492, *un quento ciento quarenta mil mrs.* que prestó á sus Altezas para el despacho de Cristobal Colon, Almirante». Y en el finiquito de dicha cuenta y aprobación della por los señores Reyes Católicos, la siguiente partida. «Vos fueron recibidos é pesados en quenta, un *quento e ciento é quarenta mil mrs.* que distes por nuestro mandado al Obispo de Ávila que agora es Arzobispo de Granada para el despacho del Almirante don Cristobal Colon. é otros *diez y siete mil é cien mrs.* por vuestro salario de la paga de ellos.»

(3) Las Casas—*Historia de Indias.* Tomo 1, pág. 248.

PUENTE DE PINOS
pueblo cerca del cual fué alcanzado Colón por el heraldo de los Reyes.

rante, Virrey y Gobernador general de las tierras y mares que descubriese: y con la misma fecha expidiéronse cédulas y reales provisiones, para que los vecinos de Palos le facilitaran las dos carabelas, con que habían sido condenados por ciertos delitos. Concluído todo á gusto de los más, partió Colón para aquella villa, de cuyo puerto había de salir la expedición más gloriosa que registran los anales del mundo.

Pero no acabaron aquí, ni con mucho, las contrariedades del insigne navegante. Al llegar á Palos, el miércoles 23 de Mayo, se notificó al pueblo en la iglesia de San Jorge, por ante notario, la real provisión para la entrega de las carabelas á que habían -sido condenados á servir durante un año; y este acto impolítico, como todos los de su índole, bastó á malquistarse con los marineros, y trocar en recelosa animadversión la confianza que había despertado la grandeza de la empresa, siendo considerado desde estos momentos como odioso ejecutor de órdenes por la fuerza siempre aceptadas. Pero esta misma oposición pasiva de los marineros á las órdenes de Colón irritó su soberbia; se olvidó de la humilde condición, con que pocos días antes se presentaba á los habitantes de Palos, y no pensando sino en imponer el prestigio de la autoridad que le daban los despachos, privilegios y órdenes reales, no tuvo escrúpulo en embargar las dos carabelas más á propósito que encontró surtas en el puerto (1).

Con la adquisición de las dos naves creyó el Almirante salvada la situación, pero bien pronto se convenció de su error. El millón de maravedís dado por los reyes, no alcanzaba ni con mucho á sufragar los gastos de la armada; necesitaba una tercera carabela, y provisiones y equipaje adecuados para una expedición de aquella índole. Por otra parte, cuando pensó enganchar gentes que tripulasen

(1) Navarrete, obra citada. Tom. III, pág 578.—Declaración de Diego Fernández Colmenero, Fernández Duro—*Colón y Pinzón*, pág. 62. Declaración del escribano Alonso Pardo.

las naves, y vió rechazadas sus proposiciones, desprecia-
dos sus halagos y resistida la opresión, pues á todos los
medios apeló el futuro descubridor, comprendió al fin las
dificultades que aun les quedaban que vencer; y á la reflexión y á la calma, que en tales y tan críticos momentos
aconsejaba el éxito de la empresa, sustituyó el deseo, irre-
sistible siempre en Colón, de imponer toda la autoridad
de su elevado cargo.

La situación del gran Almirante era en verdad desairada y por todo extremo triste. Presentábase nuevamente
en Palos de la Frontera con el carácter de autoridad que
le daban sus títulos; había conseguido y tenía en su poder los por tanto tiempo codiciados despachos reales, que
le habilitaban para poner en práctica su proyecto; era
dueño también de los títulos que le acreditaban de noble
y Grande de España; tenía en sus manos la fortuna, tras la
cual había tanto tiempo corrido, pero se encontraba solo
y aislado, sin que nadie se atreviera á seguirle, ni quien
quisiera contribuir á la realización de su grandioso pensamiento, consumiéndose el poderoso Almirante en la
más cruel impotencia. La grande obra del descubrimiento no pudo tener, pues, un período de gestación más
laborioso.

En ninguna ocasión como en la presente pudo con más
inoportunidad emplearse la violencia como argumento
persuasivo, si alguna vez fueron susceptibles de persuadir
y convencer los procedimientos de fuerza; pero el carácter
de Colón no se amoldó nunca, sino por necesidad muy im-
periosa, á las formas suaves y corteses del verdadero político y hombre de estado, y este fué indudablemente uno
de los defectos qus precipitaron su desgracia, cuyo origen
han buscado sus panegiristas y biógrafos en causas muy
distintas.

Con el halago y la persuasión hubiera quizá borrado la
idea pavorosa, arraigada por tradición en los ánimos de
aquellos marineros, acerca de los peligros del mar tene-

broso, inhospitalario hasta entonces, y hubiera también cambiado en confianza el terror que despertaban en los espíritus pusilánimes las consejas y extraños absurdos que de sus rigores se contaban. La preocupación era general, y no había un solo marinero que no estuviese al tanto de los resultados poco lisonjeros que habían conseguido otras expediciones análogas. Un vecino de Palos, Pedro Vázquez de la Fronterá, marino audaz, criado que había sido del Rey de Portugal y tripulante de una expedición que había intentado cruzar anteriormente el Océano en aquella vía, en busca de las tierras que demandaba ahora Colón, informó á los marineros que quisieron oirle, y de uno en otro se propagó la noticia, de que al llegar á un mar cubierto de verdura, volviéronse atemorizados y fatalmente convencidos de que aquellas grandes manchas de hierbas impedían la marcha de las naves (1). Con estos informes, robustecidos por la tradición, no es extraño que los preocupados marineros tuvieran por obcecado suicida al que pretendiera cruzar aquellos mares, de cuyos senos surgían monstruos horribles, y por loco insensato, que por tal tenían ya al marino genovés, negándose á seguirle en su descabellada idea.

Habían, por otra parte, llegado hasta ellos las opiniones de los cosmógrafos y marinos que en Lisboa y en Córdoba calificaron de absurda é impracticable esta expedición, y no contribuía menos á fomentar aquella pasiva resistencia la cualidad de extranjero, pobre y arbitrista á un tiempo; circunstancia que por sí ya era bastante á llevar la desconfianza á todos los ánimos.

El conflicto no podía ser más serio, y las energías, tantas veces puestas á pruebas, de Colón, se estrellaban ante el obstáculo no previsto de la preocupación popular; para vencer la cual, no fueron bastante eficaces los prestigios de las autoridades del pueblo, ni las órdenes terminantes que

---

(1) Fernández Duro—*Colón y Pinzón*—Madrid, 1883.—Declaraciones de Alonso Vélez Allid, Fernando Valiente y Alonso Gallego, págs. 74-93-100.

llevaba el delegado especial de los Reyes, Juan de Peñalosa, para obligar á los marineros á equipar las naves embargadas: estímulos harto débiles é ineficaces, más propios para irritar los ánimos que para convencerlos.

En situación tan desairada, propuso Colón á los Reyes un medio harto peligroso, que de haber prevalecido hubiera ciertamente causado la ruina del genovés y de su proyecto. Consistía este medio en utilizar los servicios de los presos y condenados en la cárcel de la villa, suspendiendo sus causas, é indultando de las penas á los que voluntariamente deseasen formar el equipaje; y aunque los Reyes le autorizaron para utilizar este último y desesperado recurso, tampoco prevaleció, siendo desechado por impracticable.

Impotente Colón ante obstáculo tan serio, rechazadas las órdenes de los delegados reales, ineficaces las exhortaciones de los frailes de la Rábida, desconocida la autoridad moral de su venerable Guardián fray Juan Pérez, la empresa de Colón corría el peligro cierto de no pasar de su estado embrionario, si una persona de prestigio y autoridad bastante no se imponía y arrastraba á los preocupados marineros, neutralizando con su conducta liberal y actos persuasivos, con la autoridad é influencia de sus conocimientos náuticos, á la vez que con la energía de su carácter, los efectos que habían fatalmente producido los procedimientos enérgicos, empleados ineficazmente hasta entonces. Así lo comprendieron Colón y los frailes en las consultas que debieron celebrar en los claustros del convento, y á buscar esta persona y decidirla en pro de la empresa consagraron desde ahora todos sus desvelos y cuidados.

No había en la comarca más que un hombre que pudiera con la autoridad de su prestigio arrastrar á los obcecados marineros á tomar parte en la expedición, y ese hombre, que tenía la confianza de su valer, estaba harto resentido de la conducta autoritaria que en esta ocasión, y ya Al

mirante, observó Colón en Palos con los que le facilitaron
favores, cuando indigente postulante aceptaba mercedes
fácilmente olvidadas. Pero los PP. fray Juan Pérez y fray
Antonio de Marchena, que estaban llamados á ser en tan
apuradas circunstancias la Providencia de Colón, apelaron á la grandeza de alma de Martín Alonso, y le inclinaron á decidirse y prestar todo su apoyo á la empresa.

Entendióse Colón con el valiente marino de Palos, y no
sabemos qué pacto secreto ni qué contrato especial pudieron celebrar aquellos hombres, mediante el cual, Martín
Alonso tomó á su cargo los aprestos de la armada. Desechó por viejas y malas las dos carabelas embargadas,
sustituyéndolas por otras dos de su propiedad de mejores
condiciones náuticas; contrató la tercera, que era la mayor
de todas, aunque más pesada, con el célebre marino
Juan de la Cosa, que, como cosmógrafo y cartógrafo de
gran reputación debió intervenir también en las conferencias de la Rábida, é influído en el ánimo de los marineros;
y no siendo suficiente el cuento de maravedís concedido
á Colón por los Reyes para el armamento y equipo de las
tres naves, aprontó de su hacienda particular el completo,
hasta diez y siete mil ducados á que ascendían los gastos
de la expedición.

. Comprometió á sus hermanos Vicente Yáñez y Francisco Martín; exhortó á los marineros, llevando á sus preocupados ánimos ideas de grandeza y prosperidad, y arrastró con su decisiva influencia á todos sus deudos y amigos,
que eran muchos, para que formaran los equipajes de las
tres naves que blandamente se mecían sobre las aguas del
Odiel.

Fué, pues, Martín Alonso Pinzón en estos angustiosos
momentos el alma de la empresa, y el que con su vida, la
de sus hermanos y la de sus amigos y deudos, exponía la
honra y el porvenir de todos y con la hacienda de su
casa al sustento de sus hijos. La conducta de Pinzón no
pudo ser más noble y desinteresada; no le estimulaban los

títulos y honores que Cristóbal Colón consiguió previos de los Reyes, único capital que exponía si la empresa fracasaba, y contribuyó poderosamente con su lealtad acrisolada, ánimo intrépido, espíritu sublime, pecho generoso y corazón magnánimo á realizar el pensamiento del marino genovés.

Formaban, pues, la expedición, tres carabelas: la *Marigalante,* que bautizó Colón con el nombre de *Santa María* (1) propiedad de Juan de la Cosa, era la mayor y la

(1) Las dimensiones, porte y aparejo de la *Santa María* eran las siguientes:

Quilla 69 pies, eslora en flotación 78 y en cubierta 84 manga 25 y puntal 12. Desplazamiento de 200 á 240 toneladas métricas.

Las portas y portillas de luz en la cámara alta sobre la popa, y ésta cámara, única en la nao, era tan pequeña que no se podían alojar en ella más de dos personas.

Llevaba cuatro áncoras de 8 á 10 quintales, y su armamento consistía en lombardas, y falconetes y una caja de balas puestas al pie del palo mayor, y pañol de pólvora.

El timón, tan grueso como el codaste, era recto, de pala ancha, estrechándose hacia su parte superior: manejábase á mano por medio de una barra que atravesaba la cabeza

Era la borda tan baja que no necesitaban los marineros el portalón para saltar al barco

Como embarcaciones menores llevaba un batel y una chalupa: el primero podría tener unos 20 pies de eslora, 9 de manga y 1 ½ de puntal, con 7 bancos para los remeros y vela latina; iba siempre á remolque. La chalupa sería un tercio más pequeña.

Acostumbrados á la suntuosidad y riqueza del decorado de los buques modernos, apenas se concibe la pobreza é incomodidad del mobiliario de las carabelas que descubrieron un Mundo, cuya tripulación ordinaria, compuesta de 70 hombres, con víveres y agua para un año, dormía sobre las tablas del puente, acaso sobre paja.

El aparejo se componía de tres palos y el bauprés ó botalón el mayor, extraordinariamente grueso y sostenido por obenques de seis á ocho por banda, era tan alto como la longitud de la quilla más el lanzamiento de proa; en él se largaba una vela casi cuadrada, llamada papahigo, con una caída de vez y media su anchura; encima iba la gavia en forma trapezoidal, adornada con una gran cruz.

El trinquete era la mitad más corto que el mayor, y sostenía una vela cuadrada una cuarta parte menor que la anterior; y el palo mesana, algo más pequeño que el trinquete, y ligeramente inclinado hacia atrás, sostenía una vela latina; largándose, por último, en el bauprés otra de cabecera.

En el tope del palo mayor ondeaba el pendón de Castilla y León, cuartelado de blanco y rojo, con castillos amarillos sobre el rojo, y leones rojos sobre el blanco, coronados de amarillo.

En el tope del trinquete, una bandera de lienzo blanco con cruz verde en medio, y á cada cabo las iniciales F I. surmontadas de corona, la cual bandera dieron os Reyes á Colón.

escogió por capitana; enarboló en ella el pabellón de Aragón y Castilla, y la tripularon además de Cristóbal Colón, como jefe de la flota, las personas que llevaban cargos oficiales. Iba por maestre Juan de la Cosa, y por piloto Sancho Ruiz y hasta cuarenta marineros.

La *Pinta*, seguíale en dimensiones, y como la anterior era de aparejo redondo ó de cruz; pertenecía á los Pinzones, á Gómez Rascón y Cristóbal Quintero, y la mandaba Martín Alonso, el segundo de la expedición, llevando á su hermano Francisco Martín en calidad de maestre, y al piloto Cristóbal García Xalmiento.

La *Niña*, la más pequeña y menos velera por su aparejo latino, era propiedad de Juan Niño y de los Pinzones; iba por capitán Vicente Yáñez Pinzón, y por pilotos Pedro Niño y Bartolomé Roldán.

El Guardián fray Juan Pérez, presenciaba desde la orilla del río Odiel las maniobras y operaciones del embarque, administró á aquellos héroes antes de amanecer el día de la partida el san‘o sacramento de la Eucaristía, y la mañana del 3 de Agosto de 1492, dice un historiador justiciero (1), día memorable, antes de la salida del sol con media hora, se agrupaban en la playa los ribereños del Odiel, atentos á la maniobra de los bajeles que zarpaban. Embarcó Colón en el batel de la capitana, despidiéndole con bendición su confesor y amigo fray Juan Perez: rompiéronse á poco los juncos del entenal, y el manso viento de la tierra, que ondeaba el estandarte de Castilla, llenó las velas, en que se había pintado el signo de la redención. Lenta, majestuosamente, cual si el maderamen participara de la emoción de los hombres que sostenía; la proa al horizonte, teñido por los arreboles de la aurora, pasaron una tras otra las naves. Dejaron correr el llanto las muje-

Pendiente de la entena de la mesana ondeaba una flamela larga que casi rozaba el agua, cuartelada tamb én como el pendón de Castilla; llevando además el guión, insignia del Almirante.

(1) Fernández Duro—*Disquisiciones náuticas*. Tomo VI, pág. 611.

res por agitar en la mano los pañuelos; elevaron las gorras los hombres; palmotearon los pequeñuelos; y en grito tres veces repetido que confundía el dolor, la incertidumbre, la esperanza, el entusiasmo, el orgullo y la fe, madres y esposas, deudos y amigos, diéron el acostumbrado *¡buen viaje!*

CAPÍTULO VI

L documento más importante que ha servido de base á la historia de estos sucesos, es el *Diario de Navegación* del Almirante; el cual, extractado, no sabemos con cuánta fidelidad por el P. Fray Bartolomé de Las Casas, fué por primera vez publicado en la famosa *Colección de viajes y descubrimientos* de D. Martín Fernández de Navarrete. En este *Diario* consignó el gran marino con nimios detalles, muchos accidentes de su primer viaje; en otros accidentes no fué tan prolijo, ni muy escrupuloso, y no fueron pocos los que dejó pasar, considerándolos, quizá, de poca importancia, ó pasando inadvertidos á su diligencia. Estos huecos los han cubierto con exceso las informaciones del pleito que sostuvo Don Diego Colón, su hijo, con el Fiscal del Rey: con ambas piezas á la vista, y con los estudios críticos que acerca de los más salientes sucesos de este viaje famoso se conocen, empieza su descripción con toda la exactitud posible.

Empujada por viento duro de tierra, abandonó la escuadrilla las mansas aguas del Odiel, dirigiendo el rumbo á las Canarias, para tomar desde allí, como definitivo punto de partida, la vía directa de Occidente. Nada de particular ocurrió en los dos primeros días, pero el 6, un incidente natural y sencillo obligó á Colón á estampar en su diario una sospecha atrevida por infundada y considerada por algunos como calumniosa: saltó el timón de la carabela *Pinta*, y este percance, producido por un fuerte golpe de mar, lo atribuyó Colón á las malas artes de los porcionistas de la nave Cristóbal Quintero y Gómez Rascón, de quienes, por la oposición que al principio hicieron al proyectado viaje, y por la voluntad fría con que al parecer lo emprendían, penetrando sus intenciones, sospechó que se valían de aquel ardid, como augurio fatal de otros males mayores, para hacer comprender á los equipajes el triste fin y mala ventura que reservaba el destino á una tan loca empresa.

Como navegaban con mar gruesa, no pudo, por más que intentó el Almirante, satisfacer sus deseos de acercarse á la *Pinta*, y reconocer por sí mismo la importancia de este accidente; pero descansando su cuidado en la pericia y buen ingenio de su capitán Martín Alonso, quien remedió la avería, dirigió su pensamiento hacia la región serena de sus más preciadas ilusiones.

No quedó bien encajado, ó era débil la resistencia del timón, porque volvió á saltar al día siguiente; y observando entonces las pocas garantías de solidez que ofrecía la nave, acordaron poner el rumbo á la isla más próxima del archipiélago Canario, á fin de carenarla ó cambiarla por otra más sólida y de mejores condiciones.

Hasta el domingo 9, no recalaron en el *Puerto de la Isleta* de Gran Canaria, en donde quedó Martín Alonso adobando su barco, y cambiando por otro de cruz el aparejo latino de la *Niña*, mientras marchaba el Almirante á refrescar los víveres á la Gomera.

Terminada la carena del buque de Pinzón lo más sólidamente posible, dirigióse la escuadrilla á la Gomera; dió fondo el 2 de Septiembre, y cuatro días después, puesta la proa á Occidente, se engolfaba la expedición en las dudas del mar tenebroso.

Con mar tranquila, ligeramente rizada por viento fresco, navegaron las carabelas hasta el día 13, en el cual observaron los pilotos con cierto asombro la variación de la aguja magnética; este raro fenómeno no pudo menos de alarmar todo el equipaje, y aun el mismo Colón, no sabiendo á·qué clase de influencia podía obedecer la extraña variación de la aguja, procuró tranquilizar los ánimos con una explicación infundada y especiosa.

El día 16 entraron en los dominios del mar de *Sargazo* (1), cuyas aguas cubiertas de hierbas, habían atajado la marcha de anteriores expediciones, temerosas de quedar aprisionadas en aquella verde espesura; pero nuestros viajeros, con la esperanza de hallar al otro lado de este prado extraño las tierras que demandaban, recibiéronlo con ciertas muestras de contento, que se fué, por cierto, entibiando hasta convertirse en temor, á medida que pasaban los días sin tocar la orilla opuesta de aquel mar de verdura. La situación de nuestros héroes no podía ser más excepcional, y el.mismo ocio á que estaban por fuerza sometidos, les obligaba á fijarse en los fenómenos más triviales que ofrecía una navegación tan extraña como atrevida.

Otro motivo de temor y duda encontraron en la constancia de los vientos, no escapada á la perspicacia de los marineros; los cuales, sospechando que, si por desconocidas

(1) Esta vastísima extensión del Océano cubierta de algas, llamada *Mar de Sargazo*, cuya formación no está aún bien definida, lo atribuyen unos á la presencia de tierras sumergidas, y otros á la rotación del *Gulf-stream*, el cual, arrastrando en su corriente giratoria trozos de vegetales, arrancados á las costas de ambos hemisferios, los deposita en aquel remanso del Océano.

causas dejaban de saltar á otros cuadrantes, serían los obstáculos más serios con que lucharían en el viaje de regreso. Pero llegado el día 22, mudó el viento; desaparecieron
durante aquel día las manchas de hierbas, y con tan felices
coincidencias volvieron los ánimos á recobrar con la esperanza la alegría, y de una á otra nave comunicábanse
entre sí los marineros sus impresiones más halagüeñas.

Del mismo modo que el equipaje, conferenciaban los
capitanes, sosteniendo largos y animados diálogos de
una nave á otra, sobre las tierras que buscaban. El Almirante y Martín Alonso, consultando uno tras otro una
carta que dibujó el primero, tomándola de la de Toscanelli,
convenían que en aquellas latitudes debían corresponder
las islas señaladas en la carta del geógrafo florentino. En
esta persuasión, subióse Martín Alonso sobre el castillo
de popa para reconocer el horizonte, y creyendo descubrir
á lo lejos, en la dirección Suroeste manchas cenicientas á
manera de tierra, dió la voz de alerta, y la alegría que
produjo esta noticia obligó á todos á entonar el *Gloria in*
excelsis Deo. La noche extendía rápidamente su manto de
sombras, estimulando las impaciencias de todos, que aguardaban al siguiente día para certificarse de la verdad. Todos, hasta el mismo Almirante, tuvieron igual ilusión, que
se desvaneció con las claridades del nuevo día. Ocurrió
este incidente el 25 de Septiembre.

Desde esta fecha hasta el 1.º de Octubre, que comprobó
el Almirante en sus notas reservadas la distancia que habían recorrido, que ascendía á 707 leguas, aunque en el diario público señaló 584, navegaron con viento suave que
apenas hinchaba las velas; el mar semejaba tranquila balsa,
y las señales de la proximidad de tierra se repetían cada
vez más acentuadas; la temperatura era agradabilísima, y
el Almirante daba gracias á Dios por tantas bondades.
Los fuertes aguaceros con que amaneció el 1.º de Octubre
cambiaron un poco la monotonía del tiempo, y hasta el
día 6 observaron que muchas de las numerosas y variadas

aves que pasában por cima de las carabelas, no podían, por la inconstancia de su vuelo, alejarse á mucha distancia de tierra; y estas felices observaciones, al divulgarlas Colón entre la marinería, llevaban á sus ánimos la confianza en la pronta terminación de tan feliz viaje.

En la noche del 6 de Octubre, atento como estaba siempre Pinzón estudiando la carta de Toscanelli, y confrontando sus indicaciones con los datos que cuidadosamente recogía, sospechó que en aquellas latitudes debían estar, entre otras islas, la que en la carta aparecía con el nombre de Cipango; estas observaciones le hicieron comprender que habían inclinado la navegación hacia el Norte más. de lo conveniente, y fué de opinión que se variase el rumbo un cuarto al Suroeste, en cuya vía sospechaba que hallarían más pronto las dichas islas. La oportunidad de este consejo, á seguirlo el Almirante, hubiera abreviado el viaje, encontrando con algunos días de anticipación las primeras islas Lucayas; pero Colón, que no estaba ya muy seguro en la exactitud de sus cálculos, pues. habían salvado una distancia mucho mayor de la que creyó que existía entre el Occidente de Europa y las tierras que buscaba, so pretexto de no perder tiempo, si por acaso salían fallidos los cálculos de Pinzón, quiso continuar directamente en la dirección que llevaban, hasta encontrar la tierra firme de su tenaz India, dejando para el regreso el reconocimiento de las islas.

En la mañana del día siguiente, 7 de Octubre, la carabela Niña, que navegaba delante, estimulada su dotación por la merced pecuniaria que habían concedido los Reyes al primero que anunciase la tierra, levantó en el tope del mástil la bandera y disparó una lombarda, en señal de su proximidad; pero esta alarma, como las que días pasados produjo el aviso de Martín Alonso, no tenía otro fundamento que la ilusión del deseo en todos arraigado por igual. Observaron en este día que las aves dirigían su vuelo en la dirección Norte-Suroeste, y pensando racionalmente que marchaban á dormir á tierra, consideraron que el camino que seguían debía ser el más corto. En consecuencia de estas observaciones, el Almirante, arrepentido quizá de no haber seguido la indicación que dos días antes le hiciera Martín Alonso, acordó cambiar el rumbo al Oeste-Suroeste, con intención de no seguirlo más de dos días. Al siguiente cazaron entre los cordajes un pequeño pájaro, que, no pudiendo resistir grandes distancias en un vuelo continuado, llevaba al ánimo de los marineros la certidumbre de la proximidad de tierra. Los días se deslizaban tranquilos; los aires, como los de Abril en Sevilla, eran muy templados; percibíanse olores extraños, propios de las emanaciones terrestres, y el Almirante daba gracias al Todopoderoso por tan feliz y tranquila navegación.

Pero no duró mucho tiempo aquella tranquilidad: la misma calma de la naturaleza iba poco á poco engendrando cierto temor y zozobra en los ánimos más pusilánimes, y á medida que desaparecía un vestigio de próxima tierra, llevábase un pedazo de esperanza de los que, menos animosos, carecían de entusiasmo por la obra que estaban realizando. Todo desaparecía, menos la inmensidad del Océano, nunca limitada por el más pequeño obstáculo; y aquella navegación tan continuada y no interrumpida por accidente alguno favorable, y la idea de no poderle ser fácil el regreso al seno de la familia, si continuando en la misma dirección, se sucedían los días hasta consumir los bastimentos, les horrorizaba y ponía pavor en los ánimos más serenos.

Bien pronto notó Colón el descontento que reinaba entre su gente, descontento, cuyas sombras estereotipábanse también en la frente del gran marino, á causa del error que venía padeciendo. Sus cálculos acerca de la distancia que mediaba del Occidente de Europa al Oriente de la India, habían superado con mucho, y no era ya muy tranquila tampoco la mirada del Almirante. Sin embargo, firme en su idea de cruzar aquel espació, y de encontrar á su extremo las ricas regiones que demandaba, animó como pudo á su gente, y procuró llevar á los decaídos ánimos un poco del entusiasmo y de la fe que él tenía en el próximo y feliz resultado del viaje.

Esto no obstante, el temor de los más pusilánimes, como enfermedad infecciosa, fué contaminando la entereza ya no muy firme de los más fuertes y osados; y la murmuración, encontrando eco de unos en otros, bien pronto tomó proporciones alarmantes. En tal situación, vióse el Almirante obligado á pedir consejos á Martín Alonso acerca de lo que en caso tan grave convenía obrar, y si le parecía prudente volver hacia España las proas de las naves. Pero Martín Alonso era un carácter que se agigantaba con los peligros: había ligado su suerte y su porvenir á la empresa, y no se sometía fácilmente á los deseos pueriles de una parte, la menos esforzada del equipaje.

¡Adelante!, fué el grito que desde el fondo de su conciencia le arrancó la conducta de sus compañeros; sus hermanos y sus deudos, y aun la parte más numerosa de los equipajes de la *Pinta* y de la *Niña* participaban de igual entusiasmo y eran del mismo parecer; pero no ocurría lo propio entre los tripulantes de la *Santa María*. Llevaba Colón á su lado todos los oficiales reales, gente no acostumbrada á los peligros del mar, y aquella navegación tan tenazmente continuada les infundía el miedo más absoluto; propagóse la enfermedad á los marineros, y la rebelión fué ya inevitable. «*¡Martín Alonso!*—gritó el Almirante desde la borda de su barco—*esta gente que va en este navío va murmurando y tiene gana de volverse, y á mí me parece lo mismo, pues que habemos andado tanto tiempo y no hallamos tierra*». Estas palabras, proferidas por el Jefe de la expedición, hicieron comprender bien pronto á Martín Alonso el estado verdaderamente insurreccional de la nao; comprendió asimismo que sólo un acto de energía podía salvar la expedición, y con ella el éxito de la empresa, y con voz potente, que llegara á oídos de todos, contestó con la mayor energía: «*Señor, ahorque vuesa merced media docena de ellos, ó échelos á la mar, y si no se atreve, yo y mis hermanos barloaremos sobre ellos y lo haremos; que armada que salió con mandado de tan altos Príncipes, no ha volver atras sin buenas nuevas.*»

Agradeció el Almirante las felices disposiciones de los equipajes de las otras dos naves, retratadas en las enérgicas palabras de Pinzón, y para dulcificar las severas recriminaciones de este capitán, que cayeron abrumadoras sobre todos los ánimos, exclamó: «*Martin Alonso, con estos hidalgos hayamos bien y andemos otros dias, é si en estos no hallásemos tierra, daremos otra orden en la que debemos hacer*» (1).

La reacción no se hizo esperar: las hábiles palabras del Almirante, contrastando con las enérgicas de Pinzón, llevaron al ánimo de la insubordinada tropa el valor momentáneamente perdido; descansó en la confianza que le inspiraba la ciencia y el valor de sus jefes, y todos los tripulantes de la pequeña y osada escuadrilla, prorrumpieron en un solo grito, cuyo eco, perdido entre los brumosos pliegues del inmenso Océano, repetía: *¡Adelante! ¡Adelante!*

La fantasía de los modernos historiadores, de los novelistas y de los poetas, para sublimar la figura de Colón, ha tomado pie en las murmuraciones del equipaje de la *Santa María*, que fué donde únicamente tales murmuraciones salieron á la superficie, para reforzar con estos y otros argumentos imaginarios las acusaciones arrojadas injustamente sobre la frente de aquellos héroes; quienes, desafiando los peligros de un mar nunca hasta entonces surcado, y despreciando las consejas, abultadas por la fantasía popular, acerca de los insondables abismos que limitaban aquellos mares, tuvieron confianza bastante en el valor y en la ciencia de los que les guiaban en tan temeraria

(1) Declaración de Hernán Pérez Mateos en la Probanza hecha á nombre del Fiscal de S. M. en Santo Domingo, á 26 de Enero de 1536 (Fernández Duro, *Colón y Pinzón*, pág. 103).

empresa. Ni D. Fernando Colón, tildado de parcial en la *Historia* de su padre, ni fray Bartolomé de Las Casas, en su *Historia de las Indias*, ni ninguno de los historiadores coetáneos, dan más importancia á aquellos sucesos que la que le dió Cristóbal Colón en su *Diario*.

Al día siguiente, 11 de Octubre, anduvieron en la dirección OSO. hasta cuarenta y nueve leguas y media; navegaron con mar gruesa, *más que en todo el viaje habían tenido*, y observaron muchos y variados indicios de próxima tierra, con cuyas señales, dice Colón, todos respiraron alegremente.

Á las diez de la noche, estaba el Almirante desde el castillo de proa observando los movimientos de las naves; cuando de pronto le pareció ver á lo largo, por la banda de estribor, y como evocada por el genio de la obscuridad, una luz movible y vacilante; llevóse las manos á los ojos pára desprender de las pupilas, si era ilusión del deseo, aquella visión, y volviendo á hundir en el antro obscuro de la noche el rayo de su mirada, se convenció que la luz era real, verdadera; pero antes de dar crédito á sus propios sentidos, y de entregarse á los transportes de alegría que había de producirle el extraordinario suceso, llamó á Pero Gutiérrez, Repostero de estrados del Rey, que andaba por allí cerca, y le hizo observar aquel fenómeno, que comprobó con su asentimiento: la luz existía en realidad. Rodrigo Sánchez de Segovia, Veedor de la Armada, que también acudió á contemplar el fenómeno, no pudo verlo por haberse interpuesto algún obstáculo; pero el Almirante la volvió á ver *una vez ó dos, y era como una candelilla de cera que se alzaba y levantaba* (1), llevando ya el ánimo de todos

---

(1) Esta luz más parece creación de exaltada fantasía ó ilusión del deseo, que producto de la realidad. Un moderno historiador, el Sr. Fernández Duro (*Colón y Pinzón*), ha demostrado que á la distancia á que se encontraban aquella noche las naves de una isla de costas tan bajas, no podía ser percibida, no ya la luz de hacha ó pequeña hoguera, que es lo que Colón da entender que vió, pero ni la de un faro siquiera.

la esperanza cierta de que se encontraban frente á la tierra apetecida.

En efecto, después de rezada la salve acostumbrada, ordonó el Almirante que la guardia se hiciera con más cuidado aquella noche; y para estimular á la gente, prometió dar sobre los diez mil maravedís ofrecidos por los Reyes, un jubón de seda al primero que viese tierra. *A las dos horas después de media noche*, la *Pinta*, que iba delante, dió la señal de ¡tierra!, á la voz de Rodrigo de Triana, que fué el primero que la había anunciado. Desde esta hora hasta que la claridad del nuevo día iluminó con su nunca tan apetecida luz, aquellos lugares, todos los mariueros, al ruido de la lombarda que disparó la *Pinta*, acudieron á las bordas de las naves á observar atónitos las suaves ondulaciones que presentaba el terreno que tenían á la vista, y que mirado á la luz pálida é incierta de las estrellas, más que tierra, parecía el cuerpo informe de gigantesco cetáceo, evocado por el genio de los mares, para impedir la marcha audaz de la pequeña escuadrilla. La esperanza y el temor, el deseo y la incertidumbre, combatieron por algunas horas los corazones de aquellos héroes con opuestos y encontrados sentimientos. Amaneció al fin, y ante la mirada absorta de los marineros, presentóse el espectáculo más grandioso que ofrecer jamás pudo la naturaleza.

Con la claridad del nuevo día, 12 de Octubre, ¡día feliz! se fueron poco á poco borrando las brumas que, cual vaporosa cortina impedía observar los detalles y accidentes de la nueva tierra; presentándose, por último á distancia de dos leguas, adornada con las galas de su poderosa vegetación á la asombrada contemplación de aquellos héroes.

Mandó el Almirante poner las naves al pairo, con el fin de reconocer la playa y los bajos que la circundan, y convencerse al propio tiempo si era hostil ó curiosa la actitud de los indígenas, que en gran número contemplaban desde las orillas del bosque próximo, las para ellos gigantescas naves. Pero convencido de que estaban inermes y desnudos, y que sólo la curiosidad los había reunido, dispuso saltar á tierra. Sacó la bandera real; entregó á los dos capitanes Martín Alonso y Vicente Yáñez las de la *Cruz verde*, que llevaba por enseña en todos los navíos, bordadas las iniciales de los Reyes sobre los brazos de la cruz, y entraron en el batel de la capitana, que los condujo á la suspirada playa. Desembarcaron también Rodrigo de Escobedo, escribano de la armada, y Rodrígo Sánchez de Segovia, con otros muchos oficiales y marineros: hincaron todos las rodillas en tierra para dar gracias á Dios, y levantóse luego el Almirante, se adelantó unos pasos, y clavó

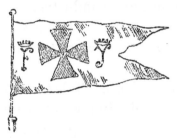

Bandera de la Cruz verde.

en la arena la bandera real en señal de posesión, mandando á Escobedo, como escribano real, y á los demás capitanes y marineros que *diesen fe y testimonio como él por ante todos tomaba, como de hecho tomó, posesión de la dicha isla, á la cual ponía nombre Sant Salvador, por el Rey é por la Reina sus señores, haciendo las protestaciones que se requerian, como más largo se contiene en los testimonios que allí por escrito se hicieron* (1).

Cambió el Almirante el nombre de *Guanahani*, que así parece que llamaban los indios á aquella isla, por el de *San Salvador* (2), y terminadas estas ceremonias, procu-

(1) Las Casas, *Hist. de las Indias*, tom. I, pág. 293.
(2) La isla *Watling* es la que presenta más puntos de semejanza con la *Guanahani* de los indios ó *San Salvador* de los españoles; es una de las islas Lucayas que

raron entrar en relación con los indígenas que, entre las espesuras de los bosques observaban maravillados y llenos de temerosa curiosidad á los españoles, á quienes tenían por seres bajados del cielo. Invitados por éstos para que se acercasen, fueron deponiendo poco á poco el temor que les inspiraban gentes tan extrañas, y acercándose llenos de curiosidad, no se contentaron con ver, sino que empezaron á tocar todos los objetos relucientes y de colores, las armaduras y vestidos, y hasta las barbas de los españoles fueron objeto de su admiración y curiosidad.

Desde estos momentos empezó Cristóbal Colón á ejercer jurisdicción como tal Almirante, Visorrey y Gobernador de aquella tierra y de las que en lo sucesivo se descubriesen y conquistasen por su industria; prestáronle obediencia todos, capitanes, soldados y marineros, y las capitulaciones de Santa Fe no tuvieron hasta entonces efectivo cumplimiento.

En la mañana siguiente, 13 de Octubre, acudieron á las naves gran número de Indios, embarcados en pequeñas canoas, largas y estrechas, que manejaban con un solo remo ó pala con mucha agilidad, y como observaron que el día anterior admitían los extranjeros bolas de algodón ya hilado y algunos frutos, á cambio de baratijas de vidrio y cascabeles, que guardaban con mucha codicia, llevaron gran cantidad de estos productos para seguir cambiando en la misma forma.

Tres días permanecieron las naves ancladas delante de la isla de San Salvador, durante los cuales, reconocieron desde los bateles todo su perímetro; observaron prolíjamente, aunque no detallaron bien, los accidentes del terreno, cubierto por algunas lagunas; vieron ciertas pobla-

mide unas 12 millas de Norte á Sur, y 5 á 7 de anchura, por irregularidad de su bojeo, teniendo hacia el centro varias lagunas, condición que ha servido principalmente para identificarla. Perteneció á España desde el descubrimiento, pasó sucesivamente al Señorío de Francia y de Inglaterra, siendo definitivamente reconocido el de la última por el tratado de Versalles de 1773. (Fernández Duro, Pinzón en el descubrimiento de las Indias.—pág-179).

ciones de indígenas y tomaron de ellos las noticias que deseaban acerca de las tierras vecinas, de su riqueza, y muy particularmente de la existencia del oro. Fija la idea del Almirante en la fastuosa suntuosidad de las regiones del Gran Kan, creyó que aquellas islas eran adyacentes del continente indiano, el cual, con toda su opulencia se encontraría á poca distancia de aquellos sitios. El error de Cristóbal Colón acerca de este punto duró tanto como su vida.

Informados por los indios, de un modo vago y confuso, porque era imposible comprender lo que decían, ni hacerse tampoco entender de ellos, acerca de la existencia de tierras más populosas y extensas y ricas en toda clase de productos, donde abundaba también el oro, de cuyas muestras llevaban algunas laminillas por adornos, colgadas de la nariz y de las orejas, el día 14 por la tarde abandonaron la isla de San Salvador, dirigiendo el rumbo hacia otra más extensa que se distinguía confusamente desde la primera.

Surgieron en ella en la mañana del 16 en amaneciendo; observaron que la vegetación y el estado de inocencia y simplicidad de sus moradores eran parecidos al de la anterior; y tomando posesión en nombre de los Reyes, con la ceremonia acostumbrada, le cambiaron el nombre indígena por el de *Santa María de la Concepción.*

El oro, preocupación constante de los españoles y especialmente de Colón, que quería dar á los Reyes fastuosas pruebas de la riqueza del país que había descubierto, no se dejaba ver sino por las pequeñas laminillas que á manera de pendientes usaban algunos indios. Varios de ellos, los más resueltos ó codiciosos, acompañaron voluntariamente en las naves á los españoles, los cuales los admitían con gran contentamiento, para que aprendieran el idioma, y pudieran servir de intérpretes en lo sucesivo y muy especialmente en la embajada que llevaba Colón cerca del poderoso monarca de aquellos dominios. Mas no fueron muy constantes en su amistad, pues al observar que se alejaban de su isla, escapábanse á medida que notaban el menor descuido.

Como á nueve leguas al Occidente de la *Concepción*, vieron otra isla de mayores proporciones, hacia la cual dirigió el Almirante las naves. En la travesía hallaron una almadía ó canoa tripulada por un solo indio, procedente sin duda de San Salvador, el cual se adelantaba para anunciar á los indígenas de la expresada isla la visita de los extranjeros; tomó posesión de ella con la solemnidad de costumbre, y en memoria del Rey la puso por nombre *Fernandina*. Esta isla que parece ser la que se conoce hoy

Canoa y *nahe* ó remo.

con el de *Exuma*, es *larguísima*, según dice el mismo Colón, fértil y muy llana: sospecharon que habría minas de oro y acordó el Almirante bojearla, mandando que Martín Alonso siguiera con la *Pinta* una dirección, mientras él con las otras dos naves seguía la contraria. Anotáronlo todo perfectamente; observaron que estaba más poblada y que los indígenas, á quienes halagaban con objetos de colores brillantes, parecían más adelantados é inteligentes, y por ellos creyó entender Colón que el oro se daba en abundancia en otra isla más extensa, situada hacia el Sur, que denominaban *Saometo*.

Al amanecer del 19 de Octubre levaron anclas en demanda de la dicha isla, y antes del medio día surgieron en efecto en su parte más septentrional; deslizáronse con precaución hacia el Oeste, y como á 12 leguas, dieron fondo en *Cabo Hermoso*, que así llamó Colón á un promontorio *redondo y muy hondo* y limpio de bajos, algo separado del resto de la isla, por lo que creyó que sería otra más pequeña. En honor de la Reina cambióle el nombre *Saometo* por *Isabela*, bojeó una gran parte de ella hasta el día 24, y se enteró por los indígenas de la existencia de otra tierra fértil y muy extensa y rica, llamada *Cuba*, de donde extraían los mercaderes en grandes naos gran cantidad de oro y especería. Con tan gratas noticias creyó el Almirante que se encontraba próximo á la isla *Cipango*, cuya situación fijaba Toscanelli muy cerca del continente.

En demanda, pues, de esta tierra tan ponderada, levó anclas en la noche del 24; surgió en las *islas de Arena*, así nombradas por su poco fondo, y el día 28 se presentaba á la vista de los españoles la rica y fértil isla de Cuba. Surgieron en un río hondo y de anchurosa embocadura, con dos montañas á uno y otro lado, muy altas y hermosas, formando una gran bahía, capaz de abrigar muchos barcos, á los cuales río y puerto dió el Almirante el nombre de *San Salvador* (1). Poseídos del mayor entusiasmo saltaron á tierra los marineros, y asombrados al contemplar su poderosa vegetación, no encontraban con quién compararla, si bien por el carácter especial de los montes, decía el Almirante, que se asemejaba á la de Sicilia. Al tomar posesión de ella, en memoria del príncipe don Juan quiso Colón que se llamase *Juana*.

Al día siguiente, 29 de Octubre, mandó levar anclas y seguir el rumbo de Occidente en demanda de la ciudad donde debía morar el rey de aquella rica provincia; des-

---

(1) La descripción que hizo el Almirante de este sitio presenta muchos puntos de semejanza con el actual puerto de Gibara, en favor del cual existen mayores probalidades de haber sido el primer punto de la isla de Cuba visitado por Colón.

cubrió el *río de la Luna*, hoy puerto de Manatí; más adelante surgió en el de *Mares*, puerto de Nuevitas, desde el cual, en dos barcas envió á varios marineros é indios á una población cercana, para adquirir noticias de aquellos parajes: llegaron á ella y no hallando quienes los pudieran informar, por haber sido abandonada á su proximidad, observaron que, aunque toscas y hechas de palmas y ramaje, eran las casas más perfectas que las que hasta entonces habían visto.

Desde el Río de Mares, siguiendo las sinuosidades de la costa, descubrieron el día 30 un hermoso promontorio poblado de palmas, al cual le dieron el nombre *Cabo de Palmas*, á cuya espalda, según informaron los indios que iban en la *Pinta*, corría un río que pasaba á cuatro jornadas de *Cuba*. Entendiendo los españoles que esta *Cuba* era ciudad, y que la tierra que pisaban era firme, suponían que no debía estar muy lejos de aquellos parajes la ciudad del *Cathay*, suntuosa morada del *Gran Kan*. En esta inteligencia quiso el Almirante continuar el costeo en la misma dirección, subieron hasta *Boca de Carabelas*, en donde las dificultades que ofrecían á las naves los bajos y arrecifes, y el viento recio del Norte les obligaron á volver al Río de Mares.

Hasta el 1.º de Noviembre no consiguió el Almirante ponerse en comunicación con los indígenas: por ellos creyó saber cuantas noticias deseaba acerca de la riqueza del país; observó que un indio llevaba colgado de la nariz un pedazo de plata, y muchos le aseguraron que antes de tres días acudirían mercaderes del interior á negociar los productos del país con las mercancías que llevaban los cristianos, y que de ellos obtendrían noticias más exactas y completas. Por las demostraciones que hacían los indígenas dedujo el Almirante que estaban en guerra con el cacique de la provincia, y coincidiendo estas noticias y sospechas con las observaciones, no bien calculadas, del clima, de los vientos y de los movimientos del mar, creyó que la tierra que tenía delante formaba el extremo del continente de la India, y que se encontraban por consiguiente á unas cien leguas de las ciudades de *Zayto* y *Guinsay*, descritas por Marco Polo en sus fabulosas relaciones.

Fijo en esta idea, que no le abandonó jamás, y deseando adquirir noticias más concretas y exactas acerca del soberano ó señor de aquel país, para quien llevaba pliegos y cartas credenciales, como Embajador extraordinario de los Reyes Católicos, acordó que al día siguiente, 2 de Noviembre, salieran dos hombres de la tripulación, acompañados de algunos indios en demanda del soberano, para anunciarle la embajada que llevaba. Para el desempeño de tan delicada misión, eligió á Rodrigo de Jerez y á Luis de Torres, judío converso, muy instruído en los idiomas hebreo, caldeo y arábigo; dióles instrucciones concretas y les señaló el plazo de seis días para evacuar el encargo.

Durante la expedición de los embajadores, ocupáronse Cristóbal Colón y los suyos en adobar las naves, que empezaban á resentirse de tan larga navegación; observaron la naturaleza del terreno y sus productos, y convencidos de que por aquella parte era desconocido el valor del oro, ó no había yacimientos, acordaron luego marchar en busca de la isla *Babeque,* que así entendieron llamarse una tierra fértil, en donde existía en abundancia el precioso metal.

Al cabo del tiempo señalado regresaron los embajadores con noticias poco satisfactorias: encontraron, sí, poblaciones pequeñas muy parecidas á las que hasta entonces habían visto, cuyos habitantes, dedicados al cultivo de la tierra, no pudieron darles noticias que confirmasen las sospechas de Colón, y se volvieron muy agasajados y satisfechos del espíritu hospitalario y social que informaba la conducta de aquellos sencillos moradores de las selvas.

Estos dos españoles fueron los primeros que conocieron el uso que hacían los indios del tabaco, y no fué poca su extrañeza al observar que entre otros sus vicios usaban uno muy malo, «que es tomar unas aúmadas que ellos llaman *Tabaco*, para salir de sentido. Y esto hacían con el humo de cierta hierva que, á lo que yo he podido entender, es de calidad del beleño; pero no de aquella hechura ó forma, segund su vista, porque esta hierva es un tallo ó pimpollo como cuatro ó cinco palmos ó menos de alto y con unas hojas anchas é gruesas, é blandas é bellosas, y el verdor tira algo á la color de las hojas de la lengua de buey ó *buglosa* (que llaman los hervolarios é médicos). Esta hierva que digo, en alguna manera ó género es semejante al beleño, la cual toman de aquesta manera:

Pipa india.

los caciques é hombres principales tenían unos palillos huecos del tamaño de un xeme ó menos de la groseza del dedo menor de la mano, y estos cañutos tenían dos cañones respondientes á uno, como aquí está pintado, é todo en una pieza. Y los dos ponían en las ventanas de las narices é el otro en el humo é hierva que estaba ardiendo ó quemándose; y estaban muy lisos é bien labrados, y quemaban las hojas de aquella hierva arrebujadas ó envueltas de la manera que los pajes cortesanos suelen echar sus ahumadas: é tomaban el aliento é humo para sí una é dos é tres é más veces, quanto lo podían porfiar, hasta que quedaban sin sentido grande espacio, tendidos en tierra, beodos ó adormidos de un grave é muy pesado sueño» (1).

Terminada la carena de las naves, y hecho refrescos de víveres, el día 12 de Noviembre mandó el Almirante levar anclas y volver atrás sin apartarse de la costa, que reconoció proiljamente; se apoderó violentamente de cinco indios jóvenes, para que en España sirviesen de testimonio vivientes de su raza, y este funestísimo precedente no pudo menos de tener fatales consecuencias en el porvenir de los hijos del Nuevo Mundo.

(1) Fernández de Oviedo, *Historia general y natural de Indias*, tom. I, lib. V, cap. II, págs. 130 y 131.

Descubrió el caudaloso río del *Sol* el día 12, cuyo nombre se ha borrado, como casi todos los que dió á los distintos lugares que visitaba; y en su anhelo por acercarse cuanto más antes á la imaginaria y aurífera tierra de *Babeque*, continuó, sin detenerse apenas, el reconocimiento de la fastuosa costa de *Cuba*. El viento, sin embargo, torció sus propósitos y contrarió sus deseos, y obligado á variar el rumbo, el día 14 descubrió el *Mar de Nuestra Señora*.

Maravillados y agradablemente sorprendidos quedaron ante el grandioso espectáculo que ofrecían las infinitas islas altas y hermosas que semejaban verdes montañas salidas del seno de las aguas; la costumbre hasta entonces seguida de clavar una cruz allí donde el espectáculo de la naturaleza hería más vivamente su imaginación, siguiéronla en el *Mar de Nuestra Señora*, y al acercarse á una de sus hermosas islas, observaron con asombro clavada en la tierra el signo de la redención cristiana, sin poder sospechar la mano que hubiera allí colocado el glorioso emblema de nuestra religión.

¿Qué naves cristianas habían en tiempos anteriores aportado á las playas del Mundo de Colón? Sólo Dios lo sabe: porque la historia no podrá seguramente puntualizar ni definir hechos concretos, considerados hasta ahora, por muchos como inverosímiles y por otros como probables aquellos que se atribuyen al legendario Alonso Sánchez de Huelva.

Vuelto el Almirante á rozar con sus naves las arenas de la costa de Cuba, el día 19 salió de *Puerto Príncipe* con objeto de abandonarlas definitivamente, pero la inconstancia del viento, que en la noche del 21 creció con fuerza hasta convertirse en borrascoso, le obligó á volver atrás y tomar tierra otra vez en Cuba. Dice el Almirante que al ejecutar esta maniobra hizo las señas reglamentarias para que le secundasen las otras naves; y aunque la *Niña*, que navegaba á sotavento, observó las señales de la capitana y se puso á navegar en su conserva, no ocurrió lo propio con la *Pinta*, que marchaba delante á barlovento, [donde Martín Alonso, su capitán, atento indudablemente á los peligros que en noche borrascosa podía correr su buque en mares desconocidos y cuajados de bajos y arrecifes, no vió seguramente los faroles puestos en los mástiles de la capitana, y se fué alejando de manera que á la mañana siguiente ya se había perdido de vista.

El disgusto que causó al Almirante la separación de Martín Alonso se traduce perfectamente en las notas de su diario. Receloso como siempre, concibió la sospecha de que la codicia y el deseo inmoderado de descubrir por sí nuevas tierras, y hacer méritos para alzarse con la gloria de la empresa, fuese el móvil que le impulsó á desertarse, que no de otra manera califica el acto involuntario de Pinzón. La idea de que se anticipase á dar en España la noticia del fausto suceso, y que pretendiera restarle á él la más pequeña parte de la gloria del descubrimiento, sublevó su espíritu, y sin dar lugar á la reflexión y á la calma, escribió en su diario estas terribles acusaciones, dando motivo bastante á los historiadores y á los novelistas para penetrar en las intenciones de Pinzón y lanzar sobre la frente del benemérito cuanto malogrado capitán, un crimen que no cometió, ni puede, por tanto, empañar su historia.

Un erudito escritor de nuestros días, verdadero restaurador de la historia de estos sucesos (1), con juicio crítico, independiente y claro, ha sido el primero que, como marino inteligente, ha reconstituído la situación en que marchaban las naves aquella noche, y deducido por ella que la conducta de Pinzón no se prestó á inculpaciones de ninguna clase. Manifiesta que hay contradicción, como así es en efecto, en las aseveraciones de D. Fernando, «por cuanto de sus propias palabras, como de las del P. Las Casas, se deduce que navegando de noche, y estando á

---

(1) Fernández Duro — *Colón y Pinzón.*—Madrid, 1883, pág. 151.

barlovento la *Pinta*, como más velera, cambió el Almirante
de parecer y varió el rumbo, arribando sobre la isla de
Cuba. Él fué por consiguiente causa de la separación, no
ignorando que lo más probable fuera que Pinzón no viese
como no vió, señales de luz que no esperaba, y que siempre son inciertas en la mar. La *Pinta* continuó navegando
en la dirección que llevaba la armada durante el día, dirección convenida y ordenada previamente; no hay por lo
tanto, motivo ni razón para culpar en juicio al capitán, y
mucho menos para penetrar sus intenciones con la ofen-
siva y pueril suposición de que un indio cuya lengua no
entendía más que el Almirante, le prometía llevarle á un
sitio donde abundaba el oro, y de que la codicia y la soberbia, tenían resueltas en su ánimo la separación.»

Reducida la expedición á las dos naves *Santa María*
y la *Niña*, el día 24 dispuso el Almirante continuar en
aquella dirección el costeo de Cuba; reconoció y dió nombre de *Puerto de Santa Catalina*, y *Cabo del Pico*, surgiendo por último en *Puerto Santo*, conocido hoy con el de Ba-
racoa, y al abrigo de sus amenas orillas, formadas por el
declive de las montañas que lo constituye, aguantó una
formidable borrasca, que hubiera seguramente puesto en
peligro las naves á sorprenderlas en sitio menos abrigado.
Estimulado el Almirante con las noticias que recibía de
los indios acerca de la riqueza de otra isla próxima, muy
extensa, fértil y populosa, cuyas montañas había visto á
lo lejos, cuando iba en demanda de la imaginaria *Babeque*,
acordó pasar inmediatamente á ella, sin preocuparle los
peligros que, al decir de los indios que le acompañaban,
corrían los que se acercasen á dicha isla, por la ferocidad
de sus habitantes, de los cuales decían que tenían caras
de perro, y un ojo solo en la frente, y que provistos de
armas, iban á las otras islas á matar á los hombres para
comerlos. Estimando seguro el Almirante que sólo el miedo podría exagerar aquellos peligros, levó anclas de Punta
de Maici, extremo oriental de la isla de Cuba, y con viento

favorable y mar tranquila abandonó aquella tierra, poniendo las proas en dirección de la isla de *Haïti*, así llamada por sus naturales, aunque también le daban el nombre de *Quisqueya*, que parece significar isla grande.

Al cerrar la noche del 5 de Diciembre llegó la expedición á la vista de un hermoso fondeadero, que comparó Colón, por su capacidad con el puerto de Cádiz; mandó que las barcas lo reconocieran y sondearan, y al amanecer del día siguiente entró en él y dió fondo en el *Puerto de San Nicolás*, que así lo denominó en memoria del santo del día, dejando á su izquierda el Cabo conocido hoy con el mismo nombre, y que entonces denominó *Cabo de la Estrella*, por la forma especial sin duda que presentan los agudos promontorios que lo constituyen.

Á la mañana siguiente abandonó aquel paraje, siguió en la dirección Nordeste las sinuosidades de la costa y entró en el puerto de la *Concepción*, á cuyo abrigo aguantó uno de esos fuertes huracanes que suelen sorprender al viajero en aquellas inconstantes aguas. Durante el tiempo que permaneció anclado en este puerto, estimó prudente ejercitar á la marinería en algo útil y de inmediatos resultados: unos, los más hábiles en el manejo del anzuelo, dedicáronse á la pesca, muy abundante por cierto y á propósito para renovar los víveres; y otros, los más sagaces, belicosos y astutos, penetraron en los campos próximos en busca de seres humanos que les informaran. El aspecto de aquellos lugares, los aires templados, la vegetación lozana, el cielo sereno y el clima suave, les hicieron recordar los campos de Andalucía, y á esta circunstancia parece que obedeció el nombre de *Isla Española*, con que denominaron á la más felice y grande, graciosa, rica, abundosa y deleitable isla del mundo.

Antes que nada, quiso entrar el Almirante en relaciones con los indígenas, de quienes se proponía adquirir noticias exactas, no sólo de aquellos parajes, sino de todos los inmediatos, y muy especialmente de los lugares más importantes del próximo continente, adonde alcanzaba indudablemente la jurisdicción del Gran Kan. Pero los selváticos hijos de la isla, desnudos é inermes, huían llenos de miedo á la aproximación de los españoles como de gente peligrosa y cruel. Pero, al fin, pudo más la astucia de los extranjeros que el temor de los indígenas, y en una de aquella especie de cacería cayó en su poder una mujer incauta, la cual, á pesar de los halagos que la prodigaban, temblaba como la más inocente cervatilla en las garras del fiero chacal. Lleváronla á la presencia del Almirante, el cual, conociendo las dificultades que habría que vencer para ponerse amigablemente en contacto con los recelosos indígenas de aquella isla, concibió y puso en práctica el pensamiento de halagar á la india y adornar su desnudo cuerpo con profusión de galas, consistentes en guiñapos de variados y brillantes colores: hecho esto, despidióla afablemente, esperando los resultados de aquel ingenioso acto político. No fué menester más para disipar el miedo: al día siguiente acudió gran número de indios, conduciendo procesionalmente en andas á la que había sido objeto de la atención de los españoles, como afortunada deidad escogida por aquellos seres sobrenaturales para la consecución sin duda, de los más altos decretos providenciales. Agasajaron cuanto pudieron á los cándidos y ya confiados hijos de la selva, y regalándoles cascabeles y variadas cuentas de vidrio, que ocultaban con veneración religiosa, como cosas llegadas de los cielos, no faltó ya día en que no fueran más numerosas las visitas de los indígenas, que más que á otra cosa, acudían á contemplar aquellos seres extraños y espléndidos. Observó Colón que los habitantes de esta isla eran mejor formados y más blancos é inteligentes que los que hasta entonces habían visto, y entre ellos se fijó en dos mujeres mozas, que bien hubieran podido pasar por españolas; notó también más estímulo en el tocado y arreglo de las personas, y mayor el número de los que se adornaban con laminillas de oro, algunos de los cuales lo llevaban en grano y en polvo para trocarlo por las baratijas de los españoles; deduciendo por todo esto que dicho precioso metal había de ser más abundante en aquella tierra.

Establecida con los indígenas la correspondencia deseada, prosiguió el Almirante su expedición: descubrió la isla de la Tortuga, y al volver á la Española, el día 15 de Diciembre, echó anclas en la desembocadura de un hermoso río que corría por el fondo de un amenísimo valle, á los cuales denominó *Valle del Paraíso* y *Río Guadalquivir*. Desde este puerto pasó á un fondeadero que llamó *Puerto de la Paz*, por haber sido en él donde más fuertemente estrecharon los lazos de amistad y trato con los indígenas, rescatando todo el oro que llevaban á manera de adorno en las orejas y en la nariz. Trabó aquí también amistad con un reyezuelo ó cacique, hombre joven, serio, formal y muy circunspecto, á quien los demás indios acataban respetuosamente; por él, y por los de su comitiva adquirió noticias exactas de que el oro se criaba en abundancia tierra adentro, y más aún en la isla de Babeque, que el P. Las Casas sospechó que fuese la Jamaica.

- Entre la bahía de los Mosquitos y el Puerto de la Paz, detúvose el Almirante unos días, aguantando, al abrigo de la costa, los vientos huracanados. Recibió la visita de otro cacique más poderoso, á quien agasajó mucho, recibiendo en cambio algunas muestras de oro y un cinturón adornado con pedazos de este metal; supo por él y por su comitiva que lo encontrarían en más abundancia en las montañas de *Cibao*, palabra que creyó el Almirante contracción de *Cipango*, y ya no tuvo duda alguna de que se encontraban muy cerca de los países descritos por Marco Polo.

El dia 19 continuó la marcha, dobló el *Cabo de Caribato*, hoy *Guarico*, y el 20 dió el nombre de *Puerto de la Mar de Santo Tomás*, en honor del santo del día, á una hermosa y abrigada ensenada, asegurando que era el mejor puerto del mundo, llamada hoy bahía de *Acul*, desde donde despachó algunos marineros á reconocer la tierra. Á las pocas horas regresaron éstos muy contentos, por haber visto cerca de allí una gran población compuesta de casas ó bohíos hechas con cierto artificio, cuyos habitantes, dedicados al cultivo del campo, los recibieron muy bien, y los agasajaron con frutas y cereales y con algunos pedazos de oro. El respeto, más aún, la veneración con que eran tratados los españoles por aquellos indígenas, á quienes consideraban seres bajados del cielo, constituía para todos la mayor felicidad.

Caney ó casa redonda de los indios, llamada comunmente bohío.

Por estos días menudeaban las visitas de los indios, y entre las innumerables almadías que bogaban en derredor de las carabelas, acercóse á la *Santa María* una gran canoa capaz para cuarenta remeros, en la cual iba una comisión á dar cuenta de la llegada á aquellos sitios de un poderoso señor que deseaba·trabar amistad con los españoles. El principal dignatario de aquella embajada, era al mismo tiempo portador de varios presentes, que ofreció á Colón, á quien suplicó de parte de su señor que se adelantasen hasta su tierra, de la cual estaban próximas las montañas del *Cibao*, donde el oro se criaba en abundancia; pero una calma absoluta, incapaz de hacer oscilar el más pequeño rizo, le obligó a permanecer allí algunos días más, hasta que soplando un poco el viento de tierra, levó anclas en la mañana del 24 para aproximarse á la residencia de tan poderoso cacique.

La noche de este día fué fatal para los expedicionarios. Rendido el Almirante por una vigilia de dos días y una noche sin dormir, encargó al marinero de cuarto que no abandonase el timón y estuviese con cuidado mientras él descansaba un poco; mas rendido, sin duda, aquel hombre, fiado en la suavidad del viento y tranquilidad del mar, abandonó á su vez el timón á un joven grumete inexperto é incapaz, el cual no supo ni pudo evitar que arrastrada la nao *Santa María* por la corriente, encallase en un banco de arena. Al choque se rompió el timón, crujió el maderamen y abrióse en la sentina una gran vía de agua, cuya presencia avisó el grave peligro que corrían. Quiso Colón prontamente emplear algunos remedios para salvar la nave, mas en aquellos momentos de confusión nadie acertaba á ejecutar sus órdenes, ni pensaba en otra cosa que en salvarse del peligro; echaron sin vacilar una barca al agua, para ir en demanda de la *Niña*, que navegaba á barlovento á distancia de media legua para que les prestase socorro; acudió prontamente la carabela al lugar del siniestro, recogió á los náufragos y, no pudiendo salvar la nave, la dejaron abandonada, la cual, combatida por la resaca y tomada por el mar de través, abrióse por diferentes partes.

Á la mañana siguiente, en tanto que Diego de Arana y Pero Gutiérrez, enviados por el Almirante á dar cuenta al cacique del desastre que les impedía ir á visitarle, evacuaban su comisión, sacáronse de la nave perdida todos los objetos; y en esta operación fué muy eficaz la ayuda de los indios, quienes, con una fidelidad no sospechada, constituyéronse en guardianes de tan codiciadas riquezas.

REPRODUCCIÓN DE LA NAO "SANTA MARÍA."

En la mañana del día 6 presentóse en el lugar del siniestro el cacique *Guacanagarí*, que así se llamaba el poderoso señor de esta provincia; el cual, compadecido de la desgracia que afligía á sus huéspedes, ofreció liberalmente todo lo que poseía, si con ello podían resarcirse de las pérdidas sufridas, y dispuso que todos los objetos, cuyo valor era para ellos incalculable, convenientemente custodiados, fuesen trasladados cerca de sus habitaciones á la disposición de sus dueños. Comió aquel día á bordo de la *Niña*, única nave que restaba; hizo á los marineros muchos regalos, y viendo éstos el desinterés y amor con que eran tratados por aquellos selváticos moradores de la isla, empezaron á cobrarles cariño y á tratarlos como verdaderos amigos. Obsequióle el Almirante con algunas prendas de colores chillones, que en seguida se vistió con mucha gravedad, y así ataviado saltó á tierra con la mayor dignidad y compostura y con gran contento de sus súbditos. Enseñáronles las lombardas y arcabuces, á cuyos disparos quedaron aterrados y confusos, creyendo que aquellos hijos del cielo disponían del trueno y del rayo, con los cuales podrían en pocos momentos causar la ruina y la muerte de todos. En esta inteligencia rogó el ca·cique que les ayudaran á exterminar con aquellos instrumentos de muerte á sus feroces enemigos, de quienes recibían periódicamente muchos daños.

Prometióselo así el Almirante, y desde este momento, contando ya con la alianza de tan poderosos amigos, no reconoció límites su entusiasmo y creció de punto el cariño que ya sentía hacia sus magníficos y extraordinarios huéspedes.

· La situación en cambio, del Almirante no podía ser más comprometida y difícil. Obligado á volver á la Península á dar cuenta á los Reyes de sus descubrimientos y de la necesidad de fomentarlos con nuevos y más poderosos recursos, encontrábase con un solo barco, el más pequeño y débil, é incapaz por tanto de alojar la doble tripulación

y los variados objetos y productos que como muestras de
la riqueza del país deseaba presentar á los Monarcas.

En tal situación, obligado por la necesidad más que por
la bondad del sitio, pensó establecer allí una colonia, contando desde luego con la garantía que creía tener en el cariño y amistad de los indígenas; apreció las ventajas que
se obtendrían con sólo explotar las riquezas naturales de
aquella parte de la isla, y pensando al propio tiempo en
las ventajas y facilidades que darían á los nuevos establecimientos el conocimiento previo de los usos, costumbres
é idioma de los naturales, acarició la idea de fundar luego
una colonia con la parte de la tripulación, garantizando
de este modo la actividad en España de una expedición
más importante.

Concebida así la idea, la sometió al parecer de su gente,
de quien recibió toda clase de seguridad, y muchos de
ellos le rogaron que los dejase allí como primeros coloni-
zadores.

En efecto, para el alojamiento de los que quedasen, acordó construir una especie de fortaleza, con las maderas de
la nao *Santa María*, poniendo especial cuidado en empla-
zarla sobre una pequeña eminencia, rodeada de agua del
mar, que dominaba la playa y la bahía, y cercándola para
mayor seguridad de un foso profundo. En previsión de
lo que pudiera ocurrir, abrieron en el centro de la fortaleza un pozo de agua potable, construyeron viviendas para
los colonos, y en lugar oculto almacenaron la pólvora y
comestibles con todo los demás menesteres á la seguridad
y conservación del primer establecimiento fundado por
los españoles en el *Nuevo Mundo*. En todas estas operaciones ayudaron los indígenas con tal presteza é inteligencia, que á los pocos días quedaba terminada y dispuesta
para alojar á los primeros colonos de aquel hemisferio.

Atento el Almirante á la conservación de los hombres
que allí dejaba, quiso que no careciesen de lo más necesario y útil; dejóles simientes para sembrar la tierra, la bar-

ca de la nao, instrumentos de labranza, armas y pólvora
para defenderse si eran atacados; y entre los hombres, escogió un calafate, un carpintero, un lombardero, un tono-
lero y un cirujano. Anunció el Almirante al cacique Guacanagarí que era llegado el momento de volver á España,
y á esta noticia se apresuró el reyezuelo á obsequiarle con
grandes plastas de oro y otros objetos; quitóse el jefe indio una especie de corona, hecha de oro y plumas, y la
puso sobre la cabeza del Almirante, el cual á su vez se
descolgó del cuello y la puso en el del cacique una gruesa

El Almᵗᵉ se despide del Rey Guacanagari
Edificada la Torre de Nabidad.

sarta de cuentas de colores; dióle unos borceguíes de color,
que se calzó al momento y un capuz rojo, y lo que más
entusiasmó al indio fué un anillo grueso de plata con que
le obsequió el Almirante.

Establecido de este modo un pacto solemne de amistad,
se apresuró Cristóbal Colón á refrescar toda suerte de víveres en cantidad suficiente para el viaje de regreso; colocó
dentro de la *Niña*, bien acondicionados, todos los regalos
que le habían hecho, y embarcó variadas muestras de los

productos de la tierra, especialmente de los más codiciados y aun de los que le pareció que habían de llamar más la atención en España. Puso á la fortaleza el nombre de *Villa de la Navidad*, con que todavía se conoce aquel puerto, y el día 2 de Enero en 1493, estando ya todo preparado para la partida, bajó el Almirante á tierra á despedirse de sus amigos europeos é indios. Presentóle á Guacanagarí y á los dignatarios de su corte los treinta y nueve hombres que allí dejaba, á quienes dió por jefe á Diego de Arana, hermano de doña Beatriz Enríquez, y por tenientes á Pedro Gutiérrez y Rodrigo de Escobedo, invitándoles á que los tratasen bien y les diesen los auxilios que necesitaran, ya que ellos á su vez les defenderían el territorio de las invasiones de sus enemigos los caribes y les ayudarían en todo lo que fuera menester.

Por su parte, dirigió á los hombres de la fortaleza palabras afectuosas, y sanos y prudentes consejos sobre la manera como habían de tratar á las indígenas, recomendándoles muy especialmente la mayor diligencia en estudiar los productos más valiosos del país, y sobre todo en adquirir noticias seguras de los lugares donde el oro fuera más abundante.

La despedida fué solemne, y un vago presentimiento de tristeza dejó en los ánimos de unos y otros melancolías precursoras de fatídicos sucesos.

CAPÍTULO VII

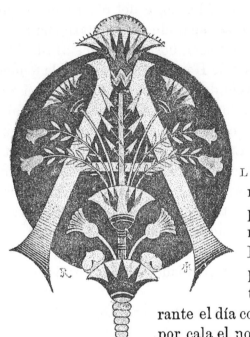

L amanecer el 4 de Enero de 1493, puesta la proa al Oriente en demanda de las costas de España, abandonó la pequeña nave el puerto de la Navidad. Durante el día costeó el Almirante cala por cala el norte de la isla, y al anochecer dispuso dar fondo al abrigo de *Monte-Christi*, nombrado así un promontorio cónico que se adelanta hacia el mar.

El domingo, día 6, continuó el mismo derrotero, y como á cosa del medio día, el marinero de guardia dió aviso de que la *Pinta*, viento en popa, navegaba hacia aquel lugar. Mandó el Almirante aferrar velas para detener la marcha y recibir á Pinzón; pero no habiendo en el sitio donde se encontraban fondeadero seguro, acordó desandar la distancia que le separaba de Monte-Christi, y seguido de la *Pinta*, dieron fondo las dos naves en aquel seguro y abrigado puerto.

Inmediatamente subió Martín Alonso á bordo de la *Niña* á saludar y dar cuenta al Almirante del resultado de sus exploraciones, desde que separado involuntariamente de las otras dos naves en la noche borrascosa del 21 de Noviembre, dió en la costa de Haiti. Al llegar á la isla fondeó en un hermoso río, desde donde despachó en canoas á varios indios á reconocer los lugares más distantes posible, con el fin de que llegase á noticia del Almirante el lugar donde se encontraba. En tanto evacuaban los indios esta comisión, mandó explorar el país, del cual tomó posesión por los reyes de Castilla; pero, como transcurriesen los días sin tener noticia de las otras dos naves, aderezó la suya y partió en su busca. Como resultado de los rescates que había hecho, presentó novecientos pesos de oro, que no quiso aceptar el Almirante, enojado como estaba de su conducta.

Esto, sin embargo, mostróse al parecer complacido Colón de estas explicaciones, por no enfriar más de lo que estaban sus relaciones con Martín Alonso, temeroso de que un rompimiento brusco malograse el éxito de la empresa, y admitió como buenas y á falta de otras las razones expuestas por el marino, reservándose, aunque sin darlo á conocer, el derecho de queja ante los Reyes. Ordenóle que refrescase los víveres para seguir el viaje de regreso, y mientras Pinzón hacía estos preparativos, mandó calafatear la *Niña*, cuya obra muerta iba siendo cada día más débil.

En la mañana del día 9 de Enero, continuó la escuadrilla su viaje de regreso, dando nombre á todos los puntos que visitaba; cambió por el de *Río de Gracia* el nombre de *Martín Alonso*, que dió este marino al que él descubrió, para que no quedase memoria de aquel suceso (1); y después de tocar en *Puerto de Plata* y doblar el *Cabo del Ena-*

---

(1) Navarrete.—Tom. III, pág. 577—Declaración de Diego Fernández Colmenero.

morado y *Samaná*, ancló el día 13 en el *Golfo de las Flechas*.

Un suceso imprevisto y desagradable, el primero que obligó á los españoles á derramar sangre indígena, dió nombre al *Golfo de las Flechas*.

Al tocar en la playa, con pretexto de cambiar algunos objetos, se acercaron los indios, en número de cincuenta ó sesenta, armados de arcos y flechas y de unas cuerdas que ocultaban cautelosamente para atar á los que pensaban hacer prisioneros. Nuestros marineros, acostumbrados como estaban á tratar sin recelo á los pacíficos indígenas, no podían sospechar la intención belicosa de aquellos bárbaros, que tan bruscamente los atacaban; mas repuestos de la sorpresa, arremetieron contra ellos espada en mano, é hiriendo á algunos, atemorizáronse los demás, y huyeron al interior del bosque.

A la mañana siguiente acudió buen golpe de indios, confundidos hombres y mujeres, y á su cabeza el cacique de aquel lugar; y como observaran que los extranjeros se preparaban á rechazar el ataque, acercáronse resueltamente en actitud amistosa, como si tal cosa hubiera sucedido; y al ofrecerles, á cambio de baratijas, algunos objetos y pepitas de oro, diéronles noticias ciertas de que en la dirección que llevaban encontrarían la isla de *Boriquen*, en donde hallarían todo el oro que quisieran. Dijéronle también que de paso para dicha isla, descubrirían, entre otras, una llamada *Matinino*, habitada sólo por mujeres, á la cual acudían los hombres de otras inmediatas, en cierta época del año, á llevarse los niños varones que parían.

Tales informes no pudieron darlos los indios, sino que preocupado constantemente Colón con las relaciones de los viajeros de la India, confundía lastimosamente con las imaginarias y fabulosas regiones del Gran Kan las tierras que estaba descubriendo. Las fábulas que corrían en su tiempo acerca de la existencia de dos islas, *Masculina* y *Femenina*, enclavadas cerca de las costas orientales de la India, y habitadas la una por hombres y la otra por mujeres, así como la de la existencia de una tierra de *caribes*, hombres crueles y belicosos, siempre en guerra con sus vecinos, con cuyos cuerpos celebraban festines repugnantes; fábulas y relaciones apoyadas en la opinión de los viajeros, de quienes las tomaron sin prevención los geógrafos más serios de la época, sin emplear el trabajo de discutirlas, preocupaban también la mente del gran descubridor, y no tuvo reparo en suponer dichas tierras situadas en aquellos lugares que recorría, atribuyendo á los inocentes y casi siempre pacíficos hijos de las Lucayas hábitos y condiciones que jamás tuvieron.

Dispuesto á continuar el viaje de regreso, el martes, 15 de Enero, dispuso que fuese una barca á tierra por los regalos que les ofrecieron el cacique y sus súbditos; de

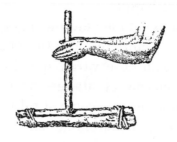

Procedimiento que empleaban los indios para hacer lumbre.

· éstos detuvo el Almirante á los cuatro más jóvenes y robustos para conducirlos á España, de los cuales, como de todos los informes hasta entonces recibidos por los indios, creyó entender equivocadamente cuanto deseaba saber acerca de aquellos parajes.

En la madrugada del 16 partieron del *Golfo de las Flechas* empujados por el viento de tierra, con intención de visitar la isla de los *Caribes* ponderadas por los indígenas; pero, después de haber andado 64 millas y perdido la ruta, levantóse viento fresco del Oeste, que empujaba las naves hacia España; y esta coincidencia vino en apoyo de los deseos de los marineros, que no querían ya separarse de la ruta marcada por los vientos. Complacióles el Almirante, que también tenía deseos de regresar pronto, mandando poner las proas al Oriente, y al anochecer de aquel día perdieron ya de vista el *Cabo de San Yheramo*, hoy del Engaño, límite oriental de la Isla Española.

Desde el 18 de Enero, que empezaron á ver las yerbas del mar de Sargazo, hasta el 12 de Febrero, que se inició una gran modificación en la atmósfera, fué la navegación tranquila, deslizándose las naves por la superficie tersa del mar, apenas rizada por fresca brisa. Entreteníanse los marineros en la pesca de atunes y tiburones, con cuyas carnes renovaron los ya escasos alimentos que conservaban, y servíales también de distracción las zambullidas de los indios que se arrojaban al mar nadando muy contentos al rededor de las carabelas.

Pero en la noche del 14 de Febrero, un viento duro y huracanado elevaba las encrespadas olas á una altura considerable; encapotóse el cielo con densos y negros nubarrones, y los relámpagos, que empezaban á sucederse con rapidez pasmosa, fueron presagio seguro de imponente y deshecha tempestad. Crujían las naves al empuje formidable de las olas, que se estrellaban con horrísono fragor contra la frágil madera, amenazando sepultarlas en los abismos del Océano; y en tan críticos momentos multiplicaban sus esfuerzos, á fin de evitar un naufragio que consideraban seguro. En tan apurado trance, teniendo en cuenta la débil resistencia que podían oponer las naves al formidable empuje de las olas, lo más prudente hubiera sido correr el temporal, pues así lo aconsejan las más rudimentarias reglas de la navegación, y no forzar las naves á seguir un rumbo completamente opuesto á la dirección de los vientos y las olas. Comprendiólo así el experto capitán de la *Pinta*, Martín Alonso, y cumpliendo con sus deberes de marino, dejó que su barco, que navegaba á barlovento, se dejase conducir á palo seco por el empuje del vendaval; separóse en su consecuencia de la ruta im-

puesta por el Almirante, y aunque contestó á las señas
que éste mandó hacer, perdióse de vista bien pronto,
hasta el extremo de considerar todos perdida la nave de
Pinzón.

«En medio de tan deshecha borrasca, la *Niña*, luchando
á palo seco, crujía bajo la presión del oleaje como si ame-
nazara dividirse, rodeada de montañas de agua, tan pronto
se veía arrastrada al abismo, como levantada á increíble
altura, salvándola de zozobrar su misma ligereza, y una
corta vela que la pericia de Colón había hecho dejar des-
plegada á proa, para que aprovechando la fuerza del viento
le ayudase á romper las embravecidas olas» (1).

Pero Colón era tenaz en sus propósitos, y aun á riesgo
de que se malograra la expedición, llevada á cabo con tan
buenos auspicios, continuó el rumbo que se había pro-
puesto previamente seguir; bien que tal insistencia le acre-
ditase una vez más de consumado, valiente y peritísimo
marino. Este deseo tiene una explicación lógica; y aunque
no ha de faltar quien atribuya al Almirante sentimiento
de soberbia ó vanidad, raras veces puede el hombre, aun
siendo tan superior su carácter como lo era el de Colón,
sustraerse á ciertas influencias más poderosas que la voluntad.

Había residido Colón durante un buen espacio de tiempo
en las islas Azores y la Madera, y en todas había dejado
recuerdos, parientes y amigos, muchos de los cuales le tuvieron por visionario al pretender efectuar el viaje que
llevó por fin á cabo, y todos seguramente se acordarían de
sus teorías, de sus estudios y de los medios, todos fracasados, que empleó en Portugal para poner en práctica su
pensamiento. El deseo, pues, de aparecer en esta ocasión
entre sus antiguos amigos y camaradas como Almirante
del mar océano, Visorrey y Gobernador, Grande y noble de
España, él que había sido allí un modesto marino, con
más ingenio que caudal, y sobre todo como el primer ma-

(1) Asensio. obra citada.

rino de la época, por cuyo ingenio había descubierto el Oriente de la India y el camino más corto para llegar hasta ella, empresa tenida y despreciada por los portugueses como imposible, dando lugar á que la sola exposición de las teorías en que la fundaba le hubiesen acreditado de loco y visionario; el deseo de anonadar á sus detractores ante la evidencia de los hechos, acreditados con los productos de las tierras descubiertas, y con los indios que conducía, testimonios evidentes de su importancia y feracidad; todos estos deseos y sentimientos aguijoneaban su voluntad, impotente para resistirlos, con ser ella grande y bien templada, y contra viento y marea, contra las olas, contra la borrasca y contra la naturaleza, en fin, pues Colón fué hombre de grandes pasiones, acordó seguir el rumbo de las islas portuguesas, para desde allí recalar luego en el puerto de Lisboa, y ofrecer á D. Juan II el espectáculo de sus triunfos.

Las angustias de Colón y de su gente habían llegado ya al límite del sufrimiento, considerábanse irremisiblemente perdidos, y acudiendo á lo único que podía salvarles, invocaron fervorosamente la protección divina. Hicieron votos de cumplir piadosas promesas, echando suerte para ir en peregrinación á tres romerías distintas, de las cuales tocó al Almirante el cumplimiento de dos de ellas ofreciendo también ir en penitencia, desnudos, con sola la camisa, á orar á la iglesia de la primera tierra que tocaran. Desembarazaron el barco de cuantos objetos, no muy precisos, pudieran estorbarle; mas arreciando el vendaval, y siendo inminente el peligro de perecer, para que no se perdiera la memoria de aquél viaje, acordó el Almirante escribir en un pergamino una sucinta relación de él; hecho lo cual, metió el documento en un tonel bien embreado y lo arrojó al mar, confiando al inmenso Océano el secreto de su prodigioso viaje.

Á la puesta del sol de aquel nefasto día mudó el viento, y los fuertes aguaceros en que se convertían las nubes apaciguaron un tanto la furia del oleaje. Al amanecer del siguiente día apareció el cielo más despejado, y á poco de salir el sol vieron en la dirección Este Nordeste la isla de *Santa María, postrera de todas las de las Azores*, y en ella tomaron tierra al declinar la tarde del día diez y siete.

La situación de aquellos modestos héroes españoles que, sin pensarlo, acababan de abrir al Mundo antiguo el camino de un Nuevo Mundo, cansados de tantos y tan acerbos trabajos y sufrimientos, que no menos sacrificios había de exigir la obra magna que estaban realizando, era verdaderamente angustiosa. Agotadas las fuerzas por las fatigas y el hambre, y cubiertos, por toda gala, los cuerpos robustos, ahora macilentos y enflaquecidos, con guiñapos empapados en una mezcla de sudor y agua salada, semejaban el prototipo de la miseria y la desolación. El estado de la nave, trabajada de modo tan formidable por el oleaje, casi desmantelada, desencajadas las cuadernas y rotas en jirones las lonas de sus velas, hasta las anclas había perdido, y un sentimiento de conmiseración despertó en los portugueses habitantes de la isla el aspecto de aquellos héroes.

Su Gobernador, Juan de Castañeda, estimulado por un sentimiento de caridad, mandó entregar á los expedicionarios algunas vituallas frescas con que reponer las fuerzas; y apenas conseguido esto, dispuso el Almirante que la mitad del equipaje saltase á tierra á cumplir el voto ofrecido, reservándose él la obligación de hacerlo cuando lo efectuase la segunda mitad.

Hiciéronlo así, en efecto; despojáronse aquellos valientes de sus pobres vestiduras, y con la fe en el corazón y la humildad en la mirada saltaron á tierra, y en procesión imponente, por lo sencilla y humilde, dirigiéronse á una ermita próxima, dedicada á la advocación de la Virgen Santísima.

En tan piadoso ejercicio sorprendióle la visita de una tropa armada que los redujo á prisión de orden del Gober-

nador de la isla, y esta conducta indigna no podía obedecer á otra cosa que á un sentimiento de envidiosa emulación: enterado Castañeda del éxito del importantísimo
viaje que acababan de hacer los españoles, creyó que con
aquella disposición brutal y arbitraria desvirtuaría sus
efectos y bastaría ¡pobre loco! á que la gloria de la expedición recayese sobre Portugal, única potencia en Occidente que se consideraba monopolizadora de los descubrimientos marítimos. Pretendió también sorprender á Colón
dentro de su nave, pero éste, que había observado desde
el puerto la maniobra de los portugueses, tuvo buen cuidado de no caer en el lazo que se le tendía. Protestó solemnemente de aquella disposición incalificable, por lo
arbitraria, y exhibiendo con precaución los títulos que le
acreditaban de Almirante de los reyes de Castilla y Grande de España, con la entereza y dignidad propia de su
carácter y de la alta representación que ostentaba, reclamó la entrega de sus marineros. Confundido Castañeda,
ante la actitud digna de Colón, temiendo que su ligereza
diese lugar á un rompimiento de relaciones, entonces
amistosas, entre Portugal y Castilla, se apresuró á enmendar su yerro, y deshaciéndose en excusás, que no pudo
justificar, devolvió la libertad á los españoles y los agasajó
con lo más necesario.

Bajo la impresión desagradable de este incidente dióse
Colón á la vela con buen tiempo el 24 de Febrero, «en
busca de la costa de la Península, con rumbo algo más
alto del que conviniera para avistar el cabo de San Vicente,
punto natural de recalada, por abatimiento 'que los vientos
y mar del Sudoeste habían causado á la nave. Al aproximarse á la costa, por influencia de ésta, cambió la dirección del mencionado viento, sucesivamente al Sur y al
Sueste; descargó una turbonada con aguaceros y truenos,
y continuando el oleaje movido días antes desde el Golfo
se vió la carabela combatida por dos mares. Avistaron la
tierra alta de Cintra en la noche del 3 de Marzo, encon-

trándose en situación peligrosa, porque realmente lo es toda recalada nocturna sin tener certeza del lugar ni de su proximidad; pero como el viento consentía hacerse á la mar, dando vela se alejaron del peligro, sufriendo únicamente las molestias que venían soportando durante la travesía. La luz del alba mostró que la *Niña* se encontraba en sitio familiar á sus tripulantes: veíase la alta sierra de Cintra y los terrenos que constituyen el cabo de la Roca, excelentes para la marcación y que sin riesgo pueden arrimarse. Conocida con su vista la situación, nada más

Nave española del siglo xv.

fácil que dirigirse (con Sur y Sueste); viento en popa, á cualquiera de los puertos del Norte de España; así hubo de hacerlo Pinzón. Colón procedió de otro modo: quiso entrar en Lisboa; se aproximó á Cascaes, exponiéndose á caer en sus bajíos, y logró enfilar la barra del Tajo; pero es evidente, que ni la necesidad ni el peligro aconsejaban acometer el puerto, antes por el contrario, había en la entrada riesgo voluntariamente corrido, que se evitara marchando á buscar las rías de Galicia.» (1)

Confiado el Almirante en la seguridad del puerto, mas, receloso de la hospitalidad de los portugueses, despachó secretamente un mensajero á los reyes Católicos con la relación de su viaje, y dos largas cartas, dirigidas á Gabriel Sánchez y Luis de Santángel, dándoles cuenta abreviada del resultado de su expedición; cuyas cartas, traducidas después al latín y publicadas por Leandro de Cosco, son aún objeto de apasionadas controversias. Dió al mismo tiempo aviso por medio de carta á D. Juan II, residente á la sazón en Valparaíso, y cuando más ocupado estaba disponiendo las notas de su viaje y el arreglo de la nave, le sorprendió una orden del capitán de un buque de guerra portugués, surto en el puerto, para que se presentase en él á dar cuenta de su persona, del barco y del objeto y fin de su viaje; pero Colón, en su calidad de Almirante de los Reyes de Castilla, negóse á cumplimentar aquella orden, y exhibiendo en cambio sus títulos y privilegios, obligó á las autoridades portuguesas á que lo visitaran en su propia nave, haciéndose recibir con los honores que merecía la alta dignidad de su empleo.

Á los pocos días recibió la visita de un personaje de la corte de D. Juan II, en cuyo nombre le rogó que fuese á verle á su palacio: no se hizo el Almirante repetir la orden; antes bien, con diligencia extremada dispuso que le acompañaran algunos indios con variadas muestras de los productos de las tierras que había descubierto, con los cuales se puso en camino para la residencia del monarca, adonde llegó al anochecer del día siguiente. La impertinente afectación que á sus palabras dió el Almirante, ponderando ante el soberano portugués la importancia de sus descubrimientos, rechazados en su corte por una junta orgullosa y preocupada, que no de otro modo debió expli-

(1) Fernández Duro, *Pinzón en el descubrimiento de las Indias*, Madrid 1892, pág. 116 y 117.

carse, saboreando el afortunado marino el placer de la venganza, no pudo menos de molestar la dignidad del regio personaje y herir el orgullo legendario de la corte portuguesa. No á otra causa que al impolítico acto de Colón debe achacarse el conflicto diplomático surgido entre las dos Coronas á raíz de estos sucesos.

En efecto, antes de despedir el portugués al Almirante, quiso oir el parecer de sus consejeros, y mientras unos opinaban que debía morir Colón en pena del desacato que cometía, congraciándose de un Monarca tan poderoso, otros, más prudentes, estimaban más acertada la resolución de apoderarse por las armas de las nuevas tierras. Este consejo agradó más á D. Juan II; despachó á Colón muy honradamente, y con la mayor reserva dispuso los preparativos de un armamento naval que tomase posesión de los países descubiertos, por si fracasaban las negociaciones que se proponía entablar con la corte de Castilla.

El miércoles, 13 de Marzo, á las ocho de la mañana, con gran marea y viento duro del Nornoroeste, levó anclas el Almirante y enderezó la proa de la carabela en la dirección de la costa de España: navegó hacia el Sur en demanda del cabo de San Vicente, que dobló poco antes de salir el sol del día 14, y á la misma hora del viernes, 15 de Marzo, á los siete meses y doce días de la salida de Palos, se hallaba sobre la barra de Saltes; esperó hasta el medio día la subida de la marea, y entró por el río Odiel hasta el pequeño Puerto, de donde había partido el 3 de Agosto del año pasado.

Absurda presunción sería describir el estado de ánimo de los habitantes de Palos; acudieron todos á las orillas del Odiel á recibir á sus deudos y amigos, y no fueron pocos los que, maldiciendo el viaje, volvíanse á sus casas á llorar la pérdida del sér querido, pues sabido es que en el ánimo de los tripulantes de la *Niña* estaba arraigada la convicción del naufragio de la *Pinta*. Saltó el Almirante el primero á tierra, y después de dar gracias hincado de rodilla al Todopoderoso, cayó en los brazos que le tendía el guardián del convento de la Rábida, Fr. Juan Pérez, que á la cabeza de la comunidad había acudido diligente á dar la bienvenida á los atrevidos viajeros, y acompañar á Colón hasta su celda del convento, donde le tenía preparado hospedaje.

Entre la gente del pueblo, unos, con lágrimas de orgullo y alegría, celebraban la dicha de encontrarse al lado de los seres que habían considerado perdidos en los antros del mar Tenebroso; y otros, con lágrimas también, de desesperación, lloraban la triste suerte de los tripulantes de la *Pinta,* perdida indudablemente en los senos del Océano· Mas de pronto, con la velocidad del rayo, circuló por el pueblo la noticia de que á lo lejos se veía navegar en demanda del puerto una carabela muy parecida á la *Pinta.* Presurosa la gente acudió al puerto, y en efecto, poco después daba fondo en aquellas aguas la carabela de Pinzón, . tan maltrada cómo la *Niña* por los temporales que había corrido desde que se separó de ella en la noche del 14 de Febrero, hasta que empujada por el vendabal, dió fondo en el puerto de Bayona en Galicia.

Tantos días de trabajos y de vigilias incesantes no pudieron menos de minar la salud, ya quebrantada de los tripulantes de la *Pinta*; los cuales, extenuados y mustios, flacos y macilentos, más que seres humanos, parecían espectros evocados por el genio de la destrucción y la ruina. Martín Alonso, como capitán del barco, su deber le imponía la obligación de vigilar constantemente las maniobras que mandaba ejecutar, y acudir allí donde mayor era el peligro: no tuvo, pues, un momento de reposo, y siendo mayores las fatigas, mayores habían de ser también las consecuencias: cayó gravemente enfermo, y como comprendiera al fin que el mal había de ser largo y penoso, acordó salir de Bayona con rumbo á Palos, donde ya hemos visto dar fondo su carabela, á fin de descansar y recobrar la salud perdida en el seno de la familia.

Sin fuerzas para saltar por su propio pie á tierra, fué
conducido á su casa (1) en brazos de sus deudos y amigos; agravóse la enfermedad, y con el consuelo de verse
rodeado de sus parientes y de todos sus amigos, que fueron
tantos como habitantes tenía el pueblo, á los quince ó veinte días (2) de haber echado el ancla en las aguas del
Odiel, después de un viaje tan laborioso, dejó de existir el
pundonoroso y bravo capitán de la gloriosa carabela *Pinta*, Martín Alonso Pinzón; cuyo cuerpo, en señal de respeto
y cariño á su memoria, recibió cristiana y honrosa sepultura en el propio convento de la Rábida.

La posteridad, sin embargo, más injusta que los hombres de la época (3), ha execrado la memoria del malogrado Martín Alonso, y preocupada fatalmente en contra
del marino, no se ha atrevido á escribir sobre la tumba de
aquel héroe, el más humilde epitafio que perpetúe la fama
del que, con sus auxilios había contribuído en primer lugar á tejer la corona de gloria que vemos hoy iluminar la
frente de Colón.

Todos los biógrafos y panegiristas del Almirante, pretendidos historiadores de estos sucesos, atribuyen gratuitamente la prematura muerte de Pinzón á los remordimien-
tos que le causaron las malas artes que empleó contra
Colón, pretendiendo eclipsar su gloria y alzarse con los
beneficios de la empresa; y todos, con rara unanimidad
han encerrado la oración fúnebre que le dedican en un
marco más ó menos estrecho, pero muy parecido al siguien-

(1) Fernández Duro, *Colón y Pinzón*, pág. 244. Francisco Medel declaró que
desde su casa fué llevado al Monasterio, donde fué visitado por los amigos, ansiosos de oir de sus labios lo que todos repetían.

(2) Juan de Quero en su declaración asegura que ocurrió el óbito á los quince
ó veinte días.de la llegada, es decir, cuando ya el Almirante había llegado á
Sevilla.

(3) Fernández Duro, obra citada, pág. 77. Diego Rodríguez Colmenero, declaró que la Reina había escrito una carta laudatoria á Pinzón por el mismo correo que llevó al Almirante un pliego, y que el contenido de dicha carta se hizo
público en Sevilla, que después cuando se enteró la Reina de su fallecimiento lo
sintió mucho é hizo al Almirante algunas observaciones acerca de la parte que
del descubrimiento correspondía á Pinzón.

VISTA DEL CONVENTO DE LA RÁBIDA

te: «su pena misma da la medida de la elevación de sus sentimientos; patentiza su sensibilidad y su nobleza. Reconocía su falta, no encontraba disculpa á su desobediencia, y se juzgó rebajado ante la opinión pública, siendo tan cruel su remordimiento que acabó con su existencia.»

«La intensidad de su dolor basta para olvidar sus errores (1)».

Esto sin embargo, uno de los más ilustres historiadores de nuestros días, con la sinceridad y nobleza que enaltece y honra su carácter, ha reivindicado á Pinzón en la parte de gloria que indudablemente le corresponde en el descubrimiento. Oigámosle:

«Justo es, en verdad,—dice el Sr. Fernández Duro—que brille por siempre la figura de Cristóbal Colón entre los hombres más grandes de la historia, entre los bienhechores de la humanidad; en buena hora se adjudiquen los honores de inmortal que constantemente se le han atribuído; más no es tan estrecho el templo de la gloria ni tan escaso el patriotismo de los españoles, que no den lugar en aquél ni demostración con éste, al que ambas cosas merece. Si el examen reflexivo de los puntos tratados en el presente escrito (2) acredita que sin Cristóbal Colón no se hubiera conocido, por de pronto, lo que América llamamos al presente, asimismo demuestra que sin Martín Alonso Pinzón no se hubiera descubierto.

»Para obtener bronce se requiere la aleación de dos metales: acaso fué indispensable la fusión de la perspicacia, de la obstinación, del saber, del inventor de la idea, con la entereza, la práctica del marear, el dominio, el carácter de quien la llevara á término diciendo siempre ¡Adelante! ¡Adelante! Dios quiso que las condiciones tuvieran complemento en las del otro. Dios sin duda los juntó. ¿Por qué no hemos de unirlos en la honra, cuando vamos á exaltarla?

(1) Asensio. Cristóbal Colón, tomo I, cap. IX, pág. 424.
(2) Pinzón en el descubrimiento de las Indias, obra citada, pág. 127.

»Algo tarde otorgó el Emperador Carlos V á los Pinzones, *porque de ellos haya perpetua memoria*, un escudo de armas *con tres carabelas en la mar, é de cada una de ellas salga una mano mostrando la primera tierra que así hallaron é descubrieron.* Algo tarde, digo, porque con el blasón no salieron de la miseria á que la liberalidad del mayor los había reducido, y ya el pueblo, no bien informado, había erigido al descubridor, en su poética fantasía, el monumento más bello y duradero de cuantos entre nosotros tiene. Restaurémoslo ahora en ocasión del Centenario, diciendo:

Por España halló Colón
Nuevo Mundo con Pinzón.»

Impaciente Colón por llegar ante los Reyes á dar cuenta del feliz resultado de su expedición y ceñir él solo la corona del triunfo, ordenó diligente la marcha hacia la corte: siguiéronle muchos marineros, compañeros de expedición, y precedido de los indios, que conducían todos los objetos y productos que había traído de los maravillosos países descubiertos, se dispuso á partir; despidióse antes de los frailes de la Rábida, sus amigos y protectores, y tomó definitivamente el cámino para Sevilla, donde llegó en las primeras horas de la mañana el Domingo de Ramos, 31 de Marzo.

Y aunque á juicio de casi todos los panegiristas y biógrafos del Almirante se tiene hoy por seguro que fué solemne y entusiasta la recepción que se le hizo en esta ciudad, donde ya la gente de todas condiciones le aguardaba con anhelosa impaciencia de contemplar las riquezas y curiosidades de las maravillosas tierras que había descubierto, nosotros, para no incurrir en las exageraciones de la fábula ni amontonar elogios, aunque todos, sin embargo, sean pocos, cuando se trata de honrar la memoria del gran descubridor, juzgamos prudente seguir las opiniones de los escritores coetáneos, testigos oculares de estos sucesos. Andrés Bernáldez, el Cura de los Palacios, que alojó en su casa de Sevilla á Cristóbal Colón, y fué muy amigo suyo, y uno de sus más entusiastas admiradores, describe su entrada en Sevilla con una sobriedad ejemplar, ni más ni menos que la que emplea Fr. Bartolomé de Las Casas, otro admirador del Almirante y testigo ocular también de aquel suceso. Dice Bernáldez que Colón «entró en Sevilla con mucha honra á 31 de Marzo, Domingo de Ramos, donde le fué hecho buen recibimiento: trujo diez indios, de los cuales dejó en Sevilla cuatro y llevó á Barcelona á enseñar á la Reyna y al Rey seis...» (1). Fray Bartolomé de Las Casas, difiere en algo, y añade que al partir Colón de Sevilla se llevó consigo los indios «que fueron siete los que le habían quedado de los trabajos pasados, porque los demás se le habían muerto; los cuales yo vide entonces en Sevilla, y posaban junto al arco que se dice de las Imágenes, á Sant Nicolás» (2).

Pocos días después de su entrada en la capital andaluza, recibió un pliego de los Reyes Católicos, fechado en Barcelona el 30 de Marzo, dándole la bienvenida con palabras muy afectuosas, que reflejan la profunda y grata impresión que produjo en los reales ánimos las noticias que les dirigió desde Lisboa acerca del resultado de su viaje, ordenándole que procurara ponerse en camino para aquella ciudad á dar cuenta de su expedición lo más pronto posible.

Las impaciencias del Almirante corrían parejas con las que demostraban sentir los Reyes en su carta; no dió, pues, lugar á nuevas dilaciones, y con la diligencia y actividad que solía prestar á sus actos organizó la partida; mas en vez de dirigirse á la ciudad de los Condes embarcado, aprovechando las ventajas de un medio de locomoción más cómodo y fácil, le pareció más agradable pasear por España, con cierto aparato, los trofeos de su victoria.

(1) Historia de los Reyes Católicos, cap. CXVIII.
(2) *Historia de las Indias*, tomo I, cap. LXXVIII, pág. 477.

Á mediados de Abril abandonó á Sevilla, y en cortas jornadas, según lo permitía la impedimenta que llevaba y la curiosidad de la gente, que en los caminos y pueblos salían presurosos á contemplar absortos á los hombres extraordinarios que habían descubierto. el Oriente de la India, atravesó los reinos de Andalucía, Murcia y Valencia, recibiendo durante este largo trayecto hasta Barcelona continuadas muestras de afecto y entusiasmo de la multitud, que le proporcionó el espectáculo de una marcha triunfal no interrumpida, al decir de sus biógrafos.

Todavía no se ha podido averiguar el día que llegó Colón á Barcelona (1), y aun hay quien duda de si penetró en la población, ó se detuvo en alguna otra, cercana á la ciudad Condal, donde accidentalmente estuviera la corte retirada esperando el completo restablecimiento del Rey Fernando de la herida que le infirió en el cuello un loco insensato. Mientras los historiadores de estos sucesos describen con gran riqueza de detalles el magnífico recibimiento que se le hizo en Barcelona, recibimiento que, por ser tan extraordinario debió dejar recuerdos en los anales de la población, el *Dietario* de la ciudad, donde están consignados con nimia curiosidad todos los hechos de aquella época, nada dice en absoluto acerca del que nos ocupa, con haber sido tan importante. Esto, sin embargo, si constituye un indicio no despreciable para deducir otras consecuencias, no forma prueba plena para negar que tal hecho ocurriese dentro de los muros de la población, cuando hay otros testimonios, dignos de crédito, que aseguran lo contrario. Gonzalo Fernández de Oviedo, testigo de vista de aquel suceso, que acompañaba y seguía á la corte como paje del Príncipe Don Juan, así lo confirma después como cronista de Indias en su *Historia General.* «Llegó Colón á Barcelona,—dice

---

(1) D. Fernando Colón en la historia de su padre dice que fué á mediados de Abril, pero ese es un error de fecha en que incurrió el historiador involuntariamente quizás, porque por esos días fué cuando salió de Sevilla.

Oviedo—é llegó á la Corte, en lo cual yo hablo como testigo de vista...: é ví allí venir al Almirante D. Cristóbal Colón, con los primeros indios que destas partes allí fueron... Así que no hablo de oídas; é con los indios, é algunas muestras de oro, é muchos papagayos, é otras cosas de las que acá estas gentes usaban. Fué muy benigna é graciosamente recibido del Rey é la Reyna, é después que ovo dado muy larga é particular relacion de todo lo que en su viaje é descubrimiento había pasado, le ficieron muchas mercedes, é le comenzaron á tratar como á hombre generoso é de Estado.» Lo que se deduce de la omisión del *Dietario* es que el acto no fué tan solemne ni despertó entre los catalanes el entusiasmo que le suponen en nuestros tiempos, los poetas y los novelistas en sus pomposas relaciones.

El recibimiento, pues, que hizo la corte al gran marino fué tan cariñoso y honesto como se podía esperar de unos Monarcas que en tan alta estima le tenían, como lo acredita el acto de levantarse al entrar el Almirante en el Salón del trono seguido de los marineros é indios, y hacerle «sentar delante de ellos, lo cual es en nuestros Reyes supremo argumento de benevolencia y honor, que se concede por grandes hazañas» (1).

La dignidad y circunspección que imprimió el marino insigne á sus palabras y á sus modales en los momentos de dar cuenta á los Reyes de las tierras que había descubierto, que no eran sino el principio de las que se proponía descubrir, y de las observaciones que había hecho durante el curso de su viaje, debió indudablemente prestar al acto un tinte de majestad imponente, propia del hecho que estaba relacionado; las esperanzas que se prometía de alcanzar para sus Reyes las fabulosas riquezas de un país tan maravilloso tenía en suspenso el ánimo del auditorio, compuesto de los altos dignatarios de la corte, los cuales,

---

(1) Pedro Mártir de Angleria. Carta al Arzobispo de Granada de 31 de Enero de 1494. (Trad. del Sr. Torres Asensio.)

pendientes de las palabras del marino, admiraban á un tiempo la energía de su alma y las maravillas de los lugares que describía, suponiéndolos encantadas regiones de seres privilegiados. Presentó, por último, á los Monarcas los variados productos que conducían los indios, á cuya vista quedaron muy satisfechos, y terminado el acto, dispusieron los Reyes dar gracias al Todopoderoso, entonando en la Capilla Real un solemne *Te-Deum*. Al repicar de las campanas, unióse la algazara de la multitud, ávida de contemplar las maravillas de aquel mundo desconocido hasta entonces. Salió por fin el Almirante de la regia estancia seguido de los indios, acompañados del Cardenal Mendoza, el más decidido protector de Colón y de otros muchos nobles y altos dignatarios, y disputándose todos el honor de su amistad, le siguieron hasta el alojamiento que se le había destinado.

No se durmió Colón sobre los laureles de su conquista; satisfechas las necesidades de su espíritu, hambriento mucho tiempo hacía de tales manifestaciones, dedicose con gran actividad á organizar los preparativos de la segunda expedición: bautizáronse los indios, instruídos un tanto en los misterios de la fe católica, con gran pompa y solemnidad, apadrinados por los Reyes y el Príncipe, que quisieron «ofrecer á Nuestro Señor, las primicias de aquesta gentilidad» (1); se confirmaron los títulos y privilegios concedidos al Almirante en las capitulaciones de Santa Fe, y para honrar también á los indivíduos de su familia, le autorizaron los egregios Monarcas para que los tuviera á su lado, como lo hizo en efecto, despachando correos especiales á sus dos hermanos Bartolomé y Diego.

(1) Las Casas. *Historia de las Indias*, tomo I, cap. LXXXI.

CAPÍTULO VIII

As múltiples atenciones de la política, dirigida á consolidar por medio de ventajosas alianzas matrimoniales la preponderancia que de día en día adquiría en Europa la diplomacia española, no fueron ciertamente motivos bastantes á impedir que el Rey Católico fijara su atención en los preparativos navales que hacía Portugal para tomar por las armas posesión de las tierras que acababan de descubrir los españoles.

Celoso D. Juan II de la rivalidad marítima que presentía por parte de España, suscitó algunas diferencias sobre el mejor derecho de ocupación que asistía á los españoles. Cambiáronse notas diplomáticas de una á otra corte, y la de Portugal, en virtud de las dificultades con que tropezaban sus reclamaciones, pues Fernando V, fiel á su política sagaz, fina é invariable de no precipitar los asuntos de cierta importancia, dando larga á las reclamaciones portuguesas, obligó á Don Juan II á proponer la conveniencia de someter á la decisión del Papa, como árbitro, el arreglo de aquella cuestión, sin sospechar que caía en el lazo hábil que le tendía el sagaz monarca español.

En efecto, político previsor como pocos, el Rey Católico, al recibir desde Lisboa la famosa carta del Almirante, despachó á la corte de Roma una embajada con pliegos para el Papa Alejandro VI, dando cuenta de los recientes descubrimientos, y rogando que, así como Martino V, había reconocido y sancionado por bula especial la soberanía de los portugueses sobre las tierras que descubrieron á lo largo de la costa de África, desde el cabo Bojador, soberanía que reconocieron en 1479 los Reyes de España, en un tratado celebrado entre las dos Coronas, promulgase otra bula haciendo igual concesión á la de Castilla, de modo que ningún Príncipe ni Estado en tiempo alguno disputase la que se proponía ejercer sobre los nuevos territorios.

Hízolo así el Papa; y por bula de 3 de Mayo de 1493 quedó asegurada á la Corona de Castilla las tierras descubiertas; y para que en adelante no se suscitasen dudas entre España y Portugal, ni se confundieran las jurisdicciones sobre los territorios que á uno y otro Estado correspondían, recabó también Fernando V, y obtuvo de la curia romana otra bula famosísima de fecha 4 del mismo mes y año, en la cual se hacía la partición del Océano trazando, como límite divisionario de la soberanía de las dos Coronas, una línea imaginaria de Norte á Sur que pasaba cien leguas al Occidente de las islas Azores y Cabo Verde

La jugada estaba hecha, y el astuto Fernando, más hábil que el Soberano portugués, le ganó esta vez la partida.

No se conformó D. Juan II con las disposiciones de la corte de Roma, siguiéronse amistosamente las negociaciones, y después de varias tentativas de arreglo por una y otra parte, se reunieron por fin los representantes de ambos Monarcas en Tordesillas, en donde se concluyó un tratado en 7 de Junio de 1494, por el cual se convino, entre

otras cosas, en modificar las disposiciones de la bula pon-
tificia, adelantando dicha línea divisoria hasta 300 leguas
al Occidente de las Azores.

Asegurada así la posesión de las nuevas tierras y de las
que en lo sucesivo se descubriesen, dióse en la corte gran
actividad á los preparativos de una importantísima expedición. Se confirmaron al descubridor los títulos, proemi-
nencias y prerrogativas de Almirante, Visorrey y Gobernador general de las islas y tierra firme del mar Océano,
nombráronle Capitán General de la Armada que se estaba

Escudo de armas concedido á Colon por los Reyes Catolicos.

aprestando, y se le dieron cuantas garantías y facilidades
tuvo por conveniente pedir para el mejor gobierno y administración de las Indias. Se le concedió un magnífico
escudo de armas, y sobre la renta vitalicia de los diez mil
maravedís que otorgaron los Reyes al primero que vió
tierra en el primer viaje, cuya renta reclamó Colón para sí,
despojando del derecho que á ella tenía Rodrigo de Triana, que fué el primero que anunció la tierra desde la carabela *Pinta*, le mandaron entregar mil doblas de oro
sobre los gastos de la armada.

Para el mejor y más fácil desenvolvimiento de la parte
administrativa y económica de las nuevas necesidades,

dieron también poderes cumplidos á otras personas, encargadas de velar por las prerrogativas de la Corona y fomento de los intereses reales, para que, en España, unas, y otras en las Indias, entendieran en la marcha regular de la nueva y complicada máquina administrativa que se estaba montando.

En España, y con asiento en Sevilla, puso el Rey Fernando al frente de este nuevo organismo á D. Juan Rodríguez de Fonseca, arcediano de aquella catedral, hombre docto é inteligente, emparentado con antiguos y muy afamados servidores de la corte, investido con los mismos poderes dados á Colón (1): nombraron contador á Juan de Soria y tesorero á Francisco Pinelo, y con órdenes apremiantes para que se trasladasen á Sevilla á montar las oficinas con el personal administrativo necesario, recomendó á todos el Monarca la mayor actividad en los preparativos de la expedición. Esta especie de intendencia dió origen á la famosa Casa de Contratación de Indias, cuya misión se redujo en los primeros tiempos á disponer y organizar las flotas y armadas, y percibir la parte de caudales que correspondían á la Corona.

Entre las muchas atenciones que tales necesidades, exigían la que pesó más, sin duda, sobre los ánimos de tan piadosos monarcas, fué la de propagar las doctrinas del Evangelio, convirtiendo al cristianismo las nuevas razas. Para esto, propusieron á la corte de Roma el nombramiento de Delegado Apostólico de las islas y tierra firme del mar Océano, á favor del fraile benito Bernardo Boil, monje que fué de Nuestra Señora de Montserrat, persona tan piadosa como instruída, muy amigo de Colón y uno de los que con más favor sostuvieron la idea de propagar entre los indios la fe católica, siendo este religioso el primer apóstol de las Indias que llevó poder del Papa muy cumplido en las cosas espirituales y eclesiásticas (2).

(1) Navarrete, t. II. Documentos núms. 33 á 40.
(2) Las Casas—Historia de las Indias, t. I, cap. LXXXI, pág. 491.

Para facilitar al piadoso Boil el penoso trabajo que se imponía, acordaron los Reyes nombrar algunos sacerdotes y otros compañeros religiosos legos de San Francisco, que se brindaron á formar parte de aquella santa misión: fueron éstos Fr. Juan de Tisin, Fr. Román Pane y fray Juan de la Duela, llamado el *Bermejo* por el color rojo de su cabello, naturales todos de Picardía.

Para las funciones administrativas de la Armada y percibo en las Indias de la parte correspondiente á la Corona, como Contador de todas ellas, nombraron al Alguacil de corte, Bernal Díaz de Pisa, cuyo carácter ligero, unido á la importancia y á la índole fiscalizadora del cargo que llevaba, dió origen á serios disgustos y proporcionó al Almirante días muy amargos.

Como general de las gentes de armas nombraron á Mosén Pedro Margarit, catalán como el P. Boil, vástago de una familia de nobles blasones y de modesta fortuna, capitán aguerrido, intrépido y sobrio, que se había distinguido por su valor y prudencia en la guerra de Granada; condiciones todas que le recomendaban para desempeñar á satisfacción el cargo que se le confiaba; nombrando, por último, segundo de la Armada á Antonio de Torres, con carácter de Capitán General de la misma, cuando á su regreso quedase en las Indias el Almirante.

Así dispuestas las cosas, en los primeros días de Junio de 1493, acompañado de una servidumbre numerosa, compuesta de doce escuderos y veinte personas más con sueldo fijo de la Corona, llegó Colón á Sevilla, seguido de una cohorte de caballeros sin blancas y aventureros ganosos de probar fortuna en los nuevos países, cuyas riquezas tanto se ponderaban; llevaba también órdenes terminantes de equipar las embarcaciones necesarias para el transporte de todos aquellos señores y gente del pueblo que desearan dedicarse al cultivo de las tierras y laboreo de las minas, cuyo número entre soldados, empleados y colonos se había fijado de antemano en mil hombres, dando, desde los primeros momentos, con sus activas disposiciones, gran impulso á los preparativos de la expedición.

Pocos días después que el Almirante, llegaron á Sevilla el Arcediano Fonseca y el Contador Juan de Soria, personas muy ordenadas é inteligentes en los negocios y en las prácticas administrativas, quienes se propusieron dar desde luego la conveniente unidad á los trabajos, arreglando á un plan fijo y adecuado todas las operaciones y necesidades del servicio.

Impaciente Colón por terminar cuanto más antes aquellos preparativos, á fin de hacerse á la vela en el más breve tiempo posible, autorizado como estaba por reales cédulas que le concedían y á Fonseca iguales amplísimas facultades, haciendo inmoderado uso de tales atribuciones, se propuso embarcar sin orden ni concierto todos los pertrechos y vituallas que se estaban recaudando.

Estas legítimas impaciencias dieron, al parecer, origen á serios y trascendentales disgustos entre el Almirante y los oficiales subalternos, quienes se permitieron poner algunos entorpecimientos á sus órdenes y atropelladas disposiciones.

Lastimado de semejantes irreverencias, que no fueron ni pudieron ser sino dilaciones propias del servicio oficinesco, puestas por covachuelistas ilustrados en el arte expedientil, escribió á los Reyes una carta de quejas contra los que se habían atrevido á no ser exactos en el cumplimiento de las órdenes que dictaba, señalando á Juan de Soria como principal contraventor de aquellas órdenes.

La respuesta de los Reyes, atentos como estuvieron siempre á complacerlo en todo, no se hizo esperar. Reprendieron duramente el esmerado proceder burocrático de Soria, y encargaron al Arcediano que diese como dió al Almirante «mucho contentamiento asi en el negocio como en la manera de negociar; y pues esa armada va á su cargo, razon es que á su voluntad sea, sin que con él se ponga ninguno en puntos ni diferencias; por ende por

PENDÓN DE CASTILLA Y LEÓN Y BANDERA DE LA CRUZ VERDE

servicio nuestro que esto mireis mucho, y lo contenteis cuanto más pudiérades» (1).

La voluntad de los Soberanos fué acatada sin replica; mas dejó en el corazón de Soria y de los oficiales de la Casa los gérmenes de la malevolencia hacia Colón. Dióse la ultima mano á los preparativos, y todo convenientemente dispuesto, enarboló el Almirante sus insignias en la nao *Marigalante*, surta en el Guadalquivir; siguió su curso y llegó á Cádiz, en donde una escuadra, compuesta de diez y siete naves, entre ellas tres grandes carracas y catorce carabelas de distintos portes, esperaba los momentos de darse á la vela.

Desde que señalaron los Reyes el puerto de Cádiz para la formación de la flota, acudieron de todas partes en demanda de un puesto en la expedición gran número de personajes de todas clases y condiciones; pero cubierto con exceso el número de los que la habían de componer, los más osados, burlando la vigilancia, consiguieron penetrar furtivamente en las naves, donde permanecieron-ocultos, para aparecer luego en alta mar, cuando no fuese posible su desembarco, que á tal extremo condujo á muchos ilusos el deseo de disfrutar las ponderadas riquezas de los nuevos países.

Los carros y acémilas que afluían de todos los pueblos inmediatos, cargados de legumbres y granos, harina, vino, plantas diversas para aclimatar y animales de varias clases, armas y utensilios para la labranza, y cuanto se consideraba necesario, tanto para las atenciones de los futuros establecimientos, cuanto para la alimentación durante un año de mil quinientos hombres, que componían la expedición; todo en confuso tropel pasaba rápidamente desde los muelles á las sentinas de los barcos.

Llegado el 24 de Septiembre, día señalado para hacerse á la mar, se despidió el Almirante de sus hijos que, desde Córdoba le habían acompañado hasta el momento de la

(1) Navarrete, tom. II, Docum núm. LXII á LXVI.

partida; despidiéronse también de su tío Diego, recién llegado de Génova, de donde había sido llamado por su hermano, y al anochecer de aquel día, un silencio solemne, que contrastaba con el murmullo sordo que se escuchaba dentro de las naves, extendióse por todos los ámbitos de la bahía. Dió el Almirante algunas instrucciones á los capitanes de carabelas, y todo dispuesto para la marcha, tan sólo aguardaban la luz del nuevo día.

Poco á poco, la tibia luz de la aurora fué iluminando con sus arreboles el cuadro fantástico que ofrecía la despedida cariñosa que hizo la ciudad de Cádiz á los nuevos argonautes, y el cañonazo de leva, disparado desde la capitana, puso en movimiento la armada; un viento suave, que apenas rizaba la superficie tersa de la bahía, hinchó las velas, y empujando blandamente á las naves, tomó ésta la dirección de las Canarias, rumbo previamente ordenado para evitar cualquiera ocasión que complicase las negociaciones que con tanta diplomacia y habilidad seguía Fernando V con la corte portuguesa.

Durante los dos primeros días fueron constantes y favorables los vientos, y la escuadra adelantó buena porción de millas; los dos días siguientes calmó mucho la brisa, mas volviendo á soplar vientos favorables, acentuóse la velocidad hasta tomar puerto en la Gran Canaria con oportunidad bastante para reparar una gran vía de agua abierta en una de las carabelas. El día 5 de Octubre arribaron á la Gomera, en donde se refrescaron algunos víveres y embarcaron varios cerdos para aclimatar; continuó seguidamente la marcha, y el día 13 perdieron de vista la isla de Hierro, postrera del archipiélago canario.

Con el fin de comprobar las informaciones de los indios y sus propias observaciones del primer viaje, sobre la situación de tierras más avanzadas en la región del Mediodía, al abandonar la isla de Hierro, acordó el Almirante derivar la navegación más al Sur y seguir un paralelo distinto del anterior.

Singular contraste ofreció el bullicio y animación de este viaje con el temor y la incertidumbre del primero; la marcha pesada y lenta de la capitana, á cuya velocidad mandó Colón regular la del resto de la expedición; inspiraba á la gente alegre, chistes y frases chispeantes, y el buen humor, propio de aquel puñado de osados españoles, fué la nota característica de tan singular y extraordinario viaje.

Hasta el 2 de Noviembre, después de recorridas cerca de 1.100 leguas, no empezaron á observar señales de próxima tierra; y para evitar en la obscuridad el peligro de encallar, pues presentía que la tierra no estaba lejos de aquellos lugares, al anochecer de este día mandó poner Colón las naves al pairo.

En efecto, antes de romper el alba del día siguiente, el marinero de cuarto dió la voz de *tierra,* distinguiéndose por la proa, en el fondo obscuro del horizonte, las siluetas de altas montañas; dióle Colón el nombre de *Dominica,* en conmemoración del día, y al extender éste sus claridades por aquellos ámbitos, observaron á barlovento, á corta distancia, otra tierra mas llana, cubierta de hermosísima vegetación, en una de cuyas bahías, hermosa y abrigada, dió fondo toda la expedición.

Acompañado de las personas más notables, de los escribanos y gente de justicia, bajó el Almirante á tomar posesión de esta isla; le dió el nombre de *Marigalante,* en memoria de la nao que tripulaba, y al amanecer del siguiente día abandonó aquel puerto para reconocer y tomar posesión de otra tierra que se distinguía como á distancia de ocho leguas.

Para evitar el peligro de encallar en los bajos y arrecifes, se aproximaron los expedicionarios con la debida precaución á esta tierra prodigiosa, cuya lozana y lujuriosa vegetación, la variedad de aves de vivos colores que la poblaban y el ambiente suave, perfumado con la esencia de tantas y tan hermosas flores, les parecía un trasunto del Paraíso. Observaron que estaba poblada de seres humanos,

cuyas viviendas, aisladas unas, y agrupadas otras, formando plazoletas, presentaban el mismo aspecto que las que
habían visto en el primer viaje.

Al llegar á un fondeadero, capaz por su extensión de
abrigar toda la escuadra, echaron algunas barcas al agua,
para reconocer y tomar posesión de la isla, como lo hicieron, con el nombre de *Guadalupe*. Entre los objetos que encontraron esparcidos en las viviendas, abandonadas precipitadamente por los indígenas á la presencia de los extranjeros, los que más llamaron su atención fueron el codaste
de un buque, cuya procedencia no pudieron ni era fácil
averiguar, como no pudieron averiguar tampoco el origen
de una sartén de hierro, que también encontraron, siendo
allí desconocido este metal. Estos objetos, y la cruz que
en el primer viaje encontró el Almirante clavada en una
de las islas del *Mar de Nuestra Señora*, hacen suponer la
presencia en aquellos lugares en tiempos anteriores, de
alguna nave cristiana que, empujada por los vientos, pereció desorientada en mares tan remotos.

El Doctor Chanca, de quien está tomada parte de esta
relación, por ciertos indicios que había notado, aseguró
que los habitantes de esta isla comían carne humana,
atribuyéndoles, como les había ya atribuído el Almirante,
hábitos, no comprobados después durante la colonización
de aquellas partes.

Al regresar los expedicionarios á sus respectivas embarcaciones, notaron con sorpresa la falta del Veedor de la Armada, Diego Márquez; el cual, llevado de su espíritu animoso, penetró con ocho soldados en lo más intrincado del
bosque, por donde andaban á la ventura, sin acertar el
camino que habían seguido. Mandó el Almirante disparar
algunas lombardas que, en el silencio de la noche llevase
el eco hasta ellos, y como al día siguiente no hubieran parecido, dispuso que salieran en su busca por distintos sitios grupos de soldados, repitiendo las señas que se les había mandado hacer.

La intranquilidad del Almirante, luego que regresaron aquellos hombres sin conducir á los extraviados, la justifica el temor de que hubiesen caído en poder de los indíjenas antropófagos y perecido en sus manos: por eso acordó al día siguiente enviar nuevos emisarios, los cuales habiendo sido en sus investigaciones igualmente desgraciados, pidió consejo á los demás capitanes sobre lo que en tal caso se debía obrar. Varios fueron los pareceres, pero prevaleció el más prudente: acordaron enviar al más atrevido capitán, Alonso de Ojeda, con cuarenta hombres que reconocieran la isla; los cuales, pasado el tiempo que se les señaló, regresaron sin haber hallado rastro alguno de los compañeros. Por estos días vió el Almirante, colgadas en las viviendas de los indígenas, algunas cabezas de hombres y restos de huesos humanos, que el P. Las Casas asegura que eran reliquias de personas queridas conservadas como recuerdo.

Dada por segura la desgracia de los compañeros, dolorosamente impresionado el Almirante, el viernes 8, dispuso levar anclas y seguir el derrotero de la Espoñala, cuando á poco, los marineros de cuarto, dieron aviso de la proximidad de los extraviados.

En efecto, poco después eran recogidos en un estado de abatimiento y de miseria espantoso; hicieron patética relación de los trabajos que habían sufrido, y el Almirante, penetrado de la importancia de un acto de severidad que sirviera de escarmiento, ordenó el arresto del Veedor y la suspensión por algunos días, á los soldados, de una parte de los alimentos, sin tener en cuenta la extenuación de sus cuerpos, por ayuno tan largo y casi absoluto.

Hasta el domingo, 10 de Noviembre, no levó anclas la armada, con intención de seguir definitivamente el camino de la Española. Pusieron nombre á todas las islas que descubrían, y entre otras, la de *Monserrat, Santa María la Redonda*, así llamada por la configuración de su conjunto, formado por altas y tajadas peñas; *Santa María la Anti-*

gua, cuyas costas medían una extensión de quince á veinte leguas, fueron objeto de su predilección. Por la banda del Norte descubrieron otras muchas muy hermosas cubiertas de verdor, surgiendo, por último, en la de *San Martín*, de cuya bahía sacaron en las uñas de las anclas grandes pedazos de coral. El día 14 llegaron á la de *Santa Cruz*, en donde algunos marineros se apoderaron violentamente de cuatro mujeres y dos niños, y al regresar á las naves hallaron una almadía tripulada por varios indios y una mujer con su hijo, que debió ser cacica, á juzgar por el denuedo con que la defendieron sus acompañantes, disparando flechas emponzoñadas á los españoles que se acercaban. Ante resistencia tan inesperada y absurda echaron á pique la embarcación indígena, se apoderaron de los defensores, que nadaban con gran agilidad, pero tuvieron el sentimiento de contar dos españoles heridos, uno de los cuales murió de resulta en la noche del día 20.

Durante el curso del camino hallaron infinitas islas pequeñas, á la mayor de las cuales llamó *Santa Úrsula*, y á las restantes *las Once mil vírgenes*. Á los dos días descubrieron la célebre isla de *Boriquen*, larga y hermosa, á quien puso por nombre *San Juan Bautista*, hoy San Juan de Puerto Rico; surgieron al Occidente en una hermosa bahía, cerca de la cual vieron una población abandonada, construída con artificio de madera y ramaje, cuyos habitantes, al aproximarse los españoles, huyeron, sin duda alguna, al interior del bosque.

En demanda de la Española, en la mañana del viernes, 22 de Noviembre, levó anclas la escuadra; inclinaron un poco el rumbo al Noroeste, y á las pocas leguas dieron vista á las suspiradas costas de Haití. Cerca de la playa, mandó el Almirante desembarcar un indio de los que habían traído á España, cogido en el primer viaje en aquella provincia, llamada por los indígenas *Samaná*, para que hiciese á sus compatriotas relación de todo lo que había visto y del amor con que habían de ser tratados por los cristianos, de cuyo indio no se volvió á tener noticia alguna; siguió adelante la expedición y al tocar en *Cabo del Ángel*, tuvieron ocasión de rescatar por las chucherías que llevaban todo lo que conducían los indios en sus almadías, dando fondo, por último, en la bahía de Monte-Christi.

Aquí mandó el Almirante reconocer el río de *Santiago*, en una de cuyas orillas vieron dos cadáveres humanos ya descompuestos, y observando que uno tenía al cuello un lazo hecho con cuerda como las de Castilla y atadas las

Vedbcel Ahn^{te} yalla quemada laTorre de Nabidad y los Castellanos muertos.

manos á un madero en forma de cruz, por tener desfigurados los rostros, no pudieron averiguar si eran indígenas ó españoles, mas aquella cuerda llevó al ánimo una sospecha dolorosa. Inquieto y desasosegado, dispuso el jefe continuar inmediatamente la marcha en dirección del fuerte de la Navidad; y al surgir, ya de noche, á cierta distancia del puerto, mandó disparar algunas lombardas avisando su presencia. Confundidos con el monótono ruido del mar, perdiéronse los ecos de los disparos en aquellas soledades, y este silencio aumentó la sospecha que habían concebido sobre la destrucción de la colonia.

En previsión de lo que pudiera ocurrir, dispuso el Almirante que el servicio de vigilancia fuese aquella noche más severo; mas á poco, pasada la media noche, llegó al costado de uno de los buques una canoa tripulada por indios, en la cual venía en demanda del Almirante, que llamaba á grandes voces, un hermano del cacique Guacanagarí; subió con sus acompañantes á bordo de la capitana, y ofrecio al jefe algunos presentes de oro. Interrogados por éste sobre la situación de los españoles que habían quedado allí, fueron confusas y contradictorias sus respuestas: aseguraron unos que estaban todos buenos, y otros daban á entender que habían muerto algunos de enfermedades, expresando al mismo tiempo que los caciques *Caonabó* y *Maireni* habían dado guerra á Guacanagarí, causándoles muchas desgracias y muertes; despidiéronse del Almirante con ofrecimiento de volver al día siguiente acompañando al cacique, mas llegado el día sin parecer los indios, dispuso Colón que una barca bien tripulada reconociese aquellos contornos, en donde vieron señales de lucha reciente y destruída por el fuego la fortaleza.

Acompañado de algunos capitanes y gentes de armas, bajó el Almirante á tierra para reconocer por sí mismo aquellos lugares, encontrando, en efecto, huellas evidentes de grandes luchas; se acercó al lugar donde estuvo el fuerte, y convencido de la triste realidad, internóse hasta el pueblo más cercano, en busca de indicios por donde venir en conocimiento de las causas que habían producido semejante ruina; mas encontró desiertas las casas y todo en el más espantoso desorden. Al volver á las naves, ya muy avanzada la tarde, le salieron al paso cerca del lugar donde estuvo el fuerte, varios indios con algunos presentes de oro, quienes le mostraron el sitio donde yacían medio enterrados once españoles, sobre cuyos cuerpos, ya descompuestos, había crecido la hierba. Interrogados estos guías por las causas que habían dado origen á sucesos tan lamentables, procuraron hacer relación detallada de todo lo ocurrido, entendiendo los españoles que, pocos días después de partir la carabela para España, algunos soldados, codiciosos de lo que poseían los indios, empezaron á maltratarlos, robándolos y ultrajando sus mujeres. La licencia á que se entregaron minó la disciplina y fomentó la insubordinación, llevándolos sus pasiones al extremo de reñir entre sí, causando la muerte de uno de ellos. Esto dió lugar á que varios de los más atrevidos, guiados de las mujeres que habían seducido, marchasen en busca de oro á las montañas del Cibao, en donde el cacique Caonabó dió fin de todos. Envalentonado Caonabó con esta hazaña vino sobre el fuerte con mucha tropa, declarando la guerra á Guacanagarí y matando á los españoles que encontró diseminados por la isla. Guacanagarí con los suyos resistió algún tiempo la embestida de los enemigos, pero vencidos al fin, huyó con su ejército, abandonando á cinco españoles que, al mando de Arana, resistieron en el fuerte muchos días, hasta que sorprendidos una noche por los feroces indios, los mataron á todos y destruyeron la fortaleza.

Si esta había sido la verdad de lo ocurrido, ó si temiendo los indígenas la venganza de los españoles, habían con cautela amañado una disculpa, disfrazándola con apariencias de verdad, es lo cierto que la conducta extraña de Guacanagarí se prestaba á sospechar en la sinceridad de los sentimientos amistosos que un día hizo concebir á los españoles. Retirado el cacique al interior de su reino, sin preocuparle la llegada del Almirante, de quien tantas pruebas de amistad había recibido, para informarle por sí mismo sobre los sucesos que habían tenido lugar, prestábase esta conducta á sospechas fundadas de su mala fe.

En situación tan crítica, no era Colón hombre capaz de amilanarse por un revés más de la fortuna; comprendió que la desgracia era irremediable, y aunque laceró el dolor su alma, considerando el triste fin del primer establecimiento fundado por él, quiso aprovechar el tiempo y se dispuso á echar las bases á más importantes fundaciones.

Acompañado de varios capitanes entendidos, bajó al día siguiente á tierra en busca de un sitio á propósito donde establecer la nueva fundación, y adelantándose algunos hasta un pueblo próximo, hallaron al cacique, enfermo, y mostrando deseos de hablar al Almirante é informarle de lo que ya sabía.

La suspicacia de los españoles no estimó muy ajustadas á la verdad aquellas que parecían disculpas del cacique, y el padre Boil, entre otros, fué de opinión que se castigara la mala fe de aquel bárbaro. Mas Colón, en la duda de cometer un acto de injusticia, pues no quería penetrar en las intenciones del cacique, cuyos servicios se prometía utilizar en lo sucesivo, movido de nobles sentimientos y de gran prudencia, consideró impolítico el remedio que proponía y le perdonó.

Examinada con escrupulosidad toda aquella parte de la provincia del *Marien*, que así llamaban los indios el territorio donde Guacanagarí ejercía jurisdicción, no hallaron lugar á propósito para emplazar la nueva ciudad, y el sábado, 7 de Diciembre, mandó levar anclas del puerto de la Navidad; dirigióse hacia Monte-Christi, y examinando desde los navíos toda aquella parte de la costa, una fuerte borrasca los detuvo algún tiempo en el puerto de *Gracia* ó de *Martin Alonso*. Deseaba el Almirante fundar en un sitio de la costa más próximo á las montañas del *Cibao*, donde era opinión que el oro se criaba en abundancia; mas pareciéndole muy abrigado un puerto que tenía á la vista, formado, de una parte, por ancha y despejada explanada, limitada por dos ríos, y de otra por una accidentación del terreno, sobre la cual se podía construir una fortaleza que defendiera la futura población, acordó surgir en él y proceder á los preliminares de la obra.

Mandó descargar las naves y colocar los objetos y víveres en lugar abrigado y seco; trazó el plano de la ciu-

dad, que bautizó con el nombre de *Isabela*, en memoria de
la Reina, y en el nombre de la Santísima Trinidad empezaron las obras de los edificios públicos: la iglesia, el hos-
pital, la casa para almacenes y la que. había de ocupar el
Almirante, espaciosas y cómodas, fueron construídas de
piedras y maderas; repartió los solares entre la gente para
que construyesen sus viviendas, y en pocos días quedaron
muchas en disposición de ser habitadas. Nombró las autoridades encargadas de velar por la seguridad, urbaniza-
ción y policía de la nueva ciudad, y Antonio de Torres
fué el primer Alcaide del Nuevo Mundo.

La autoridad de Colón era omnímoda, absoluta, y pagado de su importancia no consentía la más pequeña contra-
vención de sus órdenes á veces arbitrarias. El excesivo
trabajo que sin distinción de clase con espíritu nivelador
irritante, impuso á todos los españoles en las obras de construcción, unido á los padecimientos de una navegación
larga y á un régimen alimenticio deficiente, no tanto por
la calidad de los víveres, en su mayor parte averiados y
corrompidos, cuanto por la cantidad, asaz insuficiente,
pues había el Almirante, en previsión de cualquiera eventualidad disminuído las raciones; el cambio brusco de
aclimatación, la falta de ropas, el abuso que hacían de las
frutas del país, proporcionadas en abundancia por los indígenas, única variedad de la pesada é insuficiente alimentación; todas estas fueron causas bastante poderosas que
contribuyeron á enervar los cuerpos y debilitar las fuerzas de los menos sufridos hidalgos, encontrando la fiebre
campo abonado para hacer estragos en pocos días en más
de la tercera parte de la población española. El descontento y la murmuración encontraba eco en aquellos espíritus, desengañados harto prematuramente, de conseguir las
soñadas riquezas, tras las cuales habían sido arrastrados
en tan loco empeño; acordábanse de la modesta posición
que habían dejado en España, del hogar abandonado, de la
familia desvalida, y todas estas preocupaciones, debili-

tando el espíritu, sostenían la enfermedad de por sí harto peligrosa.

En tal estado las cosas, el Almirante, cuya salud debilitó seriamente las vigilias y el excesivo trabajo que sus deberes le imponían, juzgó oportuno aplicar un remedio enérgico. Enterado por los indígenas, de quienes se había servido, imponiéndoles ya la obligación de trabajar en las obras de la ciudad, de que en las próximas montañas del *Cibao*, tenían origen algunos ríos y torrentes, cuyas aguas arrastraban arenas de oro, con muy buen acuerdo, se propuso distraer la atención de la colonia sobre esta parte, empleando algunos hombres en el reconocimiento de aquellos lugares. En su virtud, dispuso que el joven y animoso capitán Alonso de Ojeda, y el prudente Ginés de Gorbalán, cada uno á la cabeza de quince hombres escogidos y bien armados, explorasen una parte de las sierras, por si merecían sus riquezas el trabajo de nuevas exploraciones. Salió de la Isabela la pequeña expedición, y á los dos días de penosa marcha, dió vista á una hermosísima vega, limitada por las sierras del Cibao, fértil y muy llana, atravesada por un gran río, llamado por los indios *Yaquí*, y poblada de casas, cuyos habitantes se dedicaban al cultivo de la tierra; atravesáronla por la parte más estrecha, en una extensión de ocho ó diez leguas, hasta llegar á la falda de la sierra, y sin detenerse en los pueblos del tránsito, sino el tiempo necesario para recibir los presentes de los indios, después de haber andado cerca de veinte leguas, llegaron á las primeras estribaciones de la cordillera. Subieron hasta una meseta que estaba de allí á poco; descansaron unos días, entretenidos en lavar las arenas de los riachuelos, ayudados por los indios, y después de haber recogido buena porción de oro, volvieron á la Isabela á llevar á los decaídos ánimos las más halagüeñas esperanzas.

Durante este tiempo, dispuso el Almirante despachar las doce naves que habían de regresar á España al mando de Antonio de Torres, á quien acompañaban, entre otros, Juan de Aguado y Sebastián de Olano, personas de calidad, muy recomendadas de los Reyes, á quienes llevaron cartas, memoriales y halagüeñas relaciones de todo. Entregó Colón al jefe de la escuadra un largo memorial para los Reyes, donde en minuciosa y no muy exacta relación, daba cuenta de todo lo que había ocurrido durante la expedición y después del establecimiento de la colonia, sin olvidar las causas que habían dado origen al desastre de la Navidad; pintaba con vivos colores la fertilidad de la tierra, sus riquezas y el oro que producía, prometiéndose lisonjeras esperanzas de aumentar con pingües rentas los recursos del Tesoro Real. Consignó también las necesidades de la colonia, necesidades que reclamaban urgentes remedios de medicinas, ropas y mantenimientos variados con que atender á los enfermos, y al llegar á este punto exponía también las malas condiciones en que habían sido embarcados los víveres, por incuria ó mala fe de los abastecedores y descuido de los oficiales de Sevilla, encargados de su vigilancia; encarecía la urgencia de estas y otras muchas cosas, y después de dar á Torres algunas instrucciones verbales, y de disponer que le acompañasen personas de calidad y crédito bastante para hacerse oir de los Reyes y de los dignatarios de la corte, acerca de lo que habían visto y de las esperanzas que se prometían, despidióse de todos, y el 2 de Febrero de 1494 levó anclas la escuadra en demanda de las costas de España.

Con la partida de Torres, coincidió la enfermedad del Almirante, cuya salud, minada por tantos trabajos y vigilias, puso á todos en cuidado; mas, repuesto apenas, preparó con los hombres más sanos y robustos de la colonia una expedición á las montañas del *Cibao*, dirigida por él mismo; dejó á su hermano Diego, asociado al P. Boil y á otras personas notables, el gobierno de la ciudad, y cuando se disponía á partir, sorprendió los manejos sediciosos del Contador Bernal Díaz de Pisa, el cual, cansado ya de sufrir las privaciones y la omnímoda autoridad, arbitraria á veces del Almirante, proponíase con otros sujetos, igualmente descontentos y vejados, tomar las naves surtas en la bahía, y trasladarse á España con una larga relación de cargos contra Colón. Hizo éste prender al cabeza de motín en la bodega de un buque para enviarlo á España en la primera ocasión con el correspondiente proceso, y castigó con diversas penas á los demás cómplices.

Bajo la impresión desagradable de este suceso, después de dejar bajo la custodia de personas de confianza las armas y municiones y los principales instrumentos de navegar, que mandó trasladar á la capitana, para evitar el peligro de que se repitiera, si por acaso había dejado raíces la intentona de Díaz de Pisa, apercibió los soldados más sanos y dispuestos de á pie y de á caballo, escogió algunos carpinteros y albañiles con los instrumentos necesarios para la apertura de caminos y construcción de casas y fortalezas, y el miércoles, 12 de Marzo, con gran aparato bélico, que repetían á la entrada y salida de los pueblos indios que encontraban al paso, salió en demanda de las montañas del Cibao.

Durante los dos primeros días, por la aspereza del terreno y la espesura del bosque, marcharon con gran dificultad; pero Colón no era hombre que le detuvieran accidentes tan villanos; dispuso que algunos hidalgos, provistos de hachas, sierras y azadones abriesen un camino ancho hasta la cima del monte próximo, á la cual llamó *Puerto de los Hidalgos*, sobre el cual hizo descansar su tropa. El sitio era bellísimo, dominaba una hermosa y fértil extensión de terreno llano, limitado por las abruptas sierras del Cibao; bautizó esta llanura célebre con el nombre de *Vega Real*, y después de haber descansado y recreado los sentidos en la contemplación de aquel portentoso trasunto del paraíso, descendieron á él para hacer noche en la ribera del río *Yaquí*, que nombró Colón río de las *Cañas,* sin tener en cuenta que, siendo éste el que desemboca en la bahía del Monte-Christi, le había ya puesto el nombre de *Río de Oro*. Al amanecer del siguiente día 14, puso en movimiento el pequeño ejército; atravesó el río en canoas y balsas, hallando en la opuesta orilla muchos pueblos, cuyos habitantes les salían al paso á ofrecerles frutas, legumbres y otros mantenimientos; atravesaron varios afluentes del río Yaquí, y después de cruzar otro más caudaloso, dieron en una población casi desierta, pues sus moradores, huyendo unos á los montes vecinos, y ocultándose otros en sus casas, que aseguraban con pedazos de caña ó frágil madera, dando de este modo á entender que no tenían voluntad de que fuesen por los extranjeros violadas sus moradas, llegaron á una hermosa corriente de agua, que llamó, por la frescura de su ribera, *Río Verde*, y en sus inmediaciones hizo noche la expedición.

El sábado, día 15, subieron las primeras estribaciones de la sierra; llegaron á un hermoso puerto que llamó del *Cibao*, desde donde hizo volver algunos hombres con acémilas á la Isabela por nuevos mantenimientos. La montaña era pedregosa, áspera, quebrada y de muy difícil vegetación, de donde nacía el nombre indígena *Cibao*, de *ciba*, piedra ó tierra pedregosa; allí el reino vegetal tenía su principal representación en una especie de pinos muy corpulentos; los aires agradabilísimos, la temperatura primaveral, y el agua, aunque escasa, era fina y muy agradable: en las arenas de los arroyos y torrentes encontraron menudos granos de oro muy puro, y los mismos indios acudían con gruesas cantidades del precioso metal además de los víveres con que obsequiaban á los cristianos. Á medida que se internaban en las montañas, el terreno preséntabase más accidentado, y esto obligó á Colón á hacer alto en la cúspide de un cerro, casi rodeado de un torrente de amenas orillas, llamado *Xanique*, donde hizo construir una fortaleza; abrió un foso en la parte despejada, para ponerla en condiciones de seguridad contra los ataques de los indígenas, y bautizóla con el nombre de *Santo*

Tomás; nombró su comandante ó alcaide á Mosén Pedro Margarit, á quien dió instrucciones acerca de lo que convenía hacer para la guarda y refugio de los explotadores del oro, y dejándola guarnecida con cincuenta y dos hombres, el viernes, 21 de Marzo, con el resto de la expedición, tomó el camino de la Isabela.

Después de diez y siete días de ausencia llegó Colón á la ciudad el sábado, 29 de Marzo, y en tan corto tiempo había sufrido. la colonia serios quebrantos; las enfermedades, el hambre y la desnudez habían proporcionado buen contingente á las enfermedades, y muchos habían ya sucumbido víctimas de la fiebre. La situación era, pues, apurada, y para evitar el peligro de que faltase el pan, única base de la deficiente alimentación, dispuso construir un molino donde moler el trigo que aún quedaba; en cuyas obras sustituyó por hidalgos y caballeros los oficiales mecánicos y peones, enfermos en su mayor parte. El trabajo era rudo é impropio de aquellos señores, acostumbrados á una vida más regalada, y aunque la necesidad se imponía y trabajaron en la acequia del molino, las imposiciones é inconsideración del Almirante, y la falta de equidad en el reparto de las raciones, pues Colón se había creado una corte de amigos y servidores, á quienes favorecía con privilegios irritantes ante el común sufrimiento, exacerbaron los ánimos y crecían las murmuraciones á medida que, abusando de su autoridad, castigaba á los menos sufridos con la disminución de una parte de los alimentos.

Estas medidas arbitrarias y el rigor con que castigaba las faltas más leves, creáronle una atmósfera de odiosidad y aborrecimiento, preludio de su ruina, y obligaron al virtuoso misionero, Fr. Bernal Boil, á intervenir en los asuntos de la colonia, y á dirigir á Colón consejos amistosos que, al ser desoídos y rechazados, puso al celoso benedictino en el caso de apelar á su doble autoridad como sacerdote y como delegado apostólico, para reprender du-

ramente una conducta tan inhumana, y aun llegó á ame-
nazarlo con la responsabilidad de suspender el culto divino,
mandando prohibir la celebración de la misa, si no ajustaba
sus actos como gobernante á lo que la equidad y la justicia demandaban. Mas celoso el Almirante del prestigio
de su autoridad omnímoda y del crédito de sus extraordinarios servicios, no consentía imposición de nadie; consi-
derábase en aquella tierra única persona que podía dictar
leyes, y sus órdenes, aunque absurdas, habían de ser aca-
tadas por todos, desde el más encumbrado caballero al
más humilde colono, y á las amenazas del misionero contestó con la supresión absoluta de sus raciones.

En tal estado las cosas, cuando las relaciones entre Colón y las personas más caracterizadas y respetables de la
colonia estaban próximas á romperse, vino oportunamente á distraer la atención de tan poco edificantes excenas,
la llegada de un mensajero de Mosén Pedro Margarit, el
alcaide del fuerte de *Santo Tomás*, con la noticia de que
los indios de aquella provincia, deponiendo la mansedum-
bre con que habían recibido á los españoles, no sólo se
negaban ya á proporcionarles mantenimientos, sino que,
aconsejados por el bélicoso cacique Caonabó, estaban dispuestos á levantarse en armas y venir sobre la fortaleza á
dar muerte á los cristianos. La noticia era grave, y no estando el ánimo de Colón dispuesto ya á la templanza y á
la caridad con que lo hemos visto tratar á los indios, acordó sojuzgarlos y hacerles sentir todo el peso de su autoridad; y he ahí por dónde, en muy pocos días, se sucedieron
las causas que dieron origen á la desgracia de Colón y á
la ruina de los indios.

Aprestó un ejército de 400 hombres entre los más sanos
y dispuestos y diez y seis caballos, y dió al capitán Alonso
de Ojeda el encargo de poner aquella tropa á las órdenes
de Mosén Margarit, y que él tomase el mando del fuerte
de Santo Tomás; dióle instrucciones terminantes acerca de
lo que convenía obrar para sojuzgar la provincia y suje-

tarla, si no con halagos, por la fuerza, obligando á los indígenas á que acudieran con los víveres que necesitaran.

Con tales órdenes, el miércoles 9 de Abril, salió Ojeda
de la Isabela á la cabeza de su tropa, y durante la excur-
sión castigó algunos indios díscolos con amputaciones dolorosas, y por no considerar muy ajustada al respeto con
que habían de ser tratados los españoles, la conducta de
algunos caciques y señores de los pueblos del tránsito, los
hizo prender y llevar conducidos á la Isabela con la relación de sus fechorías para que fuesen castigados por el
Almirante, quien hizo pregonar la sentencia de muerte
de aquellos infelices; mas, los ruegos de los parientes de
las víctimas inclinaron su corazón á la clemencia y los
perdonó, con harta alegría de todos los indios.

Tranquilo el Almirante por la quietud y seguridad de
la isla, y confiando en la prudencia de Margarit, jefe de
todas las fuerzas, con las cuales, no sólo había de someter
á los indios, sino apagar cualquier conato sedicioso que in-
tentasen los más levantiscos y descontentos españoles,
juzgó oportuno, antes de salir en busca de nuevas tierras,
dejar en la colonia al frente de su gobernación un couse-
jo compuesto de personas notables, entre las cuales figuraban el P. Fr. Bernal Boil, Alonso de Carvajal, Juan de
Luján y el alguacil mayor Pedro Fernández Coronel. Por
Presidente de este Consejo nombró á su hermano D. Diego Colón, hombre de carácter blando y apocado, sin energía ni iniciativa alguna; mas, confió el Almirante en la
prudencia y buenas disposiciones de los consejeros, los
cuales suplirían de seguro las deficiencias de carácter de
su hermano, y redundarían todos sus acuerdos en beneficio del orden y conservación de la colonia.

Así las cosas, urgíale á D. Cristóbal, y á su propio interés convenía cumplir cuanto antes las instrucciones reales, por las cuales se le había prevenido que continuase
los descubrimientos hasta dar con las tierras opulentas del
dominio del Gran Kan, y concertar con este soberano cuan-

Indios de la isla de Cuba.

tos tratados fueran necesarios relativos al comercio de sus
riquísimos productos y á la buena amistad y alianza entre tan poderosos monarcas. En su virtud, mandó equipar
tres embarcaciones de las cinco que estaban ancladas en
el puerto, llamadas *Santa Clara* ó *Niña*, *San Juan* y la
Cordera, dejando las otras dos para las necesidades de la
colonia; hizo en ellas las reparaciones de solidez necesarias, y embarcando víveres para algunos meses, el día 24
de Abril salió del puerto de la Isabela, tocó en Monte-
Christi y en la bahía de *Guarico,* donde estuvo el fuerte de
la Navidad, pasó á la isla de la *Tortuga* y una racha de
viento huracanado le hizo volver atrás; ancló en la desembocadura del río *Guadalquivir*, y el martes 29, llegó al extremo occidental de la isla, surgiendo en el cabo de *San
Nicolás.*

Desde este puerto distinguíase á lo lejos el extremo
oriental de la isla de Cuba, el cual, considerado por Colón
el principio fin y del continente indiano le llamo *Alpha et
Omega;* dirigió hacia allí las proas de sus barcos, y siguiendo la costa meridional surgió en una hermosa bahía que
nombró *Puerto Grande*, hoy Guantánamo, donde los indios,
sin dar señales de temor ni sobresalto, antes bien, con la
confianza propia de la bondad de su condición, acudieron
movidos de curiosidad á los barcos, llevando en sus canoas
toda clase de víveres, que por cierto era de lo que por lo
pronto más necesidad tenían los españoles, si habían de
conservar durante algún tiempo y en previsión de cualquiera adversidad, los escasos bastimentos de que iban provistos.

El 1.º de Mayo levó anclas de *Puerto Grande* y con
viento favorable siguió la expedición costeando aquella
tierra maravillosa; á un panorama encantador sucedíanse
otros más admirables; y las verdes montañas, las feraces
campiñas, los frescos y frondosos valles, por cuyos fondos
corrían, ora mansos y suaves, ora torrenciales y alborota-
dos ríos, surcados aquí y allá por piraguas, tripuladas de

pacíficos indígenas que, á la vista de las tres embarcaciones acudían presurosos á obsequiar á los cristianos, considerándolos seres sobrenaturales bajados del cielo; este admirable y nunca soñado cuadro de una naturaleza virgen y opulenta tenía encantado á los españoles.

Después de explorar durante aquel día y el siguiente buena porción de costa, sin encontrar indicio alguno que hiciese sospechar á Colón el fin próximo ó remoto de aquella tierra tan dilatada, arraigándose en su ánimo más y más la idea de que se encontraba en presencia de un gran continente, límite, sin duda, del extenso dominio del Gran Kan, informáronle los indios que conducía en conceptos de intérpretes y guías, entre los cuales se hallaba uno de los que habían sido bautizados en España con el nombre de Diego Colón, que en la dirección que señalaban había de encontrar una hermosa isla, muy fértil y poblada de indios, donde el oro se daba en abundancia. Acordó el Almirante el día 3 inclinar la dirección al Sur, y al día siguiente, domingo, presentóse á la vista la más graciosa isla que hasta entonces habían visto; surgió en ella el lunes y bautizó con el nombre de *Santiago* la que se conoce hoy con el de *Jamaica*.

Necesitaba Colón llegar pronto á un abrigado fondeadero, donde poder remediar una vía de agua abierta en la quilla de su barco, y á este fin envió algunas lanchas á reconocer y sondear la playa; pero al aproximarse á tierra fueron rechazados por los indígenas, que en són de guerra habían acudido á entorpecer la entrada en el puerto de gente tan extraña. Dóciles por primera vez los españoles á las exigencias de los indios, abandonaron el lugar, y siguiendo la marcha dieron vista y recalaron en un fondeadero que llamó Colón *Puerto Bueno*, y aunque los indios pretendieron aquí también molestarlos, los rechazaron bien pronto con algunos tiros de arcabuces y ballestas y más que todo con la embestida de un feroz perro de presa que les soltaron. Con este ejemplo no fué difícil hacerles

deponer el espíritu intransigente de que estaban animados, y convencerlos de la superioridad de unos seres que
disponían del trueno y del rayo, por lo cual, á los pocos
días volvieron en són de amistad con algunos productos
del país, que trocaban por cascabeles y cuentas de colores,
quedando tan satisfechos de la magnificencia y prodigalidad de los españoles.

Puesta la nave averiada en condiciones de navegar, el
día 9 determinó abandonar la isla para volver sobre las
costas de Cuba, pero tuvo necesidad de detenerse al abrigo de las de Jamaica durante algunos días que soplaron
vientos huracanados, calmados los cuales levó anclas, y el
18, ancló por fin en el promontorio de *Santa Cruz* de la
isla de Cuba. Siguiendo la vía del Poniente internóse con
fuertes aguaceros en un laberinto de islotes pequeños y
cayos, verdes unos y bajos y pelados otros, formando
canalones estrechos y tortuosos, donde la navegación se
hacía muy difícil; y aunque, para evitar el peligro de
encallar necesitaron los marineros emplear con las sondas
grandes precauciones, era tal y tan grande el número de
islotes, que á medida que adelantaban, con gran lentitud
por cierto, en la marcha, se divisaban en toda la extensión
que abarcaba la vista nuevos y más apretados obstáculos;
la dificultad de poder distinguir con un nombre especial
cada islote, le obligó á llamar aquel sitio *Jardin de la
Reina*, en donde hallaron diversas clases de aves, muy
hermosas, de vistosos plumajes y gran número de tortugas enormes, cuyas conchas podían servir de rodelas.

Fatigados Colón y su gente de una navegación tan continuada como peligrosa, no obstante la agradable variedad
de aquellos sitios, deseaban encontrar seres humanos que
les diesen noticias de la extensión y condiciones de la tierra que costeaban y del soberano de quien dependía;
cuando de allí á poco, salieron á un pedazo de mar despejado, en cuyo centro se levantaba una isla algo mayor,
muy fértil á la cual llamó *Santa María;* observaron que

estaba poblada, mas, en lugar de seres humanos encontraron en los bohíos ó casas gran cantidad de pescado puesto á curar y diversas clases de animales domésticos; la ocupación de los isleños debía ser la pesca, y en esta faena esperaban encontrarlos en algunos de los repliegues de la costa; y en efecto, á poca distancia dieron con algunos hombres entretenidos en pescar tortugas por un procedimiento ingenioso. Interrogados por el Almirante no pudieron dar más explicación sino que aquella infinidad de pequeñas islas se dilataban hacia Poniente en una extensión considerable.

Con tan escasas noticias, aprovechó Colón la primera coyuntura para aproximarse á la costa de Cuba, no sólo con objeto de adquirir otras más satisfactorias, sino para refrescar los víveres que ya iban escaseando; allí tuvo diversas ocasiones de tratar con los indígenas, de quienes llegó á entender que la tierra se prolongaba mucho hacia Occidente, y que una de las provincias más ricas, conocida con el nombre de *Mangón,* estaba poblada de gente que vestían largas túnicas blancas. Este nombre de Mangón le hizo recordar el de *Mangui,* con que Marco Polo designaba en sus relaciones uno de los reinos más rico y extenso sujeto al dominio del Gran Kan, y ya no tuvo duda de que las costas que exploraba formaban parte del gran continente asiático.

En demanda de nuevos descubrimientos, continuó la navegación por mares despejados, mas en los primeros días de Junio encontraron muy difíciles pasos por entre los innumerables islotes y cayos, en uno de los cuales encalló la *Niña,* consiguiendo en fuerza de trabajo y no poca habilidad sacarla á flote, aunque con serias averías.

Todos estos trabajos, la escasez de víveres castellanos, y la certeza que tenían de no haber por allí minas de oro, tenían muy fatigada la gente, y obligaron á Colón á pensar en la vuelta á la Española: pero antes quiso hacer constar por medio de una información, hecha por el nota-

rio de la Armada, Fernán Pérez de Luna, de que la tierra
que estaban explorando llamada Cuba por los indígenas,
formaba parte de un gran continente, y éste no podía ser
otro que el de la India, donde estaban enclavados los reinos tributarios del Gran Kan. Este curioso testimonio lleva la fecha 12 de Junio y se extendió cerca de la bahía de
Cortés á bordo de la *Niña;* hizo Colón declarar en él á los
tripulantes de las tres naves, y requirió á todos para que
en ningún tiempo lo contradijeran bajo juramento formal
que no había de violarse, so pena de 10.000 maravedís de

Piña llamada por los indios *yayama*.

multa, si el controventor y perjuro era caballero, y si era
de humilde condición con la amputación de la lengua, con
más cien azotes.

Dueño el Almirante de este documento, con el cual se
proponía garantir en España la importancia de sus descubrimientos, el día 13 de Junio se separó de la costa de
Cuba en dirección Sudeste, y á poco descubrió una isla
de regular extensión muy poblada de árboles corpulentos,

á la cual nombró *Evangelista*, hoy de *Pinos;* hizo acopio de víveres frescos que les proporcionaban los indígenas, consistentes en pescado curado al sol, tortuga y sus huevos, aves, carnes de diversos animales y una especie de pan hecho con harina de ciertas raíces, llamado cazabe, cuyos alimentos, desdeñados por los españoles mientras tuvieron repuesto de los de Castilla, eran ahora tomados con menos repugnancia, y aun algunos, como la carne sabrosa de ciertas aves, que les hacían recordar nuestras perdices, y varios frutos del país de exquisito gusto, que hoy nos complacemos en saborear, fueron desde los primeros momentos objetos de su preferencia.

Repuesta así la despensa, hecha aguada y provisión de leña, continuó el viaje de regreso por entre los infinitos cayos y canalones de aquel mar sembrado de obstáculos que, impidiéndoles seguir una dirección fija, empleaban toda la atención en evitar el eminente peligro de encallar. Á un mar cuajado de escollos y dificultades, sucedíase otro, cuyas aguas presentaban distintos matices, según el color de las sustancias que constituían sus fondos; así y todo no se pudo evitar que la *Niña* encallase por segunda vez, y aunque consiguieron en fuerza de trabajos sacarla á flote, no fué por cierto sin serias averías.

El día 6 de Julio pudieron por fin arribar á la costa de Cuba y surgir en el *Cabo Norte,* donde dispuso Colón levantar un altar para celebrar el sacrificio de la primera misa ofrecida al Altísimo en aquella tierra. La humildad y devoción con que, prosternados, contemplaron los cristianos la augusta ceremonia, tenían encantados á los indígenas, que á cierta distancia asistieron también á aquel acto tan sencillo como imponente; terminado el cual, acercóse un indio anciano de aspecto grave, y con mucha ceremonia y ademanes proféticos, dió á entender que ellos creían también en la inmortalidad del alma y en el premio y castigo que en la otra vida están reservados á todos los hombres.

Durante algunos días turbios y tormentosos permanecieron ancladas las naves en el golfo de *Santa Cruz*, pero cansado ya de esperar el buen tiempo, determinó Colón aprovechar una buena racha y regresar cuanto antes á la Española; todo fué inutil, sin embargo; desencadenóse con tanta furia el temporal, propio de aquellos mares en cierta época del año, que más de una vez estuvieron á punto de perecer; y no bastando las bombas, en función continua, para achicar el agua que entraba en los barcos, agotadas

Templete levantado en el sitio donde se dijo la primera misa en la Habana.

las fuerzas y faltos de alimentos nutritivos, fué tan grande y extremado el peligro «que no hay día, dice el Almirante, que no vea que llegamos todos á dar por tragada nuestra muerte». En tan apurado trance, el día 18 surgió la escuadra en *Cabo de Cruz*, y repuestas un tanto las desfallecidas fuerzas con el descanso y con los víveres frescos que les proporcionaban los indígenas, el martes 22 tomaron el rumbo directo de la Española; mas á poco mudáronse los vientos y empujando las naves hacia la Jamaica, obligaron á los expedicionarios á explorar por segunda vez las costas de esta isla, siempre bajo la acción de los tempestuosos vientos; en cuyo bajeo forzoso, de cerca de un mes, reconocieron casi todo su perímetro y tuvieron ocasiones frecuentes de tratar con los indígenas, que acudían solícitos con vituallas y con cuantos objetos eran á los españoles necesarios.

Próximos al límite oriental de la isla, el día 19 de Agosto, abandonó Colón la punta del *Farol* ó *Cabo Morante*, y el 20 vió ya la parte más occidental de la Española, yendo á surgir en el cabo de *San Miguel*, llamado hoy del Tiburón. Ignoraba el Almirante que navegaba sobre costas amigas, y el día 23, en ocasión que descansaba al abrigo de una hermosa playa, fué agradablemente sorprendido por un cacique, el cual, seguido de varios indios, preguntó por el Almirante informándole que aquella era la costa meridional de la isla Española.

Difícil, y muy peligrosa á veces, fué la navegación de la pequeña escuadra por estos mares, azotados por fuertes turbonadas, y una imponente cerrazón hizo separar de la *Niña* las otras dos naves; llegó la capitana á la isleta de *Altovelo*, así llamada por semejar á lo lejos la vela de un buque, y allí, durante seis días permanecieron los marineros observando de continuo desde lo alto del picacho los confines del horizonte, por si distinguían los barcos perdidos. Al cabo de este tiempo llegaron por fin, y todos juntos pasaron á la isla de la *Beata*, y de allí á la Española, echando las anclas en la desembocadura del río *Neyba*.

Después de refrescar las más necesarias provisiones de boca, siguió el camino que le trazaba la costa, con tan mala fortuna, que la fuerza de los vientos separaron nuevamente las pequeñas embarcaciones; y cuando arrastradas por el vendaval surgió la *Niña* el día 15 en la isleta de *Adamaney* ó *Saona* (1) dolorosa incertidumbre embar-

(1) La circunstancia de coincidir este nombre de Saona. único que empleó Colón en sus viajes en recuerdo de su patria, con el que lleva un pequeño pueblo próximo á Génova, señalado por muchos historiadores como patria probable de D. Cristóbal, lleva al ánimo la sospecha de que ésta hubiera sido, en efecto, la cuna del gran navegante.

gaba el ánimo del gran descubridor, considerando perdidas las otras dos naves; pero al cabo de ocho días entraron por el estrecho paso que separa las dos islas, y el 24 de Septiembre, después de haber tocado en la de la *Mona*, doblando, al declinar la tarde, el cabo de *San Rafael* ó del *Engaño*, surgieron al abrigo de su bahía.

Algo más de cinco meses de continuos trabajos, hambrientos á veces, y siempre empapados en agua aquellos héroes, primeros adalides de la moderna civilización, bastaron para aniquilar la energía de su espíritu y las fuerzas de sus cuerpos, expuestos de continuo, en lucha perenne con todos los elementos, á los azotes del vendaval ó á los abrasadores rayos del sol; la salud empezó á resentirse á bordo de las tres embarcaciones, y la del Almirante, sostenida principalmente por la energía de su espíritu elevado, y por la fuerza de su voluntad indomable, cayó de pronto en un estado tal de abatimiento y postración que, penetrados los tripulantes, sus compañeros, del fin cercano del jefe, determinaron marchar directamente á la Isabela; y el día 29 de Septiembre entraba la heroica expedición por la barra del pequeño puerto, á los cinco meses y cinco días justos de su partida.

CAPÍTULO IX

N la colonia ¿qué había ocurrido durante la azarosa y no muy fecunda expedición del Almirante á través de los mares antillanos?

Apenas había Ojeda puesto las tropas que conducía á las órdenes de Margarit, y héchose cargo del mando de la fortaleza de Santo Tomás, según las instrucciones que recibiera del Almirante, salió el antiguo alcaide á la cabeza de su ejército á sojuzgar los indios, á quienes con los más suaves procedimientos que en situación tan crítica podía emplear, los obligaba á venir con los víveres y mantenimientos necesarios, haciéndoles entender el deber que tenían de continuar prestando á los españoles los servicios que habían menester.

Pero volvamos la vista atrás por unos momentos, y exa-

minemos ligeramente las causas que influyeron en los ánimos de los isleños para negarse á socorrer á los españoles,
considerados como huéspedes molestos y hasta peligrosos,
á quienes por todos los medios de que podían disponer
pretendían obligarlos á desalojar la isla.

La conjuración, casi general, de los indígenas, coincidió
con el consumo absoluto de los víveres envíados por Colón
al destacamento del Cibao, y la situación de Margarit y de
su gente, durante el tiempo que estuvieron encerrados en
aquel fuerte, aislados, en las abruptas montañas, del resto de los españoles, era por lo angustiosa insostenible.
Bien comprendieron los indios que la intención de los extranjeros era de permanecer en la isla y de establecerse
en los puntos mejores; no á otra cosa obedecían las obras
de fortificaciones y el emplazamiento de ciudades que habían emprendido, en las cuales les obligaban á trabajar,
haciéndoles cambiar por una actividad enojosa la indolen-
te condición de su vida.

Pero no era esta sola la causa del odio que la conducta
de los extranjeros iba depositando en los pechos indígenas.
Acostumbrados á la holganza, sin necesidades, sobrios
por condición y por hábito, para satisfacer las perentorias
exigencias de la vida, acudían á los frutos que casi espontáneamente producía el país. La idea de la propiedad aun
no había germinado, y lo mío y lo tuyo no tenía razón de
ser en una sociedad primitiva, rica por su suelo, y por
consiguiente espléndida, liberal y pródiga, donde el cacique ó reyezuelo, único símbolo del espíritu social, lejos
de coartar con imposiciones despóticas y absurdas, la libertad absoluta que disfrutaban, sólo exigía el concurso
de sus súbditos en caso de desavenencia con los caciques
limítrofes, y aceptaba los frutos que espontáneamente y
hasta con amor les proporcionaban, para cubrir sus necesidades, viviendo así todos en un estado de encantadora
inocencia.

Mas, habían llegado en mala hora aquellos huéspedes

extraños y poderosos, y en pago del cariño, de la admiración y del respeto con que los habían recibido, no sólo los forzaban á trabajos rudos, vejándolos en sus personas y en las de sus mujeres é hijas, sino que, obligados á proporcionarles víveres en abundancia, pues era fama que cada español comía de una vez más que tres indígenas en un día, no bastando á saciar el hambre los productos espontáneos del país, tuvieron que cultivar la tierra, explotar los ríos y cazar en los montes, «cambiando el sosiego deleitoso de una vida sin necesidades, sin codicia, sin ambiciones ni temores, allá en el fondo de sus feraces vegas y de sus frondosímos bosques, por el trabajo forzado, por la imposición y el látigo, por los cuidados graves, por las angustias amargas, por dolores acerbísimos y males sin cuento (1).»

Por otra parte, el rigor excesivo y hasta cruel, á veces, con que eran tratados, las penas que les imponían por cualquier falta, por ignorancia á veces cometida, fueron causas harto poderosas á exacerbar los ánimos; y ya que no con las armas, que esgrimían, sin embargo, cuando el descuido ó la confianza de los españoles les proporcionaban ocasión, confabulados con rara unanimidad, acordaron bloquear por hambre á tan molestos huéspedes, y retirarse á sus hogares con intención hostil aunque en aparente actitud pacífica, si bien los más belicosos, al internarse en las montañas, acariciaban la idea de obligarlos á abandonar la isla ó destruirlos por las armas.

Las consecuencias de esta determinación se hicieron sentir bien pronto en todos los lugares ocupados por los españoles. En la Isabela, donde las emanaciones de un suelo húmedo y malsano sostenían constantemente las fiebres, disminuían los víveres al paso que crecían las enfermedades, y los defensores del fuerte de Santo Tomás, que fué donde más se hicieron sentir los rigores de la miseria, habían llegado ya al extremo de no tener que llevar

(1) Rodríguez Pinilla. – Obra citada, pág. 324.

bocado de pan á la boca. El aspecto de aquellos hombres, flacos y macilentos, extenuados y reducidos por el hambre á la mitad, pues sólo quedaban treinta de los cincuenta y dos soldados que dejó el Almirante, apenas hubieran tenido fuerza para resistir la más débil acometida de los indios. Su capitán, Mosón. Pedro Margarit, que no permitió nunca que sus soldados hicieran violencia, ni trataran mal á los indígenas, alentaba á su tropa con una conducta irreprochable, y dándoles un admirable ejemplo de disciplina, negóse en una ocasión á aceptar, después de varios días de absoluto ayuno, un par de tórtolas que un indio compasivo quiso entregarle.

Puesto este indio en presencia del heroico y sufrido capitán, le entregó las tórtolas que había llevado hasta allí, ocultándose seguramente de sus amigos, que hubieran mirado con enojo el pequeño obsequio que hacía á sus verdugos; recibiólas Margarit con una mano, y alargándolas luego con la otra á los soldados, los invitó á que cualquiera de ellos las comiera, por ser poca cosa para todos; mas negándose éstos á recibirlas, le rogaron que las aceptase y se alimentara aquel día, toda vez que él era, entre todos, el más necesitado y enfermo.

«Nunca plega á Dios se faga como vos lo decis—dijo el Alcaide—que pues me haveys acompañado en la hambre é trabajos de hasta aquí, en ella y en ellos quiero vuestra compañía, y pareceros, viviendo ó muriendo, fasta que Dios sea servido que todos muramos de hambre, ó que todos seamos de su misericordia socorridos.» Y esto diciendo, soltó las tórtolas, que por una ventana del fuerte salieron volando.

Tal era el estado de la guarnición del fuerte de Santo Tomás cuando llegó Ojeda á la cabeza de la tropa confiada por el Almirante á su custodia; llevaba algunas acémilas cargadas de provisiones, pero bien pronto dieron cuenta de ellas los famélicos españoles.

Se hizo cargo Margarit de todas las fuerzas, dejando á

Bartolomé Colón.

Ojeda buena guarnición en el fuerte con la mayor parte de las provisiones, y con el grueso del ejército, salió á la campiña á reconocer los alrededores y obligar á los indios á que prestasen los socorros que demandaban; bajóse á la Vega Real, en donde estaba seguro de hallarlos en cantidad bastante, y acordando vivir allí, en sitio tan delicioso, á costa de los indios, en sus propias moradas, de tal modo se acostumbraron á la idea de juzgarse por dueños de todo, que, hasta las mujeres y las hijas de los isleños fueron objeto de la atención, de la galantería y del amor castellano.

En posesión de tales goces, poco á poco fueron aquellos hombres desquitándose de los malos tiempos pasados: tras la satisfacción de la necesidad vino el abuso, luego la molicie, y la licencia no tardó en minar la disciplina del pequeño ejército; y esta conducta, propia de todos los pueblos conquistadores, no pudo menos de despertar en los indígenas un odio profundo, salvaje, como eran todas sus pasiones; y para no sucumbir á tantos ultrajes y á tantas exigencias, se fueron paulatinamente replegando al interior de las montañas, dejando á los cristianos en pacífica posesión de sus hogares.

En este estado las cosas, el día 24 de Junio, entró en el puerto de la Isabela una escuadra de tres navíos mandada por Bartolomé Colón, hermano del Almirante, en la cual conducía toda clase de víveres y mantenimientos, y con ellos la mayor alegría que entonces podía esperar la desvalida colonia.

Á juzgar por los escasos datos que se conservan acerca de la historia de Bartolomé Colón durante una gran parte de su vida, no parece que Cristóbal tuvo noticias concretas de su paradero, desde que, al salir de Lisboa en 1484 en demanda de la corte de España, le dió encargo de ofrecer la empresa á Enrique VII de Inglaterra, hasta que en Septiembre de 1494, diez años después, le sorprendió sentado junto á su lecho en la ciudad de la Isabela, prodigándole los cuidados que reclamaba el delicadísimo estado de su salud.

La historia de Bartolomé Colón durante este tiempo presenta grandes vacíos, muy difícil, imposible quizás de llenar. Dicen unos, siguiendo las opiniones de su sobrino Fernando, aceptadas hasta ahora por buenas á falta de otras mejores, que en la travesía, desde Lisboa á la capital de la Gran Bretaña, fué su barco asaltado por otros piratas, y hecho prisionero, sufrió la suerte del equipaje; mas, después de algún tiempo de reclusión, pudo escapar y dirigirse á la corte de Enrique VII, en donde permaneció durante el tiempo que empleó aquel Monarca en deliberar y tomar acuerdos sobre la empresa que en nombre de su hermano Cristóbal le había ofrecido. Otros, con datos y testimonios dignos de atención y de estudio, afirman que, desde Inglaterra volvió luego á Portugal, tomando parte en las empresas navales llevadas por los marinos lusitanos á lo largo de la costa de África; formó en la expedición que, al mando de Bartolomé Díaz, descubrió el cabo de Buena Esperanza, regresando con ella á Lisboa en Diciembre de 1488. Es de presumir que, estimulado por los importantes descubrimientos portugueses, volviese después á Inglaterra, y que insistiendo cerca del Soberano le volviese á ofrecer, si no lo había hecho antes, en un mapa que había dibujado, las tierras que su hermano pretendía descubrir.

Dícese, y el P. Las Casas asegura, que aceptó el Monarca británico la empresa y capituló con el oferente las condiciones, mediante las cuales se le concedían las ventajas que solicitaba, y que al dirigirse con esta noticia á España en busca de Cristóbal, al pasar por París, adonde habían llegado las nuevas del descubrimiento, fué mandado detener por el Rey Cristianísimo y obligado á declarar el objeto de su viaje, so pretexto de que le informara con exactitud acerca de la importancia de aquellos sucesos. El interrogatorio inquisistorial á que se vió sometido el

hermano de uno de los hombres que más gloria amonto-
naba sobre las sienes del Rey Católico, y que con sus actos contribuía al engrandecimiento rápido de la Corona de
Castilla, prueba una vez más el interés que inspiraba al
Rey Cristianísimo los asuntos de España, y el recelo que
le infundía la política hábil del Monarca aragonés, inspi-
rada en aquellos momentos en sostener alianzas, opuestas
á los intereses de aquel Soberano. Mas, debieron ser tan
francas y tan ingenuas, como su carácter, las palabras de
Bartolomé que, desechando el Monarca la sospecha que
despertó su presencia en la corte, despidióle afablemente,
y le mandó entregar cien escudos para atender á los gastos de su viaje á España.

Poco después de partir el Almirante para el segundo
viaje, llegó Bartolomé á Sevilla, en donde fué prolijamente informado de todo lo que había ocurrido hasta entonces. Allí recibió de los amigos de D. Cristóbal las instrucciones que le había dejado, mandando que ajustase
á ellas su conducta durante su ausencia, y en virtud,
de las cuales, hacia mediados de Enero de 1494, dirigióse
á Valladolid en demanda de la corte, en donde ya estaba
su sobrino Diego, como paje, al servicio del Príncipe
D. Juan.

Puesto en presencia de los Monarcas, á cuyo servicio les
rogó que fuese admitido, bien pronto conocieron las prendas que le adornaban. Era Bartolomé casi tan inteligente
y docto como su hermano Cristóbal, aunque mejor dibu-
jante y cartógrafo, de complexión robusta, valiente y sincero, pero brusco y enérgico con la gente maleante, no
sabía fingir y llamaba las cosas por sus nombres; era
hombre de acción y sabía imponer la autoridad de sus
opiniones. Sujeto de tales prendas, no pudo pasar inad-
vertido á la perspicacia del Rey Católico, y acordó utilizar
sus servicios, enviándolo prontamente cerca de su hermano Cristóbal, para que le ayudara en sus empresas.

Á este fin, mandaron expedir reales cédulas concediéndole ciertas mercedes y privilegios; y por una de 14 de Abril se le nombró capitán de tres carabelas con destino á la Española (1), y 50.000 maravedís para los gastos de su persona. Bien equipadas las naves de todas clases de mantenimientos, llegó Bartolomé oportunamente á la Isabela cuando sin recursos de ninguna especie, atravesaba la población española una crisis tan aguda que, al retardarse los socorros, hubiera el desaliento puesto en peligro el crédito de los descubrimientos del gran Colón.

Pasados los primeros momentos de alegría á que se entregaron los españoles, y satisfechas las necesidades más urgentes, Bartolomé, con la doble autoridad que le daban sus títulos y su persona, como hermano del Almirante y delegado de los Monarcas, juntamente con su hermano Diego y con el Consejo de administración y justicia que había creado el Almirante al salir á explorar las costas de Cuba, empezó á intervenir en todos los asuntos de la Colonia; enteróse de sus necesidades y de los remedios que urgía aplicar, á fin de modificar por cualquier medio la actitud agresiva de los indígenas; empezó á dictar acertadas disposiciones, y merced á su iniciativa y al carácter ejecutivo que imprimía á todos sus actos empezó á cambiar el aspecto de la población.

Desembarazados ya de los serios cuidados que habían venido demandando estos graves asuntos; puesta la administración y la garantía del orden en manos de persona hábil y respetable, de acción y de resoluciones prontas y eficaces; remediada la situación económica y restablecida la tranquilidad, el Padre Boil y su coterráneo Mosén Pedro Margarit, estimando terminada su misión, acompañados de otros sacerdotes y algunos caballeros, disgustados y arrepentidos de aquella aventura, acordaron volver á España, para informar con exactitud á los Reyes del ac-

---

(1) *Colección de documentos inéditos para la Historia de España*, tomo XVI, página 560.

tual estado de la colonia y de la importancia de aquellos descubrimientos.

Y aunque la mayor parte de los panegiristas de Colón, pretendidos historiadores de su vida, prescindiendo del carácter que informaban las costumbres de la época y la índole de aquellas empresas, tan costosas como poco reproductivas hasta entonces, han sostenido con un equivocado juicio crítico, servilmente seguido de unos en otros, la calificación injusta de desertores, y pretendido arrojar borrón infamante sobre la memoria de tan respetables personas, es lo cierto, que Fr. Bernal Boil y Pedro Margarit, catalanes y servidores de D. Fernando, á quienes tenía en grande estima, por la inteligencia, tino y diplomacia con que conducían los asuntos más difíciles y delicados que sometía á su lealtad y discreción (1), habían sido señalados por su Alteza para desempeñar en las Indias la importante misión de informarle con verdad y sin apasionamiento de la importancia de los descubrimientos de Colón.

El venerable benedictino, celoso propagador de la fe, al pasar á la isla Española, puso todo su cuidado en estudiar el carácter indígena; conoció bien pronto que la simplicidad é inocencia de los indios y su condición pacífica y humilde, á la par que inteligente, abonaban la posibilidad de su conversión al cristianismo por medios persuasivos, y protestó enérgicamente cuando observó que á la persuasión y al halago sustituía el imperio de la fuerza y de la crueldad.

Margarit, el pundonoroso militar, con carácter de jefe de todas las fuerzas, consiguió ser nombrado por Colón alcaide de la fortaleza de Santo Tomás, levantada en las montañas del Cibao, es decir, en el sitio donde era opinión general que abundaba el oro, principal estímulo de los

---

(1) Entre otras comisiones delicadas y de verdadera importancia que confió el Rey Católico al P. Boil, se cita la que en 1503, siendo abad de San Miguel de Cuxá, le encomendó para dirigir los conciertos de paz entre el archiduque don Felipe, yerno del Rey Católico, y Luis XII de Francia.

descubrimientos. Y en efecto, si había oro, arrastrado en pequeñas partículas con las arenas de los arroyos, era en cantidad tan exigua, que no compensaba su valor los trabajos, los padecimientos, las enfermedades y el hambre á que se veían expuestos.

Ni uno ni otro, pues, habían ido á las Indias á servir la causa de Colón, ni á aplaudir incondicionalmente sus obras, ni á contribuir con sus opiniones al prestigio de sus descubrimientos; fueron exclusivamente á servir á su Rey y la causa de la Corona; y cuando comprendieron que sus servicios y su misión habían terminado, sin tomar la venia de nadie, pues no la necesitaban, acordaron volver á España á informar lealmente al Monarca del resultado de sus observaciones.

Cuando, al llegar á la Isabela, el 29 de de Septiembre, la expedición exploradora de las costas de Cuba bajaron de la *Niña* el cuerpo casi inerte del Almirante, pues había caído en una insensibilidad absoluta, todos estimaron muy cercano el fin de aquel hombre, y el pesar y la tristeza se apoderó de toda la colonia. Mas á los pocos días, merced á los cuidados que le prodigaban sus hermanos, y á las circunstancias de haber repuesto abundante de medicinas frescas y víveres sanos, empezó á dar cuenta de su persona y á mejorar notablemente, mas, debilitado su organismo por la extenuación y las fatigas pasadas, tardó algo más de cinco meses en recobrar por completo la salud.

Durante este tiempo, su hermano Bartolomé, diole cuenta de todo lo que había ocurrido en la isla, de la partida á España del P. Boil y de Pedro Margarit, del estado decaído de los ánimos, y de la actitud belicosa de los indígenas, por consecuencia de los abusos á que se habían entregado los soldados, merodeando en la Vega Real; y, para neutralizar la mala impresión que tales noticias le produjeron, leyóle una carta, que para él le habían entregado los Reyes, fechada en Medina del Campo á 13 de Abril, en la cual se reflejaba la buena impresión que había producido en los reales ánimos las informaciones de Torres, y de los caballeros que le habían acompañado, asegurándole que, teniendo en cuenta todo lo que había hecho, *que no puede ser mejor, le harían mercedes y honras y acrecentamientos como vuestros grandes servicios lo requieren y adeudan.*

Lo que más entristeció el ánimo de Colón, con no ser muy satisfactorios los múltiples problemas que en la colonia necesitaban pronto y eficaz remedio, fué la partida del P. Boil y de Margarit, personas de gran predicamento en la corte, leales servidores del Rey Católico, y por consiguiente muy abonados para imponer las opiniones que les merecían los asuntos, poco halagüeños por cierto, de la colonia; cuyas informaciones no podían menos de redundar en desprestigio de sus actos. Ya sabía el Almirante, y á su penetración no pudo ocultarse la misión que aquellos caballeros llevaban á las Indias; y como no olvidaba tampoco las desavenencias que tuvo con el P. Boil, por cuestiones que justificaban ciertamente la intervención del celoso benedictino, temía, no sin motivo, que prevaleciendo sus opiniones en el ánimo del Rey Fernando, tomase su Alteza resoluciones poco ajustadas á sus propios intereses y á las que consideraba, y eran en efecto, verdaderas necesidades de los establecimientos.

Es casi seguro que esta preocupación contribuyó en gran parte á sostener el desequilibrio de su salud, no bastando á contrarrestar su influencia los motivos de satisfacción que le proporcionó la presencia de su hermano Bartolomé, y la visita del cacique Guacanagarí, el cual cacique, más político que sus colegas, si bien menos belicoso, comprendiendo las ventajas que podría disfrutar siendo fiel á la amistad de los españoles, á cuya disposición ponía todos los auxilios que podía prestarles, pues no se le ocultaba que su poder, reforzado á menudo con nuevos elementos llegados de la metrópoli, había en plazo muy corto de extenderse por toda la isla, les informaba prolijamente de todas las novedades, denunciando los acuerdos tomados por los indios en sus confabulaciones contra los extranjeros, su actitud belicosa, los aprestos guerreros y los medios de que disponían para caer en gran número sobre los españoles, cuando encontraran ocasión de sorprenderlos. Para esto, habían empezado ya á ensayarse, escogiendo por víctimas á los que dispersos por la isla, después de la marcha de Margarit, iban poco á poco sorprendiendo; y el mismo cacique de *Guatiguana* había ya conseguido matar á diez cristianos, y poner secretamente fuego á una casa de paja donde había ciertos enfermos.

Por esta amistad franca y descarada de Guacanagarí hacia los españoles, se atrajo el odio de sus colegas fronterizos, los cuales, declarándose enemigos irreconciliables, aprovechaban todas las ocasiones para molestarle, no sólo robando sus haciendas y matando á sus súbditos, sino que hasta le robaban sus mujeres é hijos, por lo cual exhortaba al Almirante á que tomase pronta venganza, y castigase tantos desmanes y ultrajes.

Por estas noticias, comprendió el Almirante la necesidad que había de poner coto á las arrogancias de los indígenas, midió la gravedad del caso, y no pudiendo personalmente dirigir una expedición militar, por impedírselo el delicado estado de su salud, autorizado como estaba por la Real cédula de 28 de Mayo de 1493, que le concedía facultades para nombrar los oficios de las Indias, acordó conceder á su hermano Bartolomé la dignidad é investidura de Adelantado, con la cual, dándole carácter de lugarteniente suyo, lo ponía en condiciones de dirigir en jefe todas las operaciones militares que se proponía llevar sobre los indios.

En los preparativos de esta expedición entendía Bartolomé, luchando con la falta de recursos, pues eran insuficientes los que había para llevarla con éxito al interior de la isla, cuando sorprendió la colonia la llegada de cuatro carabelas mandadas por Antonio de Torres, perfectamente equipadas de todas clases de víveres, armas y municiones, útiles de labranza, granos y semillas de varias clases, diversos animales domésticos, y buen número de hombres, aptos para las industrias más precisas, y entre ellos caballeros y soldados útiles para la guerra; conducía también Torres cartas laudatorias de los Reyes para Colón, aprobando su conducta, y terminantes órdencs á todos los españoles para que le prestasen obediencia y no diesen con sus actos motivos á entorpecer la marcha regular y progresiva de los nuevos establecimientos.

Con tales recursos, acordó el Almirante enviar una avanzada que reforzara la guarnición de Santo Tomás y castigase con mano dura las fechorías del cacique Guatiguaná, como lo hicieron, en efecto, con cuyo alarde, Guarionex, el poderoso cacique de la Vega Real, que á pesar de su carácter dócil y bondadoso, lo habían sus súbditos arrastrado en aquella guerra contra los cristianos, arrepentido más por miedo que por convicción de su deslealtad, vino á la Isabela á someterse y suplicar al Almirante que hiciese cesar los daños que les causaban los soldados, cortando así de raíz el origen de la mala voluntad con que eran mirados por los indios. Establecióse una especie de pacto amistoso entre el cacique y los españoles, merced al casamiento de una de sus hijas con el indio Diego Colón, y con esta garantía descansó el Almirante en la pacificación de todo el territorio de Guarionex.

Esto no obstante, para garantizar mejor la seguridad del orden, dispuso Colón construir nuevas fortalezas en los puntos estratégicos más importantes, que sirviesen á la vez de apoyo al ejército de operaciones que pensaba llevar al interior de la isla, principalmente contra el belicoso Caonabó, el más inquieto y feroz de los caciques, y de centinelas avanzados del cuartel general de la Isabela. Después de haber levantado el fuerte de la *Magdalena*, en la parte baja y más estrecha de la Vega, llamada *Macoriz de Abajo,* en la misma ribera del río Yaqui, hizo cons-

truir otro que nombró de la *Concepción*, en el centro de la
hermosa explanada, al abrigo del cual fué luego creciendo la ciudad del mismo nombre; dotó estas fortalezas de suficiente guarnición, al mando de alcaides entendidos en el arte de la guerra, quienes procuraban informarse con exactitud de los preparativos bélicos de los
enemigos.

Bajo el peso de la preocupación que más embargaba el
ánimo del gran marino, relativa al desarrollo de los negocios que más le afectaban en España, por consecuencia de
los informes, nada favorables á sus proyectos y al éxito
de sus empresas, que habían de dar, sin duda, al Rey personas de crédito tan reconocido como eran el P. Boil y
Mosén Pedro Margarit, empezó el Almirante á dictar órdenes á su hermano, á fin de que en el tiempo más breve
posible se despachasen las carabelas de Torres, cargadas
de cuantos objetos dignos de atención pudieran en España
sostener su popularidad y la importancia de sus descubrimientos.

Había llegado el momento de la lucha, y sólo con actos
que hiciesen enmudecer las opiniones de sus detractores,
si así puede llamarse á los que, sin pasión, informaban á
los Reyes y extendían por todas partes impresiones des-
agradables acerca de los trabajos y enfermedades, amén del
hambre que se padecía, en las Indias, en lucha constante con los indígenas, amantes de su independencia y
libertad, era como el gran marino podía sostener la atención de todos, y con ella el prestigio de su causa. Corríale
prisa estas atenciones, y careciendo de oro, en cantidad
bastante, para satisfacer las exigencias del tesoro real, la
ambición de los magnates, la curiosidad del vulgo y por
ende la fama de sus descubrimientos, juzgó oportuno cargar las naves de los productos más importantes, raros y
de inmediata aplicación, como el palo de tinte, llamado
brasil, algodón, plantas raras textiles y frutales, maderas
de construcción y diversos animales susceptibles de edu-

cación, y por último, para suplir la falta del oro, mandó embarcar quinientos indígenas para que, en concepto de esclavos, fuesen vendidos en el mercado europeo.

Claro es, que no siendo suficiente estas pretendidas riquezas á llenar las exigencias que reclamaban los prestigios de su causa, para hacer enmudecer á sus émulos y falsos amigos, tuvo que disminuir la parte que á los colonos correspondía, y forzándolos en consecuencia á trabajar más para adquirir la mayor cantidad posible, estas exigencias habían de sostener por fuerza el descontento entre los españoles, y aumentar entre los indígenas el odio que les inspiraban, pues estos últimos eran á la postre los instrumentos obligados para la adquisición de tales riquezas.

Cargadas así las naves con tan variadas muestras de la fecundidad de aquel suelo prodigioso, acordó el Almirante que su hermano Diego, como presidente que había sido del Consejo de la ciudad, y conocedor, por tanto, de todos los detalles y accidentes que habían precedido y dado lugar á aquellos disgustos, fuese á la corte á neutralizar, sino á destruir por completo, con sus informaciones, los cargos que hubieran podido formular contra él los que, descontentos habían acompañado al P. Boil y á Margarit á la corte de los Reyes; dió á Antonio de Torres instrucciones de todos los antecedentes que podían favorecerle, como los dió así mismo á las personas de su devoción que le acompañaban, y todo así puesto en orden, el 24 de Febrero de 1495, zarpó la escuadrilla con rumbo á las costas de España.

Esto sin embargo, el funesto precedente del cargamento de esclavos tenía cada día más irritados los ánimos de los indios; conocieron que la prolongada permanencia de los españoles en la isla, era signo evidente de duradera dependencia y esclavitud, y aunque los caciques del llano se iban acostumbrando á esta idea y se sometían, aunque con repugnancia, á la servidumbre, no ocurría lo propio en las partes montañosas, donde Caonabó, el gran cacique del interior; con un valor y constancia, digno de la causa que defendía, se proponía destruir la plaga que había caído sobre la isla; no perdonaba medio de adquirir y organizar á su modo elementos de combate, aumentados con los más descontentos de los otros cacicazgos, formando así una especie de banderín de enganche; y cuando tuvo dispuesto un ejército de 10.000 hombres, en combinación y de acuerdo con el cacique Guatiguaná sorprendió una mañana, el fuerte de Santo Tomás, pretendiendo tomarlo por asalto; más su alcaide, Alonso de Ojeda, con sus cincuenta hombres de guarnición lo defendió con gran sangre fría, y los tiros de los arcabuceros, sembrando la muerte en las apretadas masas de indios, las obligaron á retirarse prudentemente á una distancia donde no llegasen los proyectiles.

Era Caonabó hombre tenaz y odiaba de tal modo á los españoles, cuyo exterminio había sin duda alguna jurado, que acordó bloquear por hambre la pequeña fortaleza, pero al cabo de treinta días, cuando cansada y diezmada la gente por las terribles acometidas de los cristianos, en las distintas salidas que hicieron, sin recibir por su parte daño alguno, pues embotábanse las flechas en sus armaduras, comprendió la inutilidad del bloqueo, y acordó levantar el sitio, después de haberle hecho concebir su odio nuevos y más vastos planes de destrucción, aliándose con todos los caciques, á quienes comunicaba el odio mortal que hervía en su pecho. Con enemigo tan feroz y testarudo, la tranquilidad de los españoles estaba constantemente amenazada, y el temor de una sorpresa aconsejaba la vigilancia más exquisita.

Era, pues, indispensable inutilizar aquel elemento de perturbación y de peligro, y cuando más preocupado estaba el Almirante combinando planes encaminados á este fin, presentóse en la Isabela Alonso de Ojeda á tomar su venia para prender al cacique. Había llegado hasta Ojeda la noticia de que Caonabó, con astucia refinada, se preparaba á solicitar la paz con los cristianos, á quienes pretendía

inspirarles confianza, para aprovechar en atrevida sorpresa
el descuido á que se entregaría la ciudad, y caer sobre ella
con grandes legiones de indios, destruirlo todo y apoderarse
del *Turey*, que así llamaban á la campana de la iglesia, á
la cual tenían por misterioso amuleto de origen divino,
cuya voz, que parecía bajar de los aires, tenía la virtud de congregar á los cristianos, para adorar y ponerse en comunicación con aquella divinidad, de quien recibían el valor que demostraban. El pensamiento de Ojeda era atrevido, y á no consignar aquel hecho el propio
fray Bartolomé de Las Casas, á quien se lo refirieron poco
después, en el lugar teatro del suceso, los mismos indios,
parecería exageración ridícula de leyenda caballeresca.
Acompañado Ojeda de ocho ó diez soldados bien armados
y decididos, jinetes en ligeros caballos, salió de la Isabela
en demanda de la corte del cacique, escondida en lo más
intrincado de su reino, llamado *Maguana;* atravesó en pocos días la distancia de setenta leguas, y al llegar cerca
de la residencia del monarca, hizo alto á la orilla del río
Yaquí; saltaron de las cabalgaduras con gran asombro de
los indios que los observaban, pues creían que el caballo
y jinete, en una sola pieza, formaban un animal feroz y
espantable; y con ademanes amistosos consiguió que se
acercasen; y envió á decir al cacique que el *Guamiquina*
(señor), ó sea el Almirante, los enviaba para hacerle entrega de un rico y maravilloso *Turey de Vizcaya*. La noticia de que los cristianos le llevaban un *Turey*, entusiasmó tanto al cacique que, sin prevención alguna, los
hizo pasar hasta su morada: adelantóse Ojeda, y puesto
de rodilla ante el salvaje besó con gran ceremonia la mano
del feroz indio, indicando á su gente que hiciesen lo propio,
con lo cual le daban idea de la importancia semidivina que
iba á adquirir su persona con la posesión del misterioso
amuleto. Terminada esta ceremonia previa, sacó luego
Ojeda, con grandes muestras de respeto y veneración, un
par de grillos y espósas muy bruñidos y relucientes, y

mostrándolos al cacique, le dijo que aquel *Turey* maravilloso había llegado de Vizcaya, ó sea del cielo, que poseía secreta virtud y que los *Guamiquinas* ó Reyes de Castilla lo usaban en las grandes ceremonias, como joyas muy preciadas, colocándoselo después de lavarse el cuerpo; invitado á que hiciera él lo propio en el próximo río, después de aquella ablución, le rogó que montase á las ancas de su caballo. Era Caonabó muy valiente, y aunque le inspiraba cierto temor la presencia de los caballos, accedió á la invitación de Ojeda, no tanto por mostrar ante sus súbditos la valentía de su alma, cuanto porque consideró que aquellas debían ser ceremonias previas para merecer la posesión del misterioso Turey; subió, en efecto, á las ancas del caballo de Ojeda, y acercándose, con mucho respeto y ceremonia, uno de los soldados, le puso los grillos y las esposas, con gran alegría del cacique y de sus súbditos, que palmoteaban entusiasmados. Sujeto de este modo el feroz caudillo, movió Ojeda las bridas y dió unos pasos por delante de la grey indiana, separándose paulatinamente, seguido de los soldados, que á manera de escolta de honor procuraban detener, con las cabriolas de sus corceles, á los indios, á fin de ir aumentando la distancia que los separaba por momentos de su cacique y señor. En el momento oportuno echáronse los cristianos espada en mano sobre el cacique, atáronle fuertemente al cuerpo de Ojeda y las piernas al del caballo, y picando espuelas, atravesaron como exhalaciones la montaña y el llano, y sin tomar descanso alguno, abrumados por la fatiga y el hambre, llegaron á la Isabela, entregando al sorprendido Almirante aquel azote de los cristianos.

El golpe audaz de Ojeda sobrecogió á todos los caciques é infundió verdadero temor entre los indios más belicosos; pero no tardó en venir la reacción, y un grito de rabia y de venganza contra los opresores, recorrió de uno á otro confín toda la isla. Los parientes de Caonabó, poderosos señores del reino, despachaban emisarios á todas partes predicando la guerra santa, y *Behechio*, cacique de *Xaraguá* y hermano de *Anacaona*, mujer poderosa y varonil, esposa del prisionero, fueron los jefes del movimiento insurreccional; y en este delirio, sólo el cacique de Guacanagarí permanecía fiel á la amistad de los españoles.

Más de cien mil combatientes entraron en la Vega Real dispuestos á caer sobre la Isabela y ahogarla en un círculo de carne humana, y siendo pocos los defensores, porque las enfermedades continuaban diezmando la población, corrían, sin un poderoso esfuerzo, el peligro cierto de perecer ante aquella avalancha, movida por el más profundo y justificado sentimiento de odio. La prisión de Caonabó, el más poderoso de los caciques de la isla, el que siempre en la brecha la había hecho respetar, librándola de las acometidas de los enemigos de fuera, era para ellos una verdadera desgracia que á toda costa se proponían remediar.

Ó no pudo Cristóbal Colón remediar, destruyendo en su origen el virus de la insurrección, ó no se atrevía á sospechar siquiera, á pesar de los avisos de Guacanagarí y de los españoles que guarnecían los fuertes, que el odio de los indios, por muy grande que fuera, pudiera obligarlos á tal extremo, cuando él tenía la certidumbre de su simplicidad, y confiaba en su bondadoso é inofensivo carácter. Sorprendiéndole aquel movimiento general en los últimos días de su convalecencia, con cuanta rapidez le fué posible, reunió un ejército de doscientos hombres bien armados y veinte caballos, y para suplir en algo la deficiencia del número, pues tenían que pelear contra cien mil indios, distribuyó entre su tropa veinte feroces lebreles de presa, que no contribuyeron poco á destruir las masas, sirviendo á los historiadores de pretesto para calificar de bárbara la acción de emplear tan feroces auxiliares contra los desnudos cuerpos de los indios.

Puestas las cosas en orden, el 24 de Mayo de 1495, salió Colón de la Isabela al frente de su reducido ejército en dirección de la Vega Real; y al descubrir desde la altura que la domina, la inmensa muchedumbre de indios en ella acampados, no pudieron reprimir un movimiento de asombro, á la vez que, extremando los indios su confianza á la vista de aquel puñado de hombres, pensaron en su próxima y definitiva destrucción.

Para ofender por varios puntos la masa indígena, y hacerle sentir á la vez por distintas partes los efectos de los elementos de destrucción que empleaba, dispuso el Al-

La Granbatallaq tuboelAlm.te conelRey
Guarionex y cienmil yndios enlaVegaReal

mirante desplegar en ala la infantería, formando una línea, lo menos débil posible, para evitar el peligro de ser cortados antes de tiempo, en tanto que Ojeda se preparaba con la caballería á dar otro golpe de audacia, metiéndose entre las apretadas filas hasta llegar al centro donde *Manicotex* alentaba su gente.

Los efectos de esta maniobra fueron inmediatos, pues apenas se rompió el fuego, y los caballos y los perros llegaron á las primeras filas, comunicóse con rapidez el pánico de unas á otras y en confuso tropel, desbandándose por toda la vega, perseguidos aquí y allí por los feroces lebreles que, irritados con el ardor de la pelea se cebaban en los desnudos cuerpos de aquellos infelices, no descansaron hasta desaparecer en los montes más cercanos. El destrozo fué inmenso y rápido, y una gran parte del llano veíase cubierta de cuerpos mutilados por los lebreles; hiciéronse gran número de prisioneros, que redujeron á la triste condición de esclavos, terminando de este modo la primera batalla formal dada á los españoles por los pacíficos y raras veces ofensivos habitantes de las fértiles y opulentas tierras del Nuevo Mundo.

Antes que desaparecieran los efectos de esta derrota, para evitar que, rehaciéndose los indios, continuaran en la actitud de protesta armada, sin perder tiempo, dispuso el Almirante dar un paseo militar por toda la isla, y asegurar al propio tiempo, por medio de una hábil combinación de fortalezas, levantadas en los puntos más importantes, la sumisión y completa pacificación del territorio. Hízolo así, en efecto, y los puestos avanzados del *Bonao*, el más distante de la Isabela, construído á una margen del río *Yuna*, y el de *Santa Catalina*, con los tres anteriormente citados, bastaron para garantizar el orden, y obligar á los indígenas á pagar el tributo que, en atención á su rebeldía, juzgó el Almirante imponerle.

Había llegado el momento de hacer sentir á los infelices indígenas el yugo de la servidumbre; era necesario, con cualquier pretexto, saciar la sed de oro que devoraba á los cristianos y suplir, en parte, con el precioso metal, la falta de las perlas, de las piedras preciosas, de los perfumes y especerías y otras fabulosas riquezas de la India con que habían soñado, y que una fatal equivocación de Colón, harto prematuramente comprobada, había hecho extender por todas partes la noticia de su existencia, estimulando con la avaricia todas las pasiones; y pues era tan crecido el número de indios de aquella isla, era lógico pensar que la imposición de tal tributo proporcionaría en poco tiempo pingües ganancias.

Para ello, cada tres meses, todos los habitantes del Cibao y sus vecindades, habían de contribuir con el hueco de un cascabel lleno de oro; y los que viviesen lejos de las minas, en lugares más á propósito para la agricultura, contribuirían en el mismo tiempo con una arroba de algodón; y este deber se extendía á todos los indios varones desde la edad de catorce años en adelante. Al cacique *Manicotex*, principal agitador y jefe de la insurrección, con quien hubo de luchar largo tiempo, juntamente con los demás caciques, sus tributarios, les impuso el deber de acudir también cada mes con media calabaza de oro, por valor de tres marcos.

No de otra suerte proponíase equivocadamente Colón reunir en corto tiempo muchos miles de pesos de oro, sin tener presente que, agotadas en poco tiempo las arenas auríferas de los ríos, único manantial que podían explotar, los que carecían de útiles y conocimientos para labrar las minas, habían de ser completamente ilusorios aquellos resultados.

De cualquier modo, este fué el origen de la ruina y de la completa despoblación de la raza indígena de la isla Española.

Por otra parte, el tiempo que empleaban en el casi infructuoso trabajo de recoger aquí y allí pequeñas partículas de oro, sin que á pesar de las dolorosas amputaciones con que los castigaban cruelmente, hubieran conseguido nunca, con tales procedimientos, reunir la cantidad señalada, faltábanles para atender á su subsistencia y á la de los españoles, por quienes eran también forzados á labrar los campos y sembrar las sementeras, aclimatando las distintas semillas remitidas desde España.

Dura en verdad hacíase la condición de aquellos infelices bajo un régimen administrativo tan completamente opuesto á las leyes divinas y humanas, y tan contrario á los hábitos y á las condiciones de la vida indígena, como opuesto era también á los deseos de los soberanos; pero

más que todo, la adquisición del oro era lo que más trabajo costaba á los indios; para esto, habían de permanecer gran
parte del día metidos en agua y expuestos á las influencias
de las lluvias y de un sol insoportable; y este cambio tan
brusco en su vida, dió origen, como no podía menos, á enfermedades peligrosas, que diezmaban la por todo extremo desvalida población indiana. Era tal y tan grande la
repugnancia que sentían hacia este trabajo que *Guario-*

Indios lavando oro.

nes, el señor de las tierras más fértiles, propuso al Almirante, á cambio de aquel tributo, la obligación de darle
todos los años una sementera de trigo, labrando toda la
tierra que se extendía desde la Isabela hasta el otro lado
de la isla, ó sean cincuenta y tantas leguas de sembradu-
ra, y con los resultados de cada cosecha, dice el P. Las
Casas, hubieran tenido los castellanos pan para diez años.

Tal era la feracidad y fuerza productiva de aquellos terrenos vírgenes.

Pero á Colón no le halagaban estas riquezas, y no era por cierto, en busca de productos agrícolas á lo que habían ido á las Indias los caballeros y soldados españoles. El oro, he ahí la preocupación constante, y única quizá, de los conquistadores, y el origen de la ruina y de la despoblación completa de la raza indígena de la isla Española.

Por el tiempo que duró la expedición militar del Almirante al interior de la isla, sojuzgando á los indios, ya por medios persuasivos, ya con los argumentos de la fuerza, dos sucesos distintos y de distintas consecuencias para Colón, se sucedieron casi simultáneamente. Persuadidos como estaban los indios de los castigos á que se exponían si no eran exactos en el pago del tributo impuesto, afanábanse en los primeros momentos en buscar el oro redentor; más agotados el muy escaso que arrastraban con la arena las aguas de los arroyos, viéronse en la dura necesidad de perforar la tierra en los sitios donde suponían hallarlo, y de este modo, los súbditos de Guarionex, dieron con un rico filón, casi á flor de tierra, en la falda meridional de unas sierras enclavadas en la parte Sur de la isla, por donde corre el río *Hayna*. Avisado de este hallazgo el Almirante, á quien suplicaron los indios que enviase españoles con instrumentos á propósito para explotar la mina, pues ellos carecían de industria y de medios para esta operación, dispuso que el aragonés Miguel Díaz, mozo travieso, muy amigo de los indios, y Francisco de Garay, partiesen con un destacamento á reconocer el lugar. Púsose en marcha la tropa, y después de atravesar grande extensión de terreno, ora fértil y llano, ora áspero y montañoso, cuajado de dificultades, atravesando pantanos y salvando despeñaderos, llegaron al *Bonao*, y á las doce leguas de este punto, dieron en el río *Hayna*, en cuyas inmediaciones encontraron á poco de perforar la tierra muy buenas muestras de oro, juzgando por su abundancia, que un hombre trabajador podría recoger más de tres pesos diarios (1).

Con tan feliz descubrimiento, dispuso Miguel Díaz enviar al Almirante, con las muestras del oro recogido, noticias detalladas de la importancia y riqueza de aquellos lugares, en los momentos que recibía desde la Isabela aviso de la llegada de Juan de Aguado con cuatro carabelas y con cartas credenciales de los Reyes, para que oficialmente hiciese pesquisa é información de todo lo que había allí ocurrido.

Con el cargamento de indios que envió Colón á España, en las carabelas que, al mando de Antonio de Torres salieron de la Isabela el 24 de Febrero, debieron salir, sin duda, con los testimonios y memorias que enviaba á los Reyes sincerando sus actos, nuevos memoriales de cargos, suscritos por los descontentos, aunque sólo el testimonio de los quinientos infelices indios condenados á la esclavitud, fué sin duda suficiente motivo para que los Reyes desaprobasen su conducta, y nombrasen á la persona de Juan de Aguado, su repostero (siguiendo la indicación del propio Almirante, que hasta en esto le dieron prueba los Soberanos de la consideración y cariño con que siempre le trataron), para que se trasladase á la isla Española á hacer una información completa é imparcial de todo, á cuyo fin fué proveído con la siguiente carta de creencia:

«El Rey é la reina,—Caballeros y escuderos y otras personas que por nuestro mandado estais en las Indias, allá vos enviamos á Juan Aguado, nuestro repostero, el cual, de nuestra parte, vos hablará. Nos vos mandamos que le dedes fe y creencia. De Madrid á nueve de Abril de mil cuatrocientos noventa y cinco años.—Yo el Rey —Yo la Reina·—Por mandado del Rey é de la Reina, nuestros Señores, Hernan dalvarez» (2).

(1) Esta versión es del P. Las Casas, y la damos preferencia á la de Fernández Oviedo, porque en ciertas cosas estuvo el célebre apóstol de los indios mejor informado que el autor de la *Historia natural.*

(2) Las Casas, *Historia de Indias,* tomo II, cap. cxii, pág. 110.

Llegado á la Isabela por Octubre del mismo año, en ocasión de estar el Almirante, como hemos dicho, sojuzgando á los parciales de Caonabó en la provincia de Maguana, empezó Aguado á ejercer autoridad, dictando órdenes poco ajustadas á las instrucciones reales. Excediéndose en sus atribuciones, quiso prender á varios españoles y obligar á Bartolomé Colón, que á la sazón ejercía interinamente el cargo de gobernador de la ciudad, que dispusiera lo conveniente á fin de publicar las credenciales y órdenes de que iba provisto; mas, por no prestarse Bartolomé á las exigencias del pesquisidor, sin la presencia del Almirante, á quien dió aviso de lo que pasaba, hubo de uno á otro contestaciones agrias, y por parte de Aguado poco ajustadas al respeto y á la consideración que debía á la persona del hermano del Almirante.

Llegó éste por último á la Isabela, en los momentos en que Aguado se disponía á marchar en su busca, impaciente acaso por empezar á ejercer su oficio de pesquisa; y el contraste que ofreció la altanería del advenedizo con la sumisa, aunque digna actitud del Almirante, á las órdenes reales que le mostraba, desconcertó al engreído Aguado, que se proponía irritar el ánimo de Colón, excitando la viveza, é impetuosidad, y aun si se quiere la irascibilidad de su carácter, pues Colón no era hombre capaz de someterse á ciertas imposiciones dirigidas contra su dignidad y contra los prestigios que le daban, más que la autoridad de sus títulos, la importancia de sus servicios. Acató las órdenes de los Soberanos, disponiendo que fuesen publicadas con la solemnidad de costumbre, y esta actitud humilde, interpretada por los descontentos, que eran muchos, como signo evidente de la desgracia de Colón, de su ruina y de la destitución de su persona en los cargos de Indias, fué causa de que hicieran el vacío en su derredor y adulasen al nuevo astro, considerando ya á Aguado presunto candidato á la gobernación general de las Indias. No era, pues, extraño que el proceso inquisitorial aumentase en volumen y en acusaciones, justas unas, amañadas otras y exageradas las más, y que puesto el interés de la gente oficiosa, servil é inconstante á la devoción de Aguado, le presentasen largos memoriales de cargos, vaciados en las declaraciones de los caciques y de los indios que, en concepto de esclavos, servían á los españoles.

En tanto, con la impasibilidad y sangre fría, propia de la experiencia que tenía de las cosas, veía Colón crecer la ola que pretendía ahogarle, sin formular la más insignificante protesta, siempre altivo, contrastando la dignidad de su persona con la ridícula petulancia del leguleyo; y cuando consideró éste terminado el proceso, comprendiendo que arrojaba méritos bastantes para que los Reyes, bien informados, juzgasen á Colón, acordó volver á España á dar cuenta del resultado de su pesquisa.

En tal estado las cosas, estimó el Almirante llegado el caso de defenderse; no podía ya ocultársele la índole de las acusaciones de que era objeto en la corte; la actitud de Aguado, á quien protegió un tiempo y lo honró con su amistad, diole la clave del enigma; reconoció que sus enemigos eran muchos, y algunos de gran predicamento en la corte, y si esto ya lo sabía, y para justificar sus actos rogó á los Soberanos que nombrasen un juez pesquisidor, indicando para este cargo á Juan de Aguado, por los conocimientos que debía tener de los negocios de Indias, donde estuvo algún tiempo empleado, y ser al parecer persona de capacidad, honradez y claro juicio; la actitud violenta, el desenfado impertinente y la arrogancia con que se presentaba ante la persona á quien debía gratitud, prestándose á aceptar como buenas, falsas y amañadas acusaciones, le hizo comprender cuán importante había de ser para su causa marchar á la corte á defender personalmente sus actos, y hacer que la justicia no fuera extraviada, cayendo él entre las mallas de la grosera urdimbre tejida con el falso hilo de la intriga.

El principal argumento con que Colón pretendía des-

truir las acusaciones de que era objeto, en cuanto éstas
tenían relación con la importancia de sus descubrimientos,
feracidad, y riqueza de las tierras, ya que por desgracia,
sus actos como administrador y gobernante caían muy por
bajo de la importancia de aquellos servicios, sin poder
tampoco borrar algunos, contrarios a los más rudimentarios principios de humanidad, y opuestos por consiguiente
á las órdenes é instrucciones reales, fué el de cargar las
naves que habían de conducirlo á España de los más ricos
productos de la isla. En su consecuencia, reunió la mayor
cantidad posible de oro, y como muestras de la abundancia y buena ley del codiciado metal, llevó algunas pepitas
de extraordinario tamaño, pues una de ellas pesaba veinte
onzas de oro nativo y puro.

Para tranquilidad de la isla, dispuso limpiarla de la gente
más sospechosa, obligando á embarcar á los más revoltosos,
y por consiguiente menos útiles y más nocivos á la quietud y pacífico desarrollo de la colonia; á los enfermos y
convalecientes; y á todo el que quisiere abandonarla y regresar á España. Proponíase también conducir á la corte
al cacique Caonabó, y presentar á los Reyes aquel raro
ejemplar de rudeza feroz é indomable; y por último, con
arreglo á sus privilegios, dispuso que su hermano Bartolomé, con las facultades necesarias quedase al frente de la
gobernación y destinos de todas las tierras; y por alcalde
de la ciudad y juez de la isla, nombró á uno de sus familiares, mozo listo y de gran travesura, natural de Torre-
donjimeno, provincia de Jaén, llamado Francisco Roldán
Jiménez.

Así dispuestas las cosas, acordó proceder al embarque
de toda la gente y objetos que habían de ser conducidos á
España, cuando de pronto, sorprendió á la ciudad y á una
gran parte de la isla uno de esos formidables ciclones, tan
comunes en aquellas latitudes, llamados por los indios
huracanes, que en el poco tiempo que duró destrozó todas
las naves ancladas en el puerto, de tal modo, que sólo la

Niña se libró de perecer, aunque quedó desencuadernada y totalmente inservible si no se procedía á su inmediata compostura. Este contratiempo fué funesto para toda la colonia y especialmente para Colón, que se veía obligado á diferir el viaje por el tiempo que durase el arreglo de la única nave que había quedado y la construcción de otra que mandó aparejar, en el cual tiempo, agotándose los pocos víveres que se habían salvado de la catástrofe, vióse nuevamente obligado á exigir de los indios alimentos y vituallas en cantidad suficiente, no sólo para la colonia, para el repuesto de las trescientas personas que marchaban á España.

Terminadas las carabelas y puestas en condiciones de navegar, dispuso Colón embarcar en la *India,* así llamada la primera nave que se construyó en aquellas tierras, á la gente de peor condición, en número de unos doscientos veinte, y con ellos, el pesquisidor Aguado hizo su viaje de regreso. En la sentina de la *Niña* alojó convenientemente á Caonabó, un hermano y un sobrino suyo, con más treinta indios; tomó él posesión de su estrecho camarote, y todo así dispuesto para hacerse á la mar, el día 10 de Marzo de 1496, levaron anclas y puestas las proas al Oriente, salieron del puerto de la Isabela.

En previsión de cualquier accidente marítimo que hiciese prolongar el viaje, y consumir, por tanto, los escasos víveres que llevaba de repuesto, antes de hacerse á la vela, el prudente Colón juzgó oportuno volver á cruzar los mares de las pequeñas Antillas por el camino que siguió en el viaje de ida, á fin de reponer la despensa en cualquiera de las islas que juzgase más á propósito. Muy acertada por cierto fué esta medida de precaución, porque después de doce días de marcha, detenidos, unas veces por la absoluta calma de las brisas y contrariados otras por los vientos de proa, al cabo de ese tiempo, encontrábase aún á la altura del Cabo del Engaño; al rebasar esta punta, la más oriental de la Española, derivó un poco el rumbo al Sur; siguió luego la dirección recta hacia Oriente, y durante un mes completo navegó con mucha dificultad por los mares antillanos, faltos de víveres y reducidos todos, equipaje y pasajeros á la necesidad de no consumir sino la escasa ración que diariamente se les asignaba.

El día 10 de Abril arribaron á las costas de la *Guadalupe*, una de las islas postreras de las pequeñas Antillas, mandó el Almirante dar fondo en una deliciosa bahía, y ordenó que saltasen á tierra algunos marineros y soldados á refrescar todos los víveres; pero un ejército de mujeres armadas de arcos y flechas se opusieron al desembarco, obligando al Almirante á parlamentar por medio de dos indios, por los cuales supieron aquéllas el objeto que allí los detenía: ante esta actitud de paz indicáronles las amazonas el lugar de la isla donde sus maridos, ocupados en la labranza y cultivo de la tierra, les darían los mantenimientos que hubiesen menester, con cuyas noticias siguieron las naves bordeando la costa, y al llegar á un sitio pintoresco, muy poblado, acudieron los indígenas en són de guerra, y en actitud intransigente y belicosa provocaron una lucha que á toda costa quería Colón evitar. Mas, obligados por la procacidad de los indios á disparar algunos tiros de lombardas, huyeron éstos bien pronto á esconder el miedo al interior de la isla. Durante los nueve días que permanecieron en la Guadalupe, hicieron buena cantidad de pan de cazabe; proporcionáronse otros mantenimientos y apresaron diez mujeres y tres muchachos, entre ellas, la cacica ó señora de la isla, mujer varonil, muy valiente y de gran influencia en el país. Llegado el momento de darse á la vela, para no dejar descontentos á los habitantes de esta isla, juzgó prudente dar libertad á las mujeres; mas la cacica, lejos de desear volver á su tierra, determinó seguir la suerte de Caonabó, cuyos infortunios habían de tal modo interesado su compasión que, enamorada del feroz cacique, quiso acompañarle y aliviar con sus caricias la melancólica tristeza que lo tenía postrado; mas de poco le sirvió este generoso sacrificio: á los pocos días, la indómita fiereza del salvaje rindióse á la muerte, única capaz de abatir la energía de aquel raro y primer ejemplo de valor de una raza fuerte, no vencido por ninguna suerte de contrariedad ni rendido á los halagos ni á la compasión de los conquistadores de su patria.

El día 20 de Abril quedaban provistas las despensas de buena cantidad de víveres, hízose repuesto de agua y leña, y todo dispuesto para continuar el viaje levó anclas la escuadrilla. Con tiempo vario, interrumpido frecuentemente por vientos contrarios, navegaron las pequeñas naves por un mar dificultoso, que retrasaba notablemente la velocidad de la marcha. En los últimos días de Mayo aún no sabían los parajes por donde navegaban; los víveres se habían ya consumido y sometida la gente á escasísima ración, el hambre empezaba á batir sus negras alas sobre las infortunadas carabelas. Mas el temor de morir de hambre empezó á preocupar la gente y á concebir medidas radicales: unos, los más impacientes proponían la conveniencia de arrojar los indios al mar, á fin de reducir los elementos de consumo; pero otros, más previsores, argüían, ante el temor de someterse al sorteo á que se verían obligados para alimentarse con el cuerpo de la víctima señalada por la suerte, que convenía conservar la vida de aquellos desgraciados, para el caso probable de tener que acudir á este desesperado procedimiento.

La situación del Almirante era comprometida, mas antes de contemporizar con los descontentos ni de aceptar los remedios que proponían, procuraba alentarlos con la esperanza de la proximidad de tierra, y con el ejemplo de sus propios sufrimientos, viéndose precisado á someter el orden y la seguridad de todos á la más exquisita vigilancia. Mas, de tal suerte había el hambre trastornado los cerebros, que los mismos pilotos habían perdido ya la noción del tiempo, y ni en hipótesis siquiera podían deducir los lugares por donde navegaban, pues algunos creían encontrarse en los mares de Inglaterra. Pero Colón tenía la evidencia de la proximidad de una costa, y aunque procuraba llevar su propio convencimiento á todos los ánimos, sólo conseguía irritarlos más y más.

En tan espantoso estado de desfallecimiento y angustia, extenuados y famélicos, con los síntomas de la desesperación en la mirada, pasaron los primeros días de Junio sin recibir socorros de ninguna especie; hasta que al fin, pudieron contemplar por la banda de estribor la aparición de las costas de España, y el día 11, tres meses después de haber partido de la Isabela, desembarcaron en el puerto de Cádiz aquellos espectros, que no á otra cosa podían semejarse la tripulación y pasaje de las pequeñas carabelas.

Antes de desembarcar, aprovechó Colón la feliz coincidencia que le proporcionó una expedición compuesta de tres naves dispuesta á partir para la Isabela con toda clase de víveres y elementos industriales y de labranza, la cual, mandada por el célebre piloto Pero Alonso Niño, iba muy pronto á darse á la vela. Enteróse Colon de las instrucciones que le enviaban los Reyes en varios pliegos, y con arreglo á ellas escribió á su hermano Bartolomé sobre la ejecución de aquellos despachos. Cinco días después, el 17 de Junio, zarpaba esta escuadrilla con rumbo á la Española.

CAPÍTULO X

IEN distinto, por cierto, del que mereció tres años antes de los vecinos del pequeño puerto de Palos, fué el recibimiento que en esta ocasión hicieron en Cádiz al célebre Almirante de las Indias.

«En vez del alegre gentío que entonces saltaba de gozo por la playa, lisonjeado por la gloria del éxito y por las riquezas de las doradas Indias que aseguraban los recién llegados, aquí se vió desembarcar una multitud de infelices, extenuados por las enfermedades de la colonia y las fatigas de la travesía; sellados los amarillos rostros con la escoria de aquel oro, objeto de sus afanes, y que no contaban de las descubiertas tierras más que historias de enfermedades, de miseria y de desengaños» (1).

(1) Rodríguez Pinilla—*Colón en España*, cap. XII, pág. 337.

Pocos días permaneció Colón en Cádiz descansando de las fatigas del viaje; tenía prisa de llegar prontamente á la corte, y antes de emprender la marcha, juzgó oportuno escribir á los Soberanos larga carta, dando cuenta de su regreso de las Indias y adelantando algunos juicios que pudieran servir de base á su pleito, sobre el desarrollo de los sucesos más importantes ocurridos en la colonia. Desde Cádiz pasó á Sevilla, en cuyo punto esperaba descansar algunos días en el seno de la amistad de los muchos admiradores que tenía en la ciudad del Betis, en tanto recibía contestación de los Reyes, anhelada febrilmente, porque con arreglo á ella había de ajustar su conducta y los términos de su defensa.

Durante el viaje y luego en la capital andaluza, tuvo buen cuidado de exhibir todos los objetos que conducía más á propósito para fijar la pública atención, como testimonios de la riqueza de los países que había descubierto, y entre otras cosas, «refiere el cura de los Palacios, en cuya casa se alojó algunos días el viajero, que le enseñó collares y coronas de oro y piedras, pepitas gruesas, sobresaliendo una cadena que fué adorno del cacique Caonabó, formada de gruesos eslabones que pesaban cien onzas, con valor de tres mil doscientos pesos» (1); mas, contrastando en esta ocasión la actitud indiferente del pueblo, á pesar de tales manifestaciones de opulencia, no acreditada ciertamente hasta entonces, con el entusiasmo que despertó en la misma ciudad su regreso del primer viaje, comprendió luego el intrépido viajero, que el descrédito en que iban cayendo sus empresas, era la causa única y esencial de la poca fe con que eran acogidas sus promesas y las esperanzas que se prometía de conseguir pingües riquezas.

Mas no era extraño que así sucediera; los informes de los descontentos, mucho más elocuentes y persuasivos que las brillantes relaciones de suntuosidad, riqueza y bien-

---

(1) Fernández Duro—*Investigación de los bienes de fortuna que tuvo Cristóbal Colón*—EL CENTENARIO, núm. 2, pág 71.

IGLESIA DE PALOS

andanza con que ponderaban algunos, los menos, las excelencias de los nuevos territorios, traducidas hasta entonces en miseria, ruina y enfermedades, fueron causas, sin duda, del descrédito en que iban rápidamente cayendo los estériles descubrimientos de Colón; cuando por otra parte llamaba más poderosamente la atención general las gloriosas campañas de Gonzalo de Córdoba en Italia, el ejército que organizaba el Rey Católico en Cataluña y Navarra contra las pretensiones del Rey Cristianísimo, y la poderosa armada de ciento veinte naves de alto bordo, dispuesta en Laredo á zarpar con rumbo á Flandes, para donde, acompañada de un ejército de quince mil hombres, el día 20 de Agosto partía la infortunada infanta doña Juana, desposada por poder con el Archiduque D. Felipe, con quien iba á reunirse; todas estas aventuras militares, obscurecían por lo pronto la importancia que en un principio despertaron las empresas marítimas del Almirante. En esta ocasión, con motivo del viaje de doña Juana, ofreció el insigne marino sus conocimientos náuticos á la reiná Isabel, y le escribió á Laredo, adonde había ido á despedir á su hija, dándole consejos acerca de lo que á él le parecía conveniente ejecutar, ofreciéndose á mandar la escuadra y conducirla sin peligro al punto de su destino. Á esta invitación le contestó la Reina el 18 de Agosto una muy atenta y cariñosa carta, expresándole el reconocimiento y gratitud con que había visto su parecer.

Antes de ésta, recibió Colón otra carta, fechada en Almazán, el día 12 de Julio, un mes después de su desembarco; en ella le felicitaban los Reyes por su regreso, y le ordenaban que, cuando se encontrara en disposición de partir, pues no ignoraban el delicado estado de su salud, tomase el camino de Burgos, en donde aguardaban los Consejos de la corona la llegada de los Reyes empeñados á la sazón en bien distintas ocupaciones; pues mientras la Reina despedía en Laredo á su hija, el Rey Católico, sin tener el consuelo de hacer lo propio, vióse obligado en aquellas circunstancias á organizar en Gerona el ejército de la frontera de Francia, ante la actitud agresiva de aquel Soberano, el cual, dispuesto á sostener sus pretendidos derechos al reino de Nápoles, amenazaba por estas partes la tranquilidad del Reino, amagando un movimiento sobre la pláza de Perpiñán.

Las palabras afectuosas en que estaba concebida la carta y la cédula con tal motivo expedida, mandando abonar los gastos de su viaje á la corte, llevaron á su conturbado espíritu la esperanza, por lo menos, de que, no obstante las informaciones y pesquisas de los actos de su gobernación en las Indias, no había, por lo visto, caído en desgracia de los Soberanos. Con este consuelo dispuso inmediatamente los preparativos del viaje; tomó el camino de Córdoba, y sin detenerse, si no el tiempo preciso para descansar unos días al lado, quizá, de doña Beatriz Enríquez, madre de D. Fernando, partió para Burgos, y á principio de Octubre, pocos días antes de la llegada de la Reina, era ya el Almirante huésped de la hidalga y hermosa ciudad castellana.

La primera atención de los Reyes, no bien hubieron llegado á Burgos, fué de entender en los perentorios asuntos de Indias; para esto, con el afecto que siempre le demostraron, recibieron al Almirante cuantas veces juzgaron necesarias. Y cuando, enterados por él de los nuevos descubrimientos que había hecho en el *vastísimo continente de Cuba* y de las islas que pueblan aquellos mares, su fertilidad y riqueza, mostrando curiosos ejemplares de los productos que conducía y muestras del oro, ya en grandes pepitas, ya en granos como garbanzos y en polvo menudo, quedaron tan complacidos de tales resultados que, «agradecidos los servicios que tenía hechos, y considerando que era poco el provecho que hasta entonces le había reportado tantos trabajos, le acrecentaron las mercedes y los privilegios que le habían concedido anteriormente.» Oyéronle muy benignamente y tuvieron por buenos los informes que al propio tiempo dió el Almirante sobre las causas de los disturbios que habían tenido lugar entre los españoles: estas causas no podían buscarse sino en la desmedida ambición de unos, en la falta de fe de otros y en la conducta irregular de muchos, que le suscitaron enojosas situaciones, agravadas por la falta de víveres y de medicamentos con que combatir el hambre y las enfermedades, adquiridas, tanto por el brusco cambio de clima, como por el género de vida á que hubieron por necesidad de entregarse; cuyos conflictos y situaciones, tan difíciles de arreglar, sin el empleo de medidas enérgicas y hasta crueles á veces, justificaban las que él había tomado en más de una ocasión.

Estas explicaciones, si no satisficieron á los Monarcas, convenciéronles por lo mismo más y más en la necesidad que había de aplicar á tales males enérgicos remedios. Para ello autorizaron al Almirante para que, con cuanta diligencia le fuera posible diese memoriales de lo que hubiera menester, á fin de proceder al equipo de otra escuadra, tan importante y numerosa cuanto permitiera el estado precario del tesoro real, exhausto á la sazón por los gastos extraordinarios invertidos en las dotes de los infantes, en el lujoso equipo de la escuadra de Flandes y en el sostenimiento de los dos ejércitos que en Italia y en Cataluña sostenían el honor de las armas españolas.

En estos memoriales pedía Colón que se equiparan ocho navíos con todas las cosas necesarias para el abastecimiento de las Indias; proponía soluciones encaminadas á remediar las necesidades presentes, y proyectaba planes más vastos sobre el progreso de la población y cultura de la isla Española, y de las demás tierras descubiertas y por descubrir, fomento de la industria, de la agricultura y laboreo de las minas; establecimiento de nuevas poblaciones dotadas de iglesias, servidas por celosos misioneros y sacerdotes, nombramientos de alcaldes y jueces, escribanos, alguaciles y demás funcionarios que entendiesen en los asuntos de justicia y administración, y en todo lo que fuese preciso, según las necesidades del común y los intereses de los colonos, del fisco y del tesoro real.

En virtud de estos memoriales, desde el 23 de Abril del siguiente año de 1497 expidiéronse varias reales cédulas y provisiones, por las cuales le daban facultad de tomar á sueldo trescientas treinta personas de distintos oficios, ampliando esta facultad hasta quinientas más que quisieran establecerse en las Indias y morar allí el tiempo que tuvieran por conveniente. Para facilitar el tráfico mercantil y estimular el comercio, dispusieron que todas las cosas que se necesitasen fuesen compradas á precios corrientes, y que las mercaderías procedentes de aquellas partes fue-sen exentas en la primera venta de derecho y almojarifazgo, mandando al propio tiempo que el Tesorero de Indias pagase puntualmente lo que el Almirante ó su lugarteniente hubiesen librado.

Pero habían caído en un descrédito tan absoluto los descubrimientos de las Indias, de cuyas tierras no habían traído los aventureros hasta entonces, otra cosa que reliquias de asquerosas enfermedades, y recuerdos tristes de trabajos inauditos, de hambres y padecimientos, que á pesar de las ventajas con que se propusieron estimular las aficiones comerciales y el espíritu aventurero de los españoles, no había quien voluntariamente quisiera partir á tan remotos lugares, ni quien se atreviera á contratar con el Almirante ninguna clase de mercaderías con la sola garantía de los productos de aquellas partes.

En tal situación, acordaron los Reyes expedir nuevas y más ventajosas cédulas y provisiones, eximiendo de todo derecho cuanto se cargase para las Indias ó viniese de ellas, autorizando al Almirante para que, sin agravio de las partes, y bajo la vigilancia de sus dueños, pudiese contratar los navíos que necesitara, y que inmediatamente pagase por cuenta de la Corona todo lo que se debía á los que estuviesen ó hubiesen estado en las Indias, y á los dueños de naos que hubiesen llevado mantenimientos y otras cosas.

Esto sin embargo, no sin razón temían los Reyes que tales concesiones y facilidades no fuesen estímulo bastante eficaces para llevar á las Indias el personal necesario apto para aquellos oficios mecánicos, que por su indudable importancia contribuyeran á dar á los nuevos establecimientos vida propia; en su virtud mandaron expedir cartas patentes á todas las justicias, para que los delincuentes (si no lo eran por ciertos delitos de religión) condenados á destierro, fuesen puestos á disposición del Asistente de Sevilla, conde de Cifuentes, quien á su vez los entregaría al Almirante, como colonos obligados de las Indias. Apurando más la materia sobre este punto, mandaron indultar de las penas, á que hubiesen sido condenados por determinados delitos, á todos los súbditos y naturales de estos reinos, con tal de que en persona fuesen á servir á la isla Española por cierto tiempo bajo las órdenes del Almirante.

«Los Católicos Reyes, como muy agradecidos y virtuosísimos príncipes, cognosciendo el gran servicio que habían del Almirante recibido, y vistos y considerados sus grandes trabajos y el poco proyecho que había hasta entonces habido, hiciéronle nuevas mercedes en todo aquello que él les suplicó, y aun otras que él no había pedido, allende que le confirmaron de nuevo las viejas que le habían hecho, y todos sus privilegios al principio concedidos» (1), facilitándole cuantos medios fueran necesarios para el mejor acierto y exactitud en los múltiples asuntos confiados á su cuidado. Así, pues, durante el tiempo que permaneció al lado de la corte, confirmáronle todos los privilegios y mercedes otorgados en la capitulación del año de 1492, y para que los vinculase en su familia y perpetuase en ella la honra de sus servicios, diéronle también facultad de instituir uno ó más mayorazgos, como lo ins-

(1) Las Casas, *Historia de las Indias*, tomo II, cap. cxxiv, pág. 184.

tituyó en Sevilla, el 22 de Febrero de 1498, ante el escribano público Martín Rodríguez, por el cual llamó á la sucesión de todos sus estados, mercedes, privilegios, prerrogativas y exenciones á su primogénito D. Diego, y en caso de morir éste sin herederos varones, á su hijo natural D. Fernando; «el cual Mayorazgo en ninguna manera lo herede mujer ninguna, salvo si aquí ni en otro cabo del mundo non se fallare hombre de mi linaje verdadero, que se hoviese llamado y llamase él y sus antecesores de Colón.»

Para sostener la importancia de sus títulos con la decencia y esplendor necesarios, y poder atender á las múl-

tiples obligaciones á ellos inherentes, por cédula de 2 de Junio del mismo año hiciéronle asimismo merced de los derechos del octavo y diezmo, dándole facilidades para cobrarlos; y mediante provisión real de la misma fecha, dispusieron que no se diese cnmplimiento á ninguna orden ó disposición que mermaran sus atribuciones. Todo esto obtuvo el Almirante, «y obtuviera la propiedad perpetua de setenta y cinco leguas de terreno en la Isla Española, que quisieron concederle los Reyes, con título de Marqués ó Duque, á no rehusar tan exorbitante merced por miedo de la cavilación y maledicencia» (1); pero obtuvo para su hermano Bartolomé la dignidad de Adelantado de las In-

(1) Muñoz—*Histoiia del Nuevo Mundo.*

dias, según real provisión firmada en Medina del Campo el 22 de Julio de este mismo año.

Además de estas y otras concesiones, no menos importantes, con que quisieron los bondadosos Monarcas dar brillo y autoridad á la persona de su Almirante del mar Océano, le facultaron por Real cédula de 22 de Julio para sacar de España, con exención de todo derecho, quinientos cincuenta cahices de trigo y cincuenta de cebada, con destino á las Indias; y por carta patente de igual fecha, le daban autorización para repartir á perpetuidad entre los colonos aquellas tierras, y si bien le limitaron esta facultad, por lo que pudiera perjudicar á los indios, para quienes le fueron recomendadas las mayores consideraciones y un trato paternal, fué esta indudablemente la disposición de que más abusaron los colonos y los encargados del repartimiento, pues no pensando en otra cosa que en el acrecentamiento de sus haciendas, consiguieron en poco tiempo ver reducida á la más mínima expresión la opulenta población indígena de la isla Española.

Abrumado bajo el peso de tantas concesiones, por el mes de Octubre del mismo año, le mandaron entregar seis millones de maravedís para el equipo de los ocho navíos que había pedido y salario de la gente que llevaba á sueldo; mas, habiendo llegado á Cádiz la armada de Pero Alonso Niño, cargada de ricos productos, dispusieron los Soberanos que tomase sobre tales riquezas los expresados millones, pues había en aquellos momentos necesidad de invertir una gruesa suma de dineros en el equipo y refuerzo del ejército que operaba en Cataluña. Pero veamos en que consistían las riquezas que conducía de la Española el célebre piloto de Palos.

No bien hubo llegado Alonso Niño á la Isabela, en los primeros días de Julio, con oportunidad bastante para socorrer las crecientes necesidades de la colonia, sin perder tiempo, dispuso Bartolomé Colón el regreso á España de aquellas naves que no fuesen necesarias para el servicio de la isla, mandando que en ellas se acomodase, por no haber á mano productos más valiosos ni más fácil de adquirir, un cargamento de indios, los cuales, en número de trescientos, podían producir en los mercados de Europa una regular ganancia.

En efecto, cargadas las carabelas con mercadería tan extraña, cuyo tráfico tantas y tan repetidas veces habían condenado los Católicos Reyes, el 29 del mes de Octubre, después de feliz navegación, llegó á Cádiz el piloto Alonso Niño con sus tres barcos bien estibados de indios destinados al comercio de esclavos. Llegado apenas á la bahía, escribió á la corte una carta lisonjera, dando cuenta del cargamento de oro que conducía, pues pensó que *oro es lo que oro vale*, como si ya hubiese realizado el negocio; mas, certificados los Reyes de la triste verdad, penetrando el alcance que podía tener aquella nueva sorpresa y el mal efecto que produciría en el pueblo otro ejemplo y testimonio de la infecundidad de una tierra, cuyas ponderadas riquezas reducíanse á hombres aptos sólo para la esclavitud, fué grandísimo su disgusto, horrible la decepción del Almirante y desastroso el efecto que realmente produjo en la opinión, pues ya no había quien creyera en las fabulosas riquezas de las Indias, ni quien se atreviera á arriesgar la vida sin fruto alguno. «Aquí—dice el P. Las Casas—dió otro vaivén la negociación indiana, y sobrevinieron no chicos disfavores, de ser burla las cosas destas partes», enturbióse el placer que esperaba recibir Colón con la falsa noticia de aquel oro, y bajo el peso de su amargura, escribió á su hermano diciéndole que el negocio de las Indias estaba en tanta infamia que era maravilla.

Gastados los seis millones mencionados en las necesidades de la guerra, y reducidas á la nada las extraordinarias riquezas que conducían las naves de Alonso Niño, pues no autorizaron los Reyes la venta de aquellos infelices, antes bien, mandaron que regresaran á la isla Española, tales trabajos y desazones costó al Almirante reunir algunas cantidades, agotado como estaba el Tesoro real y apurados todos los recursos, que hasta llegó á exclamar que le era aborrecible la vida (1); mas al cabo, y mediante nueva orden que dieron los Reyes autorizando la exportación de trigo para Génova, recaudáronse á duras penas dos millones y ochocientos mil maravedís, con cuya cantidad se equiparon dos de las ocho naves con los más indispensables socorros que por el momento necesitaba la colonia. Provistas así las naves de buena cantidad de víveres, y noventa hombres de distintos oficios, en los primeros días de Enero de 1498 partieron desde Sanlúcar, al mando del Aguacil mayor de la isla Española, Pedro Fernández Coronel.

«Despachadas las dos carabelas, daba prisa (el Almirante) en proveer los seis navíos que quedaban, que él había de llevar consigo, y porque los negocios destas indias iban cayendo, de golpe, en fama y disfavores de muchos, en especial de los que más cercanos estaban de los Reyes, porque no venían los navíos cargados de oro (como si se hobiera de coger, como fruta, de los árboles, según el Almirante se quejaba); el acabar de cargar los seis navíos de los bastimentos, y lo demás que los Reyes habían mandado, fuéle laboriosísimo y dificilísimo, pasó grandes enojos, grandes zozobras, grandes angustias y fatigas» (2), pues tuvo que luchar con los entorpecimientos propios de la falta de recursos y con las dificultades que le suscitaban algunos oficiales de Sevilla, donde se aprestaban los barcos, entre los cuales oficiales, Jimeno de Briviesca, interventor de la Casa, con expresión impropia del cargo subalterno que desempeñaba, se permitió algunas observaciones irrespetuosas y palabras malsonantes para oídos tan delicados como los de Colón. Irritóle de tal modo la osadía del covachuelista, que no pudiéndose contener, castigó

(1) Las Casas, *Historia de las Indias*, tomo II, cap. CXXIII.
(2) Las Casas, obra citada, tomo II, cap. CXXVI, pág. 199.

por su propia mano al deslenguado con «*muchas coces ó remesones, por manera que lo trató mal*»; y esta conducta ligera y poco meditada agravó su pleito y extendióse bien pronto la fama de violento, soberbio y cruel con que ya lo iban dando á conocer sus enemigos. é indignados también los Reyes, parece que pensaron quitarle la gobernación, y enviar á las Indias al Comendador Francisco de Bobadilla; pues las palabras *no me desechen Vuestras Altezas, pues que siempre me sostuvieron*, que aparecen en una carta del Almirante, refiriéndose á estos sucesos, prueba evidentemente que sospechaba y temía el enojo de los Monarcas.

Equipadas las seis naves de todo lo necesario, y puestas en condiciones de navegar, con cerca de doscientos hombres de distintos oficios además de la dotación ordinaria de cada barco, el miércoles, 30 de Mayo de 1498, levaron anclas del puerto de Sanlúcar de Barrameda, y en vez de seguir la dirección de Occidente, dos motivos obligaron á Colón á variar de rumbo, inclinándolo al Sur. Había llegado á su noticia que una escuadra francesa hacía el corso en aguas del cabo de San Vicente, y para evitar el peligro de caer en su poder, acordó buscar la línea del ecuador y seguir su dirección, en cuya vía, según el parecer de un acreditadísimo geógrafo y viajero de aquel tiempo, que tenía por ciertas las riquezas de la zona tórrida, sospechó que hallaría en aquella latitud tierras riquísimas que se adelantaban hacia el Oriente.

En virtud de este acuerdo, inclinó el rumbo en dirección de la isla de Porto Santo, adonde llegó el 7 de Junio; refrescó los víveres y levó anclas en dirección de la Madera, que tocó el día 10, y el 19 ancló en la Gomera. Contribuyó aquí á rescatar dos carabelas que habían caído en poder de un corsario francés, y el día 21 llegó á la isla del Hierro.

En este punto juzgó prudente que tres de las seis naves siguieran directamente este paralelo y se adelantaran

para llevar socorros á la Española, porque antes de recalar él en la Isabela pensaba hacer por distinta vía nuevos
descubrimientos; nombró capitán de cada nao á Pedro de
Arana, pariente de Beatriz Enríquez, Alonso Sánchez de
Carvajal, regidor de la ciudad de Baza, y á Antonio Colombo, «ginovés, deudo del Almirante, hombre muy capaz y prudente, y de autoridad con quien yo—dice el
Padre Las Casas,—tuve frecuente conversación»; despidióse de todos, encareciendo el cumplimiento exacto de
las instrucciones que les había dado, y torciendo luego el
rumbo de su flota, el 27 de Junio dió vista á la isla de
Cabo Verde; embarcó algunas cabras monteses, únicos
víveres que pudo haber, y repuesta la bodega de agua y
leña, el día 5 de Julio levó anclas de la isla de Santiago,
rebasó el día 8 el paralelo 10.º y al siguiente día enderezó
la marcha en dirección de Occidente.

Pero una calma absoluta, propia de estos mares en ciertas estaciones, detuvo la pequeña escuadra, como si, soli-
dificadas las aguas, tersas y limpias, sin la menor ondula-
ción ni arruga, las hubieran aprisionado entre sus límpidos
cristales; los rizos y las velas caían flácidos á lo largo de
los palos; la atmósfera era asfixiante; los rayos del sol, cayendo perpendicularmente sobre las cabezas de los des-
venturados argonautas, parecían querer derretirlos, y
«entré en tanto ardor y tan grande—dice el propio Almirante—que creí que se me quemaban los navíos y gente, que
todo de un golpe vino tan desordenado que no había persona
que osare descender debajo de cubierta á remediar la vasija y
mantenimientos» (1), pues saltaban los aros de los toneles,
y esparciéndose el vino y el agua por las bodegas, contri-
buían á la putrefacción de los víveres.

Ocho días permanecieron bajo el peso de tan mortales
angustias por la acción caliginosa de los rayos solares, á
cuya influencia, recrudeciéndose los padecimientos de gota del Almirante, una fluxión á la vista, con grandes do-

(1) Navarrete, *Colección de viajes*, tomo I, pág. 391, *Relación del Tercer viaje*.

lores que le hacían padecer horriblemente, vino á agravar
más la situación de aquel hombre extraordinario, y agotadas las fuerzas del equipaje, caídas en una laxitud extremada, todos deseaban la muerte que pusiera fin á tantos sufrimientos. Mas de repente nublóse el cielo, espesa
lluvia de gruesas gotas de agua dulcificó un tanto el ambiente, levantóse ligero viento que hinchó apenas las
velas, y con lentitud empezaron las naves á moverse y á
marchar hacia Occidente.

Cerca de un mes llevaban de navegación por aquellos
inhospitalarios mares, y dos justos de la partida de España; consumíanse á toda prisa los víveres que pudieron resistir la acción del calor, mas el agua escaseaba, las raciones eran insuficientes, el martirio horrible, pues viscosa la lengua pegábase al paladar, y siendo cierto el
peligro de morir abrasados por la sed, los infelices viajeros habían llegado al límite del sufrimiento. En tal estado, acordó el Almirante variar el rumbo al Norte, hacia
donde las aves que pasaban les indicaban el lugar de próxima tierra. Mas de pronto, el día 31 de Julio, un marinero, Alonso Pérez, que había subido á la gavia á explorar
el horizonte, dió la voz de tierra, cuyo eco, como bajado
del cielo, cayó en los oídos de los tripulantes convertido
en el más armonioso de los acentos.

En efecto, á distancia de 15 leguas divisábase una montaña formada por tres picachos; y «Cristóbal Colón, cuya
fe religiosa tan exaltada *en ciertas ocasiones* y que había
ofrecido consagrar á la Santísima Trinidad la primera
tierra que descubriera en este viaje, no pudo menos de
encontrar una misteriosa significación en la forma de
aquella primera montaña que á su vista se ofrecía. La
isla recibió el nombre de *Trinidad*, que conserva todavía» (1).

Al aproximarse á ella, para surgir en el primer fondeadero, donde proveer de agua las naves, observaron que la

(1) Asensio, *Cristóbal Colon*, tomo II, lib. IV, cap III, pág. 201.

costa era rocosa y casi inhospitalaria; navegaron á su vista hasta doblar la punta más oriental, que llamó *Cabo de la Galera*, por una peña grande que desde lejos parecía galera que iba á la vela, y aproximándose á un puerto hondo, que no pudieron aprovechar, observaron que por esta parte ofrecía la isla hermosa perspectiva; era muy frondosa, y de trecho en trecho labrada la tierra por seres humanos, que al fin pudieron distinguir á lo lejos tripulando algunas canoas.

El miércoles, 1.º de Agosto, siguió la dirección del Poniente, y á las cinco leguas, mandó dar fondo al abrigo de un promontorio que llamó *Punta de Playa*, en donde bajaron á tierra algunos marineros á llenar las pipas de agua; hallaron más acentuadas huellas de gente, instrumentos de pesca, y á lo lejos poblaciones de indios; vieron también hacia el Sur una gran extensión de tierra que se prolongaba á medida que marchaban las naves; era el continente, cruzado en aquella parte, por las numerosas bocas del *Orinoco*, río, que llamaban los indígenas *Yuyaparí;* mas confundida por Colón con una isla, la nombró Isla *Santa*, primer nombre que recibió la tierra firme, confundiendo lastimosamente con una isla el vasto continente Sur americano, como confundido había con un continente la gentil isla de Cuba.

El día 2 llegó á la punta del *Arenal*, la más occidental de la isla de la Trinidad, entró en el golfo de la *Ballena*, agitadas sus aguas por el caudal que en él vierten algunas bocas del Orinoco, en cuya punta hizo alto la expedición.

Descansando y solazándose la gente en la contemplación de tan hermosa y fructífera tierra, permanecieron las naves hasta el día 4, en cuyo tiempo apuraron todos los medios para ponerse en comunicación con los indígenas. En uno de estos días vieron que se acercaba á la escuadra una gran canoa tripulada por veinticinco indígenas, que se detuvieron de repente á una prudente distancia, asom-

brados de la presencia en aquellos parajes de tan mons-
truosas naves, y aunque les hicieron señas de que se acercasen, no lo pudieron conseguir á pesar de los objetos de
relumbrón que les mostraban; comprendiendo entonces
Colón la poca confianza que inspiraban á los indios, quiso
valerse de un artificio singular: mandó que tocasen un
tamboril y dulzaina, á cuyo compás empezaron á bailar
algunos marineros; pero el resultado fué contraproducen-
te; pues creyendo los indígenas que aquella música era
un himno guerrero dispararon sobre el barco una nube
de flechas, y hubieran continuado disparando, si no los
hubiese alejado el temor que les produjeron varios tiros
de ballesta.

Pampanilla de paño ó algodón
con que cubrían los indios cierta parte del cuerpo.

Esto no obstante, poco después consiguieron ponerse
los expedicionarios en relación con los indígenas, cuyas
condiciones y cualidades contrariaban las ideas que Colón
tenía de encontrar en aquellas partes una raza negra parecida á la que puebla la Guinea en el África ecuatorial.
Eran estos indios de buena estatura, más blancos que los
habitantes de las Antillas, de cabellos largos, flexibles y
sedosos; los cuerpos, no del todo desnudos, eran mejor pro-
porcionados y de líneas más regulares; llevaban á la cabeza una especie de pañizuelo de colores, y á la cintura otro
paño corto con el cual castamente cubrían una parte del
cuerpo; eran enérgicos, valientes, y aunque de condición
pacífica y honrada, iban armados de arcos y flechas.
Desde esta punta del *Arenal* vieron en la dirección Nor-
te-Noreste, como á distancia de 15 leguas, la prolongación

de otra tierra que avanzaba á poca distancia de la punta Norte de la Trinidad, formando un estrecho peligroso, donde, al confundirse las aguas del Océano con las que del Orinoco forman el inmenso caudal que constituyen el golfo de la Ballena, chocan estrepitosamente, formando montañas y remolinos muy peligrosos, que mantienen en continua agitación la boca del estrecho, á la cual llamó el Almirante *Boca del Dragón.*

En demanda de aquella tierra, llamada por Colón isla de *Gracia*, que no es otra que la costa de Paria, prolongación del continente, levó anclas el día 4 de Agosto, y al atravesar el estrecho que separa la Trinidad de aquella parte de la tierra firme, que forma el delta del Orinoco, para entrar en el golfo de la Ballena, cruzado por corrientes de agua dulce, sorprendióle por la parte del Sur, tan estruendoso ruido, producido por gigantesca montaña de agua, que avanzaba velozmente sobre las naves que, al verse los tripulantes con sus barcos á tan prodigiosa altura sobre el lomo de la montaña no creyeron escapar al peligro de aquel singular fenómeno, y «aun hoy en día— dice el Almirante—tengo el miedo en el cuerpo, que no me trabucó la nao cuando llegó debajo della; por este gran peligro puse á esta boca, la *Boca de la Sierpe.*

Llegados á la costa de Paria buscaron en un fondeadero abrigo contra aquellas peligrosísimas corrientes; y el día 5 surgieron en uno muy capaz; reconocieron la tierra, por cierto muy frondosa y labrada en gran parte, y al día siguiente dieron fondo en un hermoso ancón; pusiéronse en contacto con los indígenas, que, á cambio de bagatelas les proporcionaban pan de maíz, agua y cierto brebaje como vino verde, y en estos tratos mostrábanse todos muy satisfechos.

Continuando la marcha por el interior del Golfo de Paria, siempre hacia Occidente, el día 8 tocaron en una tan hermosa tierra, que la llamó *Jardines*; los indígenas parecían más adelantados, pues cubrían sus cuerpos con largos paños de colores; eran también más políticos y tratables y se adornaban con láminas de oro, muchas de las cuales afectaban la forma de herradura, y un indio llevaba una pepita tan grande como una manzana. Á las señas que les hacían sobre la procedencia de aquel precioso metal, tan codiciado por los descubridores, daban á entender que se hallaba en abundancia en las montañas próximas. Las mujeres llevaban en los brazos sartas de contezuelas, y entre ellas perlas finísimas; interrogadas con vehemencia sobre el lugar donde las cogían, dijeron que hacia Poniente, en unas conchas que mostraban, las hallarían en tanta abundancia como desearan; y en efecto, cerca de allí está la isla de Cubagua, célebre por sus criaderos de madreperla. Rescató buena porción de las más finas y hermosas, apoderóse de varios indios jóvenes, que les seguían

Hacha de piedra empastada.

sin gran contrariedad, y continuando la marcha llegaron al seno del golfo: aquí se propuso encontrar una boca por donde salir á mares despejados, pues creía aún que era isla la tierra que tenía delante, pero no hallándola, surgió cerca de la embocadura del río Paria.

Muy contento estaba el Almirante explorando aquellos lugares tan fértiles, donde el oro y las perlas parecía existir en abundancia, y hubiera continuado rescatando, cerciorándose al fin de ser firme la tierra que exploraba, si no le obligase á abandonarla los cuidados que sentía por los asuntos de la isla Española, desde la cual se proponía enviar á su hermano Bartolomé para proseguir estos descubrimientos, á los cuales no había ido él bien provisto ni prevenida la gente que iba á sueldo, pues «no osó decir en Castilla que venía con propósito de descubrir por temor de que le pusiesen obstáculos ó le pidiesen más dineros que él no tenía». Érale también doloroso y sentía en el alma, la putrefacción de los víveres, adquiridos á costa de grandes angustias y fatigas, y que de malograrse tenía perdidas las «esperanzas de haber otros por la gran contradicción que siempre padecía de los que aconsejaban á los Reyes». Otra de las causas que le obligan á abandonar por ahora los descubrimientos era la desproporción de los navíos, impropios por su calado para esta clase de empresas, pues «*el uno era de más de* 100 *toneladas y el otro de más de* 70, *y no se requiere para descubrir sino de menos.*»

Por otra parte, el estado de su salud era cada día más delicado, y á más de los dolores que le producía el mal de gota, molestábale mucho, hasta el extremo de no poder escribir, á veces, la oftalmía, recrudecida por el continuo velar, con un derrame de sangre, que le producía grandes dolores.

Posible es que todos estos achaques, que tanto le molestaban, le hubiesen obligado á permanecer en su barco durante el tiempo que emplearon en explorar la costa del golfo de Paria. El problema, no bien discutido, acerca del desembarco de Colón en el continente, está todavía por resolver; la cuestión, sin embargo, es nimia, y no ha de menoscabar la gloria del Almirante cuantas razones, no del todo fundadas, se opongan á la exactitud del hecho, bien comprobado, de haber descubierto sus naves el continente indiano, y tomado posesión de él por la corona de Castilla. Pudo muy bien dejar de pisar la tierra firme, y aun es inverosímil que, pudiendo tenerse en pie y andar por la cubierta de su barco, no mostrase deseos de que le llevaran á tierra, aunque no fuera más que para descansar del continuo vaivén de la nave, y respirar con libertad y por algunos momentos el perfumado ambiente de tierra, tan codiciado por los que en largas travesías alimentan sus pulmones con aire saturado de las emanaciones que rodean los estrechos camarotes.

En ningún documento, de los que hasta ahora se conocen, se prueba el hecho con tanta exactitud que disipe la duda; porque si el maestre Hernán Pérez vió cómo *el Almirante con hasta* 50 *hombres saltó en la dicha tierra de Paria, é tomó una espada en la mano é una bandera, diciendo que en nombre de SS. AA. tomaba la posesión de la dicha provincia* (1), otros testigos rectifican la noticia, afirmando que el capitán Pedro de Terreros fué el que tomó posesión de ella *por mandato del Almirante, porque él no saltó entonces en tierra porque estaba malo de los ojos.*

Sea de ello lo que quiera, lo cierto es que Cristóbal Colón fué el primero que descubrió el continente indiano; los bateles de las naos que él mandaba, al conducir á tierra á los viajeros, hollaron las arenas de sus playas; y si personalmente no pudo, á causa de sus dolencias, tomar posesión del continente, por su mandado lo hicieron sus subordinados en nombre de los Reyes Católicos; trazó un diseño de sus costas, que sirvió poco después de guía á otra expedición más afortunada, y abandonó aquellas tierras después de haberlas puesto bajo la soberanía de Castilla.

Así fué, en efecto, el día 11 de Agosto levó anclas, mandando poner las proas hacia el Este en demanda de la Boca del Dragón, y al siguiente día surgió en un puerto próximo á dicha Boca, que llamó puerto de *Gatos;* ordenó que las barcas reconocieran otro que puso nombre de puerto de las *Cabañas,* donde hicieron aguada, y el día 13 embocó, por último, con mucho trabajo, el peligroso paso del Dragón, saliendo á un mar limpio y despejado. Inclinó la dirección al Oeste, navegando á la vista de la costa Norte de Paria, y al pasar entre la isla de *Cubagua* y la *Margarita* descansó en tanto tomaba posesión. El día 15, abandonó definitivamente aquellas aguas, tomó la vía del Norte, y el 19, por la noche, estaba á poca distancia de la costa Sur de la isla Española, surgiendo poco después frente á la pequeña isla de la Beata, en las cercanías del río Neyba.

(1) Navarrete—*Col. de viajes,* t. III, pág. 582.

El lunes, 20 de Agosto, antes de darse á la vela, observó que una nave, viento en popa, se acercaba hacia aquel lugar; esperó su llegada, y poco después de dar fondo, vió saltar de una lancha y entrar en la capitana á su hermano D. Bartolomé Colón, que al ver desde lejos que aquellas naves demandaban un puerto seguro donde hubiese españoles, sospechó que fuera en ellas el Almirante. Se estrecharon cariñosamente los dos hermanos, y poco después emprendieron la marcha hacia la ciudad de Santo Domingo, fundada por Bartolomé en la orilla izquierda del río *Ozama*, en cuyo puerto dió fondo el Almirante el día 31 de Agosto, dos años y medio de su partida á España.

CAPÍTULO XI

on la presencia del Almirante en la isla Española parecía natural que desaparecieran, ó por lo menos se apaciguaran las luchas civiles que ha tiempo venían entre los propios españoles siendo obligado y natural espíritu de su política colonial, nacido seguramente al calor de intemperancias, ambiciones y osadías de las únicas personas que más obligadas estaban á velar por la seguridad del orden, como garantía única y exclusiva del progreso y desarrollo de los intereses todos de la colonia. Mas no fué así por desgracia. La gravedad de aquellos sucesos era de tal magnitud, que sólo un carácter recto, íntegro y desapasionado, animado de un espíritu de prudencia y de templanza podría conjurar los odios desatados por pasiones bastardas, y animado de ese espíritu de paz y concordia venía el Almirante, contra su costumbre y temperamento; pues no se ocultaba á su claro juicio las conseccuencias funestas que habían de sucederse inmediatamente, si no terminaban luego estos desórdenes.

Pero veamos qué había ocurrido en la colonia durante su larga ausencia, y qué causas contribuyeron á desatar los vientos de las pasiones, amargando los pocos años de existencia que restaban al célebre navegante.

Puesto Bartolomé Colón al frente de los destinos de la isla, luego que partió su hermano para España, puso especial cuidado en ejecutar puntualmente los importantísimos asuntos que le había confiado y los que posteriormente llevó á la Isabela el piloto Pedro Alonso Niño de parte de los Reyes, relativos á la fundación de nuevas villas y ciudades en aquellos puntos más fértiles y saludables de la isla.

En virtud de tales instrucciones reunió luego cuanta gente útil para el trabajo se encontraba en la Isabela; dejó allí á su hermano Diego encargado de velar por el orden de los enfermos y convalecientes, y de algunos oficiales de ribera que también dejó ocupados en la construcción de dos naos; dióle una guarnición bastante respetable que los defendiera, si por acaso eran atacados, encargándole que cuando estuviesen terminadas las carabelas enviase al Sur de la isla la gente más robusta, donde él se proponía utilizarla en la fundación de una nueva ciudad.

Á la cabeza de los operarios y gente de armas, tomó Bartolomé el camino de las minas de San Cristóbal, en donde había mandado construir ya una fortaleza que sirviera de refugio á los explotadores del oro; exploró luego, con cuanta diligencia le fué posible, todo el terreno que se extiende hasta el mar, y pareciéndole muy á propósito una vega dilatada, fértil y hermosa, por donde corre el río Ozama, escogió en la margen izquierda, cerca de su desembocadura, un lugar algo más elevado, sobre el cual trazó el plano de la población; dispuso primero construir una fortaleza de tapia que sirviese de abrigo y defensa á los operarios, y en conmemoración del día, pues era domingo, ó en memoria, acaso, de su padre, Dominico Colombo, acordó que la ciudad se llamase *Santo Domingo*, cuyo nombre se extendió posteriormente á toda la isla.

Pocas semanas después, cuando los trabajos estaban bastante adelantados y la seguridad de la naciente población garantida, juzgó prudente visitar aquella parte de la isla más separada de los establecimientos españoles, donde gobernaba el cacique *Behechio*, y obligar á sus habitantes, con tributos que hasta entonces no les habían sido impuestos, á contribuir al sostenimiento de la colonia y al repuesto de los productos que pensaba enviar á España en la primera ocasión.

Dirigióse, pues, al Occidente, en demanda de la provincia de *Xaraguá*, que así llamaban los indígenas al reino de Behechio, que comprendía por cierto una extensión mucho mayor de la que hoy ocupa la actual república de Haití; mas antes de cruzar el caudaloso río Neyba, límite oriental de dicha provincia, vió que en la orilla opuesta, un ejército de indios estaba dispuesto á estorbar el paso á los españoles, pues no ignorando cuán injustamente habían procedido con los isleños que tuvieron la desgracia de sufrirlos en sus tierras, se disponían á defender la suya, oponiendo cuantos obstáculos les sugiriera la propia conservación. El propio Behechio no podía fácilmente olvidar el triste fin de su colega y cuñado, el valiente Caonabó, cuya esposa, la gentil Anacaona, al perder con su marido el reino de *Maguana*, vióse obligada á refugiarse en la corte de su hermano.

Pero antes de romper las hostilidades estimó Bartolomé prudente apurar todos los recursos que le sugería el deseo de sostener por la paz una amistad ventajosa; era su intención hacerlos tributarios y recaudar la mayor cantidad posible de aquellos frutos capaces por sí de sostener en España, con la idea de las riquezas del país, el crédito, harto decaído por entonces, de las empresas de su hermano el Almirante. En su virtud parlamentó con los enemigos; dióles seguridades de las intenciones pacíficas que los llevaban á visitar al cacique, para ofrecerle, con la seguridad de una amistad honrosa y duradera, la protección de los poderosos Monarcas de Castilla. Penetrado fácilmente de tales propósitos, los recibió el cacique con agasajo y grandes muestras de contento, como si tuviese en efecto el sencillo indígena grandes prendas de aquella amistad que le brindaban los cristianos.

Desde las orillas del Neyba hasta Xaraguá, residencia del cacique, en un camino de más de treinta leguas, apenas se interrumpieron las zambras y fiestas con que en demostración de su afecto obsequiaban los indígenas á los poderosos huéspedes que se dignaban visitarlos. Llegados que fueron á la residencia de Behechio y terminadas las manifestaciones de amistad, juzgó prudente Bartolomé deslumbrar á los sencillos isleños, describiendo la magnificencia y poderío de los Reyes de Castilla, sus señores, de cuyos Estados volvería pronto su hermano el Almirante con grandes navíos, á recoger los tributos que, en señal de vasallaje, daban todos los señores y caciques de la isla por los beneficios que á todos había de reportar la protección de tan poderosos Monarcas.

Era Behechio uno de los caciques más importantes de la isla y el que indudablemente ejercía autoridad sobre un imperio más vasto, formado de comarcas fertilísimas; reunía á la bondad de carácter otras singulares condiciones, por las cuales era respetado de los extraños y muy querido de sus súbditos. Vivía, á la sazón, en la corte su hermana *Anacaona*, viuda del feroz Caonabó, «muy notable mujer, muy prudente, muy graciosa y palanciana en sus fablas y amisísima de los cristianos», de cuyo poder y grandeza tenía ideas extraordinarias, pues no podía olvidar los sucesos, para ella fabulosos que se estaban desarrollando desde la llegada de los españoles, y las circunstancias que concurrieron á la prisión del hasta entonces invencible Caonabó.

Tenía, como su hermano, gran influencia en el reino, y compartía con él el cariño de sus vasallos.

Parecía natural que repugnasen aquellos habitantes el duro vasallaje que pretendía imponerle el Adelantado, y no rechazasen con indignación la idea de ser tributarios de otros reyes que no conocían ni habían tenido de ellos hasta entonces la menor noticia. Pero no fué así, la condición liberal de los indígenas de la isla Española se había revelado en todas las ocasiones, mientras duró la buena armonía con los cristianos, y no eran por cierto los súbditos de Behechio menos espléndidos, dadivosos y liberales que los demás. Mas una dificultad muy grave nubló por algunos momentos el contento de que estaban poseídos: el oro no se criaba en su país, y no ignorando la preferencia que daban los cristianos á este metal, cuyo objeto y uso desconocían, se atrevió el cacique á hacerlo así presente á Bartolomé Colón, el cual lo relevó del compromiso, aceptando, á cambio de aquella materia, los frutos más ricos que produjera el país.

Para corresponder con cuanta esplendidez fuera posible á los ambiciosos deseos de los españoles, puso Behechio á contribución á todos los caciques y señores principales dependientes de su autoridad, obligándolos á cultivar el algodón y cazabe en grande escala, de modo que al poco tiempo había reunido una cantidad bastante considerable de estos productos.

Confiado Bartolomé Colón en las intenciones amistosas y leales de Behechio, acordó abandonar la provincia de Xaragua y dirigirse á la Isabela, de donde no había tenido hasta entonces noticia alguna; dispuso la tropa que conducía, saludó á sus amables huéspedes, que les hicieron cariñosa despedida, y atravesando la isla por el Cibao y la Vega Real, en una extensión de más de ochenta leguas, llegó por último á la ciudad, sobre la cual habían caído en tan corto tiempo las plagas más horrorosas.

La debilidad de carácter de don Diego Colón era in-

compatible con los prestigios de toda autoridad, y la suya
desconocida y burlada, había caído ya en el descrédito
más doloroso. La desorganización de la colonia había
echado por tierra todos los respetos, y rotos los lazos
de la disciplina, cada soldado y cada colono, dueño del
más licencioso albedrío, andaba por donde mejor le parecía. Este estado, aunque latente, no llegó á manifestarse
abiertamente hasta que el hambre obligó á la gente á
desbandarse por toda la isla en demanda de los codiciados víveres: enfriáronse las relaciones entre gobernantes
y gobernados, y faltos aquéllos de prestigio, olvidando
hasta los más rudimentarios deberes de policía y aseo de
la población, dieron con tal abandono lugar á la creación
de numerosos focos pestilenciales, donde las fiebres y otras
enfermedades asquerosas encontraban campo abonado á
su rápido desarrollo, y cerca de trescientos españoles
habían ya sucumbido víctimas de estas dolencias.

El cuadro era verdaderamente desconsolador, y á reme-
diarlo cuanto más antes puso Bartolomé Colón todo su
cuidado. Hizo reparto de los víveres que conducía desde
Xaraguá entre los más necesitados y enfermos; dió impulso
á las obras de calafatería que no descuidó hasta que vió terminadas las dos carabelas que había mandado construir, é
inmediatamente distribuyó la gente enferma y convale-
ciente entre las fortalezas en toda la extensión de la Vega
Real hasta el Bonao, donde ya que no medicinas ni cuidados facultativos, encontrarían, por lo menos, alimentación
abundante.

Pero estas prudentes medidas, únicas que por de pronto
podían salvar los esparcidos restos de la exótica población,
no pudieron menos de irritar más de lo que estaban los
ánimos de los indígenas. Habían éstos abandonado las
inmediaciones de la Isabela, por no poder resistir la pesada carga de los cristianos, á quienes abandonaron á sus
propias fuerzas y recursos, y cuando de la noche á la mañana los vieron entrar por las puertas de sus moradas,

hambrientos y llenos de achaques, más molestos que nunca, pues agotaban en pocos momentos las escasas provisiones de que disponían, un grito de rabia escapados á sus oprimidos pechos los hizo salir al campo, dispuestos á concluir de una vez con tan peligrosa plaga.

La guerra fué otra vez inevitable, y un espíritu de venganza y de noble independencia animaba á los desdichados isleños, que á toda costa pretendían sacudir el yugo de su opresión; el cacique Guarionex, el poderoso señor de la Vega, á pesar de su carácter dócil y bondadoso y de la experiencia que tenía del poder de los cristianos, contra quienes le parecía insensata toda lucha, fué arrastrado por sus súbditos y obligado por la fuerza á dirigir el numeroso ejército que organizaban.

Más de quince mil indios, confabulados contra la diezmada población cristiana, se habían apercibido al combate; el odio de que estaban poseídos les sugirió el pensamiento atrevido de atacar simultáneamente y destruir las fortalezas, y sorprender á los que, aisladamente y enfermos andaban por sus poblaciones en busca de víveres con que mitigar el hambre. Mas no fueron tan secretos los preparativos de esta conjura que no llegaran á oídos de los soldados que guarnecían el fuerte de la Concepción, desde el cual enviaron prontamente un correo al Adelantado, que á la sazón se ocupaba en recorrer las minas del Bonao, el cual, con cuanta gente pudo reunir se puso inmediatamente en camino, y á marchas forzadas dió una noche sobre el ejército indígena, que encontró descuidado, pues no tenía la costumbre de pelear de noche, y lo sorprendió desbaratándolo completamente.

Muchos fueron los muertos y no pocos los prisioneros, entre los cuales cayó en poder de los cristianos el propio cacique Guarionex, el cual fué encerrado en la fortaleza de la Concepción, para sufrir con los demás capitanes la pena de muerte á que fueron condenados. Pero al día siguiente se presentaron delante del fuerte más de 5.000 indios, des-

18

nudos é inermes, y presa del mayor desconsuelo suplicaron
que no matasen á su señor, dando seguridades de que no
volverían á delinquir si lo ponían en libertad. Conmovido
el Adelantado ante aquella manifestación de cariño, abrió
al cacique las puertas de su prisión, persuadido que con
este acto de clemencia apaciguaría por lo menos las tierras
de Guarionex.

Fiado en la tranquilidad de esta provincia, á cuyos

Las yndias procuran derribar y quemar la
Cruz dela bega y el Adeldo pelea con ellos y los
vence.

habitantes impuso la dura ley del vencido, acordó luego
volver sobre la de Xaraguá á recoger los tributos que ya
había recaudado Behechio; para ello envió á la Isabela un
emisario, con orden de que preparase su hermano Diego
una de las carabelas que estaban allí surtas y marchase
á la hermosa ensenada que al Occidente de la isla forman
los cabos de San Nicolás y del Tiburón. Partió él por tierra con su ejército, y poco antes de llegar á la corte del poderoso cacique, salió á recibirle con su hermana Anacaona
y treinta y dos señores principales dignatarios del reino,
convocados con este objeto, «cada uno de los cuales había

mandado traer muchas cargas de algodón en pelo é hilado con su presente de muchas *hutias,* que eran los conejos destas Indias y mucho pescado todo asado», ofreciéndoles tanta cantidad de pan de cazabe cuanto pudiera caber en una casa ó más.

El contento de los españoles en presencia de tantos víveres, dueños de productos tan valiosos y huéspedes de una corte, la más fastuosa y rica de toda la isla Española, no reconoció límites. Entregáronse á los placeres que les brindaban las mujeres más hermosas del reino, que constituían la corte y servidumbre de la opulenta reina Anacaona, y entre fiestas, zambras y areitos pasaron los días abandonados en brazos de todos los placeres. Mas llegada la hora de partir, dispuso el Adelantado que los indios, haciendo el oficio de acémilas, transportasen á la próxima costa los frutos recaudados, y en este corto viaje de dos leguas consintió Behechio, á ruego de su hermana, visitar la nave, á cuya vista quedaron asombrados y confusos, pues no se le alcanzaba que una mole tan grande pudiese andar sin el auxilio de los remos y por el solo impulso de los vientos.

Cargada la nave de bote en bote, y llegada la hora de partir, á fin de poner á buen recaudo aquellas riquezas, despidiéronse del cacique y de su hermana, que muy afligidos por cierto les rogaron que permaneciesen algún tiempo más entre ellos, ó que les dieran por lo menos seguridades de su próxima vuelta. Hízolo así el Adelantado, y mientras la carabela doblaba el cabo de San Nicolás, apercibió su gente y tomó por tierra el camino de la Isabela.

Durante los cuatro meses que empleó el Adelantado en la provincia de Xaraguá, viviendo alegremente con su tropa sobre un país virgen y rico, castigado apenas con los tributos y exacciones que habían esquilmado desde los primeros días del descubrimiento las demás provincias, . principalmente la Vega Real y sus limítrofes, ocurrían en la Isabela nuevos trastornos, originados por la miseria, las enfermedades y la falta absoluta de bastimentos.

Una de las víctimas de la fiebre había sido Francisco Roldán, el Alcalde mayor de la isla, y apenas tuvo tiempo de restablecer su salud, vióse obligado á salir al campo á proteger con los sesenta soldados menos achacosos que pudo reunir, entre ellos algunas personas notables, las fortalezas próximas, escogidas por blanco de la indignación de los indios, y á buscar al propio tiempo en los pueblos indígenas los víveres que necesitaban.

Pero no bastaba esto; la prolongada ausencia del Almirante y el olvido en que parecía haber caído la colonia por parte de la metrópoli, de donde no se recibían órdenes ni víveres, ni ninguno de los auxilios que demandaba con tanta urgencia las necesidades de los establecimientos, eran ya de por sí hartos motivos de descontento; quejábase la gente de aquella conducta y de aquel extraño olvido, y la murmuración y la desconfianza encontraba eco en una gran parte de la colonia; quién suponía que las pesquisas de Aguado, unidas á las repetidas quejas enviadas á España, habrían influído en el ánimo del Monarca y acordado en consecuencia destituir al Almirante de la gobernación de las Indias; otros, los menos avisados, estaban también alarmados por la sospecha de que, en virtud de los pocos rendimientos que hasta entonces habían dado aquellos países, y la poca atención que en España despertara ya su importancia, habría la corte resuelto abandonar definitivamente, con aquellas empresas, la memoria de los colonos que allí habían quedado; no es de extrañar, pues, que en la situación en que se encontraban dejasen de pensar los infelices colonos en los absurdos más extravagantes.

Es verdad que el Adelantado trabajaba cuanto podía; su actividad era portentosa, pues en poco tiempo cruzó la isla en varias direcciones; pero no es menos cierto que esta diligencia obedecía al deseo inmoderado de cobrar los tributos onerosos que imponía, contribuyendo más y más al alejamiento de los indios, de quienes, con tal conducta, iba desterrando la poca voluntad que ya sentían de socorrer y ayudar á los españoles. Pero Bartolomé, antes que al bienestar de la colonia, atendía, en primer término á la necesidad que ardorosamente sentía de hacer grandes acopios de productos, y sin respetos ni consideración de ninguna clase á los trabajos que representaba la adquisición por los indios del codiciado metal, obligábalos á contribuir exactamente con la cantidad que les había señalado, y esta conducta egoísta no podía menos de dar los tristes resultados que todos lamentaban.

El mismo Francisco Roldán, comprendiendo que no podrían los indios ayudarles con sus socorros si no se les libraba temporalmente de aquel tributo, con la autoridad que le daba el cargo que venía desempeñando, fué el primero en significar al Adelantado que suspendiera, ó por lo menos los aliviara de aquella carga, por el tiempo que durase la escasez de víveres, ó hasta que llegasen socorros de la metrópoli. Otros consejos, inspirados igualmente en el mismo espíritu de prudencia, hubo también de darle para salir del estado de incertidumbre en que estaban con respecto á los asuntos de España; propúsole que mandase poner á flote aquella carabela que de Xaraguá había venido tan cargada de algodón y otros productos, que por precaución la había hecho varar en tierra, en la cual regresasen á España algunas personas de crédito á dar cuenta del estado aflictivo de la isla, para que enviasen prontamente los socorros que habían menester.

Comprendió el Adelantado que, dado el estado de los ánimos, esta proposición equivalía á publicar en España el descrédito en que había caído la colonia, y fué como la anterior igualmente rechazada. Era el Adelantado hombre de carácter entero al mismo tiempo que suspicaz como buen italiano, y estando su suerte ligada á la gloria de su hermano, todos sus actos se subordinaban á sostener por cualquier medio, ya que no á aumentar el crédito de sus empresas, y antes de suspender, ¿qué digo suspender? ni disminuir siquiera aquellos tributos, los cuales había de ser en el viejo mundo, la trompeta de la fama que pregonase sus hazañas, hubiera consentido los mayores desaciertos, y dado lugar, como le dió, en efecto, á que se rebelase la gente, manteniendo la isla durante algún tiempo en la anarquía más absurda.

Poco simpática, en verdad, resulta la figura del cabecilla Francisco Roldán durante el curso de estos sucesos; pero es necesario convenir que, siendo demasiado acentuada la pendiente del abismo que habían abierto á sus pies la ambición desmedida y la concupiscencia intolerante, sería un sarcasmo pretender exigirle más pruebas de abnegación de las que hasta entonces había venido dando.

Si el Adelantado entendía que cumplía su deber amparando y sosteniendo el prestigio de su hermano, y fomentando con él sus intereses á costa del sufrimiento ajeno, cuando este sufrimiento llegó á la meta, entendió también el Alcalde que su deber le imponía la obligación de que fuesen respetados, si no los intereses de sus gobernados, pues eran éstos á la sazón demasiado problemáticos, sus vidas al menos; por eso, antes de romper abiertamente contra aquella opresión. como autoridad celosa de su prestigio, y como hombre prudente, formuló los consejos que le dictaba su conciencia, pues sólo pretendía que un mal menor evitase el muy grave que presentía y que no se hizo esperar. El paso ya estaba dado, y aunque hubiera querido detenerse, la fuerza de la circunstancia le obligó á marchar por el camino de la insubordinación; constituyóse en adalid de los oprimidos, y arrastrado por fatal influencia, fué responsable de los desórdenes que se sucedieron con rapidez pasmosa, contribuyendo con sus actos á desacreditar, con la bondad de la causa que en un principio defendía, la causa igualmente respetable de Cristóbal Colón.

Seguido de los descontentos, á quienes se unieron los más procaces y peligrosos elementos de la colonia, en número bastante para imponerse, recorrió Francisco Roldán toda la Vega Real, viviendo sobre el país y fomentando la rebelión en nombre de los Reyes; escogió por cuartel de su tropa el pueblo de un cacique llamado Marque, donde se les unieron nuevos corifeos, y como la mayor parte estaban sin armas, concibió el proyecto de caer sobre la Isabela y tomar en sus almacenes cuantas hubiera menester. Hízolo así, tal como lo pensó, y al grito de ¡viva el Rey! penetró en la ciudad; apoderóse violentamente de los almacenes, arrebatando las llaves á un criado de don Diego Cólon, tomaron cuantas armas, víveres y demás efectos encontraron, y así equipados, acordaron permanecer en la ciudad hasta impedir la ejecución de un tal Barahona, condenado á muerte por ciertos delitos, de cuya pena fué prudentemente indultado.

Salió por último de la ciudad, y se dirigió á la Vega Real, donde pensaba nutrir sus filas con nuevos desertores; llegó hasta la residencia del cacique Guarionex, ocupada á la sazón, por el capitán García de Barrantes con treinta soldados, á quienes se propuso seducir; mas, siendo rechazados sus halagos, dió la vuelta sobre el fuerte de la Concepción, pero avisado á tiempo su Alcaide Miguel

Ballester, de las intenciones que llevaban los amotinados, suponiéndoles el propósito de matar á D. Bartolomé Colón, diole secretamente aviso de esta novedad, aconsejándole, que abandonase la Isabela y se refugiara en el fuerte. Hízolo así el Adelantado; mas, conociendo que pasaban los días y que aquella situación no podía prolongarse, comisionó á un caballero, llamado Malaaver, para que interviniera en aquellas diferencias y convenciese á Roldán, de las grandes calamidades que con su actitud estaban cayendo sobre toda la isla. En virtud de este parlamento, acercóse Roldán al fuerte, y él desde el campo y el Adelantado desde una ventana de la fortaleza, conferenciaron sobre las garantías que exigían uno del otro. En esta conferencia, pidió Roldán que le señalase un lugar de la isla, donde él y sus compañeros pudieran servir la causa de sus Reyes, hasta que llegase el Almirante á dirimir la contienda. Indicóle el Adelantado las tierras del cacique Diego Colón, el primer indio que recibió el bautismo en Barcelona, como las más á propósito para que fijara transitoriamente su residencia, y aunque aceptó la propuesta, arrepintióse luego, excusando su negativa con la escasez de viveres que allí había. Ante esta desleal actitud, prohibióle el Adelantado que usara el nombre ni la autoridad de Alcalde, de cuyo oficio le privaba, «pues andaba contra el servicio del Rey».

Desde estos momentos la actitud de Roldán y de su gente, traspasó los límites del descaro; engrosaron las filas facciosas nuevos desertores que deseaban vivir sin disciplina más á sus anchas, y entre otros, Diego de Escobar, Adrian de Mojica y Pedro de Valdivieso, personas de calidad que desempeñaban cargos militares, reforzaron con los soldados á sus órdenes el ejército faccioso, y amenazaron formalmente al Adelantado, el cual, para no darle la satisfacción de caer en sus manos, permaneció encerrado en los muros de la Concepción, de donde no hubiera salido quizá tan pronto, si la llegada á Santo Domingo de Pedro Hernández Coronel no hubiera llamado hacia aquella parte la atención de los facciosos.

En efecto, el día 3 de Febrero de 1498, entraban por la barra de Santo Domingo las dos carabelas que un mes antes zarparon de Sanlúcar, al mando del Alguacil Mayor de la isla Pedro Hernández Coronel, cargadas de víveres y de cuantos efectos podían remediar las necesidades de la colonia. Llevaba Hernández Coronel además de la correspondencia general, varios pliegos para D. Bartolomé Colón, con instrucciones concretas, y el título de Adelantado, que despacharon los Reyes en Medina del Campo á 22 de Julio del año anterior; y con este agradable suceso fijóse la atención de los españoles en Santo Domingo, adonde acudieron, bien en demanda de noticias, ya en busca de víveres y ropas con que cubrir tantas y tan atrasadas necesidades.

Bajó el Adelantado á la nueva ciudad á hacerse cargo de todo, pensando siempre, merced á tan .inesperados refuerzos, en la reducción de los amotinados y completa pacificación de la isla; pero antes de confiar á las armas el resultado problemático de la lucha que necesariamente había de sostener, juzgó prudente que Pedro Hernández Coronel, como persona de prestigio y de indudable influencia, interviniese amigablemente con Francisco Roldán, y le obligase por la persuasión á deponer su actitud y someterse á la indiscutible autoridad del Adelantado, el cual ofrecía por su parte el olvido de todo lo pasado.

Marchó el parlamentario al campo insurrecto con los mejores deseos de atraer con sus exhortaciones, si no á los jefes á la gente de fila, al menos, al cumplimiento de sus deberes; mas llegado que fué recibiéronle con desabrimiento, y sin acordar nada, regresó á Santo Domingo, al mismo tiempo que Roldán y su gente tomaban el camino de Xaraguá, en cuya rica provincia pensaba desquitarse de los malos tiempos pasados.

Mientras los facciosos azotaban la isla, y sin más ley que

el capricho cobraban los tributos en oro, conservando también las partes que pertenecían á la Corona y al Almirante, quedaba el Adelantado en Santo Domingo seriamente ocupado en poner á buen recaudo los víveres y demás efectos; distribuyó la gente entre las minas de San Cristóbal y las obras de la ciudad, y libre de tales preocupaciones juzgó prudente instruir el correspondiente proceso contra los rebeldes, á quienes llamó y citó por voz de pregonero y declaró reos de traición, en el cual proceso depusieron como testigos muchas personas principales; y cuando comprendió que estaba bien depurada la verdad, y arrojaba méritos para un severo castigo, puso fin á las diligencias, y esperó ocasión de enviarlo á los Reyes para que en su vista mandasen castigar á los culpables.

Tambor que tañían los indios en sus areitos.

Natural parecía que con la expedición de los rebeldes á la provincia de Xaraguá hubiese quedado asegurado el orden en el resto de la isla; mas no fué así por desgracia. Era ya muy angustiosa, con serlo tanto, la condición de los pobres indígenas, maltratados igualmente por unos que por otros, y los de la Vega Real, dando al olvido otra vez las severas lecciones que habían recibido varias veces, estimulaban nuevamente á su cacique Guarionex á que tomase venganza de los excesos de los españoles, los cuales no se contentaban sólo con la posesión de todas sus haciendas, sino que arrojaban al rostro de los infelices indios la ofensa, para ellos más odiosa, de saciar á su vista sus sensuales apetitos, ya seduciendo á sus hijas, ora apoderándose de sus mujeres, y sin rendir culto á otra ley, después de satisfechas las necesidades, que á la satisfacción de sus goces, convirtiéronse en déspotas imposibles de tolerar.

Pero el bueno de Guarionex, sea por debilidad de carácter, ó bien por temor de verse otra vez envuelto en una guerra difícil de sostener con éxito contra tan poderosos enemigos, ó sea, quizás, y esto es lo más probable, por escapar á las seducciones de que era objeto su mujer por parte de los españoles, es lo cierto que huyó con su familia á las asperísimas montañas de *Ciguay*, á ponerse bajo el amparo de *Mayobanex*, cacique, el más poderoso de aquella provincia, á quien hizo depositario de todas sus desdichas; pero el desconsuelo de los indios de la Vega Real, al verse abandonados por su señor, no tuvo límites, y acordaron tomar venganza en los causantes de sus desgracias.

Informado el Adelantado de lo que ocurría, apercibió un destacamento de noventa hombres bien armados y algunos caballos; dió sobre la Vega Real, que atravesó en toda su extensión, cayendo sobre la provincia de Ciguay sobre un ejército de indios feroces, á quienes desbarató, huyendo su cacique Mayobanex á lo más oculto de la selva, el cual cacique, con una lealtad no sospechada entre salvajes, al ser requerido por el Adelantado para que le entregase á Guarionex y su familia, con gran entereza y dignidad contestó á los embajadores «que Guarionex era hombre bueno y virtuoso, nunca hizo mal á nadie, como es público y notorio, y por eso dignísimo es de compasión, de ser en sus necesidades y corrimiento ayudado, socorrido y defendido; ellos, empero, son malos hombres, tiranos, que no vienen sino á usurpar las tierras ajenas, y no saben sino derramar la sangre de los que nunca los ofendieron, y por eso, decidles que ni quiero su amistad, ni verlos, ni oirlos, antes, en cuanto yo pudiese, con mi gente, favoreciendo á Guarionex, tengo de trabajar de destruirlos y echarlos desta tierra» (1).

(1) Pedro Mártir.—Decada 1.ª. cap. vi.

En efecto, la guerra fué cruenta, y la resistencia del cacique de entregar á su amigo y colega digna de su causa. Entraron los españoles por el laberinto de bosques y montañas con grandes trabajos; batieron á los testarudos enemigos, que derrotaron en varios encuentros, hasta que enterados de la oculta residencia de Mayobanex, consiguieron prenderle con toda su familia, para lo cual hubieron de valerse de un ardid ingenioso. Poco después, los propios ciguayos entregaron á Guarionex, á quien consideraban autor de todas sus desdichas; y un acto político más que de clemencia del Adelantado, dando libertad á la familia de *Mayobanex*, restableció de tal modo la paz, que hasta se prestaron, reconocidos aquellos indios, á hacer labranzas y proporcionar á los españoles cuantos víveres pudieran desear.

Mientras tenían lugar estos sucesos en las montañas de Ciguay, asolaba Francisco Roldán con su gente la rica provincia de Xaraguá, cometiendo toda clase de excesos, y exigiendo crecidos tributos; el desenfreno era la norma de su conducta, y aquel ejército de haraposos rufianes más parecía bandada de cuervos desprendida de las vecinas sierras para saciar el hambre en los rebaños de la campiña, que hombres procedentes de un pueblo culto.

Pocas semanas llevaban de merodeo en esta provincia, cuando, al aproximarse un día á la costa Sur de la isla, sorprendióle la presencia de tres barcos que, combatidos por las corrientes demandaban un puerto donde dar fondo y orientarse en el camino de Santo Domingo. Eran las tres carabelas despachadas por Colón desde las Canarias.

La presencia de tales naves turbó al principio á los facciosos, pues creyeron que conducían tropas de desembarco dirigidas contra ellos; aproximáronse con cautela á la playa, y convencidos de la realidad, entablaron correspondencia con los capitanes, á quienes dijeron que recorrían la isla de orden del Adelantado. Llenos de confianza los capitanes de las naves, pues no podían sospechar de sus intenciones, acordaron desembarcar la gente obrera que llevaban á sueldo, á fin de que, conducida por Juan Antonio Colombo, hiciesen por tierra el camino de Santo Domingo, en tanto las naves, esquivando las dificultades de las corrientes, llegaban también al puerto.

Saltaron cuarenta hombres, armados de ballestas, lanzas y espadas, á los cuales provocó Francisco Roldán y los suyos á que con él se quedasen, afirmándoles que en Santo Domingo los harían trabajar por fuerza y sufrir mucha hambre y privaciones, mientras ellos llevaban vida regalada, andando de pueblo en pueblo y sirviéndose de los indios y sus mujeres como de cosa propia.

No tuvo Roldán que desplegar grandes energías para convencerlos. «La mayor parte de aquellos colonos eran de la clase de delincuentes á quienes se remitía la pena para estimularlos á que pasasen á las Indias, y fácilmente se decidieron á abrazar aquella vida que se acomodaba más con sus antecedentes. De los cuarenta que desembarcaron con Colombo, solamente ocho permanecieron al lado de su capitán; y aunque éste, impulsado por la conciencia de su deber, y con valor y entereza reprochó á Roldán su conducta, acusándole del perjuicio que causaba al servicio de los Reyes, nada pudo conseguir, y volvió á las naves con ocho hombres dejando los demás con los sublevados» (1).

Con estos refuerzos aumentó el ejército de Roldán hasta cerca de cien hombres, y comprendiendo los capitanes de las naves el peligro constante que amenazaba la tranquilidad de la isla y las dificultades que habría que vencer para reducir aquella gente por las armas, acordaron establecer con ellos cierta correspondencia para irlos convenciendo de su error y acercarlos poco á poco al camino de sus deberes.

En su consecuencia Alonso Sánchez de Carvajal, capitán de una de las carabelas, persona respetable y de mucho

(1) Asensio.—*Cristóbal Colón*, t. II, lib. IV, cap. v, pág. 251.

prestigio, acordó quedar entre los sublevados, y tales reflexiones hubo de hacerles que obligó á Roldán á escribir cartas á varios caballeros de Santo Domingo, amigos suyos que habían sido, para que «tuviese manera con el Almirante, si viniese, de lo aplacar y reconciliar con él, y que él quería á la obediencia prisitina reducirse; aunque después tuvo mil mudanzas y engaños.»

En uno de estos días fué avisado el Adelantado de que á lo lejos, en la dirección del Suroeste veíanse tres naves, que indudablemente se dirigían en demanda de un puerto de la isla; sospechó que fuese su hermano el jefe de aquella flota, y embarcándose en una de las carabelas surtas en el puerto, poco después, cerca de la isla de la Beata, recibía el Almirante en su camarote la agradable visita de su hermano Bartolomé.

CAPÍTULO XII

EVERO, en verdad, y no muy equitativo, por cierto, es el juicio que ha merecido á la historia el proceder de Francisco Roldán Ximénez. Justos y loables fueron indudablemente los motivos que dieron origen á su actitud de protesta, degenerada en rebelión abierta y desvergonzada; mas de persistir en la defensa de su causa sin violencias, por medios pacíficos y legales, otra hubiera sido la suerte de la isla, otro el juicio que á la posteridad hubiese merecido Cristóbal Colón como gobernante, y otro también el fin del primer Almirante de las Indias. Pero, prostituyó con actos de barbarie la bondad de su causa y la rectitud acaso de sus intenciones, y si los tratos y complacientes debilidades de Colón con el cabecilla faccioso no llevasen al ánimo la sospecha, yá que no la certidumbre, de que buscaba por medios persuasivos y sin violencia la tranquilidad de la isla, habría motivo para suponer, como hay quien supone, no sin razón quizá, que la falta de autoridad propia, desprestigiada por actos censurables, aconsejaron aquellas transacciones bochornosas; pues los excesos de que acusan á Roldán palidecían ante la gravedad de ciertos abusos, capaces por sí de desautorizar la importancia de los mayores servicios.

Más que en ninguna ocasión de su vida, debieron ser doloroso al Almirante en estos momentos críticos los desórdenes de la isla: falto ahora, más que por la enfermedad, por otras causas menos legítimas, de aquella energía que solía desplegar en los casos más apurados, y puesta la atención de la corte en sus actos como autoridad y hombre de gobierno, nunca como en la ocasión presente debió el alma del inmortal genovés sentirse combatida por los más opuestos y encontrados sentimientos: de una parte, los prestigios de su autoridad, tan cruelmente desconocida, reclamaban actos de energía, que le impedían ejercer los abusos de una administración detentada á impulso de sórdida codicia; y de otra, aconsejaba la prudencia, y á ella subordinó el empleo de procedimientos suaves, por los cuales, merced á concesiones arbitrarias, reveladoras de la falta de vigor de una autoridad herida de muerte, se propuso conseguir, como consiguió en efecto, el restablecimiento del orden de la colonia, forjándose en cambio á sí propio, con los rotos lazos de la disciplina, los eslabones de la ignominiosa cadena puesta luego á sus pies.

La primera diligencia que practicó, luego que hubo llegado á Santo Domingo, fué la de examinar las informaciones hechas por las autoridades sobre los desórdenes de la isla, y mandar á su vista incoar nuevo y más amplio proceso contra Roldán y su gente, en el cual fuese depurada la verdad, si no del origen, que éste le era harto conocido, del desarrollo al menos de los actos del ejército faccioso.

Pocos días después arribaron al puerto las tres naves detenidas en Xaraguá por impericia de sus capitanes, muy maltratadas por cierto y perdidos la mayor parte de los víveres; y cuando los capitanes Juan Antonio Colombo y Pedro de Arana hicieron relación de todo lo que había ocurrido con Roldán, recibió el Almirante mucho pesar y tribulación; pensó seriamente en los peligros que amenazaban la isla, de continuar aquel estado de cosas, y ya que no con las armas, pues era muy respetable el ejército faccioso para pensar en su destrucción, juzgó prudente emplear los recursos de la política y de la diplomacia, acariciando la idea de atraerlos por bien y perdonarles tantas maldades, toda vez que el mismo Francisco Roldán así también lo deseaba.

No ignoraba tampoco, y harto lo sabía, el deseo de abandonar la isla, sentido por igual entre la mayor parte de los colonos, especialmente por los que seguían á Roldán; pues era tan difícil volver á España por las pocas ocasiones que se presentaban, y tantas las calamidades que pesaban sobre la isla, que hasta se hizo vulgar el juramento «*así Dios me lleve á Castilla*», con que daban á entender los desgraciados colonos su deseo y la felicidad mayor á que aspiraban. En su virtud, el día 12 de Septiembre mandó pregonar un edicto, por el cual, en nombre de sus Altezas, daba licencia y pasaje á todos los que deseasen partir á España en los navíos que se estaban aprestando.

Gran placer recibieron muchos españoles ante la idea de abandonar con la isla los trabajos, enfermedades y privaciones que padecían; mas lejos de producir estas medidas los efectos que se proponía conseguir el Almirante, cuales eran desbaratar ó debilitar, al menos, el ejército de Roldán y limpiar la isla de sediciosos y vagabundos, vióse, contra sus deseos, obligado á consentir el embarque de los hombres de orden, más subordinados y trabajadores que, escandalizados de tan grosera anarquía, solicitaron regresar á Castilla.

Mientras en Santo Domingo tenían lugar estos sucesos, Francisco Roldán, dócil á los consejos de Carvajal, abandonaba, á la cabeza de su gente, la provincia de Xaraguá,

y se dirigía al Bonao, lugar más próximo á Santo Domingo, con el fin de facilitar los arreglos que con tanta prudencia y habilidad estaba Carvajal preparando; más enterado apenas el Almirante de la proximidad de los facciosos, en previsión de lo que pudiera ocurrir, escribió á
Miguel Ballester, alcaide de la Concepción, militar vete-
rano y persona honrada y venerable, que estuviese sobre
aviso y apercibido contra aquella gente, remitiéndole instrucciones para que ajustase con ellos los preliminares de
un arreglo honroso, bajo la base de que aceptasen el pasaje que le brindaba en las cinco naves que se aprestaban
en el puerto de Santo Domingo.

En cumplimiento de la delicada misión que se le confiaba, inmediatamente marchó al Bonao el bueno de Ballester, dirigióse á casa de un tal Riquelme, punto de reunión
de los principales caudillos de la conjura, y puesto en su
presencia ofrecióles, de parte del Almirante, el perdón y
olvido de todos los yerros pasados, y los exhortó que fuesen á Santo Domingo con las garantías que tuvieran por
conveniente exigir, á tratar con el propio Almirante el
arreglo definitivo de aquella enojosa cuestión. No fueron
ciertamente muy eficaces las exhortaciones de Ballester,
habían gustado los sediciosos la vida de libertinaje á que
estaban entregados, y so pretexto de frívolas excusas,
rechazaron sus proposiciones, contestando con palabras
irrespetuosas á las prudentes observaciones que les hacía.
Separáronse sin tomar acuerdos de ninguna especie, y por
únicas conclusiones de aquella conferencia, dirigieron los
sediciosos una carta al Almirante, en la cual, invocando
los agravios que habían recibido del Adelantado durante
el tiempo de su gobierno, sin que hasta entonces hubiesen tenido reparación alguna, antes bien, persuadidos
de que aun se les pretendía castigar, considerándose por
tanto desligados de todo compromiso, le anunciaban la
separación absoluta de su servicio.

Otra carta de Miguel Ballester, fecha 18 de Octubre, le

aconsejaba que sin violencia de ninguna clase, y aprovechando todas las ocasiones, viese el medio más conveniente de conjurar aquel conflicto, sin dar lugar á que, refor-
zada la rebelión con nuevos desertores, fuesen impoten-
tes los actos de fuerza que se pretendiera dirigir contra
ella.

No pudo menos de comprender Colón por estas cartas
los inconvenientes que aun tenía que vencer para llegar
al arreglo que deseaba, y siendo de urgente necesidad enviar á España los navíos que aguardaban en el puerto los
resultados de estos tratos, dispuso que se hiciesen á las
velas, y el día 18 de Octubre de 1498, levaron anclas cinco naves cargadas con seiscientos esclavos indios y buena
cantidad de palo de tinte, llamado brasil, únicas mercaderías de las Indias con que por entonces se nutrían los
mercados de Castilla.

En estas naves envió Colón á los Reyes dos extensas
relaciones: una, relativa á los sucesos de su viaje y descubrimiento de las islas y tierras de Paria; en esta relación
ponderaba de tal modo la fertilidad, riqueza y hermosura
de dichas regiones, y la índole de sus habitantes, que no
dudaba admitir la idea de que por allí hubiese estado el
Paraíso terrenal; enviaba muestras del oro y perlas que
rescatara, y con la pintura ó mapa de las costas y mares
que había explorado, enviaba también el *Diario* que acos-
tumbraba llevar en todos sus viajes.

En la otra relación, de índole bien distinta por cierto,
daba cuenta de los sucesos acaecidos en la isla desde la
rebelión de Francisco Roldán, las causas de su alzamiento, los abusos, robos y violencias á que se habían entregado, arrastrando por el lodo el prestigio de la autoridad
real; y al propio tiempo que indicaba la conveniencia de
que fuese á la isla una persona con poderes bastantes para
abrir una información tan amplia como fuese menester,
expresando la confianza que tenía de llegar con los sublevados á un arreglo amistoso, mediante la intervención de

personas respetables, deslizaba también la intención que abrigaba de destruirlos por las armas, si tales trabajos de concierto no tenían un fin satisfactorio.

Mas no fueron estas solas las noticias que llegaron á España relativas á los sucesos de la isla; también los sublevados consiguieron enviar extensas relaciones contrarias en un todo, como podrá suponerse, á las de Colón; en ellas demostraban la imposibilidad de habitar las nuevas tierras mientras estuviesen al frente de su gobernación personas tan codiciosas y crueles como eran los tres hermanos Colones, especialmente el Adelantado, que acusaban de vengativo y cruel con los indígenas, á quienes abrumaba con trabajos y tributos superiores á sus fuerzas; calificaban de inhumanos los tributos que les había impuesto, y los medios de que se valía para moverles guerra, sin otra justificación que el deseo de hacerlos prisioneros para venderlos como esclavos en España (1). Acusaban asimismo al Almirante de informalidad en sus tratos, pues lejos de pagar á la gente los sueldos estipulados, por los cuales se comprometieron á trabajar en las Indias, los trataba con dureza y despotismo inaudito.

Libre ya el Almirante de los cuidados que reclamaban estos armamentos, dedicóse con especial y acaso único interés, en proseguir con los sublevados los tratos de avenencia recientemente fracasados, pues antes de poner en práctica los proyectos que acariciaba de continuar los trabajos de descubrimientos en el continente, confiados á la

(1) No puede aún fijarse juicio exacto acerca de estos sucesos; fueron de tal naturaleza que se prestan con facilidad á suposiciones arbitrarias. Reprensible, y aun criminal, si se quiere, fué la conducta de Roldán y del ejército que acaudillaba, y no la atenúa, por cierto, el juicio que mereció al virtuoso Las Casas los actos del mismo Almirante, cuando dice «que si este Francisco Roldán y los que con él andaban robando los indios, y destruyendo por su parte toda la isla, se movieran contra el Almirante, bona fide, solamente por celo de la justicia, ó de librar aquellos sus prójimos de la servidumbre injusta en que el Almirante los condenaba, y de la muerte cierta que habían de padecer llevándolos á vender á Castilla, justísima fuera su guerra contra él, y merecerían que en esta vida los Reyes se lo agradecieran y hicieran mercedes, y en la otra que Dios les remunerara con eterno galardón.»

pericia de su hermano Bartolomé, deseaba borrar los obstáculos que le impedían desarrollar en la medida de su concepción los grandes problemas encaminados á la prosperidad y creciente desarrollo de la colónia.

En su consecuencia, escribió á Roldán una muy expresiva carta, fecha 20 de Octubre, recordándole las atenciones que siempre le tuvo, merced á las cuales lo elevó á la dignidad de magistrado de la isla; reprendíale amistosamente la manera violenta que empleaba para protestar de ciertos abusos, sin haber tenido la atención de esperar su llegada, como habían hecho otras autoridades; dábale cuenta de la partida de los navíos, detenidos más tiempo del necesario, esperando su resolución acerca del embarque de sus parciales, y le encarecía por último los graves perjuicios que podrían aún originarse de continuar aquella situación anómala, si no se convenía pronto en un arreglo honroso y definitivo.

Los efectos de esta carta no se hicieron esperar. Consultó Roldán con su gente lo que en tal situación convenía hacer, y autorizado por ellos para concertar en persona el arreglo de esta cuestión, pidió al Almirante un salvo-conducto, con el cual se dirigió á Santo Domingo, donde se concertaron las condiciones de un pacto honroso. Pero de regreso al Bonao, á dar cuenta del resultado de su misión, repugnó la gente someterse á la autoridad del Almirante bajo las condiciones estipuladas ni de ninguna otra; les era en extremo grata la vida de pandillaje que hacían, y antes de perder aquellos goces, adquiridos á tan poca costa, preferían vivir fuera de la ley, en medio del libertinaje más absurdo.

Gran contrariedad experimentó Roldán ante la actitud intransigente de sus parciales; apercibidos los cuales, dudaron de sus intenciones y no volvieron á consentir que él solo interviniera en aquellos arreglos, ni que en lo sucesivo osara separarse de ellos para nada. Enviaron al Almirante por escrito proposiciones irritantes, que en manera alguna podía aceptar y les indicaban, como condición precisa, la persona de Alonso Sánchez de Carvajal, única con quien se entenderían en aquellas negociaciones.

La preferencia que daban los facciosos á la persona de Carvajal, llevó al ánimo suspicaz del Almirante la sospecha de las intenciones de este capitán; pero como á toda costa deseaba salir de una situación tan embarazosa, accedió á esta nueva exigencia, y lo comisionó, en efecto, para que tratase con ellos, y les entregase una especie de edicto, por el cual, prometía el olvido y perdón de los pasados errores á todo el que reconociera su autoridad, ó quisiera embarcarse para España, en las primeras naves que se hicieran á la vela.

Con estas ventajas y otras que verbalmente les ofrecía, partió Carvajal á la fortaleza de la Concepción, á cuyas inmediaciones se habían trasladado los insurrectos, con ánimo acaso de apoderarse de ella; y tal maña se dió para convencerlos que, aunque al principio se burlaron los más díscolos y atrevidos, arguyendo que no necesitaban perdón de nadie, toda vez que ellos debían y podían darlo á los parciales del Almirante, convinieron, sin embargo, en una fórmula, mediante la cual, se obligaría Colón á enviar á las costas de Xaraguá, donde pensaban retirarse, dos buques bien equipados, en los cuales pudieran hacer el viaje á España, provisto cada individuo de un certificado extendido en regla y firmado de su mano, donde constasen sus buenos servicios y conducta, y una orden de pago contra la casa de la Contratación de todos los haberes devengados; pedían también una como indemnización de todo lo que habían perdido ó impedido ganar, y autorización para llevar cada uno á Castilla varios indios por esclavos.

Violentas en verdad parecían, y lo eran en efecto, algunas condiciones de este contrato; la dignidad del Almirante no podía menos de sublevarse ante tanto cinismo, y se resistía á aceptarlas; pero los consejos juiciosos y las reflexiones de Carvajal, que á toda costa deseaba poner término al conflicto, vencieron su natural repugnancia, y el día 21 de Noviembre, cinco días después de formulado, puso el Almirante al pie de este pacto su firma, y una cláusula ventajosa á los rebeldes, por la cual admitía de nuevo á su servicio á las personas útiles que descaran cobrar sueldo, ofreciendo terreno en la Vega Real á los que quisieran dedicarse á la agricultura y á la explotación de la tierra.

En la presente ocasión, más que en ninguna otra, merced á las ventajosas concesiones que otorgaba, confiaba el Almirante en la buena fe de los sediciosos, quienes cumpliendo por su parte la primera del contrato, abandonaron la tierra del Bonao y se dirigieron á la provincia de Xaraguá, mientras se aprestaban en Santo Domingo las dos carabelas que los había de conducir á España.

En tanto tenían lugar estos aprestos en el puerto del Ozama bajo la vigilancia de D. Diego Colón, á quien confió su hermano el gobierno de la ciudad, juzgó oportuno el Almirante, acompañado del Adelantado y fuerza á sus órdenes, visitar aquellos sitios de la isla que habían sido teatro de las crueldades de los dos ejércitos: dirigióse, pues, á la Vega Real, cuyas fértiles tierras estaban por

completo abandonadas; los indios, huyendo de los soldados de uno y otro bando, refugiáronse en lo más escabroso
de las montañas; paralizados los trabajos agrícolas y sus-
pensa también la explotación de las minas, era muy difícil restablecer el impuesto de los tributos, y lo que era
peor aún, el hambre y la miseria extendía sus negras alas
por aquellas fertiles comarcas. La ciudad de la Isabela, en
mal hora levantada en lugar tan malsano, empezaba á des-
moronarse, y abandonadas sus casas, más que por temor
al hambre, á las fiebres cada vez más intensas, hundíanse
los edificios, y todo hacía presagiar la ruina completa y el
olvido absoluto de la primera ciudad del Nuevo Mundo.

Hasta el mes de Febrero del siguiente año de 1499, no
pudieron quedar abastecidas y en disposición de navegar
las dos carabelas; pero reunían tan pocas condiciones de
solidez, y eran tan débiles sus cuadernas, que antes de
llegar á la provincia de Xaraguá, se vieron obligadas á
fondear en el puerto de Azua con grandes averías, causa-
das por los violentos golpes de mar, que no pudieron resistir; una de ellas, desencuadernada casi por completo,
hubo de volver á Santo Domingo, para ser reemplazada
por otra algo más sólida, y hasta mediados de Abril no
pudieron llegar á Xaraguá, al sitio previamente indicado.
Y aquí vuelve á empezar de nuevo el *via crucis* del porfiado y habilidoso Alonso Sánchez de Carvajal.

Reconocidas las carabelas por los sediciosos, observaron
que no reunían las mejores condiciones para un viaje tan
largo; y como una de las cláusulas del contrato formulado,
señalaba al Almirante un plazo fijo para el apresto de dichas naves, plazo cuyo cumplimiento retardó el temporal
y la composición de las averías que ocasionó, no tuvieron
reparo en manifestar que, habiendo el Almirante intencionadamente retardado el envío de las naves, cuyas condiciones de solidez eran muy discutibles, ofreciendo pocas
garantías de seguridad en un tan largo viaje, y faltado
por consiguiente á lo convenido, se desligaban de todo

compromiso, y recababan de nuevo su libertad de acción.

Esta conducta, aunque prudente, parecióle á Carvajal el más indigno proceder de cuantos hasta entonces habían tenido, irritó de tal modo su ánimo que, sin poder contenerse, apostrofó con duras frases la conducta que seguían y despreció sus arrogancias, disponiendo en el mismo momento que el escribano Francisco de Garay hiciese constar la protesta que formulaba de su informalidad; hecho lo cual, los abandonó y tomó el camino de Santo Domingo.

Pero Roldán, sea porque estaba evidenciándose la falsa situación que se había creado entre su misma gente, ó bien por llevar las negociaciones con más ventajas para todos, salió en seguimiento de Carvajal, que alcanzó en un bosque próximo; tuvo con él una conferencia reservada, de la cual no se ha sabido otra cosa que las protestaciones de fidelidad que le hizo, mediante las cuales, le prometió Carvajal arrancar al Almirante un salvo-conducto que garantizara su persona, durante la visita que acordó hacerle para arreglar definitivamente aquella cuestión; pues nadie como él parecía tener más interés en poner término á un estado que no se podía prolongar.

Llegado Carvajal á Santo Domingo, dió cuenta al Almirante del resultado de sus negociaciones, y tales debieron ser las confidencias que le hizo de parte de Roldán, que inmediatamente extendió y puso en circulación el expresado salvo-conducto, y sin esperar al cabecilla, el 22 de Agosto, acompañado de las personas más respetables de la colonia, salió con dos carabelas en dirección del puerto de Azua, pues deseaba facilitar los términos de las negociaciones, y poner fin personalmente á tan enojosa cuanto dilatada cuestión.

Llegado que hubo al puerto, acudió Francisco Roldán con algunos de sus parciales, dando seguridades completas de las amistosas disposiciones de los ánimos, sí, á las condiciones anteriormente pactadas, convenía en reponerlo á él en el cargo de Alcalde mayor de la isla, cargo

que había perdido, y restablecer las cosas al estado que
tenían antes del alzamiento; para ello era preciso que se
obligara á declarar públicamente, que la causa de la rebelión había tenido origen en falsas informaciones; pedía
pasaportes y certificados de buena conducta para quince
individuos que deseaban marchar á España en los primeros navíos que salieran, y autorización á los restantes
para establecerse en diferentes puntos de la isla, con repartimientos de tierras y de indios que les ayudasen á
cultivarlas.

Esto por lo que respecta á las líneas generales y osten-
sibles del contrato; porque Roldán, aprovechándose del
violento estado á que había conducido los asuntos todos de
la isla, teniendo como tenía en su mano los medios de volverlos ó no á su estado normal, impuso su voluntad y ven-
ció en toda la línea. Solicitó y obtuvo, á cambio de la hu-
millación del Almirante, cuantas granjerías deseaba, y con
la investidura de corregidor de la isla, disfrutó pingües
estados en las cercanías de la Isabela, en la Vega Real y
en la provincia de Xaraguá y donde tuvo por bien usar
y abusar de los indios en concepto de trabajadores y
esclavos.

El día 18 de Septiembre de 1499, publicáronse en Santo
Domingo las capitulaciones de esta concordia; tomó Francisco Roldán posesión de su Alcaldía mayor, y con el mejor deseo de acertar en todos los negocios confiados á su
autoridad, proponíase borrar los pasados extravíos con una
laboriosidad y vigilancia extraordinaria, ayudando al Almirante con verdadero celo y energía á resolver los difíciles y embrollados problemas pendientes de solución.

Terminadas así estas peligrosas cuestiones que por tanto
tiempo habían mantenido la isla en continuo estado de intranquilidad, disponíase el Almirante á marchar á España
para deshacer con buenas y verbales informaciones la nube
preñada de peligros que presentía formarse sobre su cabeza.
No estaba él muy satisfecho, ó por lo menos suponía, con

harta justicia, que no lo estarían los Monarcas de su gestión administrativa y de su autoridad como Gobernador general de las Indias; por eso calculaba, y estaba bien convencido de la bondad de sus cálculos, que todos sus intereses estaban á merced de los personajes de la corte, á quienes tenía la evidencia de convencer con su presencia y con la autoridad de sus argumentos y de los testimonios que poseía; y como no entraba tampoco en sus cálculos la idea de dejar impunes tantos excesos, no obstante las garantías que había dado, pensaba robustecer en la corte su autoridad con nuevas y más eficaces atribuciones, y volver á la isla para hacer purgar á los sometidos y ya indultados sediciosos, los crímenes que habían cometido.

Pero nuevos y más dolorosos sucesos vinieron á matar en flor las ilusiones del Almirante, impidiéndole la realización de sus propósitos, en virtud de los cuales, vióse obligado á despachar dos naves con los restos del ejército faccioso; envió al catalán Miguel Ballester, alcaide de la Concepción y á García de Barrantes, que lo era del fuerte de Santiago, por procuradores é informadores de las cosas pasadas y presentes, como personas que habían sido testigos oculares de todo. Con éstos envió los procesos y testimonios que se habían hecho contra Roldán y sus secuaces. Suplicaba á los Reyes que viesen aquellos procesos y mandasen inquirir y examinar de todo la verdad, y conociesen sus penas y trabajos é hiciesen en ello lo que fuese su servicio; escribióles las razones por las cuales no debían de ser guardadas á Francisco Roldán y demás que le siguieron en aquella tan escandalosa y dañosa rebelión, las condiciones y asientos que con ellos hizo, y al mismo tiempo que se quejaba de las piraterías que con ciertos navíos hacía Alonso de Ojeda en una parte de la isla, suplicaba «que porque él estaba ya muy quebrantado y pasaba la peor vida que hombre del mundo, por lo cual iba decreciendo, y su hijo D. Diego Colón, que está en la corte, crecía en fuerza, haciéndose hombre para poder acá servirles, que le hiciese merced le mandar que viniese acá á ayudarle, para que él descansase algo y sus Altezas fuesen mejor servidos.»

Con tales instrucciones, en los primeros días de Octubre se hicieron á la vela las dos naves, en las cuales, es de creer que hubiese enviado Francisco Roldán, con la gente de su. devoción, nuevos y más expresivos memoriales de descargos, centribuyendo á precipitar los sucesos que amenazaban la tranquilidad y la felicidad del Almirante y de sus hermanos.

¡Triste destino el del primer Almirante de las Indias! La estrella de su fortuna y de su dicha, después de fugaz resplandor, habíase ocultado tras densas y apretadas nubes amontonadas sobre su cabeza por el vendaval de la desgracia, limitando cada vez más, hasta ahogarle, el anchuroso horizonte que un día descubriera desde la cúspide de su grandeza.

Aún no había tenido tiempo de darse cuenta de su situación, desairada y violenta por consecuencia del pacto vergonzoso que, la fuerza de las circunstancias, ya que no las torpes veleidades de una administración arbitraria, le habían obligado á firmar, concediendo á miserables foragidos, puestos fuera de la ley, las mismas ó mayores ventajas que las que disfrutaban ó debían disfrutar los que permanecieron leales á la legítima causa; jadeante aún por el violento esfuerzo que tuvo que emplear para arrojar el peso que oprimía su espíritu y respirar con libertad el aire de la dicha, para disponerse á normalizar los embrollados asuntos de la colonia, nuevos y más dolorosos golpes, dirigidos, más que á su persona, á la integridad de sus privilegios, vinieron á herir el alma lacerada del inmortal marino.

El día 5 de Septiembre, cuatro naves mandadas por el famoso capitán Alonso de Ojeda, el intrépido aprehensor del feroz Caonabó, so pretexto de buscar mantenimientos para continuar el viaje de regreso á España, habían dado fondo en la bahía de *Yaquimo*, ochenta leguas al Occidente de Santo Domingo, en donde, con descaro propio de la gente de aquel tiempo, las cargaban de palo de brasil, haciendo prisioneros á los indios que encontraban, para conducirlos en concepto de esclavos á los mercados de la Península.

Este golpe tan rudo descargado sobre el arca santa de sus derechos, lastimó la fibra más sensible del Almirante. ¿De dónde venía y adónde iba Alonso de Ojeda? ¿quién le había autorizado para mandar una expedición, á todas luces dirigida contra sus estados? ¿qué significación tenía aquella transgresión de las capitulaciones de Santa Fe, confirmadas después en Barcelona y Burgos por los mismos Monarcas que la habían autorizado? La violación de sus privilegios era, pues, un hecho real, indudable, y esto más tuvo que sufrir el insigne descubridor.

Pero volvamos á España, y examinemos sucintamente el origen y desarrollo de este nuevo y no sospechado atrevimiento, que ponía en evidencia la fragilidad de los privilegios del Almirante.

Apenas llegaron á España las cinco naves salidas del puerto de Santo Domingo el 18 de Octubre de 1498, con la relación del descubrimiento y diseño de las cortes de Paria, y las muestras del oro y perlas que había rescatado durante el tiempo que empleó en la exploración de aquellos mares y tierras, divulgóse por Sevilla la noticia de tales sucesos, estimulando las riquezas y las pomposas relaciones y descripciones de la nueva y dilatada tierra, los más extraordinarios apetitos.

Por estos días hallábase en la hermosa ciudad andaluza el capitán Alonso de Ojeda, quien por las especiales condiciones de carácter que le adornaban y por figurar entre los servidores más queridos del poderoso Duque de Medinaceli, siendo además uno de los favorecidos del célebre organizador de los asuntos de Indias, D. Juan Rodríguez de Fonseca, á la sazón obispo de Badajoz, era muy conócido y tenido en mucho el prestigio de sus temerarias empresas.

Es un hecho cierto que el prelado Fonseca mostró á Ojeda las relaciones y la carta geográfica que acababa de recibir del Almirante, y á su vista, un pensamiento atrevido, propio de este capitán, nació en su inteligencia inquieta: la idea de navegar por aquellos mares y descubrir nuevas tierras al otro lado de las descubiertas por Colón, donde había de encontrar oro y perlas en cantidad fabulosa, subyugó su voluntad, y no tuvo reparo en proponer al obispo las ventajas de una empresa de esta índole.

No desconocía Fonseca, antes bien, apreciaba las cualidades no comunes que adornaban á su protegido, y no dudó un momento que, en sus manos esta empresa, había de tener los más lisonjeros resultados: prometióle en consecuencia todo su favor y ayuda, y con esta garantía no faltaron en Sevilla, ó bien en el puerto de Santa María, donde eran conocidas sus hazañas y la fama de hombre esforzado y valeroso, quien armase cuatro navíos y corriese con los gastos de la empresa, « pues á él no le sobraban los dineros ».

Fueron importantísimos factores de esta expedición el discípulo predilecto del Almirante, reputado cosmógrafo y célebre piloto Juan de la Cosa, residente en el Puerto de Santa María, Bartolomé Roldán, compañeros que habían sido de Colón en los dos primeros viajes, y un tal Amerrigo Vespucci, persona docta en cosmografía y muy entendida en las cosas de la mar, y según parece, representante ó gerente en Sevilla de la importante casa de su paisano Juan Berardi.

Con tales elementos, le fué fácil á Ojeda obtener provisiones reales, un permiso firmado por Fonseca, y no por los Reyes (1) y ciertas instrucciones, por las cuales se le prohibía tocar, durante el curso de su expedición, en los dominios de Portugal ni de las tierras descubiertas

(1) Las Casas—*Hist. de los* Indios-Libro I, cap. CLXIV, Tomo II, pág. 389.

por Colón hasta el año de 1495, fecha de la sobrecarta, expedida por los Reyes á pedimento del propio Almirante en la que, al mismo tiempo que se mandaban guardar sus privilegios, concedían ciertas garantías para interesar á los particulares en las empresas de Indias, procurando estimular á los indecisos y favorecer á cuantos pretendieran aprovecharse de aquella real gracia.

El 19 de Mayo de 1499 levó anclas la pequeña armada del puerto de Santa María, y dispuso Ojeda dirigir el rumbo á las islas Canarias: «hizo aguada según se acostumbra, en la de Gomera, y siguiendo la navegación hacia Paria, reconocieron los expedicionarios á las veinticuatro ó veintisiete singladuras, las tierras del continente americano en las cercanías de *Surinam* y el *Esequivo* ó *Rio Dulce*, doscientas leguas á Levante del golfo de las Perlas. Costeando luego por el Oeste, vieron los puertos que Colón había visitado; tocaron en algunos, y haciéndose á la mar, fueron hasta distinguir las islas de los *Frailes* y la *Margarita*, de donde volvieron al Continente; recalaron en el cabo de *Isleos* ó de *Codera*, fondearon en la *Ensenada de Aldea Vencida* ó de *Corsarios*, y siguieron de puerto á puerto hasta el *Chichiriviche* y *Fle-*

Castillo del homenaje en Santo Domingo.

chado, y desde allí, después de reñir batalla con los naturales que les defendieron briosamente el desembarco, pasaron á la isla de los *Gigantes* ó *Curazao*. Retornando seguidamente á la tierra firme, reconocieron el cabo de *San Román* en la península de *Paraguana* y provincia de *Coro*, y entraron en el espacioso golfo, nombrado por los indígenas de *Coquivacoa*, que por mostrar en su costa oriental casas construídas sobre estacas, dentro del agua, y hacer recordar aquella construcción la de la sin par ciudad italiana, recibió de los descubridores el nombre de golfo de *Venecia* ó de *Venezuela*, que lleva desde entonces. Recorriendo sus costas, vieron á 24 de Agosto, la laguna y el puerto de *Maracaybo* ó de *San Bartolomé*, y siguiendo al Noroeste salieron del golfo de *Coquivacoa* y costeando dieron fin á los descubrimientos en un cabo, situado doscientas leguas al Oeste de *Paria*, al que llamaron cabo de la *Vela*. En este punto, acordaron el 30 de Agosto dirigirse á la Española para regresar á España, y en ejecución de su intento surgieron en el puerto de *Yaquimo*, de aquella isla, el 5 de Septiembre con propósito de proveerse de agua y víveres y recoger palo de brasil y esclavizar algunos indios que, con el poco oro conseguido de los del continente, dieron cierto aparatoso valor á la empresa» (1).

Gran contrariedad experimentó el Almirante luego que supo de los indios y de algunos españoles que se apresuraron á darle la noticia, la importancia de esta novedad; conocía harto sobradamente las excepcionales condiciones del capitán Ojeda, con quien era muy difícil luchar con ventajas; y no pudiendo disponer en tan críticos momentos de los servicios de su hermano D. Bartolomé, que los prestaba á la sazón en otros asuntos en el interior de la isla, acordóse del Alcalde, Francisco Roldán, en quien

---

1 *Cuestiones de límites entre las Repúblicas de Colombia y de Venezuela*—Obra inédita y original por D. Justo Zaragoza-Tomo I.

concurrían también dotes de inteligencia y travesura bastante para luchas con tan temible rival.

Aceptó Roldán muy complacido esta prueba de confianza, y con el propósito de corresponder á ella en la medida de sus facultades, pues no ignoraba lo delicado del asunto y la índole del adversario con quien se les iba á ver, escogió entre la gente de su confianza una compañía de soldados resueltos y bien armados; hízose á la vela desde Santo Domingo en dos ó tres naves convenientemente equipadas, y el día 29 de Septiembre daba fondo en un lugar poco distante del sitio donde estaban ancladas las naves de Ojeda.

Había este capitán con su gente saltado á tierra en busca de mercaderías más ó menos lícitas con que fletar los buques, y se disponía á volver á ellos, cuando supo la llegada de Roldán, de quien sospechó que iba á pedirle cuenta de su conducta en nombre del Almirante; apresuró entonces la marcha, pero ya era tarde; le había el Alcalde cortado la retirada con una hábil maniobra, interponiéndose entre él y las carabelas; mas no por esto se detuvo ni se acobardó el intrépido Ojeda; era él hombre de grandes recursos y de prontas resoluciones, y no le intimidaba por cierto el primer revés de la fortuna. Escogió entre los quince hombres que le acompañaban cuatro ó seis de confianza y con ánimo resuelto, como quien nada tiene que temer, se adelantó al lugar que ocupaba Roldán, á quien dió cuantas explicaciones deseaba. Manifestóle el objeto y fin de su viaje, autorizado por los Monarcas, mediante provisión real que conservaba en su buque; los descubrimientos que había hecho en el continente y riquezas que había adquirido; que de regreso á España, la necesidad le obligó á fondear en aquella parte de la isla para hacer aguada y provisiones, pero que pensaba dirigirse luego á Santo Domingo á saludar y tomar la venia del Almirante, con quien tenía que comunicar ciertas noticias que le interesaban, relativas á la cuestión de sus asuntos en España, no muy lisonjeros, por cierto, en atención á la cruda guerra que le hacían los personajes de la corte.

El astuto Ojeda con tales noticias confidenciales proponíase estimular, de una parte, la codicia de la gente de Roldán, y de otra, enfriar la amistad ó adhesión que pudieran tener al Almirante, á fin de ganarse con estas confidencias la voluntad de todos. Tales seguridades dió de la rectitud de sus intenciones y de la perfecta legalidad de aquel viaje, que no dudó haber llevado al ánimo de Roldán la confianza más absoluta.

Mas no fué así; no era Roldán hombre que se dejara sorprender tal fácilmente, conociendo como conocía al sujeto que tenía delante; aparentó creer las palabras de aquel en lo relativo á los detalles del viaje y manifestó deseos de ver la orden que le autorizaba; y al efecto, hubieron de pasar á bordo de la nao donde éste le había guardado, informándose allí por algunos marineros, antiguos conocidos suyos, de otros detalles curiosos, que confirmaban lo dicho por Ojeda; y como éste le dió tales seguridades de ir á conferenciar con el Almirante, luego que hubiese hecho las provisiones necesarias para continuar el viaje, dispuso Roldán que sus carabelas hicieran cargamento de palo de brasil, mientras se dirigía por tierra á Santo Domingo, á dar cuenta exacta y detallada de todo lo que había averiguado, y parecer de lo que en su concepto convenía obrar.

No bien abandonó Roldán aquellos lugares, confiado en la promesa de Ojeda, á quien esperaba ver en Santo Domingo de un momento á otro, dió éste con sus cuatro navíos la vuelta al cabo Tiburón y entró en el golfo y provincia de Xaraguá, donde los españoles que allí tenían repartimiento lo recibieron con grandes muestras de contento. Procedía la mayor parte de esta gente del ejército sedicioso de Roldán, y á pesar del olvido y perdón de sus excesos, no sentían grandes escrúpulos y murmuraban del Almirante la falta de cumplimiento de las obligaciones que había contraído con todos los que disfrutaban salario en la isla. Existiendo, pues, la levadura del descontento, fácil le fué á Ojeda atraerlos á su partido, con la promesa de exigir al Almirante, mediante autorización que dijo tener de los Reyes, la satisfacción de todos sus haberes.

Entre esta gente había algunos servidores leales del Almirante, quienes protestaron de semejante conducta; agriáronse los ánimos, y una noche, los de Ojeda, dieron en el bando de los leales, entablándose una lucha fratricida, de la que resultaron de una y otra parte varios muertos y heridos.

La noticia de este suceso sorprendió á Roldán que regresaba de Santo Domingo á evitar las fechorías de los parciales de Ojeda; comprendió la gravedad del caso, y la necesidad de reunir gente adicta para batir, si preciso fuera, á los advenedizos, y mandó aviso á su amigo Diego de Escobar que reclutase cuantos hombres pudiera, mientras él hacía otro tanto por los pueblos que atravesaba, y los dos, uno en pos del otro, llegaron, aunque tarde, al lugar de los sucesos. Había tenido Ojeda noticia de estas marchas, y antes de reñir batalla sin necesidad y sin provecho alguno, abandonó prudentemente la tierra y se embarcó en sus naves.

Llegado que hubo Roldán á la playa, escribió á Ojeda una expresiva y sentida carta, rogándole que bajara á conferenciar sobre aquellos hechos para convenir en una fórmula prudente de avenencia; mas Ojeda, conociendo la intención de su adversario, lejos de acceder, detuvo al emisario Diego Trujillo y prendió luego á Toribio de Linares, formulando la amenaza de ahorcarlos si no le entregaban un marinero manco, llamado Juan Pintor, que se había fugado de los navíos.

Con el fin de burlar la vigilancia que desde la playa ejercía Roldán sobre los movimientos de Ojeda, un día levó anclas y se dirigió á la comarca de *Cahay*, distante diez ó doce leguas; saltó á tierra con cuarenta hombres y tomó por fuerza los víveres que necesitaba, y hubiera continuado cometiendo toda clase de excesos, si la gente de Escobar no los hubieran espantado y obligado á embarcarse de nuevo; no fué tan brusca la acometida ni tan precipitada la huía del bravo Ojeda que no le diese tiempo de dejar á dicho capitán una carta, en la cual reiteraba la amenaza de ahorcar á los dos prisioneros si no le restituían á Juan Pintor. Llegado luego Roldán y enterado de esta novedad, rogó á su amigo que se acercara en un esquife cuanto más pudiera á las naves, y le dijera á Ojeda que, si no se fiaba de su intención le enviase un bote para trasladarse él á la carabela.

Esta invitación fué aceptada por Ojeda con singular contento, saboreando prematuramente el placer de apoderarse de su adversario, sin sospechar la jugada que este le preparaba. Apenas llegó la barca á tierra se apoderó Roldán de ella por sorpresa; puso presos á los ocho marineros que la tripulaban, con cuya maniobra quedó Ojeda imposibilitado de continuar el viaje de regreso á España.

El resultado de esta maniobra no se hizo esperar. Apenas se hizo Ojeda cargo de lo que pasaba en la playa, se adelantó en un pequeño bote con el piloto Juan de la Cosa, y á conveniente distancia, para no ser sorprendido por Roldán, que se adelantaba también con quince soldados en la barca que acababa de apresar, conferenciaron desde lejos, y convino aquél en dar libertad á Linares y Trujillo, si le devolvían la barca y sus marineros para darse inmediatamente á la vela.

En efecto, poco después de verificado el canje, dispuso el capitán Ojeda levar anclas; un viento favorable empujó las naves en el camino de España y después de una navegación feliz y rápida, llegaron á Cádiz con un cargamento de doscientos veintidós indios, buena cantidad de palo de brasil y el oro y perlas que rescataron en el tiempo que emplearon en explorar más de cuatrocientas leguas de

costas en el continente que, debido á este viaje, se conoce con el nombre de América.

Durante el tiempo que Alonso de Ojeda fué obligado y
molesto huésped de la Española, todos los negocios de la
isla cayeron en absoluto estado de inercia; era muy signi-
ficativa la presencia de este capitán para no despertar curiosidad por lo menos, y la atención general estuvo fija en
la provincia de Xaraguá, teatro de aquellos sucesos. Pero
no bien abandonó sus costas y halagó el Almirante, para
tener propicios, á los soldados y capitanes que intervinieron en este servicio, concediéndoles, por recomendación
de Roldán, repartimientos de tierras y de indios en los
puntos más ricos del territorio de Xaraguá, pensó seriamente en normalizar todos los servicios, cortando abusos
y sofocando con actos severos los conatos de rebelión y de
desorden, cuyas semillas, no estirpadas aun, empezaban
de nuevo á germinar en distintos puntos de la isla.

Entre los más perniciosos elementos de la ciudad de
Santo Domingo, figuraba un caballero de arrogante figura
y porte distinguido, llamado D. Hernando de Guevara,
pariente de Adrián de Muxica, uno de los capitanes más
inquietos del ejército sedicioso. Era el tal Guevara hombre
más nocivo que útil y materia siempre dispuesta á favorecer cualquier desorden, por absurdo que fuera, por lo cual
había caído en desgracia del Almirante, que le mandó
abandonar la isla, obligándole á tomar pasaje en las naves
de Ojeda. Dirigióse con este fin á Xaraguá cuando ya era
Ojeda partido, y no queriendo volver á Santo Domingo,
acordó permanecer en aquella provincia, cerca de la corte
de Behequio, y allí, próximo á una granjería de su primo
Adrián, le señaló Roldán algunas tierras y varios indios
para que se dedicara á la explotación de su riqueza. Mas,
lejos de ocupar su actividad en estas labores, dedicóse,
por el contrario, á galantear y sedujo al cabo una hija de
Anacaona, hermosa mujer, llamada *Higueymota*, amiga
favorita de Francisco Roldán.

De estas relaciones amorosas, cultivadas á un tiempo por Roldán y Guevara, nació, como era de esperar, una rivalidad odiosa entre los dos favorecidos amantes; y aunque Roldán, apoyado en la autoridad de su cargo, intentó alejar de aquellos lugares á su rival, sólo consiguió exacerbar su ánimo, de tal modo que una noche, aprovechándose de la oscuridad y del mal de ojos que tenía postrado al Alcalde mayor, acompañado de algunos amigos, concibió Guevara la idea de sorprenderlo en su alojamiento y sacarle los ojos ó asesinarlo. Pero advertido á tiempo Roldán, con mucha diligencia y secreto cayó sobre los conjurados y los hizo prisioneros; y para no dar lugar á suponer que un sentimiento de venganza lo había estimulado á constituirse en juez y parte de aquella causa, envió los prisioneros á Santo Domingo para que fueran juzgados y castigados por el Almirante, el cual los puso á buen recaudo en una de las prisiones de la ciudadela.

Irritado Adrián de Muxica contra Roldán y el Almirante por este acto de justicia contra su pariente, pretendió tomar venganza; reunió al efecto buen número de soldados de á pie y á caballo, con los cuales se proponía acabar con los aprehensores de su primo y librar á éste de las cadenas. Andaba por estos días el Almirante en la fortaleza de la Concepción, y apenas fué avisado por un tal Villasanta de las intenciones de Muxica y sus secuaces, cayó una noche sobre ellos, los desbarató y entre otros prisioneros tuvo la suerte de apoderarse del capitán, á quien encerró en la fortaleza y sin formación de proceso lo condenó á muerte.

Llegada la hora de la ejecución pidió un confesor, á quien tomó por pretexto para dilatarla, esperando, sin duda, que un acontecimiento cualquiera viniese á interrumpir aquel acto de justicia; mas, advertido el Almirante, mandó que lo echasen de una almena abajo, y así lo hicieron, á pesar de los deseos de confesar que demostró en los momentos más críticos.

Á esta ejecución siguieron otras, si no tan absurdas y crueles, no menos justas y necesarias y habiendo llegado la hora de imponerse con medidas de rigor y severidad, visitó el Adelantado con buen golpe de gente adicta y resuelta aquellos puntos de la isla donde suponía que había. de sorprender á los perniciosos elementos de desorden; prendió á muchos secuaces de Adrián, que escaparon á la sorpresa del Almirante, y mientras en Xaraguá caían en su poder diez y seis individuos, á quienes sepultó en un hoyo abierto á prevención, donde habían de permanecer hasta que llegara la hora de ahorcarlos, prendía el Almirante á Pedro Riquelme, protegido de Roldán, con otros sus amigos que mantenían en constante alarma todo el territorio del Bonao.

Restablecida así la tranquilidad de la isla, una nueva era de prosperidad y concierto parecía haber empezado para la colonia, los tributos impuestos á los indios recaudábanse con cierta regularidad, y trabajando de consuno el Almirante y sus hermanos, con la eficaz ayuda de Roldán, en los puntos más fértiles y poblados, concedieron á los españoles, con los repartimientos de tierras y de indios, ciertas garantías para el aumento de sus haciendas; descubrióse un rico filón de oro que mandaron explotar seguidamente, normalizóse un tanto la desquiciada administración, á los trastornos pasados sustituyó el imperio de la justicia, y todo hacía presumir que era llegada la hora del trabajo honrado, del orden y de la prosperidad, por ende, de la colonia.

Mas no fué así por desgracia.

CAPÍTULO XIII

ANTOS y de tal manera escandalosos habían sido los desórdenes de la isla, y tantas y tan repetidas las quejas, llegadas hasta las gradas del Trono, sobre el gobierno y la administración del Almirante y de sus hermanos, que no pudieron menos de fijar los Reyes más cuidadosamente su atención en los remedios radicales que con tanta urgencia exigían todos los asuntos de Indias. Atendieron los Monarcas, como no podían menos de atender, las repetidas informaciones de que eran objeto el Almirante y sus hermanos, que acusaban de crueles y codiciosos, imputándoles faltas absurdas y la intención de alzarse con la soberanía de las tierras descubiertas, para ofrecerla á la señoría de Génova, su patria, á la cual facilitaba, en perjuicio de los intereses de los españoles, cuantos privilegios y contratos deseaba.

Veíanse, por otra parte, obligados los Monarcas á presenciar el espectáculo que ofrecían las familias de los que, en busca de soñadas riquezas, habían abandonado el hogar para encontrar, en vez del oro y piedras preciosas, la miseria y el hambre, cuando no la muerte más oscura. Eran igualmente acusados de informalidad en sus contrataciones, pues no alcanzando los productos á satisfacer los gastos de las empresas, dejaban de pagar á los oficiales y obreros que había contratado con sueldo fijo. El oro era muy escaso, aunque tenía esperanza de que sería aumentado *«si place á Aquel que lo dió y lo dará cuando viere que convenga»;* las piedras preciosas, los perfumes, las especerías y todos aquellos valiosos elementos de riqueza con que entusiasmó á la multitud en los primeros momentos, habían sido, hasta entonces, producto sólo de una imaginación soñadora, y para suplir la falta de estas riquezas, en nombre de la Santísima Trinidad, proponía á sus Altezas «enviar todos los esclavos que se pudiesen vender, y brasil, de los cuales, si la información que yo tengo es cierta, me dicen que se podrán vender 4.000, y que, á poco valer, valdrán 20 cuentos, y 4.000 quintales de brasil, que pueden valer otro tanto, y el gasto puede ser aquí seis cuentos; así que, á prima haz, buenos serían 40 cuentos, si esto saliese así: Y cierto la razón que dan á ello parece auténtica, porque en Castilla y Portugal, y Aragón y las Canarias, gastan muchos esclavos, y creo que de Guinea ya no vengan tantos; y que viniesen, uno destos vale por tres, según se ve, é yo, estos días que fuí á las islas de Cabo Verde, de donde la gente dellas tienen gran trato en los esclavos, y de continuo envían navíos á los rescatar, y están en la puerta, yo vi que por el mas ruin demandaban 8.000 maravedís, y éstos, como dije, para tener en cuenta, y aquéllos no para que se vean» (1).

Esta carta del Almirante, remitida desde Santo Domingo con el cargamento de esclavos que envió á España

(1) Las Casas, obra citada.

el 18 de Octubre de 1498, no sólo fué una de las mayores decepciones que borró de los cortesanos la idea de las fabulosas riquezas de aquellas regiones con que aun estaban preocupados, sino el testimonio más elocuente de su escasez, y el arma más peligrosa que el mismo Colón puso en manos de los que, sin fe en sus empresas, miraban con cierta envidiosa emulación el rápido encumbramiento de su persona. Hasta la misma Reina doña Isabel, la egregia protectora del Almirante, indignada ante el funesto precedente que venía sentando, tratando como esclavos aquellos indios tan recomendados en diferentes disposiciones reales á los cuidados de la religión y de la cultura cristiana, dispuso por cédula, dada en Sevilla á 20 de Junio de 1500, que todos los que vinieren y fueren vendidos por mandado del Almirante, ó de cualquiera otra persona se pusieran en libertad, y fueran restituídos á sus procedencias.

No, no eran, ni podían ser de otro modo considerados los descubrimientos del célebre marino, sino bajo el aspecto vulgar con que por entonces eran apreciadas las repetidas, y no siempre fecundas empresas de esta clase que, desde el primer tercio de aquel siglo iban, tras los españoles realizando los portugueses.

Nada, pues, podía compararse con la aridez de aquellos' hechos, ni nada más entristecedor que contemplar los desastres que ocasionaron en lá familia la falta de un miembro de ella, la ruina del hogar y el desengaño de los que volvían llenos de enfermedades y de achaques en el cuerpo, cansado el espíritu, muerta la ilusión y perdida la esperanza de conseguir por tales medios el desahogo, la posición y el bienestar que habían de proporcionarles las soñadas riquezas con que se les brindara, y por las cuales abandonaban el hogar, la familia y la sociedad, en fin, para arriesgarse á sufrir los peligros de una navegación larga y penosa. Era de ver aquellas viudas, y aquellos huérfanos, cuando no á los propios desengañados aventureros, implorar de los Reyes en la vía pública el pago de sus haberes y justicia contra el autor de sus desgracias, y las acusaciones que de todas partes llegaban á las gradas del Trono contra el engañador y el extranjero.

Estas y otras causas semejantes, y en especial las expuestas por el Almirante mismo sobre la conveniencia de que fuese á la isla un juez pesquisidor, para que hiciese información de los delitos, insultos y levantamiento de Francisco Roldán y sus secuaces, y el nombramiento de otra persona que quedase allí con el exclusivo cargo de administrar justicia, motivaron la resolución de enviar á la Española un juez superior con plenas facultades para conocer de todo lo pasado y castigar á los delincuentes, prendiendo los cuerpos y secuestrando los bienes, recayendo el nombramiento en el Comendador de la orden de Calatrava Francisco de Bobadilla.

No podemos menos de decidirnos á creer—dice un historiador justiciero de estos sucesos (1)—que las prendas y calidad de Bobadilla eran muy apreciadas de unos príncipes tan justificados como conocedores de las personas, y que el Almirante había dado algún motivo para que, temporalmente, al menos, se le privase de su gobierno. Apoya esta sospecha el cronista Oviedo cuando dice, que *las más verdaderas causas* de la deposición ó prisión del Almirante *quedábanse ocultas, porque el Rey é la Reina quisieron más verle enmendado que maltratado.* Aunque las cédulas y provisiones reales se expidieron en 21 de Marzo, 21 y 26 de Mayo de 1499, todavía no se despachó al Comendador hasta Mayo del año siguiente; tal vez porque los Reyes, siempre atentos á Colón, aguardaban mejores nuevas de la Española, que les evitasen el sinsabor de una providencia que tomaban, al parecer, en fuerza de importunaciones. Llegaron dos navíos entrado ya el año 1500 (2) con

(1) Fernández de Navarrete, *Colección de Viajes*, obra citada.

(2) Éstos fueron las que despachó Colón con los restos del ejército faccioso después de la sumisión de Roldán, en los que venían por procuradores é informadores del Almirante Miguel Ballester y García de Barrantes.

los procuradores de ambos partidos; el Almirante enviaba procesos legales y relaciones más autorizadas; pero no llegaban á los oídos de los Reyes tan animadas como las quejas que de su rigor, de su injusticia, de su ambición y de otros delitos daban á viva voz una multitud de gentes venidas de Indias, que al mismo tiempo pedían sus sueldos atrasados, el premio de sus servicios, el resarcimiento de sus daños, y todos justicia contra el extranjero, que creían ser. el origen y causa de sus males. Vez hubo de juntarse en el patio de la Alhambra de Granada cincuenta de estos quejosos, rodear al Rey y molestarle con incesantes clamores, llegando su osadía hasta insultar con dicterios á los hijos del Almirante que servían en Palacio. Tantas y tales quejas obligaron á los Reyes á procurar inquirir la verdad y administrar justicia, y así despacharon al fin á Bobadilla, que salió hacia mitad de Julio y llegó á la Española á 23 de Agosto de 1500.

Tal confianza inspiraba á los Reyes la rectitud proverbial de Bobadilla que acordaron proveerle de muchas reales cédulas y cartas patentes en blanco, dejando á su buen juicio la elección del tiempo y modo de usar de ellas; dispusieron que tomase á sueldo algunos hombres de armas y con los trescientos indios esclavos mandados restituir á sus hogares, le acompañaron también cuatro religiosos de la orden de San Francisco, elegidos por el Arzobispo de Toledo, Jiménez de Cisneros, grande amigo y protector de Colón, entre los más virtuosos y aptos para la evangelización de los indios (1), de quienes hablaremos después con motivo de las informaciones que remitieron al célebre purpurado, acerca de la administración y gobierno de don Cristóbal.

En las primeras horas de la mañana del 23 de Agosto de 1500, dieron vista al puerto de Santo Domingo las dos carabelas, llamadas la *Antigua* y la *Gorda,* donde iba Bobadilla; entraron en la ría á eso de las once, hora de la

(1) Feinández Duro, *Colón y la Histoiia póstuma.* Madiid, 1885. pág. 53.

pleamar, y desde allí pudieron observar el fúnebre espectáculo que ofrecían dos cuerpos que, pendientes de horcas, acusaban la ejecución de un fallo de la justicia.

Muy pronto corrió por la ciudad la nueva de la llegada de tal personaje investido con plenos poderes, esperado por los oprimidos y temido de los opresores, y no faltó quien confidencialmente le diese cuenta de las ejecuciones de aquellos días, deslizando, con siniestra intención, conceptos que ponían en evidencia á las autoridades superiores de la isla.

Hasta el día siguiente, lunes 24 de Agosto, no desembarcó Bobadilla, ni permitió saltar á tierra á ninguno de los tripulantes: desde el puerto, á la cabeza de su gente y acompañado del escribano real Gómez de Rivera, dirigióse á la iglesia adonde acudió, como de costumbre, la mayor parte de los habitantes de la ciudad. Terminado el divino oficio y salidos á las puertas del templo, dióse á conocer á D. Diego Colón, Gobernador de la ciudad y al Alcalde Rodrigo Pérez, con el carácter de Juez pesquisidor que llevaba, y leída en alta voz por el escribano la carta patente, dada en la villa de Madrid, á 21 de Marzo del año anterior, requirió á dichas autoridades y á todas las de la isla, para que en cumplimiento de la orden de los Monarcas, le fuesen entregados todos los presos, de cualquier calidad que fueran, con los procesos que se les hubiesen formado, pues sólo él podía en lo sucesivo entender de los asuntos de justicia.

Tan pronto como formulado, fué, con entereza no acostumbrada, impropia del carácter de D. Diego Colón, contestado el requerimiento de Bobadilla: manifestó que no tenía poderes del Almirante, cuya autoridad indiscutible le era sólo permitido obedecer, para hacer lo que se le pedía, y que estando aquél ausente, estimaba más correcto pasarle traslado de la orden de sus Altezas, para que á su vista resolviera y mandara dar cumplimiento. Nególe Bobadilla este traslado, y como comprendiera que el solo oficio de pesquisidor no tenía mucha eficacia, consideró llegada la hora de darse á conocer como Gobernador gèneral, para lo cual, al siguiente día, después de oída la misa acostumbrada, estando en la plaza congregados los vecinos de la ciudad, mandó dar lectura de otra real provisión, fecha 21 de Mayo del mismo año, por la cual ordenaban sus Altezas á todas las autoridades y habitantes que recibiesen por Juez Gobernador de las islas y tierra firme de las Indias al Comendador Francisco de Bobadilla, y le facilitasen los medios para ejercer su oficio.

En virtud de esta nueva carta, por segunda vez requirió á las autoridades que obedeciesen y cumpliesen sus órdenes, y aunque prometieron obedecerlas, negáronse por las razones antedichas á darlas cumplimiento; y ante esta actitud, irritado el Comendador, mandó en el acto dar lectura de las demás provisiones reales que aun conservaba, por las cuales autorizábanle los Reyes para tomar las fortalezas, armas, navíos y cuantos efectos correspondiesen á la Corona, y facultad de pagar los sueldos atrasados á las personas que los reclamasen, y hacer que el Almirante, de sus propios bienes, pagase también á los que hubiesen ido á su cargo.

La lectura de estas provisiones impresionó agradablemente á la multitud; ellas por sí eran ya elocuentes testimonios de la desgracia de los Colones y de la omnímoda autoridad de Bobadilla, que reconocieron y acataron seguidamente casi todos los colonos: unos, los que no tenían la conciencia del deber cumplido, por miedo de caer en las redes de la justicia, siendo los que, por las especiales circunstancias que los rodeaban, depusieron con más crueldad contra el Almirante. Nò de otro modo se condujeron los acreedores ante la espectativa de cobrar sus atrasos. La persona, pues, del Almirante, abandonada á la voracidad de sus enemigos, quedaba en una soledad lastimosa, y sólo sus hermanos y algunos, muy pocos, servidores leales, honrados por él y favorecidos con oficios bien retribuídos, permanecieron á su lado consolándole en su desgracia. Hecho por Bobadilla nuevo requirimiento á las autoridades de la ciudad y contestado en igual forma, se dirigió á la ciudadela al frente de sus soldados, intimó á su alcaide, Miguel Díaz, la entrega de la fortaleza y de los presos confiados á su custodia, y negándose éste á obedecer ninguna orden que no emanase del Almirante, por quien tenía á su cargo la guarda del fuerte, dispuso el Comendador, ante esta actitud digna y enérgica, apoderarse de ella por la fuerza ordenando á su gente derribar la puerta, como lo hicieron, sin que por parte de los defensores hubiese encontrado resistencia armada. Apoderóse de los presos, casi todos juzgados ya y sentenciados á la última pena, entre los cuales se contaban D. Hernando de Guevara y Pedro Riquelme, á quienes hizo un interrogatorio de fórmula, confiándolos después á la vigilancia y custodia de Juan de Espinosa para que los tuviese á buen recaudo.

Hecho esto, tomó posesión luego de la casa del Almirante, ó sea del Gobernador, y sin las formalidades que debieron preceder á la entrega de los distintos oficios que iba á desempeñar, se apoderó de todos los papeles y efectos correspondientes al cargo y de los que pertenecían á la Corona; hizo inventario de lo que era propiedad del Almirante, que embargó y secuestró sin miramiento de ninguna clase, é inmediatamente despachó un Alcalde con sus poderes y traslados de las provisiones reales, para que las notificase al Almirante, el cual, puesto ya en auto de lo que ocurría por su hermano Diego, habíase trasladado desde la Vega Real al Bonao, adonde le fué hecha entrega de los pliegos.

Gran desazón experimentó el Almirante luego que se hubo enterado de las órdenes de sus Altezas, á las cuales órdenes, ni aun por fórmula siquiera acompañaban cartas de ninguna especie ni demostración del respeto y consideración que debía merecerle á Bobadilla; y no obstante esta falta de cortesía, atento como fué siempre Colón con las personas delegadas de los Reyes, escribió al Comendador una carta de bienvenida, de la que *nunca ovó respuesta dél, lo cual fué grande descomedimiento, y señal de traer contra el Almirante propósito muy malo.*

Pocos días después llegaban al Bonao Fr. Juan de Trasierra y el tesorero Juan Velázquez, con la misión de entregar al Almirante, de parte del nuevo Gobernador, la siguiente carta de creencia:

«D. Cristóbal Colón, nuestro Almirante del mar océano: Nos habemos mandado al Comendador Francisco de Bobadilla, llevador de esta, que vos hable de nuestra parte algunas cosas que él dirá; rogamos os que le deis fé y creencia, y aquello pongais en obra. De Madrid á 26 de Mayo de 99 años.—Yo el Rey.—Yo la Reina.—Y por mandado, Miguel Pérez de Almazán.»

No podía el Almirante en manera alguna dar crédito á sus propios sentidos, que por breves instantes debió considerar ofuscados, con la lectura de los documentos que tenía á la vista: vínole á la memoria las importunaciones é impertinencias del célebre Juan de Aguado, y juzgó que como aquél, un exceso de atribuciones habría precipitado á Bobadilla á cometer los actos que tan descaradamente realizaba. No podía creer que los Reyes hubiesen, sin previo aviso á su persona, investido con tantas y tan extraordinarias facultades, á un funcionario tan ajeno á las cosas de Indias y desconocedor por tanto de la índole y carácter de aquellos negocios, y pensando deslindar las atribuciones que le competían como á Juez pesquisidor, dirigióse á Santo Domingo, con ánimo de entenderse amistosamente con el Comendador y señalarle la línea de conducta que en su concepto debía seguir, si quería juzgar con acierto las difíciles y complicadas cuestiones propias de su jurisdicción.

Los sucesos se precipitaban con rapidez desusada, y durante estos pocos días acudieron á la ciudad de Santo Domingo, desde todos los puntos de la isla, buen número de españoles ávidos de emociones y novedades. Es verdad que ya había Bobadilla, con la autoridad de Gobernador, expedido órdenes y franquicias para beneficiar el oro, reduciendo arbitrariamente á la undécima parte la tercia de los productos que correspondían á la Corona, con cuya medida aseguróse la voluntad de todos los descontentos y negociantes, de quienes recibió largas y prolijas informaciones contra el Almirante y sus hermanos, informaciones que iba él con escrupulosidad anotando, para que oportunamente figurasen entre los cargos en el proceso general que se proponía incoar; mandó poner grillos y conducir preso á D. Diego Colón á una de las carabelas surtas en el puerto, sin escuchar sus descargos y sin decirle la causa de su arresto, y cuando supo que el Almirante se aproximaba á la ciudad, salióle al encuentro con gente armada y de justicia, y por todo recibimiento le hizo prender y poner grillos á los pies, cuya orden, por lo extemporánea y absurda, sorprendió á los circunstantes y ninguno, por cierto, se atrevió á ejecutarla; tal era el concepto que, á pesar de todo, merecía á los españoles la persona del esforzado marino. Mas no faltó quien al cabo se prestase á consumar obra tan inicua: un cocinero del propio Almirante, llamado Espinosa, desconocido y desvergonzado, con el mismo placer con que le hubiese servido un plato de nuevo y suculento manjar, cometió la infamia de aprisionar los pies del primer Almirante de las Indias, que á cundir el ejemplo en lo sucesivo con ciertas autoridades superiores de aquellos países, otra hubiera sido la suerte de las provincias españolas en el continente de Colón.

Durante los días que permaneció el Almirante encerrado en un calabozo de la ciudadela, en el mismo, acaso, donde habían estado los verdaderos delincuentes, condenados por él á la última pena, obligóle Bobadilla á escribir á su hermano el Adelantado, que estaba en Xaraguá persiguiendo á los revoltosos, ordenándole que levantase mano en aquellos asuntos y viniese á la ciudad á recibir y acatar los mandamientos reales, sin cuidarse para nada de su prisión. Hízolo así el Adelantado, y al llegar á Santo Domingo, tuvo el mismo recibimiento y sufrió la misma suerte de sus hermanos; fué como ellos aherrojado en un calabozo, y todos con grillos en los pies permanecieron en distintas prisiones, mientras Bobadilla instruía un largo y singular proceso, en donde depusieron todos los malcontentos y negociantes usureros de la colonia que, secreta y públicamente los vituperaban y acusaban, ponderando sus defectos y «afirmando que de todo mal y pena eran dignísimos.»

Figuró en el proceso una larga relación de cargos contra los actos arbitrarios de su gobernación y procedimientos crueles con que administró la justicia, desde que se fundó la Isabela hasta la llegada del nuevo Gobernador. El descontento era general, y aunque «Dios sabe las cosas que eran verdad, y con que razón é intención se tomaban y deponían», es lo cierto que el «Almirante y sus hermanos no usaron de la modestia y discreción, en el gobernar los españoles, que debieran», aunque «en la honestidad de su persona ninguno tocó, ni cosa contra ella dijo, porque ninguna cosa dello que decir había».

Mientras que en la ciudad ponía Bobadilla todo su cuidado en amontonar cargos contra los procesados y preparaba el inventario de todos sus bienes y efectos, para remitir á España, con los testimonios de las actuaciones, las pruebas más concluyentes de su culpabilidad, informábanse al propio tiempo los cuatro franciscanos, que por indicación de Jiménez de Cisneros le acompañaron en este viaje, del estado religioso de la isla, observando por doquier el descuido que se había tenido en materia tan importante, y las pocas raíces que hasta entonces habían echado las doctrinas de la fe católica, escuchando aquí y allí quejas contra el Almirante «que no consentía que se baptizasen los indios que querían los clérigos y frailes baptizar, porque quería más esclavos que cristianos.» Dócilmente prestábanse los catecúmenos á aceptar una religión, cuyo dogma no comprendían ni podían tener en gran veneración, procediendo de gentes crueles que, violando todas las leyes, los esclavizaban y robaban con el mayor desenfado; y los que eran bautizados prestábanse á recibir este Sacramento sin la debida preparación é ignorando por completo su importancia; y «bajo la impresión dolorosa que en el primer momento recibieron de las enfermedades, las violencias, la falta de alimentos y los suplicios que á su vista se presentaron, hubieron de escribir al Arzobispo en términos muy sentidos, pero que no eran reflejo de la verdad sino de un sentimiento exagerado, de una leal aspiración á que se remediasen aquellos males, pero atribuyéndolos erróneamente á quien no era culpable de ellos (1)».

No de otro modo debía ser, cuando aquellos celosos franciscanos, ajenos por completo á las luchas de las pasiones que fermentaban en la isla, al calor de los odios engendraron siempre por bastardos intereses; sin agravios que vengar del Almirante ni de sus hermanos, acordaron que uno de ellos, Fr. Francisco Ruiz, pariente de Jiménez de Cisneros y su secretario durante algún tiempo, volviese inmediatamente á España con cartas de creencia de los otros tres que allí quedaban, para informarle del miserable estado de la isla. Los tres escribieron sentidas cartas, aconsejando al Prelado que interpusiera su autoridad y su influencia cerca de los Soberanos, para que en ninguna manera consintiesen que el «Almirante ni cosa suya volviera más á aquella tierra, porque se destruiría todo y no quedaría cristiano ni religioso», y todos daban «gracias á Dios por haber salido aquella tierra del poderío del Rey Faraón», suplicando que «ni él ni ninguno de su nación fuera á las islas.»

Todos los historiadores extreman más ó menos sus cen-

(1) Asensio, *Cristóbal Colón*, tomo II, Libro IV, cap. x, pág. 353.

EL CARDENAL CISNEROS

suras contra los actos violentos y arbitrarios del Comendador Francisco de Bobadilla. Unos lo califican de orgulloso é inepto, y aunque Fernández de Oviedo dijo que era hombre honesto y religioso, es lo cierto que debía reunir buenas prendas, cuando los Reyes Católicos, tan justificados y conocedores de los hombres de su tiempo, lo escogieron para este importantísimo cargo, dándole los discrecionales poderes y atribuciones con que lo hemos visto obrar en la Española. Pero no respondió, ni mucho menos, Bobadilla á la confianza de los Monarcas: influído, acaso, del espíritu de hostilidad que en España y entre algunos magnates inspiraba el rápido encumbramiento de Colón; poseído de la justicia que informaban las acusaciones de que era objeto por parte de los que, desengañados volvían enfermos y pobres de aquellos países, había el Comendador juzgado y condenado previamente los actos del Almirante; consideró víctimas de su odio á los verdaderos criminales, y sin preceder averiguación de ninguna clase, antes bien, desechando los cargos gravísimos que los condenaban, sólo por el mero hecho de ser ó haber sido tratados con rigor por el Almirante, puso en libertad á Riquelme y á Guevara con todos los demás reos procesados por muchos delitos graves y sentenciados á muerte; á todos perdonó, y de todos oyó y tuvo en cuenta descargos y amañadas acusaciones contra el Virrey. Dió repartimientos de terreno y de indios á quienes menos los merecían; holló los contratos y capitulaciones que acreditaban los privilegios reales del Almirante, y con el mayor desenfado, teniendo por norte su voluntad y el estrecho criterio de su capacidad jurídica por guía, premió y ensalzó con escándalo á los delincuentes y reservó todo el rigor de la justicia contra los Colones que, si no merecían ciertamente sus actos gubernamentales y sus gestiones administrativas aplausos espontáneos, tampoco fueron merecedores de singulares y sistemáticas insidias, ni de extremadas violencias, que contrastaban, ya que no con ciertas debilidades sospechosas, con los inmensos bienes que estaban proporcionando á la Corona sus extraordinarios servicios.

Eran tan inusitados los sucesos que con rapidez vertiginosa se sucedían en la isla desde que llegó el Gobernador Bobadilla; tan anormales y desusadas eran sus disposiciones que, no alcanzando Colón á comprender el misterio que encerraban aquellos hechos, temió, no sin motivo, por la seguridad de su vida; y cuando consideró el Comendador llegado el momento de remitir á España á los procesados y dispuso que el hidalgo Alonso Vallejo, capitán de la carabela La Antigua, acompañado de algunos hombres de armas, condujese á Colón desde la ciudadela á una de las naves surta en el puerto, al presentarse á las puertas de su prisión con aquel aparato de fuerza, creyó que lo sacaban para ajusticiarlo en la plaza pública, y con rostro doloroso y profunda tristeza, que mostraba bien la vehemencia de su temor preguntóle:—«Vallejo, ¿donde me lleváis?—Respondió Vallejo:—Señor, al navío va vuestra señoría á se embarcar.—Repitió dudando el Almirante: —Vallejo, ¿es verdad?—Responde Vallejo:—Por vida de vuestra señoría que es verdad que se va á embarcar. Con la cual palabra se conhortó, y cuasi de muerte á vida resucitó.—¿qué mayor dolor pudo nadie sentir? ¿qué más vehemente turbación le pudo cosa causar?»

Mandó Bobadilla trasladar los otros hermanos á las carabelas que los habían de conducir á España, y á bordo las tres de La Gorda, dió á Vallejo instrucciones terminantes para que, en llegando á Cádiz, los entregase con los respectivos procesos al Jefe de la casa de la Contratación de Indias, D. Juan Rodríguez de Fonseca.

En los primeros días de Octubre de 1500 zarparon los navíos del puerto de Santo Domingo, llevando los equipajes impreso en el alma el desasosiego y malestar propio de la infeliz condición á que estaban reducidos aquellos hombres, viéndose obligados á presenciar el triste cuadro de sus desgracias; y en un arranque de generosidad, Vallejo y Andrés Martín, capitán de *La Gorda*, que consolaban y atendían con extremada solicitud á los presos, les propusieron quitarles los grillos; pero el Almirante no lo consintió. «Seguro de su inocencia aguardaba tranquilo á que los Reyes se los mandasen quitar, si de su orden se los habían echado, ó castigasen al culpable, si se había atropellado sin su mandato la autoridad que representaba.»

El viaje fué próspero y feliz y durante las largas horas de meditación á que se entregó el insigne marino, dedicóse á escribir una larga y sentida carta, dedicada á doña Juana de la Torre, dama muy querida de la Reina Isabel, para que por su conducto, ya que él no quería directamente enviar quejas á los Reyes, fuesen enterados de todo lo que había ocurrido durante la sustanciación de aquel pleito, que tuvo por digno remate el triste estado en que se hallaba.

Cerca de mes y medio duró la travesía, y el 20 ó 25 de Noviembre entraban en la bahía de Cádiz las dos carabelas, en una de las cuales, en *La Gorda*, puestos á la cintura los cordones de San Francisco y á los pies los grillos de Bobadilla, llegaba aprisionado el hombre que, con un Nuevo Mundo, más motivos de gloria había dado y reservaba á la hidalga nación española.

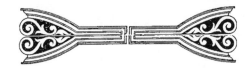

CAPÍTULO XIV

ODOS los modernos panegiristas del primer Almirante de las Indias, desde el neoyorquino Washington Irwing, hasta el historiador erudito y eximio literato sevillano señor Asensio, último narrador de los sucesos de su vida; todos, con el mejor y más digno deseo de encomio, unánimemente persuadidos de la verdad, afirman que la vuelta de Colón de su tercer viaje, encarcelado en la inmunda bodega de un buque, aherrojado y ligados con grillos sus pies, arrancó á la multitud, en Cádiz primero, y en toda España después, un grito de indignación y de protesta contra sus enemigos. Y aun que pudo muy bien sentirse, como seguramente se sintió lastimado el espíritu siempre caballeresco de los españoles ante la desgracia del Almirante, del mismo modo que se siente hoy al recordarla, es lo cierto, que ni el P. Las Casas, ni Pedro Mártir de Angleria, ni Oviedo, ni el propio D. Fernando Colón, con ser hijo del descubridor, ni ninguno de los autores coetáneos, tan escrupulosos, á veces, en la exposición de los más nimios detalles, como sobrios y concisos en la narración descarnada y escueta de otros pasajes, dicen una palabra que confirme la versión, seguida ciegamente en nuestros tiempos, acerca de este particular. Inclinándonos nosotros á admitir siempre por bueno todo lo que, sin perjudicar la verdad histórica, redunde en honor del esclarecido descubridor, sigamos en los casos de duda la opinión de aquellos que más motivos tuvieron de conocer la verdad, y continuemos reseñando á grandes rasgos el largo proceso de la laboriosa existencia del famoso nauta.

Apenas dieron fondo en la bahía de Cádiz las dos pequeñas naves que servían de cárceles á los Colones, sus capitanes, Alonso Vallejo y Andrés Martín, á ruego del Almirante, despacharon á Granada secretamente y por la posta un marinero con la carta que dirigía Colón á doña Juana de la Torre, ama del príncipe D. Juan y muy querida dama de la Reina, á fin de que por su conducto llegase á sus Altezas, antes que el proceso instruído en la Española, la noticia de su desgracia.

Gran sentimiento causó á los Monarcas la lectura de esta larga epístola y no menor indignación produjo en sus reales ánimos el estado aflictivo del Almirante. Sospecharon que Bobadilla, en quien reconocieron los historiadores y cronistas coetáneos virtud y nobleza poco comunes, que hoy se empeñan en negarle injustamente preocupados panegiristas de Colón, apurando los prestigios de las leyes, cuyo rigor terminaba en la persona del Monarca, y abusando quizá de los poderes ilimitados con que lo habían investido, llevó á un límite no calculado el exceso de sus atribuciones; y para remediar en parte tanto mal y dar á Colón la satisfacción del sentimiento con que apreciaban su triste estado, escribiéronle una muy afectuosa y expresiva carta, enviando inmediatamente un correo al corregidor de Cádiz, para que dispusiera, sin dilación alguna, la libertad de los presos, con orden de que les fueran entregados 2.000 ducados y cuantos auxilios necesitasen, para hacer, con la decencia y dignidad propia de su elevada jerarquía, el viaje y presentación á la corte, adonde llegaron el 17 de Diciembre de aquel año de 1500.

El recibimiento que hicieron á Colón los Soberanos fué uno de los mayores triunfos que conquistó sobre sus émulos. Profundamente afectados los Monarcas ante el aspecto humilde á la par que digno de aquel anciano prematuro, achacoso, más que por los años, por las rudas fatigas del espíritu, más fuerte que la materia, decrépita y contraída, casi aniquilada ya bajo el peso de enfermedades adquiridas en servicio de la Corona, no pudieron menos de darle á entender el sentimiento de que estaban poseídos. Ante esta muestra de cariñosa solicitud, balbuciente y con sollozos entrecortados, que le impedían proferir el más ligero acento, besó el insigne marino las manos de sus Reyes, y repuesto apenas de la profunda emoción de su espíritu afectado, sinceróse de su conducta; dió cuantas explicaciones consideró necesarias para el esclarecimiento de la verdad, hizo vindicación noble de su lealtad y de su celo por el servicio de sus reyes y protestó solemnemente de los errores cometidos, más que por voluntad propia, por las difíciles circunstancias que le habían rodeado, y por los obstáculos con que había tenido que luchar.

No consintieron los magnánimos Reyes que pasasen de aquí sus vindicaciones, ni mucho menos las informaciones contra sus actos; bastábanle el ejemplo de su infortunio para juzgar previamente el exagerado celo de Bobadilla, llevado á un límite no calculado; despreciaron los procesos y los testimonios de sus acusadores, irrespetuosos y atrevidos, y dando á la víctima en público y privado las pruebas más elocuentes de su consideración y alto aprecio, mandaron que ocupase en la corte el puesto elevado que correspondía á su rango; ofreciéronle la devolución de todos sus bienes, secuestrados violentamente, y para la más completa satisfacción de su persona, estimaron oportuno restituirle en el goce de sus privilegios y dignidades

Colón vestido de franciscano á su regreso del tercer viaje.

y despojar al celoso Bobadilla de la gobernación de las Indias.

Pero dos consideraciones de gravísimas consecuencias se oponían por lo pronto á satisfacer estos deseos, francamente sentidos y manifestados por los Soberanos, y á la penetración del propio Almirante no debieron escapar las dificultades con que habían de luchar los Monarcas, para reintegrarle en el goce absoluto de sus exagerados privilegios.

Bien hubiera querido el Rey Católico sostener en toda su integridad las capitulaciones de Santa Fe, si á ello no se opusieran gravísimas razones de Estado; pero, «desde el momento en que pudo saberse que dichas capitulaciones firmadas á ciegas por ambas partes, eran de cumplimiento humanamente imposible; desde que fué evidente que el interés general padecía con el gobierno desordenado del Virrey, teniendo en cuenta la razón de Estado, quiso el monarca aragonés modificar amigablemente el pacto ofreciendo á los Colones una posición, un estado, al nivel de los más grandes existentes en España... que superaban á algunas familias reinantes de Europa» (1).

Había empezado á revelarse la importancia de los descubrimientos de Colón, y lo que hasta entonces había sido considerado como vulgar y ordinaria prosecución de empresas, tantas veces repetidas en aquellos tiempos, alcanzó la que nos ocupa un límite no calculado ni previsto y entró de lleno en la categoría de los más extraordinarios sucesos. Sus propios descubrimientos en la tierra firme, proseguidos y confirmados por el audaz conquense Alonso de Ojeda y por el involuntario impostor Amerrigo Vespucci, certificados asimismo, en la primavera de 1499, por el piloto de Palos de la Frontera, Pero Alonso Niño, con los lucrativos productos de su expedición, llevada hasta el límite de las costas de las Perlas; la extraordinaria y fecunda empresa de Vicente Yáñez Pinzón, que tuvo por resultado el descubrimiento del extenso territorio del Brasil, desde el río Marañón hasta su límite oriental, en Enero del siguiente año de 1500; la del piloto Diego de Lepe, dirigida más al Sur del continente meridional; la de Rodrigo de Bastidas, la de Cristóbal Guerra; la fortuita é inesperada expedición del portugués Pedro Álvarez Cabral, llevada al Brasil, después que Pinzón, en brazos de

(1) Fernández Duro. —Colón y la Historia póstuma, pág. 113.

violentísima borrasca, y la que por el Norte llevó á cabo
el veneciano Sebastián Cabot, al servicio de Inglaterra;
todas estas empresas y algunas otras, igualmente fecundas
y trascendentales, hicieron reflexionar al prudente Rey
Católico sobre la importancia que envolvían las capitulaciones ajustadas con Colón en 1492. Consideró Fernando
que el poder y señorío del Almirante, su súbdito, superaba
con mucho en importancia al suyo propio; y calculando que
un solo hombre, por grandes y extraordinarias que fueran
sus condiciones y cualidades, con serlo tanto las de Colón,
no podría subvenir á las infinitas atenciones del momento,
para ensanchar simultáneamente por distintas latitudes y
en plazo perentorio, como lo exigían la ambición de otras
potencias, celosas del engrandecimiento español, los límites de aquellos descubrimientos, acordó muy sabia y prudentemente modificar aquellas capitulaciones, dándole la
latitud que convenía á los intereses de la Corona y aun á
los propios intereses del Almirante.

Ya lo ha dicho un moderno historiador con admirable
imparcialidad, no reflejada ciertamente en otros pasajes de
la historia de estos tan debatidos cuanto apasionados sucesos. La cesión de altísimos cargos,—dice el Sr. Asensio (1),—que se hizo á perpetuidad y sin limitaciones á
Cristóbal Colón en la Vega de Granada al comenzar el
año 1492; la soberanía y jurisdicción concedida sobre muy
dilatados territorios, cuya extensión ya causaba asombro
y cuyos límites no se conocían aún, ni habían de ser me-
didos en mucho tiempo; la enormidad de los productos de
aquel mundo nuevo, sobre los cuales se había concedido
una participación crecida y constante á los individuos de
una familia, sin término alguno, y otros muchos problemas, de ardua resolución que de aquí se deducían, hicieron reflexionar al Rey Católico y á sus consejeros sobre la
trascendencia que envolvían.

Todo esto por lo que respecta á cuestiones gravísimas de

(1) *Cristóbal Colón*, ob. cit., t. H, lib. V, cap. I, pág. 404.

NAVE ESPAÑOLA DEL TIEMPO DEL DESCUBRIMIENTO

resultados trascendentales más ó menos remotos; porque, en cuanto á las que tenían carácter urgente de actualidad, á las de resultados más inmediatos, tampoco podían los Reyes, obrando con acierto y cordura, resolver en definitiva, devolviendo al Almirante, en tan críticos momentos, el cargo de gobernador de las Indias y por ende de la Española, su metrópoli, en el estado anárquico en que se había mantenido durante el borrascoso período de su mando. Habíanse creado antagonismos peligrosos, que la vuelta del Almirante haría con seguridad que resucitasen más enconados aún; y para evitar este y otros peligros, acordaron entregar accidentalmente y por dos años el gobierno de la Española á una persona de carácter prudente y conciliador á la par que enérgico, para que restableciese el orden tan profundamente perturbado, borrase las asperezas, extirpase la semilla de la insubordinación y el desorden, echase los cimientos de una administración adecuada á la índole propia de sus peculiares aspiraciones y á las necesidades y exigencias de un nuevo Estado, tan extenso y dilatado y tan alejado de la acción fiscalizadora é inmediata de la metrópoli, restableciendo, con el prestigio del cargo de gobernador, el imperio de la autoridad y de la ley, para que después de esto conseguido, pudiese el Almirante ejercer con desembarazo la jurisdicción que momentáneamente se le arrebataba.

En su virtud, eligieron para este dificilísimo cargo al Comendador de Lares frey Nicolás de Ovando, de la Orden de Alcántara, hombre de grande autoridad y amigo de justicia; honestísimo en su persona, en obras y palabras, de codicia y avaricia muy grande enemigo, y no pareció faltarle humildad, que es esmalte de las virtudes. Este caballero era varón prudentísimo y digno de gobernar muchas gentes, pero no indios, porque con su gobernación inestimables daños les hizo (1).

Esta elección tan acertada fué muy provechosa á los

(I) Las Casas, *Inst. de las* Indias, t. II.

conquistadores, á costa, por supuesto, de los, en nuestros tiempos, considerados sacratísimos intereses de los indígenas, que no supo, ó no pudo, ó no paró mientes en conciliar, como era costumbre y natural política de aquellos tiempos, seguida desgraciadamente hasta nuestros días.

Poco más de dos años, tiempo que emplearon los Reyes en los tratos de conciliación con el Almirante, tardóse en los preparativos y equipo de la fastuosa escuadra que condujo á la Española al nuevo Gobernador de las Indias: durante este tiempo, uno tras otro, vinieron de la isla varios navíos conduciendo, con cargamentos de productos más ó menos valiosos, alarmantes noticias del estado poco lisonjero de la colonia, por consecuencia de la débil gobernación de Bobadilla.

Este hombre, siguiendo el opuesto procedimiento del Almirante, que juzgó duro y cruel en demasía, se condujo con tal blandura y complaciente debilidad con los colonos, concediéndoles á precios reducidísimos importantes granjerías, explotadas á costa de la salud y tranquilidad de los indios, que en el poco tiempo que permaneció al frente de la gobernación aumentaron los derechos reales en una cantidad fabulosa, con sólo haber reservado la undécima parte á la Corona.

Y aunque en escritos y documentos coetáneos de indudable autoridad se dice que los Reyes se dieron por bien servidos de Bobadilla, el P. Lás Casas, el apóstol y apasionado defensor de los indios, hace de su gobernación, como la había hecho de la del Almirante y como la hizo después de la de Ovando, una pintura de sombríos y luctuosos colores, por la cual, aun apreciando los excesos, y si se quiere los crímenes que cometieron, sin duda alguna, los españoles con los indígenas, fueron tan extremadas las declamaciones del P. Las Casas en pro de la causa de los indios, de la que, adelantándose cuatro siglos á su época, fué fanático defensor, que han dado lugar sus exageraciones á juzgar, en ciertos pasajes, sospechosa su autoridad como historiador imparcial y desapasionado.

Blandamente mecida sobre las aguas, rizadas apenas por las frescas brisas matinales, próxima á darse á la vela, aguardaba en la mañana del 13 de Febrero de 1502 en la bahía de Cádiz, una escuadra compuesta de treinta y dos naves de distintos portes, la más numerosa que hasta entonces había salido para las Indias: era la que al mando de Antonio de Torres había de conducir luego á la Española al Comendador Nicolás de Ovando.

Llevaba el nuevo gobernador á sus órdenes una colonia importantísima compuesta de 2.500 hombres de distintos oficios y profesiones y de buenas costumbres, algunos casados y acompañados de sus familias, oficiales y soldados, buen golpe de artillería, bagajes, armas y municiones, enseres diversos para la labranza y explotación de las minas; algunas especies de animales y de semillas para aclimatar, el cargo de Alguacil mayor habíase provisto en D. Alonso Maldonado, persona dignísima y justificada; ibán doce franciscanos de virtud é ilustración probada, para la conversión de los indios y una guardia de honor compuesta de veinte hidalgos.

Llevaba instrucciones concretas para dar colocación á esta gente en las poblaciones que se le mandó fundar, autorizándole para que las pudiera dotar de municipios é iglesias, con los mismos fueros y privilegios que gozaban las municipalidades de la metrópoli, señalando los límites jurisdiccionales de cada una y terrenos baldíos del procomun, con todos los demás elementos que contribuyesen á dar á los pueblos carácter social permanente y de solidaridad.

No habiendo dado hasta entonces resultados prácticos el sistema colonizador empleado, arreglóse á un nuevo plan más práctico, ordenado y humanitario el gobierno colonial de Ovando; proveyéronle para ello de instrucciones secretas, encaminadas á fomentar ciertas clases de industrias manufactureras, y al planteamiento de nuevos arbitrios que robustecieran los ingresos de las arcas reales y municipales, dando en todo reglas fijas y preceptos humanitarios, en analogía con las leyes de la metrópoli.

No descuidaron los Reyes, antes bien, atendieron con verdadera solicitud los intereses y reclamaciones del Almirante, mandando que á él y á sus hermanos les fuesen devueltos todos los bienes que les habían sido tomados, «reintegrando su valor de los caudales de la corona ó de los de Bobadilla según correspondiera, autorizándole para nombrar una persona que lo representase en la isla, á quien habían de acudir sus autoridades con el décimo y el octavo de los productos líquidos, según acuerdo, con todo lo demás que fuera necesario para garantizar el conocimiento de sus derechos y la seguridad de sus intereses, durante el tiempo que permaneciese alejado de los negocios de la isla.

Por lo que toca á la pesquisa del gobierno de Bobadilla, mandáronle igualmente hacer información de sus actos y de su conducta con el Almirante, ordenando que viniese á España á la vuelta de la flota, con todos los que resultasen delincuentes según los procesos é indagaciones que se le mandó hacer, sustituyendo con gente sana y de moralidad los perniciosos elementos que habían perturbado la isla.

Con tales instrucciones, el día 13 de Febrero levó anclas la escuadra, y ya á la vista de las Canarias, un furioso vendabal separó los buques unos de otros amenazando sumergirlos á todos, como sumergido había á uno de los mayores, del cual, por desgracia, no se salvó ni uno solo de sus tripulantes. Los efectos de esta borrasca llegaron á las costas de España, causando grande inquietud en los ánimos la suerte de tan poderosa flota, que por algún tiempo se creyó sepultada en los abismos del Océano. Pero pasado el chubasco, sin otro accidente sensible que la pérdida de la nao, llamada la *Rábida,* dió fondo toda ella en la Gomera; sustituyóse la nave perdida por una carabela nueva,

repa[á]ronse las averías, y continuando el viaje sin contratiempo sensible, el día 15 de Abril dió fondo sin novedad
en el puerto de Santo Domingo.

Durante el tiempo empleado en los preparativos y expedición de la flota de Ovando, permaneció Cristóbal Colón en Granada ocupando en la corte, cerca de los Reyes,
el alto puesto de su empleo oficial; meditó, durante las largas horas de su forzada inacción, serios planes, más ilusorios que prácticos, relativos á la organización de empresas
militares político-religiosas y á la prosecución de nuevos
viajes de descubrimientos; tenaz en sus pretensiones y receloso y suspicaz de la política fina de la corte, ordenó
todos sus asuntos particulares en previsión de las contingencias del porvenir, y siendo ya anciano y achacoso, su
propia suspicacia obligóle á iniciar á su primogénito Diego
en las cuestiones de su mayorazgo y en las cosas que pudieran servirle de conocimiento sobre los asuntos de derecho que ventilaba en la corte.

Como no se le ocultaba la importancia de sus descubrimientos, ni la de los que se podrían hacer en lo sucesivo,
así como las riquezas é inmensos beneficios que se obtendrían á medida que aquéllos se fueran fomentando, su celo
religioso le hizo concebir la piadosa idea de que fuese
empleada una parte de estas riquezas en rescatar el Santo
Sepulcro: firmemente persuadido de su misión providen-
cial, dió-vuelta en su pensamiento á esta peregrina y trascendental idea; sumó números, hizo cálculos, se empapó
en las parabólicas sentencias y profecías de los sagrados
textos, organizó ejércitos de cruzados, equipados y aten-
didos con el oro de las Indias, y cuando juzgó que á su
pensamiento no le faltaba sino los momentos de ponerlo
en práctica, propuso al Pontífice y á los Reyes Católicos
la conveniencia de dirigir una cruzada contra los infieles
de Oriente, para arrebatar de sus impías manos las preciadas joyas de los Santos Lugares; y tanto el Santo Padre como los Serenísimos Reyes acogieron con benignidad

y gratitud el trascendental pensamiento del insigne nauta, aplazando, sin embargo, su realización, hasta que las dichas riquezas de las Indias proporcionasen ocasión de organizar y dirigir esta empresa con seguridad de éxito.

No por eso descuidaba el Almirante la ardua cuestión de sus privilegios, varias veces confirmados; y cuando tuvo la seguridad de que no habían sido dadas en su perjuicio las licencias para descubrir, y saboreó la satisfacción de que sin orden suya ó de los Reyes no podría ninguno en lo sucesivo armar buques para esta clase de empresas, castigando con penas pecuniarias á los que tal habían hecho, descansó en tales seguridades, y abismándose entonces su pensamiento en otro orden de consideraciones é ideas, extraordinarias, como todas las suyas, propuso á los Reyes la realización de un importantísimo proyecto. Había llegado á España, precedida de la fama, la noticia de las relaciones directas que había la corte de Portugal establecido con el Oriente, desde que el descubrimiento del cabo de las Tormentas ó de Buena Esperanza abrió el camino á la navegación de los arrojados marinos portugueses: Bartolomé Díaz, Vasco de Gama y Pedro Álvarez Cabral, eran considerados y tenidos en el reino lusitano por otros tantos Colones, más importantes aún, pues que á ellos se debía el monopolio de los riquísimos y codiciados productos de las Indias orientales, obtenidos á costa de modestos dispendios, mientras que de las Indias de Colón no se habían hasta entonces disfrutado, á pesar de tan inmensos sacrificios, los diamantes, los perfumes, las piedras preciosas, las especerías, el marfil y el ámbar que había repetidamente ofrecido cuando, postulante de corte en corte, soñaba con las maravillas fabulosas de exaltados viajeros, y que ahora las naves de Portugal conducían en cantidades extraordinarias por el camino del Oriente.

Ya sabemos cómo preocuparon estas cuestiones la mente de Colón desde el génesis de su gran pensamiento, en su concepto realizado á medias. Sus propias observaciones, robustecidas con las de algunos nautas que le precedieron en el reconocimiento de una parte del continente por él descubierto en su tercer viaje, le indujeron á creer en la existencia de un estrecho, por donde habían de tener salida las corrientes del mar de los caribes á otro mar opuesto y desconocido, que no podía ser sino el que bañaba las

Venga de maluco

costas de las Indias orientales, teatro de las hazañas de los portugueses. Para completar su pensamiento, juzgó de necesidad el descubrimiento de este paso, que él calculó que debía existir en la parte de lo que es hoy América Central, cerca de la que se llamó después el Darien. Encontrado así el estrecho, no sólo le cabría la gloria de circunnavegar el mundo, sino que, siendo el camino por él abierto y recorrido más corto que el seguido por los portugueses, facilitaría á los españoles el comercio con el extremo Oriente, y la mayor parte de las riquezas que iban á Portugal vendrían luego á Castilla en naves españolas.

Planteada la cuestión en términos tan claros y expresivos como tentadores, lejos de dudar los Católicos Monarcas del éxito de tal expedición, dirigida por tan experto y acreditado marino, se adelantaron á facilitarle los medios de llevarla á feliz término; despacharon provisiones reales, por las cuales le autorizaban para armar y equipar cuatro naves ligeras y de mediano porte, tal como él las pedía, aleccionado por la experiencia de que los barcos de mucho calado eran un inconveniente en los viajes de descubrimientos; le facilitaron todos los auxilios que creyó oportunos pedir para el más lisonjero éxito de la empresa, y le permitieron llevar consigo á su hermano el Adelantado y á su hijo Fernando, joven de catorce años, acreditándole el sueldo que disfrutaba por el cargo palatino que ejercía cerca de las personas reales, durante el tiempo de la expedición.

No se contentaron con menos aquellos piadosos y agradecidos Monarcas, pues siendo tanta la estimación con que distinguían al Almirante, quisieron darle también el consuelo de la promesa real en lo relativo á la cuestión de sus privilegios, asegurándole en carta fechada en Valencia de la Torre el 14 de Marzo de 1502, que le serían respetados todos sus derechos, los cuales pasarían íntegros á sus descendientes, á quienes concederían otros honores y gracias dignos de sus servicios; aconsejábanle, por último, que marchase confiado en la seguridad de esta promesa, y en previsión de cualquier accidente desagradable que turbara el orden de la Española, le rogaron que, sin detenerse en ella, pasase de largo hasta dar fin á su empresa; y que á la vuelta podría *tocar de pasada siendo necesario*, pues convenía que SS. AA. fuesen luego informados personalmente de lo que hubiese descubierto, para proveer lo necesario (1), pues para entonces habrían terminado ya las causas que aconsejaban ahora este prudente acuerdo.

En el otoño de 1501, hacia fin de Octubre, dirigióse Cristóbal Colón desde Granada á Sevilla, provisto de los despachos y cartas-patentes, para activar con su presencia en la ciudad del Betis los preparativos de la expedición.

Hombre previsor como pocos, y como pocos también suspicaz y desconfiado de las flaquezas humanas, cuyas miserias había tenido ocasión de gustar, quiso, antes de la partida, arreglar todos sus asuntos particulares, como si temiera en este su cuarto y último viaje un desgraciado é irremediable accidente. Viejo ya y achacoso, temía abandonar este mundo sin dejar vinculada en su familia la fama de sus proezas; en su virtud, dispuso que un escribano real legalizase cuatro copias de los privilegios, títulos, cartas reales y concesiones que había obtenido desde el año de 1492 hasta entonces, por los cuales había sido nombrado y gozaba los empleos de Almirante, Visorrey, Gobernador y Capitán General de las Indias; hizo otras copias de documentos importantísimos que vindicaban sus derechos; y redactó un curiosísimo documento dirigido á su primogénito Diego, persona de muy mediana capacidad y de envidiosa condición, recomendándole muy eficazmente el cumplimiento, durante su ausencia, de las instrucciones que le dejaba, entre las cuales, disponía varios legados á distintas personas de su parentela y de su intimidad; al banco de San Jorge de Génova, su patria, hizo donación de la décima parte de sus rentas, que había de emplearse en disminuir ó anular los derechos impuestos á algunos artículos de primera necesidad; y cuando juzgó que todo estaba en orden, dispuso que un ejemplar de estas copias quedase depositado con los originales, que encerró en una cajita con ciertas precauciones, en el Monasterio de la Cartuja de las Cuevas de Sevilla, poniendo los demás ejemplares bajo la custodia de excelentes amigos suyos,

(1) Navarrete—Obra citada—Introducción, pág. 104.

para que en todo tiempo pudieran sus descendientes reclamar, si por acaso les eran negados, los títulos, privilegios y exenciones que por sus extraordinarios servicios le habían concedido los Católicos Reyes.

En estas y otras medidas de precaución y en los preparativos de la flota, sorprendióle en Sevilla el mes de Mayo de 1502: su hermano Bartolomé habíase trasladado á Cádiz, en donde dió la última mano á los detalles de la expedición, y el día 8 de Mayo quedaba dispuesta para darse á la vela.

Se componía la escuadra de cuatro carabelas de gavia, la mayor con honores de Almiranta era de setenta toneladas, y en ella iba por capitán Diego Tristán; las otras tres no pasaban de cincuenta toneles; se llamaban *Santiago*, y su capitán Francisco de Porras, la *Vizcaína*, al mando del genovés Bartolomé Fieschi y la *Gallega*, dirigida por el capitán Pedro Terreros: llevaban 150 personas de dotación, pertrechos de artillería y armas, y provisiones bien acondicionadas con arreglo á las necesidades de un viaje de esta naturaleza, del cual se prometía los más lisonjeros resultados.

El día 11 de Mayo, según el Diario de navegación que llevaba el escribano de la armada Diego de Porras, levó anclas la escuadra del puerto de Cádiz; y como hubiese llegado á la corte la noticia de que los moros tenían puesto cerco á la plaza de Arcila, defendida por tropas de Portugal, cuya era, ordenaron los Reyes al Almirante que socorriese aquella plaza de su aliado y deudo el soberano portugués, y á ella se dirigió el nauta con el mejor deseo, sin pensar los peligros que podría correr la expedición.

En efecto, ancló frente á la plaza, cuando ya los moros habían levantado el sitio, y no teniendo nada que hacer allí, cumplimentó á su Gobernador, volvió las proas de sus barcos en dirección de las Canarias obligado punto de recalada, adonde llegó el 20 de Mayo; hizo algunas provisiones de agua, leña y otros bastimentos frescos, y el 25 por la tarde abandonó el archipiélago dirigiendo el rumbo hacia Occidente.

Nada de particular ofreció la travesía del Océano, cuyas aguas, suavemente rizadas por viento fresco, oponían débil resistencia á la marcha de las carabelas, empujadas constantemente en aquella dirección. En la mañana del 15 de Junio, dieron fondo en la isla Martinino, hizo aguada y provisión de leña en los tres días que allí permanecieron descansando y lavando la marinería su ropa, según era costumbre; tocaron luego en la Dominica, y navegando entre las pequeñas Antillas, rebasaron luego la isla de Puerto Rico por su parte meridional con intención de recalar en el puerto de Santo Domingo, como lo hicieron.

Esta infracción de las órdenes terminantes de los Reyes la justifica el Almirante por la necesidad, ciertamente poco sentida, de cambiar uno de los barcos, defectuoso y poco velero, por otro de mejores condiciones náuticas. Llegó, en efecto, el 29 de Junio, y ancló en la boca del puerto, en donde estaba dispuesta á darse á la vela, en el viaje de regreso la armada, que Ovando despachaba á España con Bobadilla, en la cual había mandado embarcar á Roldán, Guevara, Riquelme con los demás agitadores y á todos los que resultaron delincuentes, según los procesos que hizo luego que tomó posesión del mando de la isla.

No era aquella por cierto la mejor ocasión para desembarcar el Almirante; con motivo de las disposiciones de Ovando, pululaban por la ciudad, dispuestos á embarcarse, todos los hombres comprometidos más ó menos en los desórdenes de la isla, y la presencia de Colón era un peligro que amenazaba con seguridad el orden admirable con que procedía el nuevo gobernador en la expulsión de aquellos peligrosísimos elementos, entre los cuales no pudo menos de causar gran sorpresa la presencia del Almirante en el puerto.

Así, pues, tan pronto como recibido, fué por Ovando

contestado el mensaje del Almirante, manifestándole con palabras corteses que no creía muy prudente otorgarle la licencia que demandaba, no tanto porque con ella contravenía las órdenes de los Monarcas, cuanto por las dificultades que podría suscitar en aquellos críticos momentos su presencia en la ciudad. Le suplicó, pues, y le aconsejó que prosiguiera su viaje en los barcos que llevaba hasta dar fin á su empresa, y que á la vuelta sería recibido y se le darían los auxilios que necesitara.

Esta contrariedad no pudo menos de lastimar la fibra sensible del desarrollado amor propio del Almirante. El barco que pretendía cambiar, á más de sus detestables condiciones marineras, era el mayor de la flota, muy pesado y de gran calado, é inútil, por tanto, para los reconocimientos de las costas. Hubo de conformarse, sin embargo, con la negativa cortés de Ovando, que no debió provocar, y aunque resentido, quiso avisar al Gobernador del peligro que corría la escuadra, si, como tenía entendido, esperaba el momento de darse á la vela.

La experiencia que había alcanzado en aquellos mares, tanto tiempo por él frecuentados, le hizo fijar su atención en los fenómenos con que se anuncian los peligrosos ciclones que se desarrollan en aquellas latitudes, sorprendiendo los espíritus más avisados. La escuadra que salía para España era numerosa y muy ricos y abundantes los tesoros que conducía; formaba parte de ella una pequeña carabela en donde iba la hacienda del Almirante, procedida del octavo y décimo; y para evitar el peligro que iba á correr, avisó á Ovando, que no la dejara salir hasta que pasara el huracán que consideraba próximo. El cielo, no obstante, estaba sereno, la atmósfera era transparente y diáfana y nada hacía presagiar los peligros que profetizaba el Almirante, de quien todos se burlaron.

Lleno de amarga pena abandonó Colón las aguas de Santo Domingo, sin separarse de la costa, para aprovechar el primer puerto abrigado que encontrara, donde aguantar el temporal que había previsto, y que no se hizo esperar largo tiempo.

«Entretanto salió la flota de Bobadilla de Santo Domingo, y se hizo al mar confiadamente. Á los dos días se verificó la predicción de Colón. Se había formado gradualmente uno de los tremendos huracanes que á veces devastan aquellas latitudes. La ominosa apariencia de los cielos, las procelosas ondas del Océano, el rugir de los vientos, todo anunciaba su venida. La flota había apenas llegado al extremo oriental de la Española, cuando la tempestad bajó sobre ella con terrorífica furia, y la convirtió súbitamente en despedazadas ruinas. El bajel en que iban Bobadilla, Roldán y muchos de los más inveterados adversarios de Colón, pereció con toda su gente, más la célebre masa de oro, y la parte principal del mal ganado tesoro que produjeron las miserias de los indios. También se perdieron otros muchos buques, y volvieron algunos muy quebrantados á Santo Domingo; uno sólo pudo continuar su viaje á España. Éste era, según Fernando Colón, el más frágil de la flota, y el que llevaba á bordo las cuatro mil piezas de oro de propiedad del Almirante» (1).

Muy difícilmente pudo el Almirante sostenerse al abrigo de la costa, cerca de *Puerto Hermoso*, donde le alcanzó la borrasca; en lo más recio de ella separáronse unos de otros los navíos, y por temor de chocar entre sí ó contra los acantilados de la costa, salieron á alta mar á correr la tempestad, á merced de la cual estuvieron por espacio de algunos días en mil peligros de perecer.

Calmadas las olas, pudieron al fin reunirse las cuatro naves en el puerto de Azua, donde tuvieron noticias del desastroso fin de aquella escuadra de treinta y dos naves, casi toda sepultada en los senos del abismo, en donde yacerían para siempre los ricos tesoros extraídos á costa de sabe Dios qué infamias, y los cuerpos de aquellos hombres

---

(1) Washington Irving, *Historia de la vida y viajes de Cristóbal Colón*, edición española de 1834, t. III, lib. XV, cap. I, pág. 253.

sin conciencia y sin ley, para quienes la vida no era otra cosa que el goce no interrumpido de concupiscientes desvaríos. Por mucho tiempo duró en la memoria de los españoles el recuerdo de este desastre, evocado siempre á manera de satisfecha indignación divina ante la ingratitud y maldad de los hombres.

CAPÍTULO XV

UANDO el Almirante hubo reparado las averías de su flota y dado á su gente el descanso necesario, determinó salir del Puerto Hermoso ó Escondido, y sin abandonar la costa por la inseguridad del tiempo, siguióla hasta el puerto de Yaquimo ó del Brasil; pero restablecida en absoluto la calma, el 14 de Julio abandonó la Española y arrastrado sólo por las corrientes tocó en los cayos de Morante, cerca de Jamaica, en donde hizo aguada, abriendo hoyos en la arena; estas mismas corrientes le hizo variar de dirección, rodeó la Jamaica alcanzando la proximidad de la costa de Cuba, cerca de la cual visitó por segunda vez los islotes que denominó anteriormente Jardines de la Reina.

Con vientos duros y huracanados y mar gruesa volvió á tomar el rumbo de tierra firme; navegó por mares procelosos y ya cerca del Continente, en la parte de Honduras, tocó en una isla de hermosa apariencia, cuajada de pinos seculares, altísimos y frondosos, por lo que la denominó isla de los *Pinos*, si bien ha conservado su nombre indígena de *Guanaja* con que era conocida. Saltaron á tierra con objeto de reconocerla y tomar lenguas, y cuando conseguida esta curiosidad, disponíanse á volver a los buques, sorprendióles en la playa la presencia de una canoa de grandes proporciones, tripulada por buen número de remeros; en el centro de ella se alzaba una especie de camarote parecido al de las góndolas de Venecia, hecho con hojas de palmas y tan sólido y tupido que no podía penetrar en su interior ni el sol ni el agua.

Llevada la canoa con sus 25 tripulantes á presencia de Colón, observó los variados objetos que conducía; parecía haber hecho un largo viaje á una tierra rica, y que su ocupación era el comercio. Entre otras cosas de valor inestimable para los indios, llevaban unos granos algo mayores que almendras de color oscuro, por ellos muy codiciado; eran, en efecto, la almendra del cacao, visto de los españoles por primera vez, y tan estimado de los indígenas que se servían de él como de monedas en sus transacciones mercantiles.

Los indios parecían más inteligentes y mejor formados y en todos sus actos denotaban cierto grado de ilustración y cultura, á que no estaban acostumbrados los españoles á observar en los de las islas; el idioma era distinto del que hablaban los indígenas de las Antillas, y aunque por las señas que hacían pudieron apenas entender que en la dirección que señalaban había grandes extensiones de tierra pobladas de gente muy adelantada, que vivían en ciudades grandísimas y opulentas, por si no resultaba bien comprendida ó cierta la versión, no quiso el Almirante abandonar la ruta que se propuso seguir en demanda del famoso estrecho, y fijo en su pensamiento, abandonó la isla tomando el rumbo del Sur, en cuya dirección sospechaba la existencia del codiciado paso al mar de las Indias orientales. Antes de darse á la vela, tomó uno de aquellos indios, viejo ladino, locuaz, de grande experiencia y muy conocedor de aquellas costas, que sirviese de intérprete durante la expedición.

En efecto, á las pocas leguas tocaron en tierra firme, en una prolongación que llamó punta de *Caxinas* (Cabo de Honduras) nombre indígena de una fruta como manzanas pequeñas que se daba en abundancia, y el domingo, 14 de Agosto, bajó el Adelantado con algunos capitanes y gentes de armas á oir una misa que se celebró bajo las frondosas copas de los árboles.

Siguiendo la dirección de la costa, el día 17 dieron fondo cerca de un río, en cuyas orillas tomó el Adelantado posesión de aquella tierra por la Corona de Castilla, á cuya circunstancia debió el nombre de *Río de la Posesión*. Acudieron los indígenas sin mostrar temor alguno, cargados de diferentes mantenimientos, entre otros, pan de maíz, frutas y aves que aceptaron los españoles á cambio de golosinas y juguetes con que se entusiasmaban aquellos infelices, quienes, entre otras deformidades, presentaban horadadas las orejas y muy prolongadas, á cuya causa parece que obedeció el nombre de *Costa de las Orejas* con que denominaron los españoles aquella parte del Continente.

El tiempo inseguro que llevó desde la Española empezó á acentuarse de un modo alarmante: los vientos, muy fuertes y huracanados, no soplaban siempre del mismo cuadrante, las corrientes eran más impetuosas, el oleaje duro, y para evitar el peligro de chocar entre sí los barcos ó contra los acantilados de la costa, procuraban aprovechar todas las ocasiones favorables que el viento le proporcionaba, á fin de esquivar toda suerte de peligros. La marcha era pesadísima y muy lenta, las nubes densas y obscurísimas, despedían fuertes aguaceros, truenos y relámpagos, y tan trabajada era la marcha de la flota que empezaron á resentirse los barcos abriéndoseles grandes vías de agua. El peligro de perecer era constante y prolongado como nunca, de tal suerte, que no vió Colón tempestades tan violentas ni duraderas como las que soportaba ahora.

Algo más de un mes empleó la escuadrilla en salvar la costa de Las Orejas, desde punta Caxinas hasta un cabo, en donde empieza la costa á deprimirse rápidamente y volver hacia el Sur en un ángulo casi recto; abonanzó un tanto el tiempo y con vientos más regulares y menos duros, continuó la navegación algo más tranquila, por lo cual, al llegar á esta punta el 12 de Septiembre, dióla Colón el nombre de *Cabo de Gracias á Dios*.

Poco más adelante pasaron por algunos bancos peligrosos, que seguían la dirección de la costa hasta perderse de vista; y siendo necesario tomar agua y leña, el sábado, 15 de Septiembre, envió el Almirante las barcas á un río próximo que parecía profundo, con buena entrada, pero habiéndose ensoberbecido los vientos é hinchándose de repente el mar, rompiendo contra la corriente del río, embistió á las barcas con tanta violencia, que se anegó la una y pereció toda la gente que iba en ella, á cuya dolorosa circunstancia dió el Almirante á este río el nombre de *Río del Desastre*, en cuyas orillas pudieron observar cañas gigantescas tan gruesas como el muslo de un hombre.

Bajo la dolorosa impresión de esta desgracia, continuó el viaje á lo largo de la costa, conocida con el nombre de los *Mosquitos*, hasta el día 25 de Septiembre, que recalaron con tiempo mediano en una isla de hermosa apariencia, tan fresca, frondosa y amena, que no tuvo reparo el Almirante en cambiarle el nombre indígena *Quiriviri* por el de la *Huerta*.

Calmó el viento lo suficiente para permitir, con cierta comodidad, el reconocimiento de aquellas deliciosas costas, cerca de la cual se alzaba el lugar de *Cariari*, en la orilla de un río ameno. La primera impresión de los indígenas, luego que vieron gente tan extraña, fué como siempre de recelo y temor; aprestáronse á la defensa, armados de distintos instrumentos de guerra, y cuando observaron que los supuestos enemigos, lejos de atacarlos, permanecían en las naves ocupados confiadamente en las tareas de á bordo, sin intención alguna hostil, depusieron las armas, dejaron á un lado el recelo y entraron en curiosidad de saber qué gente era aquella y qué objeto la guiaba en su viaje.

Poco á poco fuéronse, en efecto, acercando á los buques

Otra forma de casa ó vivienda de los indios.

y ofrecieron á los españoles algunos presentes de mantas y túnicas de algodón y varios adornos de valor escaso; mas habiendo ordenado el Almirante que no se aceptaran aquellos regalos, pues quería así dar á entender á los indios que no conocían la codicia, ni los guiaba á su tierra otra causa ni objeto que el de solicitar su amistad y ofrecerle al propio tiempo las ventajas de su protección y ayuda desinteresada, lastimóse de tal modo el natural orgullo de aquellos salvajes, que al tocar luego á tierra, depositaron en la arena, á la vista de aquellos poco corteses extranjeros, las chucherías por ellos tan codiciadas, con que habían sido obsequiados.

23

No dejaba de preocupar á los indios la conducta retraí-
da y prudente de los extranjeros, ocupados como estaban
en reparar los barcos y orear los bastimentos, y dirigiendo todos sus cuidados en ganar la confianza y amistad
de seres tan extraordinarios, pusieron gran empeño en
hacerse agradables por medio de dádivas.

Al acercarse un día un bote á la playa para hacer aguada, fué sorprendido por un indio anciano, acompañado de
dos muchachas jóvenes y lindas, muy ataviadas, invitando
á los marineros que las aceptasen en rehenes y como demostración de sus intenciones amistosas. Lleváronlas á los
buques los marineros y sin causarlas la menor molestia,
dispuso el Almirante que engalanaran sus cuerpos, casi
desnudos, con profusión de adornos y las volviesen á tierra inmediatamente; pero al otro día, acompañadas de sus
deudos, todos graves, mohinos y silenciosos, acudieron á
la playa y dejaron los adornos con que habían sido obse-
quiadas, en demostración de resentimiento, por no haberlas conservado. Tales eran las leyes de la hospitalidad y
de tal modo la practicaban aquellas pobres gentes.

Mucho extrañó á los españoles la conducta digna de los
puntillosos indios, quienes, por todos los medios pretendían y anhelaban entrar con ellos en relaciones amistosas, solicitando que aceptasen sus dones, en prueba de
confianza. Á estas bellas cualidades reunían otras menos
recomendables: eran supersticiosos y creían en hechizos
y encantamientos, pero conservaban hacia sus mayores
un respeto rayano en veneración, conservando sus cadáveres embalsamados y engalanando con joyas y figuras
talladas en madera ó piedra las aras de sus sepulcros. Eran
inteligentes y demostraban un grado de cultura muy superior á los habitantes de las islas.

Antes de abandonar aquellos lugares quiso el Almirante llevar consigo varios indios que sirvieran de intérpretes
durante su expedición por los sitios que visitara. Entre
otros, escogió dos jóvenes robustos, de fisonomía inteli-

gente y expresiva, con intención de volverlos á sus hogares luego que hiciese su regreso. Exploraron perfectamente toda aquella parte, para adquirir noticias y antecedentes de lo que les convenía averiguar, y aunque nada en efecto pudieron saber, ni encontraron tampoco rastro alguno de oro, les aseguraron los naturales que lo hallarían en un lugar enclavado en la dirección que iban á seguir.

Hechas abundantes provisiones de toda clase de víveres y leña y carenados los buques del mejor modo, el día 5 de Octubre, después de diez días de descanso, abandonó la escuadrilla la isla de Cariari; siguió las sinuosidades de la costa en toda la longitud de aquella tierra, conocida hoy con el nombre de Costa Rica, y dió fondo entre un grupo de pequeñas islas llamadas de *Caribiri*, entre cuyos habitantes vieron que algunos ostentaban adornos de laminillas y pendientes de oro, que conservaban con mucha codicia; esto no obtante, pudieron rescatar, por cascabeles y otras bagatelas, algunos pedazos de oro puro y figuras toscas de animales hechas con el precioso metal.

No eran éstos, sin embargo, los lugares donde el oro se criaba, aunque empleado por casi todos los indios en sus tocados, adornos y galas con cierta profusión, daban á entender que no estaban lejos de allí sus yacimientos. Informados los españoles de las riquezas del país vecino y especialmente de la abundancia del codiciado metal, objeto de sus afanes, el día 17 de Octubre levó anclas la escuadrilla y empezó á costear la tierra de Veragua, famosa después por su opulencia y por las riquezas incalculables que se extrajeron de su seno.

Á las doce leguas de navegación, mandó el Almirante que varias lanchas se acercaran á un río próximo á hacer aguada, y aun no habían tocado á la playa, cuando del vecino bosque salieron algunos grupos de indios en són de guerra, blandiendo las armas y provocando á los extranjeron, á quienes pretendían estorbar el paso; la presencia de los intérpretes calmó el bélico entusiasmo y entonces trocaron su oro por los juguetes de los españoles. No por esto depusieron sú actitud hostil, pues al día siguiente, sus altanerías y provocaciones obligaron á los españoles á dispararles unos tiros de ballesta, que alcanzó á un indio, poniendo á todos en precipitada fuga el estampido de una lombarda. Esta lección oportuna fué muy provechosa á los españoles, porque merced á ella obtuvieron luego buenos rescates.

Contrariando los deseos de la gente marinera, cuya codicia se inflamaba á la vista del oro que ostentaban los indios, antes de entrar en tratos con ellos, quiso el Almirante continuar tras el ideal que lo había movido á esta empresa; para él era evidente que aquella tierra formaba parte de los dominios del Gran Khan, y como á medida que avanzaba en su camino, encontraba más elocuentes testimonios de la riqueza del país, cada vez más opulento, fértil y adelantado en las industrias y agricultura, creyó que se aproximaba á la residencia del gran señor de la India. Para él no había duda; la existencia del codiciado estrecho estaba cerca de los lugares que visitaba; no parecía sino que en el cerebro del gran marino repercutía el rumor de las olas del mar del Sur al estrellarse contra las costas occidentales de aquel vasto continente; una misteriosa intuición le obligaba á sospechar en la existencia de un mar inmediato, muy cerca, al otro lado de aquella cadena de montañas que, como cortina espesa ó barrera tenaz é infranqueable se oponía á sus propósitos, corriendo de Norte á Sur su misma dirección, para interceptarle el paso que con tanto empeño buscaba. Era ya demasiada la gloria que iluminaba la frente del nauta y la naturaleza misma, celosa de tanto prestigio, se complacía en negarle el complemento que buscaba. Los desencadenados elementos parecían haberse también concertado contra aquella tentativa, y ya desde la Española puso á prueba, con ruda tenacidad, la constancia y la fe con que se había empeñado el marino en su propósito, y hasta los halagos de la fortuna y de la riqueza, representada en el oro, tan puro y tan abundante en aquella opulenta tierra de Veragua, tentando la codicia de los hombres, se puso en su camino, estorbándole el paso que imperturbable, tenaz, pretendía seguir. Nada le detenía; la voluntad y la fe versátil de sus marineros estaba como por encanto encadenada á la suya, constante y heroica; no le halagaban las riquezas ni las suntuosidades de aquellos países, y la idea del mágico estrecho era la primordial, acaso la única que por cierto tiempo germinó en aquel cerebro poderoso. Dejó para la vuelta el aprovechamiento y exploración de los países que descubría, y siguió su camino hasta el 2 de Noviembre, que descansó al abrigo de un hermoso puerto, muy bien defendido y que llamó *Porto-Belo*, nombre con que se le conoce aún.

Siete días permanecieron las naves al abrigo de este fondeadero, tiempo que duró la furia del temporal de lluvias y vientos que azotó aquellos mares y costas; hiciéronse algunos rescates y observaron, no sin temor y zozobra, que las naves ofrecían ya pocas garantías de solidez; la broma, gusano roedor, hacía rápidos progresos en su obra de destrucción, y esto inquietaba todos los espíritus.

Desde Porto-Belo siguió la navegación, favorable al principio, avanzando hasta el cabo de *Nombre de Dios*, pero volviendo de repente á soplar los vientos de proa, obligaron á los navíos á tomar refugio en el puerto de los *Bastimentos*, así llamado por la abundancia que encontraron de todas clases en los terrenos fértiles y cultivados que lo rodeaban.

Los días que permanecieron en este puerto los emplearon en el reparo y carena de los buques; salieron el 23 de Noviembre, y el 26 viéronse por el temporal obligados á recalar en un pequeño fondeadero de entrada estrecha y protegida de altas peñas, al cual puso el nombre de puerto del *Retrete*.

Aquí pasó la escuadra los días más largos y tormentosos

de la expedición: el estado lamentable y peligroso de los buques, el temporal cada vez más furioso y persistente y la enfermedad de gota que volvió á recrudecérsele al Almirante, todas estas causas fueron poco á poco entibiando la fe que sentía de encontrar el paso que buscaba, para dar en el mar de las Indias orientales.

En su virtud, juzgó prudente hacer alto en el camino y volver á Veragua, para rescatar cuantas riquezas pudiera, á fin de que no pareciese tan infructuoso el resultado de aquella expedición.

Durante todo el mes de Diciembre, desde el día 5, que abandonaron el puerto del *Retrete*, hasta el 6 de Enero de 1503, que dieron fondo en el río *Belen*, llamado por los indios *Yebra*, continuaron los temporales azotando los costados de las frágiles embarcaciones. «La mar, según la descripción de Colón, hervía á veces como una inmensa caldera; otras levantaba montañas de ondas cubiertas de espuma. Por la noche parecían las procelosas aguas olas de llamas, á causa de las partículas luminosas que cubren su superficie en aquellos mares, y por toda la corriente del golfo.

Un día entero y una noche resplandecieron los cielos como una dilatadísima hoguera, vomitando sin cesar haces de relámpagos, en tanto que los aterrados nautas creían el retumbar profundo de los truenos, cañonazos de socorro que sus compañeros les pedían. Todo este tiempo, dice Colón, vertían los cielos, no lluvia, sino como otro segundo diluvio. Casi se ahogaban los mareantes á bordo de sus propios bajeles. Pálidos y muertos de temor y fatiga, no esperaban ya remedio; se confesaban sus pecados mutuamente, y se preparaban para la muerte; muchos la deseaban en su desesperación como alivio de tan crecidos horrores.»

«En medio de aquel furioso tumulto de los elementos— continúa Irwing—vieron otro objeto de pavor. Se agitó el Océano pronta y extrañamente en un sitio. Se enroscó el agua por él levantándose en la figura de un formidable cono ó pirámide; y una pesada y lívida nube, disminuyéndose por un lado hasta acabar en punta, bajó á juntarse con él desde el cielo. Al tocarse se mezclaron, formando entre los dos una vasta columna que vino rápidamente sobre los buques, volviéndose en derredor como un huso y levantando las aguas con estruendo amedrantador. Cuando vieron los exánimes marineros avanzar hacia ellos aquella manga, desesperaron de todo socorro humano, y empezaron á repetir el Evangelio de San Juan. Pasó la manga pegada á los bajeles sin hacerles daño; y los trémulos marinos atribuyeron su salvación á la milagrosa eficacia de aquellos pasajes de la Escritura.»

Una nueva calamidad vino á hacer más dificil, si más podía ser la vida de aquel puñado de héroes: los víveres se habían agotado, y los pocos que aun restaban, putrefactos y descompuestos, causaban á los marineros tal repugnancia que sólo los comían de noche por no ver los gusanos que se desprendían de las galletas, único manjar con que se regalaban. El repuesto de víveres hubieron, pues, de buscarlo en el mar: luego que se calmaron un tanto las olas, una banda de tiburones hambrientos seguían las embarcaciones, nadando en su derredor al acecho de cualquier presa; y aprovechando los marineros tan oportuna ocasión repusieron la despensa con la carne de estos animales. Por todas estas contrariedades y sobresaltos dió el Almirante á la costa de Veragua el nombre de *Costa de los Contratiempos.*

Poco después de haber entrado las naves en el *Rio Belén*, arrastró la corriente de sus aguas tal cantidad de arena que, interceptando la salida del río, quedaron los barcos tranquilamente varados, después de haber corrido el peligro de estrellarse unos contra otros, sobre una especie de lago, libre de los azotes del mar, alborotado aún por las tempestades. Este fenómeno, causado por una manga de agua que descargó en las vecinas sierras de San

Cristóbal, tuvo lugar el día 24 de Enero, y hasta el 14 del mes siguiente no cesaron los temporales.

Las vecindades del río Belén no ofrecían, por cierto, grandes garantías de seguridad; los indios, si dóciles en apariencia, eran recelosos, astutos y observadores, y so pretexto de alejar políticamente á los extranjeros de sus tierras, diéronles informes capciosos, asegurando que el oro, principal estímulo de su codicia, no se daba en el país en tanta abundancia como en las tierras vecinas, pertenecientes á la jurisdicción de otro cacique.

En virtud de estos informes, que parecían resultado de una amistad franca y leal, envió el Almirante las lanchas á reconocer el cercano río de Veragua, y al entrar en él vieron que un número considerable de indios armados pretendían estorbarles el paso, como lo hubieran ejecutado si los intérpretes no calmaran sus ímpetus belicosos, garantizando la buena intención de los cristianos. Con estas seguridades establecióse en seguida amistosa correspondencia; cambiaron buen número de láminas de oro, joyas y objetos diversos del mismo metal por algunas bagatelas, adquirieron noticias de sus yacimientos y consiguieron que los propios indígenas surtiesen las despensas de frescos y variados víveres en cantidad abundante.

Las relaciones entre los españoles y el cacique de aquella rica provincia, nombrado *Quibián*, parecían las más cordiales del mundo; mas no era así: político sagaz y astuto, la majestad salvaje, para conocer desde los primeros momentos la clase de gente aquella que de rondón se había metido por las puertas de su reino, disfrazó sus intenciones con apariencias de prodigalidad; y en las frecuentes visitas que hacía á las naves, adonde era bien recibido y obsequiado, daba inequívocas pruebas de la amistad que fingía sentir; pero, cuando el Adelantado quiso tomar informes de los lugares vecinos, con el propósito de explorarlos, dióle el cacique tres guías con instrucciones reservadas de que los llevasen hasta la jurisdicción de otro cacique, enemigo suyo, con el piadoso fin de que, al perturbar sus estados, se empeñasen en una guerra, por la cual se debilitasen mutuamente.

Aunque en estas excursiones adquirieron los españoles noticias de la riqueza del país, muy pródigo en minas de oro, supieron también que las más abundantes estaban á poca distancia de allí, en territorio del propio cacique Quibián, y esta noticia puso en guardia á los españoles, que desde entonces empezaron á observar con atención la conducta sospechosa del reyezuelo.

Todas estas noticias y halagüeños informes hicieron pensar al Almirante en la conveniencia de fundar allí una colonia que explotase tantas riquezas, pareciéndole que el sitio donde estaban era muy á propósito y ofrecía á la fundación garantías seguras de prosperidad.

En efecto, el oro era más abundante que en la Española, el terreno muy fértil, labrado en muchas partes y sembrado de maíz y varias legumbres, aseguraba la alimentación de la colonia, la cual quedaría á cargo del Adelantado mientras su hermano volvía á España á dar cuenta del resultado de su expedición y preparaba otra que socorriese y fomentase el presunto establecimiento.

Hecha la designación del lugar, en la ribera del río Belén, cerca de su desembocadura, sobre un montículo protegido por una accidentación del terreno, sacaron de los barcos todos los efectos, y en pocos días levantaron casas de madera y ramaje que fortificaron del mejor modo, y en previsión de cualquier accidente trasladaron á la carabela que había de quedar allí las armas, municiones y demás pertrechos de guerra.

Estas operaciones llevaron al ánimo de los indios la sospecha de los propósitos de los extranjeros. Estaban ellos muy satisfechos de su vida libre é independiente y no pudo menos de molestarles la idea de una vecindad peligrosa é incómoda, y á estorbar estos propósitos pusieron todo su empeño. El más indignado era el cacique Quibián, pero suspicaz y astuto, comprendió que no podía luchar con ventaja si se oponía abierta y francamente, contra unos hombres que, aunque poco numerosos, poseían instrumentos de destrucción tan terribles. Sólo una sorpresa bien dirigida podía acabar con ellos, y concibió un plan atrevido, que de realizarse, pondría fin á la dependencia que presentía. Era, por otra parte, el cacique extremadamente celoso, y ya parece que los españoles habían, con sus intemperancias, despertado en el pecho del salvaje la horrible pasión de los celos. Esto no obstante, cauto y astuto como era, guardó en el corazón el odio más profundo, y despachó sigilosamente emisarios á todas las partes de su señorío, convocando á los indios armados á una reunión nocturna cerca del establecimiento de los españoles, para caer de improviso sobre ellos y exterminarlos.

Pero no fué tan extremado el sigilo con que procedieron en los preparativos de la conjura que no sospechasen los españoles el plan que fraguaban. Diego Méndez, escribano de la armada y amigo fidelísimo del Almirante, fué el primero que observó estos manejos, y al dar cuenta de sus sospechas se brindó él solo, si no á desbaratar los tenebrosos planes de los indígenas, penetrar, al menos, sus misterios, y dar la clave para desbaratarlos.

Con un atrevimiento y osadía propios de aquellos hombres, penetró Méndez solo en el campo enemigo, donde, con el pretexto de castigar á los indios del inmediato cacicazgo, se habían congregado más de mil combatientes; ofrecióles Méndez su ayuda y cooperación contra los enemigos que pensaban combatir, pero rehusaron, como no podían menos, su ofrecimiento; subió entonces con gran exposición de su vida á la residencia del cacique, so pretexto de curarle una herida de flecha que había recibido en una pierna, haciéndose pasar por cirujano, se enteró minuciosamente de sus propósitos, del número de indios congregados, penetrando los secretos más importantes de la conjura; y este espionaje, contrariando los planes de los indígenas los obligó á aplazar la ejecución de sus designios.

Al regresar Méndez al real de los españoles, dió cuenta al Almirante del resultado de sus observaciones, á quien propuso la conveniencia de castigar con un acto de energía la mala fe de los salvajes, con el cual podría conservarse el prestigio y autoridad de los españoles y la salud de la naciente colonia. La empresa era arriesgada y de su feliz ejecución dependía la existencia del establecimiento y la vida por ende de todos los colonos.

El 30 de Marzo salió D. Bartolomé Colón con setenta hombres bien dispuestos, y se dirigió con resolución al pueblo del cacique, el cual, al tener noticia de su llegada dióle aviso de que no prosiguiera adelante que él bajaría á recibirle, pues no le hacía gracia que los extranjeros penetrasen en su corte. Despreció el Adelantado el ruego del cacique, que no obedecía sino al temor de que los extranjeros viesen á sus mujeres, y para inspirarle cierta confianza, dejó su gente dispuesta á retaguardia, con orden de que se fuesen acercando paulatinamente por parejas para obrar cuando hiciese cierta seña, y acompañado de cinco soldados penetró resueltamente en la diseminada población.

Cerca ya de la morada de Quibián salió éste armado de pesada maza á recibirle, y entonces, sólo el Adelantado se llegó hasta él; platicaron brevemente, y al asirle Colón por un brazo, que era la señal convenida, adelantáronse precipitadamente los cinco españoles, sonó un tiro de arcabuz para que subiesen los restantes, y mientras se apoderaban de la casa del cacique, de sus riquezas, mujeres é hijos, maniataron fuertemente al traidor reyezuelo que, con fuerza de atleta forcejeaba por desasirse de las manos de hierro que le oprimían.

Cuando los indios vieron á su señor en poder de los cristianos acercáronse humildemente, pidiendo que les diesen libertad á cambio de las riquezas que les proporciona-

rían; pero era aquel enemigo demasiado temible, y en
unión de otros dispuso el Adelantado que en una lancha
fuesen conducidos á la colonia. Confió su custodia al piloto
Juan Sánchez, que entre todos se distinguía por su destre-
za y fuerzas hercúleas; partió la lancha río abajo, y como
se quejara el cacique de la fuerte opresión de las ligaduras, quiso el compasivo Juan Sánchez, para aliviarlo, aflo-
jarle un tanto los lazos; entonces, en un momento de descuido del poco vigilante soldado, contrájose el cuerpo
robusto del prisionero, dió un salto y atado como estaba
de pies y manos se zambulló en el río. Acudió Sánchez á
rescatar esta importante presa, pero el temor de que se les
escapasen los otros prisioneros, y el convencimiento que
adquirió desde luego de la muerte del cacique, ahogado sin
duda en el fondo del río, pues las ligaduras le impedirían
nadar, abandonó la idea de rescatarlo, y continuó río abajo
hasta llegar á la colonia.

Luego que el Adelántado hubo sojuzgado á la gente de
los alrededores, volvió al río Belén, persuadido de que con
la lección recibida, podrían tranquilamentc dedicarse á los
asuntos que más les preocupaban. Confiado el Almirante
en el porvenir del establecimiento, aparejó las tres naves
con que había de hacer el viaje de regreso, dió las instruo-
ciones que juzgó convenientes y aconsejó á todos la mayor
prudencia y disciplina si querían conservar sus vidas en
aquella tierra poco hospitalaria.

Puestas las tres naves en franquía, diéronse á la vela
con tiempo duro y mar gruesa, que dificultaba la rapidez
de la marcha; y cuando el Adelantado y buen número de
colonos que habían salido á despedir al Almirante, tuvieron apenas tiempo de saltar á tierra y entregarse al descanso, una gritería infernal ensordeció aquellos lugares, y
de todas partes salían indios furiosos, atacando á la colonia por diferentes puntos. La acometida fué tan rápida
como violenta y desesperada, y apenas tuvieron los españoles tiempo de ponerse en estado de defensa. No repues-

tos del todo dos grupos que seguían al Adelantado y á Diego Méndez hicieron frente á los asaltantes rechazándolos con sus picas y espadas; una nube de flechas partía de todos lados, y la cosa hubiera acabado mal para los españoles si el estrago que causaban las balas de los arcabuces no hubieran puesto á los indios en confusión y en precipitada huída.

Este ataque brusco y desesperado, del cual resultó un español muerto y ocho ó diez heridos, entre ellos el propio Adelantado, fué dirigido por el cacique Quibián. Este feroz indio, al arrojarse de la barca al río cuando iba custodiado por Juan Sánchez, permaneció bajo el agua unos momentos, y cuando comprendió qne se habían alejado sus perseguidores, confiado en la obscuridad de la noche, salió luego á la superficie, sin temor de ser visto: dió un violento empuje con su cuerpo flexible y ganó la orilla, donde se ocultó hasta el día siguiente.

Cuando volvió á su morada y la encontró desierta, sin sus mujeres y sin sus riquezas, un desconsuelo inaudito se apoderó de su espíritu, y la idea de la venganza, pronta y completa fué desde estos momentos la única que le animaba. Salióse al campo á congregar á sus súbditos para que le ayudasen en sus designios, y cuando hubo reunido buen golpe de gente preparó y llevó á cabo la emboscada que acabamos de reseñar.

El fuerte oleaje y el cambio brusco del viento impedían al Almirante seguir en su camino con la rapidez que deseaba y se detuvo á una legua de aquellos sitios, ajeno por completo á lo que pasaba en la colonia, cuyo grave estado no podía sospechar. Ocurriósele comunicar con su hermano y á fin de aumentar la provisión de agua y leña, el día 6 de Abril, dispuso que el capitán Diego Tristán, acompañado de diez ó doce hombres fuese con una barca á la desembocadura del río.

Cerca ya del establecimiento de los españoles sorprendió á Tristán la bulla y algazara de los que peleaban, pues llegó en los precisos momentos en que los indios se batían en retirada. Indeciso sobre el partido que debía tomar, decidióse al fin á remontar el río para tomar el agua dulce allí donde deja de mezclarse con la del mar, sin escuchar los prudentes consejos de sus compañeros, que opinaban permanecer alejado del lugar de la lucha: el cauce del río era profundo y al abrigo del follaje que crecía en ambas orillas quiso el temerario capitán llevar á cabo su operación. Vista la barca por los restos del ejército indio que huía á la desbandada del furor de los españoles, acecháronla en un recodo del río, y cuando se puso á tiro, cayó sobre los infelices tripulantes espesa nube de flechas que hicieron blanco en todos los cuerpos. Heroica fué la defensa de la barca, pero al fin sucumbieron al número y furor de los asaltantes. El mismo Tristán, que hacía frente allí donde el peligro era mayor, cayó muerto por un bote de lanza que un indio le dirigió á un ojo. Sólo un español pudo milagrosamente salvarse, llamábase Juan de Noya, tonelero, el cual, en lo más recio del ataque arrojóle al agua una de las violentas sacudidas de la barca; ganó como pudo la orilla y en vertiginosa carrera marchó á la colonia á dar cuenta al Adelantado del suceso y de la misión que Tristán llevaba del Almirante.

Desesperada en verdad era la situación de los españoles, bloqueados de una parte por los indios, y de otra imposibilitados de salir al mar por los bancos de arena que se habían formado en la boca del río, parapetáronse como pudieron y dispuestos á morir luchando, aguardaron nuevas acometidas de los indígenas.

Entretanto pasaban los días, y el Almirante, inquieto por la tardanza de Tristán, hacía infinitos cálculos; sospechó que algo grave debía ocurrir en la colonia, y en la duda sobre las causas que podían retardar el regreso del capitán, no se atrevía á enviar el único bote que le quedaba. En esta perpleijdad é inquietud, sentida por todos los tripulantes y pilotos, descuidaron un tanto la vigilancia que habían venido ejerciendo sobre los indios que conducían, los cuales la aprovecharon para evadirse, arrojándose unos al mar, y matándose otros, para evitar el fin que sospechaban.

En tal situación, Pedro de Ledesma, piloto de la carabela *Vizcaína*, se brindó á ir á tierra nadando para averiguar lo que ocurría. No fué infructuoso el heroísmo de Ledesma: con grandes trabajos y fatigas ganó la playa, acercóse á la colonia y cuando se enteró de lo que pasaba, volvió al mar, y usando el mismo género de locomoción, acercóse al buque del Almirante, á quien dió cuenta de las desgracias ocurridas, confirmando las tristes sospechas que había concebido.

Claro es que ante la situación del establecimiento colonial no podía ni debía el Almirante proseguir su viaje sin prestarle los socorros que necesitaba, socorros que, por otra parte, apenas podía prodigar, tan necesitado como estaba de ayuda y protección. Roídos por los gusanos los fondos de sus carabelas, parecían *panales de abejas*, y amenazaban hundirse en los abismos del mar; la gente enferma y cansada; el mar siempre turbulento, el mismo Colón atacado nuevamente de su peligrosa enfermedad á causa de tantos trabajos y vigilias, la cuarta expedición del Almirante corría el peligro cierto de desaparecer en absoluto sin dejar memoria de tanto trabajo, de tanto heroísmo. Volvió las proas de sus buques y consiguió acercarse al río Belén, donde en unión del Adelantado y de los principales capitanes deliberaron acerca del partido que debían tomar. Todos fueron de opinión de abandonar la colonia, y en vista de esta unanimidad procedióse inmediatamente al embarque de los objetos que la constituían, sin dejar allí otro recuerdo que el casco de un navío que, por la mucha broma que lo había atacado estaba innavegable.

Ocho días de buen tiempo tardaron en esta operación, terminada la cual, y remediadas en parte las averías de los buques, con viento favorable y mar tranquila, mandó el

Almirante levar anclas, y en los últimos días del mes de Abril abandonó la escuadra las inhospitalarias costas de Veragua, con intención de dirigir el rumbo á la Española.

Con gran sorpresa y disgusto de la gente, que esperaban seguir la dirección del Norte y arribar en pocos días á la Española, para ser allí socorridos, tomó la escuadra el camino de Levante; había hecho Colón curiosas y exactas observaciones de las corrientes de aquellos mares, y antes de atravesar el golfo que separa las Antillas del Contineute, quiso adelantarse más al Sur y aprovechar luego las fuerzas de las corrientes, que los llevarían en menos tiempo y con más seguridad á las costas de la Española.

Con estos propósitos, poco después de mediado el mes de Abril, llegaron á Porto Belo, á merced de cuyas aguas dejaron abandonada la carabela *Vizcaína*, que por entrarle mucha agua por los agujeros de sus fondos se hundía precipitadamente. Siguiendo la navegación, pasaron junto al puerto del Retrete, avanzaron más adelante hasta llegar al golfo del Darien, diez ó doce leguas más allá de las islas Mulatas, que nombró Colón de los *Barbas*, y en la mañana del 1.º de Mayo de 1503, después de deliberar sobre el camino que convenía seguir, pusieron las proas en la dirección del Norte, y aquel mismo día perdieron de vista el continente descubierto por Colón, continente que probablemente no volvería á ver jamás.

Á los diez días de navegar en esta dirección tocaron en las pequeñas islas de las *Tortugas*, hoy de Caimanes chicos, y arrastrados por las corrientes dieron en los cayos del Sur de Cuba llamados *Jardines de la Reina*. En estos cayos sorprendió á la cansada expedición una de aquellas turbonadas tan frecuentes en estas latitudes, y con suma violencia enbistió la carabela *Bermuda* á la del Almirante, de cuyo choque resultó destrozadas la proa de una y la popa de la otra carabela; rompiéronse los cables y se perdieron tres anclas, quedando sujeta la nave del Almirante por una sola, cuyo cable amenazaba romperse del todo; el agua entraba en los barcos por todas partes y no bastaba á achicarla el continuo funcionar de las bombas, y la flotación de aquellas ruinas, que no otra cosa parecían los barcos que acababan de explorar una gran parte del Nuevo Mundo, era muy difícil de mantener. Fatigada la tripulación de tanto trabajo y extenuada por el hambre que se sentía á bordo, era muy difícil prolongar aquella mísera existencia y todo hacía presagiar el fin próximo de tantas desdichas: el paso que las separaba de la Española, único refugio que les quedaba, parecía infranqueable, y á salvarlo hicieron el último esfuerzo. Aproximáronse á la costa de Cuba, cerca de Cabo Cruz, en donde recibieron de los indios algunos víveres, y hecha provisión de lo más necesario, partieron en derechura de la Española; pero desviados del camino por los huracanados vientos de Levante y arrastrados con violencia por las corrientes tocaron en la Jamaica.

El 23 de Junio entró la escuadra en Puerto Bueno, y sin surgir en él fueron á otro que llamó Colón de *Santa Gloria*, hoy Caleta de Don Cristóbal, donde hizo varar las dos embarcaciones, que no hubieran podido resistir un día más de navegación. Apuntaladas fuertemente una con otra, suspendióse el manejo de las bombas y en pocos momentos penetró el agua hasta las cubiertas, sobre las cuales construyeron con los palos de los mástiles y la lona de las velas albergues provisionales, bajo cuyas sombras debían guarecerse de las inclemencias de aquellas costas, hasta que Dios fuera servido enviarles los socorros que necesitaban.

CAPÍTULO XVI

IRIGIDA á señalar el camino que habían de seguir sucesivas empresas en busca de las riquezas del Oriente, la cuarta expedición del Almirante, sin fruto alguno ostensible, había perdido veinte hombres y las cuatro carabelas en las inhospitalarias y bravías costas de un continente no bien apreciado ni definido, mostrando á las generaciones futuras el paso audaz de los primeros argonautas que ostentaron la gloria de reintegrar á la humanidad en la posesión absoluta del planeta. Nunca esfuerzos humanos dieron, con seguridad, frutos tan sazonados como los que ofreció el puñado de aventureros salidos de las costas de España.

Rendidos de cansancio, hambrientos y casi desnudos, los náufragos de la Jamaica, luego que se hubieron proporcionado albergue estrecho é inseguro sobre los ruinosos cascos de sus buques, pensaron en satisfacer el hambre, primera y más apremiante de las necesidades que sentían.

Era la isla de Santiago muy fértil y bien poblada de

indios, sobrios como todos, por hábitos y por condición; y aunque en los primeros momentos acudieron ya codiciosos á cambiar sus productos por las joyas de los extranjeros, no bastaban los pedazos de pan de cazabe y otros víveres, igualmente escasos, con que acudían á satisfacer tan apremiantes necesidades, por lo cual se vieron obligados á regularizar el reparto equitativo de estos mantenimientos, cuya exigua porción, lejos de aplacar, estimulaba más y más el hambre que sentían.

La situación de aquel puñado de heroicos aventureros, expuestos á la versatilidad de los indios inconstantes é indolentes, no habría mejorado gran cosa al tocar en la playa de la isla, si uno de aquellos violentos á la par que audaces rasgos de heroísmo, no hubiera facilitado los recursos perentorios que necesitaban en tan apurado trance. Diego Méndez, el animoso y decidido escribano de la flota, puso muy presto su audacia y su persona á la disposición del Almirante para todo lo que pudiera contribuir á remediar la común desgracia; concibió y propuso la idea de recorrer la isla y trabar amistad con los caciques, estimulando su vanidad con cascabeles, espejuelos y otras bagatelas, á fin de tenerlos propicios para que sin recelo de ninguna clase acudieran con los mantenimientos necesarios; y á este fin partió seguido de varios compañeros al interior de la isla.

Tal maña se dió el diplomático y astuto Méndez, que á los pocos días volvió al puerto de Santa Gloria llevando la seguridad del cumplimiento, por parte de los indios, del pacto que había celebrado con ellos, mediante el cual, no sólo obtuvieron víveres en abundancia y más sólidos, que conducían diariamente y trocaban por cuentas, pedazos de tela, cascabeles y otras chucherías, sino que rescató también varias canoas, entre ellas una de grandes dimensiones, con las cuales podrían en un momento dado atender á las necesidades que las contingencias del porvenir les suscitasen.

Remediadas así las necesidades del momento, como no entraba en sus cálculos la idea de pasar sus días en la isla, pensaron seriamente en los medios de abandonarla. Agotados luego los escasos medios de rescate, único estímulo que podían poner en juego para obtener de los indios los víveres que necesitasen, no habrían de continuar aquéllos prestando graciosamente sus servicios, ni mucho menos atender al sustento diario de unos hombres que, sin ventajas de ninguna clase, no podían seguramente proporcionarles otra cosa que trabajos y cuidados, cuando no alguno que otro disgusto. La situación de la isla tan separada del camino que ordinariamente seguían las flotas entre España y Santo Domingo no ofrecía la más remota esperanza de un socorro fortuito; aquellos mares no eran frecuentados por buques de naciones civilizadas, y por esta parte aconsejaba también la prudencia desechar toda idea de socorro; la distancia de cuarenta leguas que separa la Jamaica de la Española, de donde únicamente se podían esperar los auxilios, sin barcos y sin medios de construir el más rudimentario vehículo con la solidez necesaria para atravesar aquel brazo de mar, ordinariamente agitado por corrientes contrarias, era de todo punto infranqueable.

En tal situación, una idea temeraria gravóse en la frente del Almirante; pero era tan atrevida que temiendo la burla de sus subordinados, no osó exponerla en público: era, sin embargo, la única que podía salvar á todos del peligro real en que estaban.

Entre los expedicionarios, la persona de Diego Méndez era la única que para asuntos de esta naturaleza merecía la confianza del Almirante: había sido el escribano en más de una difícil ocasión la providencia de todo el equipaje, y no en vano acudió al esforzado espíritu de aquel hombre que tantos ejemplos había dado de abnegación y heroísmo. Llamóle un día aparte y le habló de esta manera:

«*Diego Méndez, hijo: ninguno de cuantos aquí yo tengo siente el gran peligro en que estamos sino yo y vos, porque somos muy poquitos, y estos indios salvajes son muchos y muy mudables y antojadizos, y en la hora que se les antojase de venir y quemarnos aquí donde estamos en estos dos navíos hechos casas pajizas, fácilmente pueden echar fuego desde tierra y abrasarnos aquí á todos: y el concierto que vos habeis hecho con ellos del traer los mantenimientos que traen de tan buena gana, mañana se les antojará otra cosa y no nos traerán nada, y nosotros no somos parte para tomarselo por fuerza, sino estar á lo que ellos quieren. Yo he pensado un remedio si á vos os parece: que en esta canoa que comprastes se aventurase alguno á pasar á la Isla Española á comprar una nao en que pudiesen salir de tan gran peligro como este en que estamos. Decidme vuestro parecer.»*

—*«Señor*—respondió Méndez—*el peligro en que estamos bien lo veo, que es muy mayor, de lo que se puede pensar. El pasar desta isla á la Isla Española en tan poca vasija como es la canoa no solamente lo tengo por dificultoso, sino por imposible, porque haber de atravesar un golfo de 40 leguas de mar y entre islas donde la mar es mas impetuosa y de menos reposo, no sé quién se ose aventurar á peligro tan notorio.»*

Por unos momentos permaneció suspenso el Almirante sin saber qué replicar á la prudente observación de Méndez; pero persuadido de que sólo su interlocutor tenía ánimo bastante para llevar á cabo esta empresa, insistió en su propuesta con tanta fe y ahinco que le obligó á responder lo siguiente:

—*«Señor: muchas veces he puesto mi vida á peligro de muerte por salvar la vuestra y de todos estos que aquí están, y nuestro Señor milagrosamente me ha guardado y la vida: y con todo no han faltado murmuradores que dicen que vuestra Señoría me acomete á mí todas las cosas de honra, habiendo en la compañía otros que las harían también como yo: y por tanto paréceme á mí que vuestra Señoría los haga llamar á todos y los proponga este negocio, para ver si entre todos ellos habrá alguno que lo quiera emprender, lo cual yo dudo; y cuando todos se echen de fuera, yo pondré mi vida á muerte por vuestro servicio, como muchas veces lo he hecho.»*

Hízolo el Almirante tal como le propuso Méndez, y no habiéndose atrevido ninguno á echar sobre sí la responsabilidad de empresa tan peligrosa, antes bien abultando, si más podían abultarse los peligros ciertos que correría el que tal cosa hiciese, rehusaron todos el honor de sacrificar inútilmente su vida sin fruto alguno, y convinieron unánimemente en que era absurda é imposible de realizar la idea propuesta.

«Entonces—dice Méndez—yo me levanté y dije: Señor; una vida tengo no más, yo la quiero aventurar por servicio de vuestra Señoría y por el bien de todos los que aquí están, porque tengo esperanza en Dios nuestro Señor que vista la intención con que yo lo hago me librará, como otras muchas veces lo ha hecho.

«Oída por el Almirante mi determinación levantóse y abrazóme y besóme el carrillo, diciendo:»

—«*Bien sabía yo que no había aquí ninguno que osase tomar esta empresa sino vos: esperanza tengo en Dios nuestro Señor saldréis della con victoria como de las otras que habéis emprendido»* (1).

Tan pronto como hubo aceptado el dificilísimo encargo, se dedicó el animoso Méndez, ayudado de algunos compañeros, á hacer los preparativos de la expedición. La canoa, único medio con que contaban para trasladarse á la Española, como todas las de los indios, era de una sola pieza: un grueso tronco de árbol ahuecado por el fuego que, si no se sumergía, era fácilmente volcado por la ola más pequeña; era capaz para diez ó doce remeros, y con el fin de darle algunas condiciones de ligereza, estabilidad y solidez, clavóle un madero que hiciese oficio de quilla, levantó la

(1) *Relación hecha por Diego Méndez, de algunos acontecimientos del último viaje del Almirante D. Cristóbal Colón,* encontrada entre las claúsulas de su testamento otorgado en Valladolid ante el Notario público, García de Vera, el 19 de Junio de 1506.—Existe un testimonio original en el Archivo del Sr. Duque de Veragua, de donde sacó copia que publicó D. Martín Fernández de Navarrete en el primer tomo de su *Colección de Viajes* pág. 462 y sigs.

proa y popa con gruesos tablones, desprendidos de las carabelas encalladas, y en el centro afianzó un pequeño mástil, para que una corta vela aprovechase la fuerza del viento y ayudase á los remeros en su pesada operación: fueron
sus compañeros de viaje otro español, igualmente animoso, y seis indios encargados de los remos.

Las instrucciones que dió Colón á Diego Méndez eran
muy sencillas y terminantes: reducíanse á informar al
Comendador Ovando, Gobernador de la Española, del miserable estado en que se hallaban, y entregarle una muy
breve carta, en la cual le encarecía la necesidad de urgentes socorros y ayuda. Méndez, por su parte, con los dineros que debía tener el apoderado del Almirante en Santo
Domingo, equiparía luego un buque de socorro que enviaría
ría prontamente á la Jamaica. Hecho lo cual, se embarca-
ría él en las primeras naves que saliesen para España, con
una larga carta para los Reyes, en la cual daba cuenta
á SS. AA. de la importancia de los nuevos descubrimientos, fijándose muy especialmente en la suntuosidad y riqueza de la tierra de Veragua, el *Aurea Quersoneso*, sin duda,
de donde Salomón extrajo el oro para la construcción
del Templo; suplicaba que no entregasen tan dilatadas
y opulentas tierras á manos mercenarias, poco ó nada
escrupulosas, y con amargas quejas de la situación triste á
que había sido reducido, daba cuenta, por último, de los
trabajos pasados durante la navegación y de su naufragio
en la isla Jamaica, donde sin recursos ni otra ayuda que
la que Dios fuera servido enviarle, hallábase con sus compañeros expuesto á morir de inanición, ó de hambre ó á
manos de los indios.

Otra carta, dirigida al P. Fray Gaspar Gorricio, fraile
cartujo de las Cuevas en Sevilla, tan breve como expresiva, llevaba también Méndez en la cual se expresaba en
estos términos:

«Reverendo y muy devoto Padre: si mi viaje fuera tan
apropiado á la salud de mi persona y descanso de mi casa,

como amuestra que haya de ser acrecentamiento de la
Corona Real del Rey é de la Reyna, mis Señorès, yo es-
peraría de vivir más de cien jubileos. El tiempo no da lugar que yo escriba más largo. Yo espero que el portador
sea persona de casa, que os dirá por palabra más que non
se pueda decir en mil papeles. También suplirá D. Diego.—
Al Padre Prior y á todos los Religiosos pido por merced
que se acuerden de mí en todas sus oraciones.—Fecha en
la Isla de Janahica á 7 de Julio de 1503.
Para lo que V. R. mandase.

S.
S. A. S.
X. M. Y.
Xpo. Ferens (1).

Terminados los preparativos de este viaje arriesgado,
despidió Colón con gratitud y ansiedad á los intrépidos
navegantes, quienes siguieron las sinuosidades de la costa
hasta el extremo oriental de la isla, en una extensión de
34 leguas; durante el camino esquivaron hábilmente la
acometida de una pequeña escuadrilla de canoas de indios;
mas cerca ya del confín de la isla, donde se detuvo, aguardando que calmadas las olas le permitieran engolfarse en
el mar, no pudieron escapar á las asechanzas de los indígenas. Hechos prisioneros por una horda feroz y salvaje,
después de repartirse los escasos efectos que llevaban, ju-
garon al azar la vida de los cristianos. «Lo cual sentido
por mí—dice Méndez — víneme ascondidamente á mi canoa, que tenía tres leguas de allí, y híceme á la vela y
víneme donde estaba el Almirante, habiendo 15 días que
de allí había partido».

Este contratiempo, confirmando el parecer unánime, de
sus compañeros, que habían calificado la empresa de absurdo alarde de temeraria osadía, lejos de llevar el desmá-
yo al espíritu de Méndez, sirvió para hacerlo en lo suce-

(1) Navarrete.—*Colección de Viajes.* Tomo I, pág. 479.

sivo más cauto y prudente. En vez de una, dos canoas, capaces para doce personas, mandada la una por Diego Méndez y la otra por Bartolomé Fieschi, el capitán de la carabela *Vizcaína* abandonada en Porto-Belo, que se ofreció á ser compañero de Méndez en tan arriesgado encargo, emprendieron la marcha á todo lo largo de la orilla del mar, seguidas desde la playa por una escolta mandada por el Adelantado. Al llegar al límite oriental de la isla permanecieron allí algunos días esperando que el tiempo se calmase, al cabo de los cuales, apaciguadas las olas tomaron los pequeños esquifes la dirección de· la Española.

«El Adelantado y sus hombres permanecieron inmóviles en la playa, con la vista fija en aquellas canoas que llevaban su última esperanza de socorro, y cuando se perdieron totalmente en la dilatada llanura del mar, emprendieron de nuevo la marcha para volver al lado de sus compañeros» (1).

Las escasas garantías de éxito que en concepto de los náufragos ofrecía la empresa que tan atrevidamente y con tanta abnegación emprendió el valeroso Méndez, íbanse confirmando á medida que pasaba el tiempo sin que llegase á la isla la menor noticia de los expedicionarios. Persuadidos de esta triste novedad, no había, pues, remedio á sus desdichas; estaban condenados á perecer en las inmensas soledades de aquel océano sin límites sobre el pedazo de madero que les servía de cárcel.

Sobre los podridos cascos de aquellos buques gloriosos yacía enferma una gran parte de la expedición, por consecuencia de los trabajos pasados, influída por un clima mortífero, húmedo y caliente, sin alimentos sanos y nutritivos, cuya variación no traspasaba ordinariamente los límites del reino vegetal; sin medicinas que aplicar á sus dolencias para aliviarlas, abandonados á su propia y desdichada suerte, aquel puñado de valientes, por la includible y dura ley de los contrastes, estaban condenados á

(1) Asensio, obra citada.

perecer miserablemente, pobres y abandonados, sobre el más pequeño y ruin pedazo de tierra, ellos que habían descubierto un mundo sin límites, fastuoso, riquísimo y opulento.

El mismo Almirante, el hombre de espíritu elevado y sereno, el principal héroe de aquellas hazañas, achacoso y valetudinario, no pudo tampoco resistir por más tiempo las encontradas perniciosas influencias de aquella situación especial y anómala, y combatido por todos los vientos de la desgracia, también pagó la deleznable materia de su cuerpo tributo á la común desdicha. Postrado por la fiebre y martirizado por la gota, su propia desdichada suerte fué recurso harto menguado de que se valieron algunos caracterizados jefes de la expedición para hacer cundir el desaliento y el cansancio de la inacción en los espíritus menos fuertes, al paso que el atrevimiento y la osadía tomaba cuerpo en los más díscolos y ruines. Entre éstos, los dos hermanos, Francisco y Diego Porras, capitán aquél de una nave y contador éste de la armada, ejercían cierta perniciosa influencia sobre una parte de la expedición, la más díscola é inquieta y la menos sufrida por tanto, y por desgracia de todos la más sana y robusta de cuerpo. La murmuración solapada que deslizaban los dos hermanos en los oídos de la gente, dispuesta ya á cualquier atrevimiento, recargando con negros colores las sombrías tintas del cuadro de desolación que ofrecería en muy breve tiempo la empresa, conducida al triste estado presente para satisfacer ulteriores proyectos ambiciosos del Almirante, soliviantaron los ánimos, y el descaro y la desvergüenza fueron los preludios de una rebelión armada.

Un día, el 2 de Enero de 1504, llegaron en tumultuoso tropel á presencia del Almirante, ante quien protestaron descaradamente de aquella inacción que insensiblemente los consumía y los iba conduciendo á la muerte; el generoso sacrificio de Diego Méndez, después del tiempo pasado, había motivos para considerarlo perdido con él y sus compañeros de infortunio en los senos del Océano; no había que pensar, pues, por esta parte, única con que contaron, en socorros de ninguna especie; querían luchar, pero como no tenían plan fijo ni proyecto determinado bastante eficaz contra el peligro, obcecados ante la idea de perecer resignados, preferían la lucha, la agitación, aunque se agitaran y lucharan en el vacío ó contra sus mismos intereses.

Así sucedió en efecto, al grito de ¡á Castilla, á Castilla! ¡Muera el Almirante! en que prorrumpieron aquellos infelices, no resignados á su desgraciada suerte, se apoderaron tumultuariamente de todos los objetos que consideraron útiles en el nuevo género de vida que iban á emprender, y sin respeto alguno á los enfermos, que dejaban abandonados á sus propias miserias, salieron al campo y en sus correrías cometieron toda clase de desafueros. Entrábanse por los miserables pueblos indígenas como en terreno conquistado, violentaban las voluntades, se apoderaban de los víveres escasos que encontraban, y sin pudor, con grave escándalo del propio decoro, añadiendo á la violencia el escarnio, seducían y robaban las mujeres de los indios, violando todos los respetos y negando las consideraciones que debían merecerles. Colocados en esta pendiente, sin freno alguno, natural era que rodasen hasta el fondo de la cima que ellos mismos se abrían á sus pies.

Como todos estos excesos y violencias lejos de conducirlos á una solución práctica y lisonjera, los arrastraban por el contrario á la miseria y al descrédito, pensaron luego abandonar la isla, y al efecto equiparon algunas canoas; pero, hombres sin valor ante la realidad y grandeza del peligro que el mar les ofrecía, cobardes y pusilánimes, sin poseer la cualidad de los espíritus fuertes, que prodigan lá vida en holocausto de un ideal digno y levantado, volviéronse luego á la playa, no sin dejar entre las ondas del mar casi todos los efectos que conducían, y algunos cuer-

pos de infelices indios, que les obligaron á servir de remeros y de guías.

Antes que nadie, los cuitados habitantes del puerto
de Santa Gloria, Colón, su hermano y su hijo, con los enfermos y algunos que por afecto personal habían permanecido fieles á su lado, sintieron los naturales resultados
del proceder violento de los Porras y sus secuaces. Irritados
los indios de tanta infamia, pues en su torpe y desleal conducta manifestaron los facciosos que procedían por expre-
so mandato del Almirante, natural era que pensasen, como
pensaron, en los medios de librarse de una plaga tan dañi-
na, y al efecto se pusieron de acuerdo para suspender toda
clase de servicios y de víveres á los que más necesitados,
no tenían otro consuelo ni esperaban por lo pronto más
socorros que los que ellos ¡les proporcionasen. De la noche
á la mañana suspendieron sus transacciones, alejáronse de
aquellos lugares, y el hambre, el más cruel enemigo con
que habían de luchar aquellos seres, enfermos y agostados,
empezó á batir sus alas sobre las tristes ruinas del puerto
de Santa Gloria.

En situación tan apurada, una idea, más peregrina que
ingeniosa, concibió la mente de Colón. Claro es que habiendo quedado al lado del Almirante un número de españoles harto reducido, enfermos en su mayoría, había
que abandonar la intención que mostraron algunos, muy
pocos, los más resueltos y sanos, de someter por las armas
á los indios protestantes; no era este el camino más expedito para volver á su amistad, en la que fiaban la única
garantía de que no se interrumpiera el abastecimiento de
víveres; otro más sencillo y de resultados más eficaces y
seguros ocurriósele al Almirante.

Entre los libros de consulta y objetos científicos de su
uso, llevaba siempre Colón en el camarote de su barco un
almanaque perpetuo compuesto por Abraham Zacut, astró-
nomo de don Manuel, rey de Portugal, y maestro después de la Universidad de Salamanca, y entre los eclipses

de luna anunciados en sus tablas, á partir del año de 1473, figuraba el que había de tener lugar el 29 de Febrero de 1504 (1).

No era la primera vez que el gran Colón explotaba la ignorancia absoluta y el fanatismo supersticioso de los infelices indios, y bien merece, como ha merecido la indulgencia de la historia, una falta que tuvo por origen la desesperada situación en que se encontraban.

Para sacar el mejor partido posible del acto que iba á realizar, acto que tuvo cuidado de exornar con cierto aparato y ceremonioso misterio, un día hizo que un indio de la Española, que servía de intérprete en la expedición, citase á los caciques y personajes influyentes de los alrededores para un asunto de grandísima trascendencia. Pero dejemos la palabra á D. Fernando Colón (2), testigo ocular de aquel suceso, que lo explica de esta manera:

«Reunidos los caciques y señores más influyentes un día antes del eclipse en el lugar donde habían sido citados, les manifestó Colón por medio del intérprete, que todos los extranjeros que habían, por permisión divina, naufragado en las playas de la isla eran cristianos que adoraban á un Dios único, poderoso y omnipotente, que así como premiaba con benignidad á los buenos, castigaba con severidad á los malos; que esta justicia divina le mostraba un ejemplo harto elocuente en la manera como eran tratados los españoles que seguían al virtuoso Méndez, para quienes todas eran facilidades y bienandanzas en su viaje, y los que, arrastrados por el perverso Francisco de Porras, no habían gustado en su vida licenciosa sino los mayores

(1) *Libros y autógrafos de D. Cristóbal Colón. Discursos leidos ante la Real Academia Sevillana de Buenas Letras en la recepción pública del Dr. D. Simón de la Rosa y López, el 29 de Junio de* 1891.—Sevilla, Imp. de E. Rareo, Bustos Tavera 1, págs. 12-19.

Bien merece este hecho que los sabios del siglo xix rectifiquen el pobre juicio que tienen de la ciencia que cultivaron sus colegas de los siglos xv y xvi, maestros de la Universidad de Salamanca, de quienes algo aprendió Cristóbal Colón.

(2) *Historia del Almirante D. Cristóbal Colón,* Reimpresión en 8.º en 1892. 2.º volumen, cap. ciii, págs. 231-232.

contratiempos, infortunios y miserias. Apiadado el Señor de la infelicidad y desgracia de los que, fieles á la obediencia del Almirante, habían quedado en el puerto, esperando su voluntad, le anunciaba que castigaría igualmente con males cruentos á todos los indios que se habían negado á socorrerlos en sus necesidades. En confirmación de tales pronósticos los requería á que observasen la salida de la luna, la cual se presentaría enrojecida, mostrando con su color de sangre la indignación de que estaba poseída la cólera divina. Preocupados algunos indios, é incrédulos los más, recibieron todos el vaticinio sin grandes muestras de atención; mas al aparecer el astro de la noche con una mancha de color rojo, que se fué extendiendo, á medida que se elevaba en la bóveda celeste hasta cubrirlo por completo en tintas de sangre, un alarido de terror se escapó de los pechos de aquellos desgraciados, que creían ver confirmadas las profecías del Almirante; aterrados y confusos acudieron en tumultuosa manifestación de desagravio al puerto de Santa Gloria, y con lamentos de angustia suplicaron al Almirante que aplacase la justa cólera del Señor, porque ellos vendrían sin interrupción cuantas veces fueran necesarias con los socorros que descaran. Ante actitud tan desconsolada, fingiendo el Almirante acceder á sus deseos, pasó á su habitación, donde estuvo encerrado todo el tiempo que duró el eclipse total de la luna, y, cuando las sombras empezaron á despejar una parte de su disco, apareció ante el confundido y alarmado auditorio espectador del fenómeno, al cual dió á entender que sus ruegos habían aplacado la cólera celeste, prometiendo que no descargaría sobre ellos si cumplían fielmente el deber que tenían de acudir con los víveres que necesitaban. En efecto, despejóse el disco del planeta volviendo á lucir con su acostumbrada claridad, no cayeron sobre la isla las calamidades que había vaticinado y los habitantes del pequeño puerto no volvieron á carecer de cuantos víveres necesitaban, pues en grandes cantidades eran llevados con amoroso respeto por los infelices y preocupados indígenas.»

Confiados en la ignorancia y candidez de los indios, prenda segura y única garantía de sumisión, merced á la cual disponían de víveres tan abundantes como deseaban, una preocupación, no menos honda, embargaba ya los ánimos, y la duda y la desconfianza que habían penetrado hasta en los espíritus más serenos, íbanse convirtiendo en realidad triste y pavorosa: el tiempo pasaba con paulatina y desesperante lentitud y no se recibían noticias de la expedición aventurada de Diego Méndez, y la idea de probable fracaso que alimentaban, cuando ya cerca de un año fué despedido en su peligroso viaje, había tomado cuerpo en aquellas imaginaciones exaltadas por todos los rigores de la miseria. Un razonamiento lógico disipó ya toda sombra de duda sobre la obtención de socorros: no era posible que hubiese Méndez dejado pasar el tiempo sin enviar socorros, sino para todos y á la medida de las necesidades, porque no los encontrara á mano ó por algunas dificultades que tuviera que vencer, aviso al menos de su llegada á la Española, y con él la esperanza de próxima y segura salvación. El acto de atravesar aquel pedazo de mar inconstante y peligroso en embarcación tan frágil, expuesto por mil medios á perecer en la demanda, prueba el interés de Méndez en la urgencia de auxiliarlos; es así que no se recibían socorros á pesar del tiempo transcurrido, luego Méndez no había tenido la dicha de alcanzar la costa de la Española, y había indudablemente perecido con sus compañeros de expedición.

Convencidos de esta desgracia, preludio de otra mayor que les arrebataba la esperanza más remota de volver á España, decayeron del todo los ánimos más pusilánimes ó resignados; y el amor á la vida activa y de emociones de los más exaltados ó perversos, puso otra vez en peligro la seguridad de todos: las huestes de los Porras estuvieron á punto de ser reforzadas con nuevos elementos capitaneados por dos marineros, Alonso de Zamora y Pedro de Villatoro y por el químico maestre Bernal, que en calidad de médico tenía puesto en la expedición.

Había pasado la primera quincena del mes de Abril, y cuando el nuevo conflicto iba adquiriendo serias proporciones, una tarde, que escudriñaban como de costumbre los confines del horizonte, limitado siempre por uniforme faja cenicienta, sin el más lisonjero accidente capaz de infundir esperanza en aquellos ánimos apocados, creyeron observar que se interrumpía la monotonía y pesada inmovilidad de aquel velo que ocultaba otras regiones y otros seres más dichosos. No había duda, un objeto había roto la línea del horizonte, y avanzaba con lentitud pero con seguridad hacia la isla, y no podía ser sino el barco de socorro que enviaba el intrépido Méndez.—¡Cuánta alegría, Dios Poderoso, derramóse por el puerto de Santa Gloria, cuando apreciado perfectamente el contorno de aquel objeto que avanzaba llevó á los ánimos la seguridad del codiciado socorro! La locura del contento contaminó los espíritus más hipocondríacos y decaídos, y hasta los enfermos abandonaban el duro lecho, y arrastrándose acudían á contemplar aquel dichoso signo de esperanza.

Avanzó el barco, y ya cerca del puerto, plegó las velas y se puso al pairo; una embarcación más pequeña destacóse de uno de sus costados y avanzando hasta muy cerca de las carabelas encalladas, fué desde ella arrojado á los náufragos un pequeño objeto: era una carta que el Comendador Ovando dirigía al Almirante, asegurándole que la falta absoluta de medios había sido causa de la tardanza en socorrerle; dábale esperanza de pronto y seguro auxilio, y en prueba de la consideración que le merecía le enviaba un pernil de cerdo, un barril de vino y otros víveres, todos escasos é insuficientes, por cierto, para remediar tantas y tan atrasadas necesidades.

En espera de respuesta permaneció Diego de Escobar, que éste era el jefe del barco de socorro, á cierta distancia, sin comunicar con los náufragos, según instrucciones que recibió antes de salir de la Española; y cuando recibió del Almirante una larga y expresiva carta para el Comendador, dándole gracias y demandando urgentes auxilios, reiterando una y otra vez su grave situación, comprometida más, si más pudiera estarlo, por la protesta armada de los Porras, partió Escobar hacia su barco, puso la proa al Oriente, y no tardó mucho en ocultarse á la vista de los esperanzados españoles.

Extraña en verdad parecía, y lo era en efecto la misión de Diego de Escobar, que de mil medios comentaban y nunca satisfactoriamente pudieron explicarse los compañeros de Colón: la presencia momentánea de aquella carabela en el puerto de Santa Gloria después de ocho meses de completa y absoluta incomunicación; la conducta reservada, fría y misteriosa de su jefe y de sus tripulantes; los víveres, más que escasos, miserables, hasta tocar los límites del sarcasmo y del ridículo, con que los socorrían y la vuelta precipitada á la Española, sin dejar otra garantía de auxilio que promesas veladas, con tantos misterios, todas estas y otras consideraciones no pudieron menos de dejar en los ánimos de los hombres menos reflesivos una inquietud y una duda poco grata y satisfactoria. Esto no obstante, el mismo Colón, que conocía, ó por lo menos adivinaba la clave de aquel misterio, y fué el primero que, á pesar de la suspicaz y recelosa condición de su carácter, desechó todo género de preocupaciones, procuró por cuantos medios se le ocurrieron llevar su propio convencimiento á todos los espíritus, asegurando formalmente que muy pronto abandonarían aquel destierro fortuito y desgraciado.

En previsión de lo que pudiera ocurrir, luego que en la Española y después en la Península se viese obligado á dar cuenta de todos los incidentes de su viaje, y en especial de las causas y desarrollo del alzamiento de una parte de la gente, cuya explicación había naturalmente de enojarle y molestar su propia dignidad, quiso aprovechar la seguridad de pronto auxilio que le ofreció la visita de Escobar, para atraerse á los Porras y sus secuaces, á fin de que, sin escándalo ni violencia, y sin dar el espectáculo de sus disensiones, desvirtuando los efectos que produciría la relación patética de sus trabajos y penalidades, abandonasen la Jamaica, y amigablemente, sin odios ni rencillas, diesen en Santo Domingo y luego en España el espectáculo de sus heroicas acciones y númerosos sufrimientos, pues siempre Cristóbal Colón tuvo gran cuidado de aceptar, porque le halagó en extremo merecer las simpatías del mártir, cuyo papel se apropió en todas sus adversidades.

En virtud de este acuerdo, expuesto en consulta al parecer de las personas más notables, envió á los Porras dos emisarios autorizados para tratar con ellos el perdón absoluto de sus faltas á cambio de la sumisión de toda la gente, que volverían sin condiciones al reconocimiento de su autoridad; y para darles al propio tiempo una prueba más elocuente de sus buenas disposiciones, les enviaba parte del pernil de cerdo con que había sido obsequiado por Ovando.

Llegados los emisarios al campo enemigo rechazaron éstos las proposiciones de avenencia que les brindaban, imponiendo á su vez otras tan extravagantes y absurdas que, al ser luego expuestas al Almirante en el lecho donde lo tenía postrado un fuerte ataque de gota, comprendió que aquella cuestión no podría dirimirse sino por las armas, y á su suerte confió el término y solución del conflicto.

La solución era violenta, pero, toda vez que los injustificados protestantes no le facilitaban los medios de emplear otras más suaves y humanas, antes que aparecer débil ó pusilánime, ya que daba el ejemplo, tantas veces repetido, de gobernador y político desgraciado, quiso emplear la fuerza de las armas, apoyada en este caso en el prestigio de su cargo, y castigar los ataques dirigidos á la autoridad que representaba.

Al efecto, dió á su hermano D. Bartolomé el encargo de tratar con los amotinados, recomendándole que emplease, antes de la fuerza, la persuasión, á fin de evitar, por un lado, la efusión de sangre y no dar, por otro, á los indios el espectáculo pernicioso de sus propias disensiones.

Partió el Adelantado á la cabeza de un débil destacamento, formado de la gente menos achacosa, á quienes recibió juramento de fidelidad; iban bien armados y dispuestos, pero eran pocos y débiles por las enfermedades, y sólo el ánimo que pudiera inspirarles el valor del Adelantado, cuya indignación contra los Porras traspasaba los límites del odio, era la sola garantía de éxito que podía ofrecer aquel puñado de convalecientes.

Antes de llegar al pueblo de *Maima*, ordinaria residencia de los sediciosos, tuvieron éstos noticia de las intenciones con que avanzaba el Adelantado con su débil ejército; pero confiados en la superioridad y ánimo de su gente y seguros de vencerlos en la primera acometida, adelantáronse los Porras á tomar posiciones en un lugar favorable, en donde, sin escuchar las propuestas amistosas que, contra su voluntad y obedeciendo sólo las órdenes del Almirante, les brindó el Adelantado, apercibieron las armas y se trabó el combate.

Con poco humanas intenciones rodeó al Adelantado un grupo de seis hombres, entre ellos Francisco Porras; pero fué tan brusco y enérgico el ataque de D. Bartolomé, que alcanzando con su espada el cuerpo del más próximo, que lo era por cierto, el fanfarrón y corpulento Juan Sánchez, aquel piloto que en el río Belén dejó escapar al cacique Quibián, le hizo morder el polvo de un tajo formidable. Con el coraje en la mirada, ebrio de furor adelantóse Francisco Porras al encuentro de Colón, sobre el que descargó un terrible golpe que le hendió la rodela y le hirió la mano con que la sostenía; pero sujeta por unos momentos la espada en la brecha que había abierto en el escudo, dió tiempo á que el Adelantado se echase sobre él y sujetándolo con la fuerza de su brazo lo redujo á prisión. Con este incidente terminó la lucha, y los amotinados que heridos y maltrechos escaparon al peligro de caer en poder del Adelantado, confiaron su salvación en la fuga, y en cobarde huída fueron á ocultar su vergüenza en los vecinos montes, por donde vagaron algunos días, hasta que convencidos de su impotencia, sin jefes que los dirigiera y alentara, y temiendo sobre todo que en castigo á su perversidad dejasen de ser admitidos en los barcos de socorro que esperaba de un momento á otro el Almirante, el lunes, 20 de Mayo de 1504, le dirigieron una muy reverente súplica, en la que, arrepentidos y contritos de su rebelión y desobediencia, juraban no quebrantar la promesa que hacían de obedecer y acatar sus mandatos, si obtenían el perdón de sus faltas.

Benignamente dispuesto el Almirante en favor de estos desgraciados ilusos, aceptó sus protestaciones de arrepentimiento y fidelidad, conservó presos á los hermanos Porras como jefes y caudillos que habían sido de aquel injustificádo y perturbador alzamiento, y, para señalar alguna diferencia entre los leales y los traidores, dispuso que éstos acampasen en tierra á la vista de las carabelas, y bajo la vigilancia inmediata de un capitán.

Mientras tenían lugar en la Jamaica estos no muy edificantes sucesos, perpetrados por una turba de hombres mal avenidos con la disciplina, poco después de la partida del bravo Diego Méndez de Segura y de sus intrépidos compañeros, viéronse éstos, en su travesía por el mar y luego en las fragosidades de los bosque de la Española, envueltos en una no interrumpida serie de peligros salvados milagrosamente.

Pocas horas llevaban de navegación los pequeños esquifes, empujados briosamente por los remos que en manos de los indios acostumbrados á su manejo eran prenda segura de velocidad en la marcha sobre un mar de tersa superficie, no acariciada por el más leve soplo de la brisa, sobrevino una calma absoluta que fatigaba á los remeros, no estimulados por la ayuda que dejaba de prestarles el pedazo de vela que flácido caía á lo largo del pequeño mástil. Sobre un cielo diáfano y puro, hacía también el sol su acostumbrada no interrumpida carrera, dejando caer sus rayos de fuego sobre los sufridos argonautas que, rendidos de fatiga, se relevaban en el penoso manejo de las palas, alternando los españoles con los indios en esta operación, á fin de no perder, durante el descanso de los unos, un tiempo que á todos convenía aprovechar. La sed, principal y no despreciable enemigo con que habían de luchar durante la travesía por aquel mar de fuego, aumentaba la fatiga de todos; los indios, menos cautos, apuraron sus calabazas de agua, de modo que en la noche del segundo día no tuvieron ya con qué humedecer los labios.

Amaneció el día tercero, tan sereno y brillante como los anteriores; el sol, no digamos quemaba, derretía los objetos, y los pobres indios, no menos infelices que los cristianos, sudorosos y jadeantes y fustigados sus desnudos cuerpos por un haz de fuego, que no á otra cosa podían compararse los ardorosos rayos del sol, abandonaban los remos para zambullirse en el mar, donde creían encontrar alivio á la sed que los abrasaba.

De éstos, los menos ágiles y robustos habían sucumbido á las fatigas, otros, viscosa la lengua y pegada al paladar, tomaban sorbos de agua salada, con la que amargaban más sus padecimientos; y, cuando comprendió Méndez que aquel estado no se podía prolongar, y que tanto los españoles como los indígenas, necesitaban sostener las desfallecidas fuerzas si habían de llegar á la meta del viaje, próxima ya, según todos los cálculos, sacó de un escondite dos barriles de agua que habían ocultado á prevención, con que apagaron todos la sed, y cobraron ánimo bastante para seguir remando.

Había llegado la noche del tercer día, y hasta entonces no habían visto la más ligera sombra que hiciera sospechar la proximidad de tierra; sin embargo, á juzgar por los cálculos de los indígenas que conocían bien aquellas costas debían estar próximos á un islote, formado de peladas peñas, que se adelanta ocho leguas de la Española: cuando, al presentar la luna parte de su disco en el confín del horizonte, que Diego Méndez observaba con ansiedad, esperando que se interrumpiese con alguna accidentación, vió con sorpresa la irregularidad que ofrecía el planeta, por la interposición de un cuerpo extraño que, observado desde aquella situación, parecía una mancha negra que impedía contemplar el astro en su perfecta redondez. En efecto, eran los peñascos de que está formada la *Navasa*, que á poca distancia elevaba sus crestas sobre el agua, proyectando una sombra irregular sobre el fondo claro de aquella parte del horizonte.

Con el afán de llegar pronto á aquel lugar de descanso, cobraron nuevos bríos los remeros, y al amanecer del cuarto día, jadeantes, lacios y casi muertos de sed, tocaron en la isleta, donde en los huecos de las peñas encontraron pequeños remansos de agua llovediza, con la cual y con los mariscos que hallaron adheridos á las rocas, repusieron un tanto las desfallecidas fuerzas, descansando algunas horas á la sombra que proyectaban los accidentes de la isla.

Por la tarde volvieron á empuñar los remos, y al fin «plugo á Dios nuestro Señor—dice Méndez—que al cabo de cinco días que jamás perdí el remo de la mano gobernando la canoa y los compañeros remando, yo arribé á la isla Española, al cabo de *San Miguel*, hoy Tiburón, habiendo dos días que no comíamos ni bebíamos por no tenello; y entré con mi canoa en una ribera muy hermosa, donde luego vino mucha gente de la tierra y trajeron muchas cosas de comer, y estuve allí dos días descansando» (1).

Desde el cabo Tiburón, que es, como sabemos, la punta

(1) Relación citada de Diego Méndez.

más occidental de la Española, hasta la ciudad de Santo
Domingo, quedaban aún que recorrer más de ciento treinta leguas: este viaje ofrecía por tierra serias dificultades,
que retrasarían los momentos de enviar socorros á los de
Jamaica, y el cansancio y debilidad de los indios impedía
hacerlo por mar; pero como Méndez no era hombre que le
detuvieran accidentes tan villanos, ofreció ciertas recom-
pensas á varios indios de aquellas partes que se comprometieron conducirlo á la ciudad, mientras Fieschi y los
demás compañeros de expedición quedaban allí arbitran-
do medios de volver á Jamaica á dar cuenta del término
feliz del viaje.

En efecto, lamiendo la playa Sur de la isla dirigióse
Méndez en una canoa hasta el puerto de Azúa, ochenta
leguas del cabo, y aquí supo por algunos españoles que el
Comendador Ovando había abandonado la ciudad de Santo
Domingo, y se encontraba á la sazón en la provincia de
Xaraguá, ocupado en la pacificación de la tierra.

Sin perder momento, abandonó Méndez su primitivo
camino, internóse á pie en las fragosidades de los bosques,
y al cabo de más de un mes de marcha penosa, durante la
cual evitó con su prudencia serios peligros, llegó por fin
al lugar donde estaba Ovando, á quien dió minuciosa y
detallada noticia de la situación de los náufragos de la Jamaica, y de las penalidades y trabajos con que había hecho él la travesía, para enviarles los socorros que tan ur-
gentemente necesitaban.

CAPÍTULO XVII

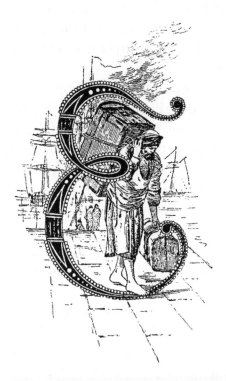

s evidente que la conducta equívoca, al parecer, fría y reservada, con que procedió Ovando en estos momentos, los más angustiosos, sin duda alguna, de la vida pública del Almirante, traspasó con mucho los límites de la prudencia; la unánime opinión de los críticos y analistas de nuestros tiempos, no ajustada ciertamente al criterio de la más sana parte de los historiadores coetáneos, así lo confirman, sin que los reducidos medios de que disponía en aquellos precisos momentos, ni los múltiples y perentorios asuntos en que entendía el Gobernador de la Española basten á disculpar su negligencia ni la intención sistemática que les atribuyen acaso gratuitamente de dejar que sucumbiera en la Jamaica bajo el peso de sus infortunios la última expedición del Almirante.

Hombre activo, dotado de inteligencia poco común y de una extraordinaria flexibilidad de carácter; espíritu observador, frío, recto y severo á la par que astuto y suspicaz, toda la atención de Ovando, luego que tomó posesión del gobierno de la isla, dirigióse á fomentar los intereses de la colonia sobre la sólida y segura base del orden más perfecto y del respeto mutuo y á las prolijas instrucciones que llevaba de los Monarcas.

Para ello, empezó por dar ocupación adecuada á los españoles, según sus aptitudes, distribuyéndolos en las poblaciones ya fundadas y en las que bajo su dirección mandó fundar en los puntos más importantes y ricos de la isla; hizo repartimientos de tierras, señaló á las villas los términos de su jurisdicción, y á fin de cumplir en lo posible las instrucciones de los Reyes acerca de la educación civil y religiosa de los indígenas, distribuyó equitativamente entre los colonos cierto número de indios, con la obligación expresa de instruirlos en las nuevas costumbres, recibiendo la conveniente preparación y enseñanza antes de ser iniciados en los misterios de la fe católica; y para obligar á los colonos á no considerar ni tratar como esclavos á los que, según la voluntad de los Reyes, habían de ser súbditos libres, á quienes habían de señalar salarios moderados y equitativos, en analogía con sus necesidades, por los trabajos que prestasen en las labores del campo y explotación de las minas ó en el servicio doméstico, mandó que distribuyesen el tiempo en estas ocupaciones, que los irían acostumbrando á una vida más laboriosa y útil, y en los ejercicios espirituales; bien que por desgracia, merced á la apatía de las autoridades y á la escandalosa avaricia de los colonos dejaron de ser observadas en toda su humanitaria integridad el espíritu que informaron estas sabias y acertadas instrucciones. Por virtud de las cédulas reales con que había sido investido, señaló los cargos y oficios municipales, dió aranceles, á cuyos precios habían de sujetarse todas las industrias y todos los ramos de la riqueza del pais; tasaba los jornales y fijaba los precios de las cosas más indispensables para la vida. En las ciudades distribuía solares para la construcción de casas y señalaba los predios para la creación de granjas, haciendas y estancias. La constitución de la nueva sociedad exigía del Gobernador en aquellas circunstancias autoridad omnímoda y absoluta, que moderaba luego la acción de los municipios encargados de velar por el bien común.

En el orden económico regularizó los tributos, y á medida que se desarrollaba la riqueza del país fueron creciendo los impuestos, fomentando los ingresos del Tesoro real y los que señaló á los municipios é iglesias, sacando de todos los productos, con arreglo á los privilegios del Almirante, la parte no escasa que le correspondía.

Satisfechos estaban los colonos, y bien podían estarlo, con las acertadas disposiciones del nuevo gobernador; era de esperar que el orden fuese completo, y sin que el más ligero contratiempo, que no esperaban, turbase la paz y armonía que entre ellos reinaba, marchasen los negocios todos de la isla con una regularidad hasta entonces no acostumbrada.

Es verdad, y esta fué una de las cualidades que más honran la memoria del Comendador, que la acción fiscalizadora de Ovando alcanzaba á todas partes, y del mismo modo que contribuía con su autoridad é inteligencia á fomentar el bien común, no dejaba ni era tardo en aplicar luego todo el rigor de su justicia cuando advertía la más leve transgresión de sus órdenes y disposiciones.

Político fino y sagaz, supo limpiar la isla de los elementos de discordia que la infestaban, descuajando la levadura que habían dejado los motines y asonadas de los anteriores gobiernos; todo ello sin violencia ni escándalo, ni aparato alguno, y sin exponerse á que, ni por un momento siquiera, llegase á ser por ninguna de las parcialidades de la isla desconocida su autoridad, que robustecía á medida que justificaba sus actos de rigor con el ejemplo de su moralidad y honradez más acrisolada y exagerado desprendimiento, no manchado ciertamente por la más ligera sombra de codicia.

Se le acusó, no obstante, de bárbaro y cruel con los indios, á quienes perseguía y castigaba con encono por motivos muchas veces injustificados, y en esta ocupación parecía encontrarse en la provincia de Xaraguá á la llegada de Diego Méndez con la pretensión de su demanda: el testimonio apasionado del P. Las Casas así lo acredita, y

Havas ó cestas impermeables hechas de las hojas y corteza de una planta que llamaban los indios *bihaos*.

en este caso lo confirma la autoridad nada sospechosa del propio Méndez, el cual, habiendo hallado al Gobernador en la corte que fué del cacique Behechio, le detuvo allí siete meses con promesas, hasta que hizo quemar y ahorcar ochenta y cuatro caciques, señores de vasallos, y con ellos á Anacaona, la mayor señora de la isla á quien todos los indios obedecían y servían.

Con un sentimiento de conmiseración propio del carácter caballeresco de Ovando, escuchó la patética relación de Méndez; pero calculador y suspicaz como era, pudo en él más que el levantado y noble sentimiento del corazón la prevención con que miraba ciertos asuntos, especialmente los que se referían al Almirante. Reflexionó luego acerca de los informes y pretensiones de Méndez, y dudando que fuesen verdad tantos horrores y trabajos, sospechó de la rectitud y honradez de aquel hombre, á quien consideró por algún tiempo secreto agente de los proyectos que suponía fraguados por el Almirante, enviado por él á la Española para informarse y apreciar el espíritu que animaba á sus parciales.

Durante los siete meses que estuvo Méndez detenido al lado del Comendador recibiendo sus justas pretensiones esperanzas y promesas que no llegaban á realizarse, bien pudo conocer Ovando, como sin duda apreció las dotes y rectas intenciones que informaban su conducta leal y noble; y cuando le pidió permiso para marchar á Santo Domingo á preparar por sí los socorros que demandaba, antes de que tal hiciese, dispuso que Diego de Escobar, persona poco afecta al Almirante, como que fué uno de los parciales de Roldán, sentenciado á muerte en unión del tristemente célebre don Hernando de Guevara, se encargase de averiguar la verdad y comprobar por sí mismo las informaciones de Méndez, á cuyo fin mandó aparejar la pequeña carabela que vimos surgir en el puerto de Santa Gloria.

Si motivos harto poderosos tuvo Ovando para desconfiar de todo lo que en cualquier sentido pudiera contribuir á trastornar el orden de la colonia, tan habilidosa y diplomáticamente cimentado por él en el más rigoroso cumplimiento de soberanas disposiciones, es evidente que en esta ocasión llevó hasta la crueldad el celo por el prestigio de su gobierno, consintiendo, ante la sospecha de verlo mancillado, traspasar los límites de sus deberes humanitarios y de los que, como autoridad, le imponía la misión que le estaba confiada.

El pundonoroso Méndez, luego que llegó á Santo Domingo, donde encontró á su compañero de expedición Bartolomé Fieschi, que no había hallado medios de comunicar con los de Jamaica, hubo de esperar algún tiempo que llegasen *naos de Castilla, que hacía más de un año que no habían venido.* Y en este comedio plugo á Dios que llegasen tres naos, de las cuales compró una que cargó de vituallas, de pan y vino, carne, puercos, carneros y frutas, y al mando de Diego de Salcedo, uno de los apoderados del Almirante en Santo Domingo, dispuso que se diese á la vela.

En tanto que Méndez hacía por cuenta de la hacienda del Almirante estos preparativos, dispuso el Comendador aparejar otra carabela, para que, bajo la misma dirección de Salcedo, llegasen las dos á la Jamaica y transportasen con holgura toda la expedición. Ya era hora, porque la murmuración de la gente, irritada por la injustificada tardanza en enviar socorros á los náufragos, llegó á los delicados oídos del Comendador, que se apresuró á disculparse con palabras lisonjeras en una carta que para el Almirante llevó el propio Salcedo.

Puestas, finalmente, las dos carabelas en disposición de hacerse á la mar, levaron anclas en los últimos días de Mayo de 1504, y poco después daban vista á las costas de Jamaica, surgiendo en el puerto de Santa Gloria, donde la sufrida expedición hacía un año que esperaba estos tan codiciados socorros.

Cerca de un mes, sin embargo, continuó allí la gente reponiendo las debilitadas fuerzas y embarcando con cuidado los objetos que conservaban procedentes de la tierra de Veragua; al cabo del cual, ó sea el 28 de Junio, se hicieron á la vela con vientos adversos y contrarias corrientes que retrasaron considerablemente la travesía. El 1.º de Agosto surgieron en la isla de la Beata, al Sur de la Española, 20 leguas del puerto de Yaquimo, desde donde, con fecha 3 escribió una muy expresiva carta al Comendador, dándole las gracias por su generosidad, que no podía allí *pagar á precio apreciado;* dábale sucinta cuenta del resultado que tuvo la sublevación de los Porras, que *hobo muertes y harta feridas*, perdonando y restituyendo á su honra á la gente de fila, aunque conservando preso á Francisco de Porras para que, como jefe del motín, fuese juzgado por los Reyes.

Por espacio de dos semanas continuó la expedición salvando los peligros que ofrece la costa Sur de la Española, azotada comunmente por violentas corrientes y vientos huracanados. Por último, el día 13 de Agosto, dió fondo en el puerto de Santo Domingo, adonde había de antemano acudido el Comendador con casi todos los vecinos de la ciudad á hacerle el recibimiento que correspondía á la calidad de su persona, inspirados todos en el más profundo sentimiento de simpatía que despertó en los pechos españoles sus extraordinarios trabajos y sufrimientos.

Desde el puerto fué, por la multitud, acompañado hasta la casa del Comendador, que se la cedió muy benignamente para su alojamiento, sirviéndole y procurando agradarle en todo con la más fina cortesanía. Esto sin embargo, quejóse luego el Almirante de la falsa conducta del Comendador, y aseguraba que toda la amistad y benevolencia que le fingía demostrar ocultaban un fondo de agravios y ofensas con que afrentó la dignidad de sus empleos; porque entre otras cosas, dispuso que se inhibiera del conocimiento de la causa de los Porras, al cual, al paso que decretaba su libertad, sin tener en cuenta para nada la competencia que daban al Almirante sus títulos y privilegios, y sobre todo su autoridad de Capitán General de aquella armada, bajo cuyo mando inmediato había tenido lugar la sublevación, quiso reducir á prisión á los que habían contribuído á sofocarla, exhibiendo, luego que el Almirante reclamó el conocimiento exclusivo de aquella causa, las instrucciones y las órdenes de los Reyes anexas al cargo de Gobernador general de todas las islas y tierra firme descubiertas y por descubrir, bajo cuya jurisdicción caían los actos de todos los que accidental ó permanentemente morasen en dichas Indias.

El cronista Antonio de Herrera no tuvo empacho en asegurar que «esto era un notorio agravio, pues que no le competía aquel juicio, sino al Almirante como á Capitán General» (1). En esta cuestión de competencia, tratada por el Comendador con la más exquisita cortesanía y consideración, propia de su carácter, se fundan los pretendidos agravios que tuvo el Almirante *por afrentas*.

Esto no obstante, y teniendo presente la urgencia que debía poner el Almirante en todos sus asuntos para trasladarse á España con la mayor brevedad, á fin de dar cuenta á los Reyes del resultado, ostensiblemente poco lisonjero, de su cuarta expedición, aún permaneció un mes en Santo Domingo, entendiendo en los negocios particulares de su hacienda, cuidadosa y fielmente administrada por su apoderado general Alonso Sánchez de Carvajal. Se hizo cargo de las rentas que por concepto del octavo y diezmo le habían correspondido durante su ausencia, de las cuales empleó una parte en la adquisición de una carabela que aprovisionó de todo lo necesario, para que en unión de aquella otra que, de su propiedad, lo había conducido desde la Jamaica, hacer el viaje de regreso á España.

Con el fin de reponer su hacienda y resarcirse de los contratiempos pasados, una gran parte de la expedición mostró deseos de quedar en la Española, como lo consiguió; y con los pocos que quisieron seguirle á Castilla, más amantes del hogar y de la familia que de aquella vida aventurera, llena de peligros y de dudosas y problemáticas ventajas, el día 12 de Septiembre de aquel mismo año de 1504, levaron anclas del puerto de Santo Domingo. Pero no habían aún terminado los trabajos y las angustias de aquel hombre, para quien la fortuna inconstante le iba negando todos sus favores, reduciéndole, en cambio, á contados palmos de tierra, donde descansar eternamente, los

(1) Década 1.ª, lib. IV, cap. XII.

límites, hasta entonces inconmensurables; del mundo que había descubierto.

Poco más de dos leguas llevaban de navegación y una fuerte racha de viento tronchó á raíz de la cubierta el mástil de una de las naos, y tan importantísima avería al principio de un viaje tan largo y por mares tan procelosos, le obligó á hacer transbordo de todo lo que conducía, mandando que volviese á Santo Domingo el barco averiado.

Después de este lamentable contratiempo serenóse el mar, y por espacio de una semana navegó con tiempo bonancible, empujada constantemente por vientos favorables la única nave expedicionaria, cuando de repente, el día 19, salvada ya la tercera parte del golfo, se nubló el cielo y las aguas adquirieron los matices precursores de la tormenta; el viento, como furia desencadenada, amenazaba la existencia de la pequeña nave envolviéndola en un confuso tropel de olas que se elevaban á considerable altura, y una deshecha tempestad, haciendo crujir toda la arboladura, rompió en menudas astillas el palo mayor, poniendo á la nave en peligro inminente de zozobrar.

Por aquellos días cayó el Almirante con uno de sus repetidos y fuertes ataques de gota, que le postró en cama, impidiéndole acudir, como eran sus deseos, allí donde el peligro y los desperfectos del barco reclamaban su presencia; pero su inteligente hermano D. Bartolomé, con la pericia que le distinguía, dispuso el empalme del palo, que ajustaron con bastante solidez, siguiendo con hartos trabajos su marcha la expedición; serenóse un tanto el mar, y cuando creían todos que sus angustias habían terminado, otra fuerte racha de viento rompió la contramesana, en cuya disposición navegaron más de 700 leguas, al fin de las cuales, cansados y enfermos, y en gran estado de postración el Almirante, el día 7 de Noviembre daba fondo la carabela en el puerto de Sanlúcar de Barrameda, y de allí paso el Almirante á Sevilla donde esperaba descansar por algunos días en tanto restablecía su quebrantada salud.

Animado del deseo de pasar prontamente á Medina del Campo, residencia entonces de la corte, para dar cuenta á los Reyes de los resultados y accidentes de su última expedición, é insistir al propio tiempo sobre la legalidad de sus pretensiones, relativas á la posesión real y verdadera de sus derechos y privilegios, llegó el Almirante á Sevilla en los momentos que circulaban por la ciudad las noticias más tristes acerca de la salud de la Reina, quebrantada algún tiempo hacía por no interrumpida serie de dolorosos sufrimientos morales. El ánimo conturbado de Colón recibió con la triste nueva un golpe terrible; pero hombre de una voluntad firme y enérgica, no obstante la gravedad de su salud, tan seriamente comprometida, que no le permitía abandonar el lecho los fuertes y continuos ataques de gota que padecía, dispuso lo necesario para hacer el viaje, sin esperanza, por cierto, de llegar al término de él. Presentábase el invierno crudo en extremo, las lluvias torrenciales y persistentes habían cortado los caminos, de suyo incómodos; el frío era intensísimo y los medios de locomoción reducidos, caros y molestos; todos los había agotado, y no encontrando ya ninguno medianamente cómodo y á propósito para trasladarse á la corte lo menos molesto posible, hasta solicitó del Cabildo eclesiástico de Sevilla las magníficas andas ó litera en que fué trasladado el cuerpo del cardenal D. Diego Hurtado de Mendoza, desde Tendilla, donde había fallecido el 12 de Septiembre del año anterior de 1503, á la iglesia de Nuestra Señora de la Antigua para ser dignamente sepultado en la capilla que él mismo dotó para su enterramiento.

Por último, las inclemencias del tiempo, lluvioso y frío en extremo, y el progreso de su enfermedad, unido á las reiteradas súplicas de sus amigos, que le aconsejaban demorar aquel viaje peligroso hasta que recobrase un tanto la salud y mejorase la estación, le obligaron, con harto dolor suyo, á permanecer en Sevilla, pero sostuvo con su hijo Diego y otros personajes de la corte correspondencia muy activa, por la cual estaba al tanto de los tristes sucesos que tenían lugar en Medina del Campo, donde se elaboraba el más doloroso infortunio que pudo jamás caer sobre su lacerado corazón.

En efecto, las noticias que se recibían en Sevilla sobre los rápidos progresos de la enfermedad que consumía á la reina Isabel, eran cada vez más alarmantes, y el esforzado marino, inconsolable por la desgracia que presentía, estampaba su dolor en las cartas que escribía á su hijo. *Muchos correos vienen cada día*—escribía el 1.º de Diciembre, cuando ya era muerta la Reina—*y las nuevas acá son tantas y tales que se me encrespan los cabellos todos de las oir, tan al revés de lo que mi ánima desea. Plega á la Santa Trinidad de dar salud á la Reina Nuestra Señora, porque con ella se asiente lo que ya va levantado.*»

Hacía ya algún tiempo que venía la Reina padeciendo grandes contrariedades en sus más entrañables y delicados sentimientos; la prematura muerte de su malogrado hijo el Príncipe D. Juan, orgullo de sus padres y legítima esperanza del reino; la de su queridísima y predilecta hija doña Isabel, reina de Portugal; el estado verdaderamente excepcional y lastimoso de su otra muy adorada hija doña Juana, llamada luego la Loca, por consecuencia de la conducta falaz é infame de su esposo D. Felipe, Archiduque de Austria y presunto heredero consorte de la Corona de Castilla, y otros no menos calamitosos que conturbaron el corazón magnánimo de la bondadosa reina, precipitaron su quebrantada salud, como quebrantado había también la de su insigne y egregio esposo D. Fernando.

Al peso de tantas y tan repetidas desdichas, amargadas más y más por la atención que se veían obligados á dispensar á los infinitos y trascendentales negocios del estado, tan equilibradamente sostenidos y con tan hábil diplomacia encaminados á soluciones prácticas y beneficiosas, merced á los talentos, no bien apreciados aún, de aquellos egregios Monarcas, cayeron los dos postrados por pertinaces y malignas tercianas.

La delicada constitución de la mujer, no pudiendo resistir el fuego de la fiebre, cayó en una postración extremada, y considerando ella misma próxima la hora de su muerte, dispuso en un codicilo su última voluntad.

En este preciosísimo documento, digno de aquella egregia Señora, dejaba á su esposo el gobierno y administración de los reinos de Castilla durante la ausencia de su hija doña Juana y de su consorte el Archiduque D. Felipe; y entre otras cosas notables, dignas de eterna memoria y gratitud, encomendaba á sus sucesores la mejor y más buena administración y gobierno de las Indias, mandando «que *non consientan ni den lugar que los indios vecinos y moradores de las dichas Indias y tierra firme, ganadas y por ganar, reciban agravio alguno en sus personas y bienes; mas mando que sean bien y justamente tratados. Y si algún agravio han recibido lo remedien ó provean, por manera que no exceda en cosa alguna en lo que por las Letras Apostólicas de la dicha concesión nos es inyungido é mandado.*»

El fuego de la fiebre abrasaba las entrañas de la egregia enferma, y no encontrando alivio transitorio y momentáneo sino en el agua que bebía, degeneró en hidropesía la enfermedad, consumiéndola lenta pero seguramente: las campanas de los templos ordenaban con sus metálicas voces á los fieles que rogasen á Dios por la salud corporal de la Reina, mas, comprendiendo su Alteza la inutilidad de aquellos piadosos ruegos, porque era llegada la hora de comparecer ante el Tribunal del Altísimo, dispuso que cesasen las rogativas y que intercediesen sólo por su salud espiritual. Por último, el día 26 de Noviembre de 1504, muy próximo á la media noche, exhaló el último suspiro doña Isabel I de Castilla, Reina amantísima, protectora de Colón, consoladora esperanza de los indios, á quienes

SEPULCRO DE LOS REYES CATÓLICOS

tan presente tuvo en sus últimos momentos, «honra de las Españas y espejo de las mujeres.»

Hasta el día 5 de Diciembre no llegó á Sevilla la carta que el Católico Monarca dirigió á todas las ciudades comunicando la triste nueva, para que en cumplimiento de la última voluntad de la Reina y de los capítulos generales de las Cortes de Toledo de 1503, se hiciesen los correspondientes funerales y levantasen pendones por la serenísima Reina doña Juana.

El dolor que experimentó el Almirante con esta noticia que echaba por tierra todas sus esperanzas, fué inmenso y se retrata perfectamente en las sentidas frases que dirigía á su hijo Diego; recomendándole que «lo principal es de encomendar afectuosamente con mucha devoción el ánima de la Reina nuestra Señora á Dios. Su vida siempre fué católica y santa y pronta á todas las cosas de su santo servicio; y por esto se debe creer que está en su santa gloria, y fuera del deseo deste áspero y fatigoso mundo. Después es de en todo y por todo de se desvelar y esforzar en el servicio del Rey nuestro Señor, y trabajar de le quitar enojos. Su Alteza es la cabeza de la cristiandad: vea el proverbio que diz: cuando la cabeza duele todos los miembros duelen. Ansi que todos los buenos cristianos deben suplicar por su larga salud y vida: y los que somos obligados á le servir, más que otros debemos ayudar á esto con grande estudio y diligencia.»

Más que nunca, en estos momentos solemnes y decisivos, tuvo empeño el Almirante en trasladarse á la corte, y así lo hubiera hecho seguramente, si las tristes impresiones que diariamente recibía no hubieran exacerbado sus dolencias; érale de todo punto imposible ponerse en camino cuando por otra parte las inclemencias del invierno aumentaban á medida que adelantaba la estación. En su virtud, dispuso que su hermano Bartolomé y su hijo Fernando, con el procurador Alonso Sánchez de Carvajal, se trasladasen á la corte para que en unión de su otro hijo don

Diego, hiciesen en su nombre las oportunas reclamaciones de sus derechos y exigiesen el cumplimiento de los capítulos de los solemnes contratos repetidas veces confirmados.

Verdad es que en varias ocasiones, además del memorial que envió al Rey Fernando, luego que llegó á España, dando cuenta de los resultados y sucesos de su última expedición, remitió otros varios, tratando cuestiones distintas relativas á los asuntos de Indias, especialmente á las que en uno ú otro sentido atacaban la inviolabilidad de sus privilegios; pero las difíciles circunstancias por que atravesaba la corte, y los naturales trastornos que habían producido la enfermedad y muerte de la Reina, fueron motivos asaz poderosos de que dichos memoriales quedasen incontestados; y este mismo silencio impacientaba á Colón que, sin miramientos ni consideraciones y sin pensar en otra cosa que en los peligros que pudieran correr sus privilegios, aliviados algún tanto sus dolores, luego que la suave temperatura primaveral templó los rigores del invierno, tomó resueltamente la determinación de trasladarse á la corte. Para ello, obligó reiteradas veces á su hijo Diego que solicitase del Rey una cédula, haciéndole gracia de viajar en mula ensillada, pues aun estaba en vigor la Real Pragmática del año de 1494 dirigida á cortar de raíz la costumbre abusiva de los españoles que, al servirse de este animal en todas sus operaciones, habían abandonado casi por completo y caído por consiguiente en un estado verdaderamente lamentable la industria de la cría caballar, elemento tan importantísimo de combate en la guerra contra los moros.

Propicio siempre el rey Fernando á complacer en todo á su Almirante, tan pronto como solicitada, le fué concedida esta gracia por Real cédula de 23 de Febrero de 1505, fechada en la ciudad de Toro, donde, á la sazón se celebraban Cortes para la jura y proclamación de la nueva Reina de Castilla, doña Juana.

Hasta muy entrada la primavera no empezó á sentir el Almirante algun alivio en sus dolencias, y decidido entonces á pasar á Segovia, accidental residencia de la corte, se puso en camino acompañado de su hermano Bartolomé. Llegado á la ciudad fué muy benignamente recibido de su Alteza, quien prometió entender y dar solución á la cuestión de su pleito, tan pronto como se lo permitiesen las urgentes atenciones que reclamaban asuntos más perentorios, los cuales fueron causa de que, á pesar de las buenas disposiciones del Rey, se fuesen demorando más tiempo de lo que al Almirante convenía.

Cuando toda la atención del Monarca la embargaban complicadísimas cuestiones de más urgentes y activas soluciones, no eran por cierto aquellos momentos los más oportunos para tratar asuntos de tan excepcional importancia y trascendencia: la cuestión de los derechos del Almirante podía esperar ocasión menos angustiosa y más serena; lo que no admitía espera eran los efectos del testamento de doña Isabel, la guerra sorda que hacían al Rey los nobles castellanos, las complicadas cuestiones de Italia, la actitud expectante y sospechosa de D. Manuel, Rey de Portugal, y sobre todo la conducta equívoca del Archiduque D. Felipe, esposo de doña Juana, revelada muy elocuentemente en ciertos tratos con el monarca francés, ajenos y totalmente opuestos á la política del Rey Católico. Con la muerte de la Reina habían surgido por todas partes ambiciones bastardas que conspiraban contra la integridad de los Estados unidos de Aragón y Castilla, y amenazaban derrumbar la gran obra del Rey Católico.

En tales circunstancias, y teniendo en cuenta la trascendencia del pleito del Almirante, en cuya difícil solución tan interesada estaba la Corona, no es extraño que desease Fernando V demorar el conocimiento de aquel asunto, proponiendo á Colón el nombramiento de una persona competente que estudiase con madurez é imparcialidad toda la importancia que abarcaba, y propusiera la mejor y más conveniente solución. «No podía ser indiferente don Fernando.—dice el historiador y eximio literato señor Asensio—á la justicia que encerraban las palabras de Colón; y ciertamente si hubiera encontrado medio de complacerle, otorgándole amplios beneficios y privilegios, con tal de que los trocara por sus capitulaciones, no cabe duda lo hubiera hecho.»

No entraba ni con mucho en la conducta del Rey Católico el desafecto y mala voluntad, con que los historiadores modernos, en su deseo de sublimar la figura de Colón, suponen influído al gran Monarca, para negarse á satisfacer las extraordinarias aunque justas pretensiones del Almirante. ¿Ni cómo había el orgulloso Monarca aragonés de tener, por odio á esta familia, de origen obscuro, empeño en reducirla y menguarla, arrebatándole títulos, honores y distinciones, cuando por otra parte, sin tener en cuenta para nada la humildísima condición de su origen, consentía y aun preparaba quizá con la suya un enlace de parentesco? Si se tiene en cuenta que la futura esposa del primogénito de Colón, D. Diego, presunto Almirante de las Indias, era hija de D. Hernando de Toledo, hermano del duque de Alba y deudo por consiguiente muy cercano del rey Fernando, quien lejos de disminuirle y cercenarle honores y riquezas y cuanto contribuyese á dar lustre á su persona, más bien pondría empeño en aumentar los timbres que ya lo enaltecía, cae por su base el menguado edificio de difamación que por este pleito malhadado han levantado los panegiristas del Almirante á la memoria veneranda de aquel Monarca poderoso.

El otoño tocaba á su fin, y sus frescas brisas preludiaban el rigoroso vecino invierno; los padecimientos de Colón volvieron con los fríos á recrudecérsele progresivamente con el curso natural de la enfermedad, exacerbada por los trabajos y penalidades que le proporcionaban las cuestiones que ventilaba, y, cuando cansado de tanta lucha y rendido al peso de sus achaques significó al Rey su deseo de reti-

CAPILLA REAL DE GRANADA

rarse á descansar lejos del bullicio de la corte, confiando y dejando á la merced real el término de aquella cuestión que tanto amargaban sus días, le rogó su alteza que continuase á su lado, pues no solamente entraba en sus propósitos confirmarle en sus privilegios, sino aumentar sus mercedes á costa de su propia real hacienda.

Esto sin embargo, á pesar de la excelente disposición de ánimo del Rey, tan favorable á sus negocios, comprendió luego el Almirante que no se atrevía á resolver su Alteza asunto de tanta importancia, sin el beneplácito y consentimiento de la reina doña Juana, su hija, que desde Flandes venía con su marido el Archiduque á tomar posesión de la Corona de Castilla.

Antes de abandonar á Segovia, dejó el Almirante un memorial de agravios al Rey Católico, á fin de que pusiese remedio á los daños y perjuicios que había recibido en sus haciendas y rentas, y una muy expresiva carta pidiendo humildemente á su Alteza que mandase poner á su hijo Diego en el goce de sus títulos y privilegios, almirantazgo y gobernación de Indias.

Desde Valladolid, donde quedaba ya el Almirante, partió el Rey Fernando para Laredo, puerto de desembarco previamente señalado á los nuevos Monarcas, quienes detenidos en Inglaterra por los temporales, no pudieron llegar á España hasta el 28 de Abril de 1506, que desembarcaron en la Coruña.

La noticia del desembarco de los Reyes llegó á oídos del Almirante cuando más postrado estaba en Valladolid; recibió gran contento, porque esperaba ser más afortunado en sus pretensiones con los nuevos monarcas; y no pudiendo salir á recibirlos y exponerlo sus deseos y cuitas, resolvió que su hermano el Adelantado fuese á cumplimentarlos con una carta muy expresiva, en la cual hacía grandes protestaciones de fidelidad y vasallaje; lamentábase de que sus padecimientos no le permitieran el honor de besar sus manos, y esperaba que sus Altezas le volvieran al estado y honra prometidos en sus escrituras y privilegios.

Muy afectuoso recibimiento hicieron los Reyes al Adelantado, y el P. Las Casas tenía por cierto que de vivir el Almirante y á no haber muerto luego el rey D. Felipe, hubiera aquél alcanzado justicia y sido restituído en su estado.

Había llegado, por último, el 19 de Mayo de 1506, y con este día el último de la vida laboriosa del primer hombre de la Edad Moderna; no en vano habían los padecimientos del espíritu, más enérgicos que los trabajos y fatigas del cuerpo, con haber sido éstos tan extraordinarios, minado la existencia del gran marino. Era llegada la hora de abandonar el áspero camino de esta vida, y á emprender el último y eterno viaje preparábase el gran Colón.

En la mañana de este día, postrero de su existencia, rodeaban el lecho del ilustre enfermo sus dos hijos, Diego y Fernando, varios amigos, compañeros de la anterior expedición, Diego Méndez y Bartolomé Fieschi, seis ó siete criados y el franciscano fray Gaspar de la Misericordia; hizo llamar un escribano de la ciudad, nombrado Pedro de Hinojedo, y á presencia de aquellos leales servidores otorgó su testamento, y confirmó y ratificó el que hizo en Sevilla el 22 de Febrero de 1498 con la institución del mayorazgo. En él nombraba á su primogénito Diego heredero universal de todos sus bienes y sucesor en sus títulos, honras, exenciones y privilegios; dejó algunos legados y añadió una curiosa relación de sus deudas, recomendando á su heredero que las solventase.

Terminadas así las últimas mundanas exigencias, hombre de fe ardiente y de arraigado sentimiento religioso, no restándole nada que hacer en esta vida, volvió su espíritu á otras regiones más serenas; las puertas de la eternidad estaban prontas á franquear el paso al alma de aquel hombre que había franqueado las de un nuevo y dilatado Mundo. Predilecto hijo de la orden seráfica, se hizo vestir

el hábito de San Francisco; confesó sus culpas y recibió
los Sacramentos con admirable unción evangélica, y el 20
de Mayo de 1506, víspera de la Ascensión del hijo de Dios,
entregó Cristóbal Colón su alma al Criador á los *setenta*
años de edad poco más ó menos murmurando las últimas
palabras: *In manus tuas domine commendo spiritum meum.*

Desde la casa mortuoria, desconocida aún, á pesar de
las razones que se han expuesto en favor de la que vetus-
ta y sirviendo de establo de vacas contempla y aun visita
el extranjero en la calle de la Magdalena de Valladolid,
señalada en 1866 con el número 7, cuando el Ayunta-
miento de la capital dispuso colocar una sencilla lápida
con la inscripción AQUÍ MURIÓ COLÓN—GLORIA AL GE-
NIO, fué conducido en triste procesión el cadáver, según
una tradición de crédito dudoso, al convento de San Francisco, en donde recibió sepultura después de haberse celebrado sus exequias con cierta pompa y religiosa solemnidad en la parroquia de Santa María la Antigua.

El mismo año, según la opinión más generalizada, fué
trasladado á Sevilla, y en la capilla de Santa Ana del
monasterio de las Cuevas tuvo honrosa aunque transitoria
sepultura, hasta que por Real cédula de 2 de Junio de 1537,
expedida en Valladolid por el Emperador Carlos V, á pedimento del tercer Almirante de las Indias, D. Luis Colón,
nieto de D. Cristóbal y último descendiente de la línea
masculina, le fué concedida la capilla mayor de la iglesia
catedral de Santo Domingo para enterramiento de su padre y abuelo.

En 1544, siete años después de esta concesión, la virrei-
na de las Indias, doña María de Toledo, mujer de D. Diego Colón, primogénito de D. Cristóbal y madre por consiguiente de D. Luis, hizo trasladar los restos de su marido,
muerto el 23 de Febrero de 1526 en la Puebla de Montal-
ban, juntamente con los de su suegro á la dicha catedral
de Santo Domingo, donde reposaron hasta los últimos
años del siglo anterior.

«Por el tratado de Basilea de 22 de Julio de 1795, cedió el Rey de España á la República francesa la parte del territorio que le correspondía después de la desmembración de la isla de Santo Domingo á consecuencia de la paz de Riswick en 1697; y desde entonces dejó de pertenecer toda entera á los dominios de la Corona en las Indias occidentales. Bastó el anuncio de un próximo abandono para inflamar el patriotismo del Teniente general de la Real Armada D. Gabriel de Aristizábal, que mandaba á la sazón nuestra escuadra en aquellas aguas, y tomar la gallarda resolución de trasladar á la Habana los restos de Cristóbal Colón, sin preceder órden alguna del Gobierno; bien que el acto nacido al impulso de un corazón noble y generoso tan propio de un oficial superior de la Marina española, hubiese sido loado y merecido la aprobación del Monarca. Juzgó el general Aristizábal que si España, obligada por la dura ley de la guerra, se resignaba al sacrificio de una antigua colonia, debía á lo menos salvar su honra, no consintiendo que las preciosas reliquias del descubridor del Nuevo Mundo pasasen á manos extranjeras. Transportarlas á la vecina isla de Cuba era una demostración de gratitud nacional, tanto más viva, cuánto mayores eran las calamidades y aflicciones de la patria. Don Gabriel de Aristizábal, por este solo hecho, legó un nombre digno de respeto á la posteridad.

»Reunidos en la catedral de Santo Domingo el día 20 de Diciembre de 1795 el General Aristizábal, D. Joaquín García, Mariscal de Campo, Presidente Gobernador y Capitán general de la isla, el Arzobispo D. Fr. Fernando Portillo y Torres, D. Gregorio Saviñón, Decano y Regidor perpetuo de aquella ciudad y otras autoridades civiles, militares y eclesiásticas, y presentes asimismo (que mucho importa advertirlo) D. Juan Bautista Oyarzabal y D. Andrés de Lecanda, comisionados para intervenir el acto por el Duque de Veragua, se abrió una bóveda que está sobre el presbiterio (dice el acta) al lado del Evangelio, pared

principal y peana del altar mayor, que tiene una vara cúbica, y en ella se encontraron unas planchas como tercia
de largo, de plomo, indicante de haber habido caja de dicho metal, y pedazos de huesos como de canillas ú otras
partes de algun difunto, y recogido en una salvilla que se
llenó de la tierra, que por los fragmentos que contenía de
algunos de ellos pequeños y su color, se conocía eran pertenecientes á aquel cadáver, y se introdujo todo en una
arca de plomo dorada con su cerradura de hierro.

»Describir la pompa y solemnidad con que fueron embarcados los restos de Colón en el bergantín *Descubridor*,
transbordados al navío *San Lorenzo*, recibidos en la ciudad
de la Habana, conducidos procesionalmente á la catedral,
y al fin depositados en un nicho abierto en el presbiterio
al lado del Evangelio, cuyo lugar designan un busto de
mármol y una elegante inscripción latina que lleva la fecha de 1796, sería superfluo por lo vulgar y sabido» (1).

(1) *Los restos de Colón.—Informe de la Real Academia de la Historia al Gobierno
de S. M sobre el supuesto hallazgo de los verdaderos restos de Colon en la iglesia
catedral de Santo Domingo.—*Madrid, 1879, pags. 37-40.

ÍNDICE

ÍNDICE DE GRÁBADOS INTERCALÁDOS EN EL TEXTO

ÍNDICE PÁRÁ LA COLOCÁCIÓN DE LAS LÁMINAS

ND - #0012 - 210323 - C0 - 229/152/26 [28] - CB - 9780666051561 - Gloss Lamination